Animer et participer à la vie de groupe

La ***Chronique Sociale*** est à la fois un organisme de formation et de recherche et une maison d'édition. Fondée à Lyon en 1892, elle s'est préoccupée dès ses origines de sensibiliser aux évolutions de la société et de suggérer une organisation de la vie collective, plus solidaire et plus respectueuse des personnes.

Actuellement, les ***Éditions de la Chronique Sociale*** publient des ouvrages et des jeux pédagogiques qui contribuent à mettre en œuvre ces orientations. Issus de pratiques professionnelles et sociales, ils sont au service de tous ceux qui s'efforcent de mieux comprendre le monde.

Chacun pourra s'approprier ces outils et les utiliser, tant pour son développement personnel que pour une action collective efficace.

Couverture : 3M 2A

Responsable des Éditions : André Soutrenon

Correction : Simone Dutey

Imprimeur : Imprimerie des Monts du Lyonnais
69850 Saint-Martin-en-Haut

Chronique Sociale, Lyon, Dépôt légal : Octobre 2006

Imprimé en France

Charles Maccio

Animer et participer à la vie de groupe

11e édition entièrement revue et augmentée de l'ouvrage Animation de groupes

Les éditions précédentes ont été traduites en italien, en portugais et en espagnol

Savoir communiquer

synthèse

« Il faut de longues années avant que les valeurs s'appuyant sur la vérité et l'authenticité morales s'imposent et l'emportent sur le cynisme politique, mais à la fin elles sortent victorieuses, toujours. »

Vaclav Havel

Chronique Sociale 7, rue du Plat - 69002 Lyon
Tél. : 04 78 37 22 12

La vie en groupe

Nous appartenons tous à des groupes, de vie, de travail, d'engagement. C'est une richesse pour nous et pour la société. C'est pour cela qu'il a paru utile de proposer deux ouvrages qui fournissent des matériaux pour vivre la vie de groupe plus pleinement et la rendre plus efficace.

Animer et participer à la vie de groupe

Le premier présente les composantes humaines : les personnes comme individus (animateur et participants) et les personnes comme êtres sociaux (le groupe).

- ***L'animateur*** exerce une fonction spécifique au sein des groupes, d'où l'importance d'analyser sa personnalité, sa responsabilité et la façon dont il va coordonner l'ensemble des responsabilités des participants en dynamisant la vie collective du groupe.
- ***Les participants***. Ce sont des personnes uniques qui, grâce à l'expression de leurs différences, vont enrichir leurs relations entre elles. En acceptant de prendre chacune une responsabilité, elles se répartissent les tâches à accomplir, ce qui facilite la participation active de l'ensemble.
- ***Le groupe***. C'est la vie commune des personnes, quand elles sont réunies, mais aussi avant et après les réunions. D'où la nécessité de connaître les phénomènes de groupe afin de faciliter la vie collective, au service de chaque personne et de toute l'équipe.

Les techniques pour animer et participer à la vie de groupe

Le second ouvrage propose les outils indispensables pour favoriser l'équilibre des personnes et l'efficacité du groupe. Il aborde successivement :

- ***Le sens***, car vivre c'est penser et agir dans une direction donnée en sachant distinguer : les finalités (conception de la personne et de la société dont découlent les valeurs à choisir), les politiques (application du sens à un secteur ou domaine particulier – santé, éducation) et les objectifs qui sont l'application à court terme des politiques et des finalités.
- ***Le projet***. C'est la capacité de rédiger un programme cohérent qui indique le travail à réaliser sur une certaine période. Le projet personnel s'inscrit dans un projet de groupe qui fait partie du projet d'une organisation. C'est ainsi que les personnes concrétisent le sens à donner à leurs pensées et à leurs actions.
- ***Les techniques***. Ce sont les instruments nécessaires à la réalisation des objectifs et du projet. Il nous faudra distinguer : les moyens qui sont des outils pratiques, des méthodes qui indiquent la façon de se servir des moyens, des procédures qui permettent l'organisation des moyens et des méthodes dans une démarche pour réaliser le projet.

Ces deux ouvrages rassemblent une documentation importante puisée dans l'expérience de nombreuses personnes et dans la recherche de beaucoup d'auteurs. Ils permettront, nous l'espérons, à chaque personne d'y trouver les éléments nécessaires pour assumer ses responsabilités dans sa vie de groupe, en se les appropriant, les améliorant, les transformant, en tenant compte de son expérience personnelle et des besoins du groupe.

Remerciements

Ce livre, comme tous mes livres, n'aurait pu voir le jour sans mon expérience, pendant plus de 20 ans, dans plusieurs organisations. Il me faut remercier ici tous ceux avec qui j'ai été appelé à travailler et qui, par leurs réactions, leur expérience ont enrichi la mienne.

Merci aussi aux divers auteurs que j'ai été amené à consulter, qui ont su théoriser leur pratique et ainsi m'ont apporté des matériaux de réflexion supplémentaires qu'il a fallu expérimenter sur le terrain.

Merci aussi à tous les collègues qui ont accepté de me faire part de leurs réactions fruit de leur expérience et m'ont permis d'améliorer mon texte :

– Catherine Bigot pour son travail de présentation agréable

– Colette Bizouard pour le partage de son expérience

– Simone Dutey pour sa minutie à l'égard du texte

– Vincent Fuchs pour sa critique et ses propositions

– Colette Huissoud pour le travail de frappe et ses suggestions

– Catherine Roche pour ses conseils techniques

– Georgette Schmitt pour ses remarques pertinentes

– André Soutrenon pour ses remarques judicieuses

– Sans oublier Blanche, mon épouse, pour sa longue patience, acceptant la réalisation de tâches qui facilitent mon travail d'auteur.

Merci à tous les lecteurs qui ont pris la peine de m'écrire pour m'envoyer leurs critiques et suggestions.

Merci enfin aux critiques de journaux et revues qui m'ont interpellé par leurs remarques.

Animer et participer

"Celui qui obéit... se sent inférieur non par accident mais par nature. A l'autre bout de l'échelle, on se sent de même supérieur. Et ces deux illusions se renforcent l'une l'autre."

Simone Weil

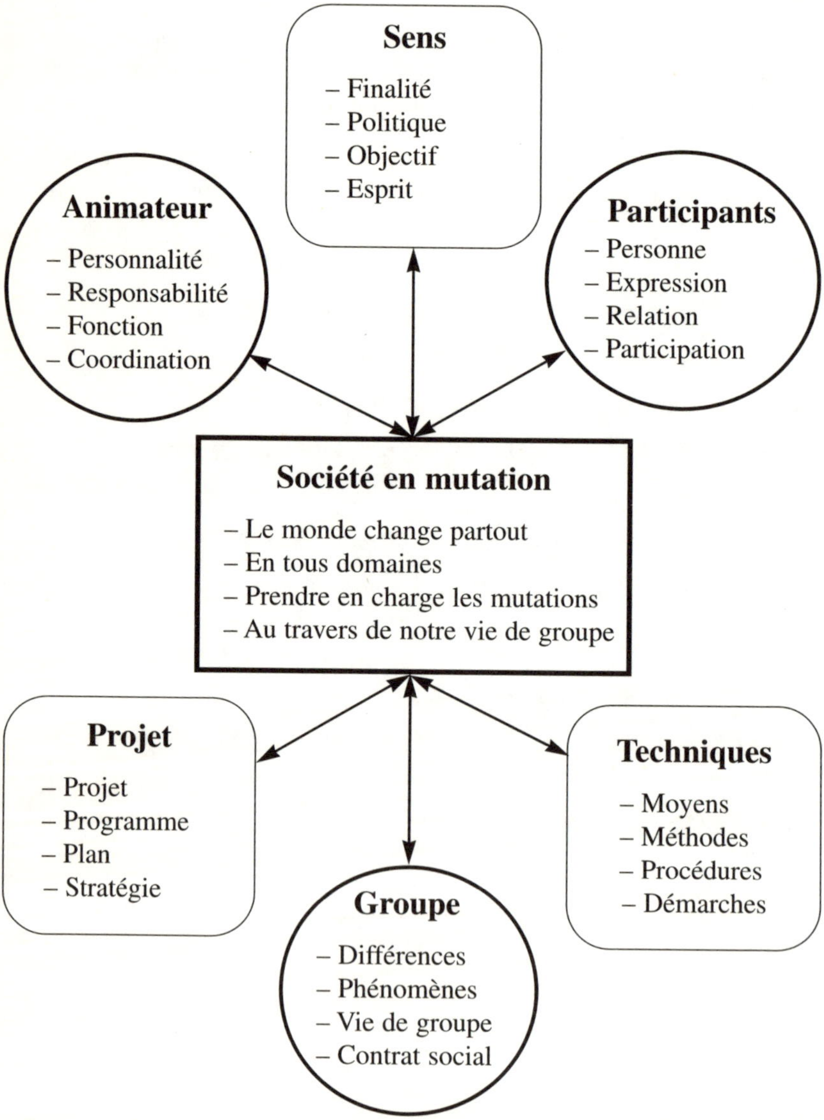

Animer et participer à la vie de groupe

Un deuxième ouvrage, du même auteur, complète celui-ci : ***Les techniques pour animer et participer à la vie de groupe***.

Introduction

Tous animateurs

Nous sommes tous des participants

Chacun de nous est inséré dans un groupe de vie (famille, quartier, travail, etc.) ou dans des groupes d'action (association, syndicat, parti, organisation solidaire, etc.). Notre présence peut se réaliser de différentes façons. C'est un choix à faire entre différents types de participation.

• ***Une participation passive***. Nous sommes présents, pas toujours, mais nous nous insérons dans la vie d'une équipe en écoutant les autres, sans apporter notre contribution, soit par timidité, soit par complexe, soit à cause de l'ambiance dans le groupe. Nous sommes là, comme des "pots de fleurs"...

• ***Une participation active***. C'est avoir le courage, dans les groupes où nous sommes, d'apporter notre contribution à la réflexion comme à l'action. Nous sommes forcément compétents dans les groupes qui prennent en charge les problèmes qui nous concernent. Aussi notre participation est facile à réaliser puisqu'il suffit de dire "Je", c'est-à-dire de parler des problèmes auxquels nous sommes affrontés. Dans un Comité de parents d'élèves, parlons de nos enfants, c'est çà le "Je". De qui parler d'autre ? Les enfants dont nous pouvons parler le plus objectivement, ce sont les nôtres. Si chaque parent, dans l'équipe, fait de même, l'ensemble des "Je" donne des apports particuliers pour chaque enfant, nous permettant d'arriver au "Nous", une pensée collective, née de la synthèse des "Je", des problèmes qui préoccupent les parents. Ce qui est vrai du Comité de parents d'élèves, l'est aussi du syndicat : du "Je" en parlant de ses problèmes dans l'entreprise, l'ensemble de ces "Je" conduira au "Nous", etc. Cette démarche de participation active est possible dans toutes les organisations dans la mesure où on demande à chacun de parler de ses problèmes personnels, en acceptant que les autres fassent de même pour passer du "Je" au "Nous".

• ***Une participation responsable***. La participation active nous a fait découvrir la richesse de la différence. Chaque "Je" étant unique, il nous apporte sa différence et cette différence nous permet d'avoir une vision plus fine pour prendre en charge les problèmes dans leur diversité.

Cette prise en charge, pour être effective, nécessite que chaque membre du groupe accepte de prendre une responsabilité, c'est-à-dire accepte de prendre en charge une tâche à réaliser, afin que le partage des tâches entre tous les membres du groupe rende celui-ci plus efficace car tous les aspects d'un problème seront assumés par l'ensemble des personnes du groupe.

Cette responsabilité entraîne la nécessité d'acquérir la compétence nécessaire pour l'assumer, d'où l'importance de l'information, de la documentation, de la formation, pour chaque personne et pour le groupe.

Plusieurs exercices sont proposés au cours des chapitres pour commencer à s'entraîner, seul ou en équipe, à la connaissance des problèmes de vie de groupe.

De la participation responsable à l'animation

Grâce à notre responsabilité, nous sommes partie prenante de l'action collective du groupe. Aussi quand, au cours d'une réunion, un problème est abordé, c'est celui qui en est responsable qui doit animer la réunion pendant le temps où son problème est traité.

En effet, l'animation est plus pertinente si elle est réalisée par la personne ayant en charge le problème traité. C'est elle qui a une vision plus large et plus complète des différents aspects du sujet. Elle ne laissera pas dans l'ombre des caractéristiques importantes, du fait de sa compétence particulière. Alors qu'un animateur qui connaît moins le sujet risque de laisser de côté des aspects importants.

Ainsi, si nous avons tous une responsabilité dans le groupe, nous devons tous apprendre à animer, car nous serons sollicités à le faire chacun dans le cadre de notre responsabilité, pour avoir un groupe plus efficace.

Une animation qui ait un sens

Il est important que l'animateur sache écouter véritablement les interventions d'autrui et puisse intégrer les oppositions éventuelles en les faisant débattre au sein du groupe, pour que la compétence sur un sujet ne soit pas excluante.

Il est possible de réduire l'animation à la maîtrise des techniques. Faire un apprentissage qui nous permette de posséder des outils diversifiés pour faire face aux diverses situations qui se présenteront.

Certes, il est indispensable de le faire, mais un outil ne prend sens que par l'utilisation que l'on en fait. Un marteau peut servir à détruire. Il peut aussi servir à construire. C'est nous qui donnons sens à nos outils. Il est donc indispensable de réfléchir au sens que nous voulons donner à notre vie, à notre travail, pour que nous utilisions toutes nos capacités personnelles (attitudes, comportements), tous les outils dont nous avons besoin (moyen, méthode, procédure) dans le sens que nous aurons choisi. C'est un choix politique important, pris au sens grec **politikos**, qui concerne les citoyens et la vie de la cité. C'est une conduite réfléchie pour atteindre un objectif précis.

Si nous voulons une société plus démocratique, plus solidaire, il sera nécessaire que nous commencions à la mettre en œuvre là où nous sommes, dans nos groupes, nos organisations, tant à travers notre façon d'être à l'égard des autres (gestion de notre pouvoir) que dans le choix de l'utilisation des outils que nous utiliserons pour qu'ils contribuent aussi à la réalisation de cette société plus démocratique, plus solidaire.

C'est une invitation

- Invitation à aborder la notion d'animation de manière large et vivante.
- Invitation à s'investir réellement dans la relation avec les autres.
- Invitation à s'engager dans l'exercice d'une responsabilité.
- Invitation à acquérir une disposition intérieure d'évolution progressive.
- Invitation à prendre cet ouvrage comme un outil de travail

et un guide permanent de perfectionnement, d'où certaines répétitions pour aborder le même problème sous plusieurs aspects.

Le peuple

Lorsque tombait la pluie et qu'un manteau de glace
Semblait peser sur tout Paris,
Que les pieds dans la boue et la mitraille en face
Armé de quelques vieux fusils,
Sourd aux cris de la faim qui tordait ses entrailles,
Et de la soif qui le brûlait,
Il se montrait encore, ce géant des batailles,
En février comme en juillet.
Etait-ce pour de l'or que sa poitrine nue
S'offrait au feu des bataillons,
Qu'il venait déchirer au pavé de la rue
Ce qui lui restait de haillons ?
Voulait-il des palais les voûtes orgueilleuses
Pour abriter ses os glacés ?
Voulait-il reposer aux couches somptueuses
Ses membres au combat lassés ?

Non, ce n'est point de l'or qu'il faut sur ses blessures
Il lui faut des droits et du pain
Du pain pour les enfants qui souffrent les tortures
De la misère et de la faim.
Son droit, c'est d'être enfin compté dans la balance
Où doit peser son destin,
Ce qu'il veut, c'est qu'enfin sur le sol de France
Chaque homme soit citoyen.
Mais ses droits, il les veut ; c'est au prix de sa vie
Qu'il veut les conquérir.
Au palais des tyrans, de sa main amaigrie
Il a gravé ces mots : Vivre libre ou mourir.

Poésie anonyme
L'Atelier, 12 avril 1848

C'est ce peuple qui, lors de la Révolution de février 1848, obtint le suffrage universel... Que devons-nous conquérir aujourd'hui ?

1. Le groupe dans une société en mutation

"Aucun individu ne peut reconnaître sa propre humanité, ni par conséquent la réaliser dans sa vie, sinon en la reconnaissant chez les autres et en coopérant à sa réalisation avec les autres.

Aucun homme ne peut s'émanciper autrement qu'en émancipant avec lui tous les hommes qui l'entourent. La liberté est la liberté de tous puisque je ne suis réellement libre, libre non seulement dans l'idée mais dans le fait, que lorsque ma liberté est dans le droit de tous les hommes, mes égaux."

Bakounine

Contexte

Nous vivons dans un monde en mutation

Notre vie personnelle et sociale n'est pas désincarnée. Elle est insérée dans un monde qui continue à se créer chaque jour par le travail des humains. L'effet cumulé du travail intellectuel et manuel, de la pensée et de l'action des générations précédentes fait que nous arrivons à une période où les changements sont très rapides. Ils nous obligent à changer nos mentalités pour les devancer afin de leur donner un sens. Il nous faut apprendre à décider en anticipant si nous ne voulons pas que les personnes soient dépendantes des mutations que nous vivons au quotidien.

Apprendre à voir la réalité en mouvement

Un mouvement qui s'accélère sur le plan technique

- ***Le rythme des milliards d'années*** : La naissance de l'univers (15 milliards d'années), la naissance de la Terre (7 milliards d'années), l'apparition de la vie (4,7 milliards d'années).
- ***Le rythme des millions d'années*** a marqué une première accélération. C'est le rythme de l'hominisation commencée il y a 35 millions d'années : australopithèque (6 millions), homo habilis (3 millions), homo erectus (1 million), homo sapiens (40 000 ans).
- ***Le rythme des millénaires*** voit se poursuivre l'accélération. C'est le rythme de l'humanisation : le mésolithique (10 000 av. J.-C.), le néolithique (– 8 000), la civilisation égyptienne (– 8 000), la civilisation en Mésopotamie (– 4 000), en Grèce (– 3 000).
- ***Le rythme des siècles*** : Rome (753 av. J.-C.), le Moyen Age (500 à 1500), la Renaissance (XVIe et XVIIe siècles), le Siècle des Lumières (XVIIIe siècle), la première révolution industrielle (XIXe siècle).
- ***Le rythme des décennies*** : l'Europe domine le monde (1900-1914), la Grande Guerre (1914-1918), la montée vers la crise économique (1919-1929), l'installation des dictatures (1929-1939), la Seconde Guerre mondiale (1939-1945), les blocs en présence (1945-1953), les Trente glorieuses (1945-1955).
- ***Les rythmes annuels*** : les années 50, les années 60, les années 70, les années 80, les années 90. Chaque année paraît le Bilan de l'année dans les grandes maisons d'édition.

Un mouvement qui s'étend sur toute la planète

L'exemple de l'industrialisation est significatif. Elle a conduit à la mondialisation.

- ***La première révolution industrielle*** (vers 1830). Le point de départ : la machine à vapeur avec les mines, le chemin de fer, la sidérurgie, le textile, avec comme conséquences la naissance de la classe ouvrière, l'extension du capitalisme, de la colonisation, des banques, etc. et l'apparition des mouvements ouvriers (syndicats, partis) et du problème social (misère, pauvreté, etc.).
- ***La seconde révolution industrielle*** (vers 1870). Le point de départ : le moteur à explosion, l'électricité, les métaux non ferreux entraînent le développement de l'automobile, de l'aviation, avec comme répercussions l'essor de la mécanique, des industries électriques avec l'arrivée des OS, le taylorisme, la société de consommation.

- ***La troisième révolution industrielle*** (vers 1945). Avec l'apparition des ordinateurs, du nucléaire et l'extension de l'électronique avec comme conséquence l'utilisation de l'informatique qui traite de l'information, clé de la décision et, de ce fait, du pouvoir. Les conséquences en sont innombrables avec la mise en fichiers de toute la population à travers ses diverses activités.
- ***La quatrième révolution industrielle*** (vers 1995) dont la base est l'extension de l'application de la téléinformatique avèc l'arrivée d'outils multimédia (ordinateurs) qui permettent, grâce à la numérisation (vidéodisque) passant par des réseaux maillés, de faire circuler l'information dans le monde entier (Internet). Les conséquences : nous avons un outil qui peut nous aliéner ou étendre la démocratie suivant les choix que nous ferons. Les images virtuelles créent un monde nouveau.

Un mouvement qui concerne tous les humains

Là aussi les mutations sont considérables.

- ***Au niveau des personnes***. L'anthropologie peut en être le pôle fédérateur pour nous montrer le nouveau champ de nos compétences. Elle met en interaction : la biologie (aspects physiques) avec ses répercussions sur les thérapies ou la génétique ; la psychologie avec ses nombreux courants ; la philosophie avec l'évolution de la pensée de l'Antiquité à nos jours s'élargissant à toute la population.
- ***Au niveau de la société***. La sociologie peut être le pôle unificateur de la relation des hommes avec la matière ; l'économie la relation des hommes aux autres hommes ; le politique la relation des hommes à l'esprit par l'idéologie, nous permettant de penser une démocratie participative grâce au développement de la citoyenneté.
- ***Au niveau du monde***. Tous les phénomènes sont situés dans une réalité à trois dimensions que rassemble l'écologie (la niche où nous vivons). Nous percevons alors que nos actes, notre vie sont situés dans l'espace (géographie). Nous vivons sur un territoire donné. Notre vie est située dans le temps (histoire). C'est la découverte de nos racines nous permettant de comprendre le présent pour préparer l'avenir. Notre vie a aussi un sens donné par les religions complétées par les idéologies et la philosophie.

Cet ensemble de mutations humaines nous fait pénétrer la complexité de l'être humain comme de la société.

Les conséquences pour la vie de groupe sont importantes. Il nous faut :

1. ***Choisir*** entre fuir cette réalité, s'adapter à elle, c'est-à-dire se couler dans le moule du déterminisme, ou anticiper, dans, nos décisions pour donner sens à nos actes.
2. ***Accéder à un nouveau mode de pensée*** prenant en compte une forme de pensée **dialectique** (prendre en charge ses contradictions) assumant **la complexité** des phénomènes sociaux et des personnes (associations non dénombrables) et utilisant **la systémique** (fonctionnement des systèmes) pour situer les interactions des phénomènes (complémentarité) (voir p.121).
3. ***Utiliser les nouveaux outils multimédia*** en faveur de la démocratie participative, en développant la citoyenneté qui permet que les moyens correspondent aux fins.

Acquérir un jugement

Le jugement

- Face à cette réalité en changement permanent, comme être humain nous devons être capable de juger les situations pour y faire face, les assumer et leur donner un sens. Le jugement c'est la faculté de l'entendement de celui qui connaît, comprend, compare, pour décider de ses actes. C'est la démarche qui nous permet de choisir entre plusieurs options, en fonction des choix de société que nous avons faits, en tenant compte de notre conception de la personne et de la société.
- Le jugement est nourri par la conscience morale. C'est la capacité à se former des jugements moraux qui inspirent nos actes. Cette conscience morale est nourrie par notre réflexion, notre méditation sur nos pratiques, sur celles des autres, à la lumière de choix philosophique, idéologique ou religieux que nous avons faits et mûris au cours de notre vie. Car la liberté de la personne fait qu'elle ne peut être assujettie à un sens donné à sa vie imposé de l'extérieur par une philosophie, une idéologie, une religion. Nous pouvons puiser dans celles-ci les matériaux nécessaires à notre réflexion, mais, en définitive, c'est nous qui pourrons et devrons décider.
- Notre conscience morale lucide doit dialoguer avec la conscience morale des autres membres du groupe pour que nous forgions ensemble des positions claires face à toute situation, à tout événement, à tout problème.

Le jugement de réalité éclairé par des valeurs

Il convient de distinguer trois aspects du jugement.

- ***Les jugements de valeur*** (bien/mal, bon/mauvais, beau/laid, juste/faux) qui sont des illusions de jugement. Qui détermine les normes du bien ou du mal, du beau ou du laid, sinon ceux qui détiennent le pouvoir ? Dire : “Ce plat est mauvais” est une généralisation ; mais dire : “Je n'aime pas ce plat” laisse à d'autres la possibilité de dire qu'ils l'aiment.
- ***Les jugements de réalité*** sont un progrès car ils permettent de s'en tenir à un constat admis par les personnes en présence. Au lieu de dire à un élève : “Tu écris mal” (jugement de valeur), il conviendrait de lui dire simplement : “Je ne peux pas te lire”. Ainsi nous évitons de mettre des normes à l'écriture et nous demandons simplement que l'on puisse lire pour communiquer.
- ***Les jugements de réalité éclairés par des valeurs***. C'est une démarche plus exigeante car le terme valeur n'a pas le même sens ici que précédemment. Il fait appel à une valeur choisie comme référence pour donner sens à nos actes (amour, justice, dialogue, etc.). Ainsi, le jugement de réalité, “Mon salaire est très bas”, est complété en se référant à une valeur que l'on a choisie, par exemple la “justice”. De cette façon nous fondons nos jugements de réalité éclairés par des valeurs pour donner sens à notre action : lutter contre l'injustice.

Contexte

Les valeurs sont vivantes et changent aussi

Il convient de distinguer :

- Des valeurs anciennes qui demeurent, comme l'amour, la justice, la sagesse, la paix, etc. Les écarts d'interprétation sont peu nombreux.
- Des valeurs anciennes qui évoluent, comme la liberté qui s'élargit de l'individu au peuple ; le dialogue qui, sous Platon, était une pédagogie et qui, aujourd'hui, permet de changer grâce à l'autre ; l'égalité qui était perçue comme voulant que tous soient identiques (il y a quelques décennies) et qui se conçoit aujourd'hui comme le respect des différences, etc.
- Des valeurs nouvelles qui apparaissent : la responsabilité est souhaitable pour chaque personne ; la créativité fait partie de l'essence humaine et n'est donc pas l'attribut d'une seule minorité ; la laïcité est l'expression de la tolérance à l'égard des diverses idéologies ou religions, etc.
- Des valeurs qui sont complétées : l'obéissance par le dialogue, la compétition par la coopération, la sincérité par la lucidité, la possession de la vérité par la recherche de la vérité, etc.

Choisir la valeur fondatrice des autres valeurs et celles qui en découlent

- Les spécialistes, théologiens, philosophes et idéologues, ne sont pas tous d'accord sur la valeur fondamentale. Pour les uns c'est la liberté, pour d'autres la justice, etc. Cela nous laisse libre de choisir celle qui nous paraît la plus pertinente.
- Nous avons choisi l'amour comme valeur fondatrice pour trois raisons. L'amour a des racines lointaines : Confucius (551 av. J.-C.), Démocrite (460-370 av. J.-C.), Sophocle (496-406 av. J.-C.). L'amour a des racines profondes car il fonde l'être dès sa conception. Il lui permet l'accès à l'autonomie et à la socialisation quand il l'accompagne du berceau à la tombe. L'amour a des racines diversifiées. Cette valeur est proposée par les diverses religions, de même que par de nombreux de philosophes ou d'idéologues.
- L'amour peut avoir trois caractéristiques essentielles :

1. Ne pas avoir de projet sur autrui afin de l'accepter comme il est, mais avoir des projets sur soi.
2. Etre disponible aux demandes faites pour y répondre, inconditionnellement, à travers le don.
3. L'amour est créateur dans la mesure où mon projet affronté au projet d'autrui nous fait réaliser un projet nouveau qui tienne compte des deux.

- Les valeurs qui dérivent de l'amour sont nombreuses : la créativité, la vérité, la liberté, la justice, l'égalité, la responsabilité, le dialogue, la paix.

Les conséquences pour la vie de groupe

- ***Ne plus porter de jugement de valeur*** (bien/mal) mais des jugements de réalité éclairés par des valeurs (amour, justice, dialogue, etc.). Car tout jugement de valeur est ressenti comme une agression et casse la relation.
- ***Choisir les valeurs qui nous servent de guide.*** Une fois choisies, il convient de les approfondir, de les clarifier, de les préciser afin d'être certain que tous mettent le même contenu aux valeurs. Sinon des interprétations différentes créeront des conflits.
- ***Elaborer un code de déontologie*** afin de concrétiser ces valeurs dans notre vie quotidienne : familiale, professionnele, associative, etc. Seules les personnes concernées sont compétentes pour réaliser ce code. Elles peuvent se faire aider par des spécialistes : théologiens, philosophes, mais elles décident, en dernière analyse, du contenu et des modalités d'application.

S'engager dans l'action pour construire un monde plus solidaire

L'engagement quotidien

Découvrir la réalité par l'analyse, porter sur les problèmes auxquels nous sommes affrontés un jugement de réalité éclairé par des valeurs n'a de sens que si ces réflexions débouchent sur des actions. L'engagement est une attitude permanente de présence active au monde pour continuer sa création et l'humaniser. Il se manifeste par un comportement actif de la personne qui tend à donner sens à ses actes quotidiens et aux actions collectives décidées avec les autres membres du groupe ou de l'organisation.

L'engagement permanent sur le long terme

Il convient de situer ces actions quotidiennes, pour résoudre les problèmes auxquels nous sommes affrontés, dans une perspective évolutive. D'où la nécessité, pour chaque équipe, chaque organisation, de déterminer ses grands axes d'action de transformation de la société en précisant la toile de fond (finalité) sur laquelle va s'inscrire son action spécialisée – famille, école, entreprise, Eglise, etc. – (politique) pouvant se traduire ensuite en objectif. Nous vous proposons comme base les “5 D”, facile à retenir, mais qui peut être améliorée, perfectionnée, approfondie. L'important c'est d'avoir un projet clair à long terme qui permette d'inscrire les actions de chaque jour comme autant d'étapes vers sa réalisation.

Les 5 D (finalité)

*1. **Démocratie participative**.* C'est le fondement même de la transformation sociale. Elle exige la mise en œuvre de la liberté d'opinion, d'expression et d'action. Si nous voulons asseoir la citoyenneté sur des bases solides, il conviendra de répartir des responsabilités concrètes à chaque personne. Pour développer les compétences, il faut développer information, documentation, formation, afin de pouvoir prendre éventuellement des décisions unanimes (accord de tous sur l'objectif), non uniformes (expérimentation de pratiques différentes pour atteindre le même objectif). Cette démarche peut s'appliquer dans toutes les institutions : Etat, école, Eglise, entreprise, famille, association, etc.

*2. **Dignité humaine**.* Affirmer qu'un individu est une personne, c'est affirmer que c'est un être capable de donner sens à sa vie personnelle et de participer à la prise en charge de la société pour continuer la création. Pour que cette liberté puisse s'exercer, il est indispensable, par exemple, pour chaque personne :

1. d'avoir un travail à temps complet (par le partage du travail on peut arriver à 35 h, voire 32 h ou 30 h par semaine) qui favorise son épanouissement ;
2. avec une rémunération suffisante pour ne pas avoir besoin d'assistance (3 fois le RMI ou mieux 2 fois le SMIC) ;
3. une organisation sur des bases participatives pour utiliser toutes les ressources et capacités de chacun. L'épanouissement de la personne doit pouvoir se réaliser dans tous les secteurs de sa vie personnelle (physique, affectif, intellectuel) et dans tous les domaines de sa vie sociale (aimer, travailler, décider).

3. ***Développement durable***. C'est un développement englobant. En effet, il s'applique au développement de la personne comme au développement de la société. Il suppose, pour que l'épanouissement des personnes se réalise, qu'une réponse soit apportée à leurs besoins et que le partage du travail et des revenus soit effectif. Pour le développement de la société, c'est l'ensemble des secteurs en interaction qui est concerné : le politique, l'économique, le social, le culturel, etc. dans le respect de l'environnement, afin de laisser à nos enfants et petits-enfants un héritage sain. Cela suppose l'organisation de la solidarité internationale. Ce développement répond à tous les besoins du présent, sans compromettre la capacité des générations futures à répondre à leurs propres besoins.
4. ***Droit des peuples***. Aujourd'hui, il nous faut passer des droits individuels (1789) aux droits sociaux (ONU, 1948) et élaborer un droit des peuples qui respecte la diversité de chacun. C'est en recherchant la part d'universel existant dans chaque particularité que s'élaborera progressivement un droit universel qui s'enrichira de l'apport de chaque peuple, tout en respectant la diversité. Ce droit des peuples, pour être solide, devra se fonder sur : le pluralisme accepté sur la base de l'égalité de droit ; la laïcité pour assurer le respect des diverses religions et cultures ; la tolérance permettant d'accepter les différences et de s'enrichir par elles ; le dialogue des peuples pour que chacun apporte sa spécificité et accepte de recevoir celle des autres.
5. ***Dialogue***. Nos cultures ont davantage appris à obéir qu'à dialoguer. Il nous faut donc apprendre à organiser la rencontre des différences de culture, de religion, de peuple. C'est grâce à l'expression de chacun, à l'affrontement des particularités, que l'humanité se mettra en marche vers son unité qui ne sera pas le nivellement mais, au contraire, l'acceptation réciproque de changer grâce à l'autre. Ces finalités, ainsi que d'autres que nous choisirons éclaireront les politiques particulières de notre champ d'action.

Les politiques

Les politiques vont permettre la mise en application de ces orientations générales dans chaque institution, chaque organisation : politique familiale, politique éducative, politique citoyenne, politique hospitalière, d'entreprise, ecclésiale, etc. C'est donc à chaque association, organisation, de déterminer avec clarté et précision les politiques qu'elle va réaliser. Sans avoir peur de rencontrer d'autres organisations ou associations qui travaillent sur le même chantier.

Les objectifs

C'est la traduction concrète de ces politiques dans les actes quotidiens des personnes et dans les actions des organisations ou associations. Ainsi l'action concrète est située dans une perspective évolutive, comme une étape vers la réalisation des politiques et la continuation de la création dans le sens des finalités choisies.

Notre pratique de vie de groupe sera modifiée si nous acceptons de suivre une démarche qui donne sens à nos actions.

Ce que nous apporte la prise de conscience de ces changements

Au plan des personnes

Face à tous ces changements, nous ne pouvons rester passifs sous peine de perdre notre richesse humaine et de devenir des robots manipulés par les techniques, les événements, les décideurs ou des minorités.

Nous sommes interpellés par le nombre et la rapidité des changements dans tous les domaines de notre vie personnelle et sociale. Si nous voulons rester maîtres de notre destin, il nous faut aussi changer nos habitudes de vie, de pensée et d'action.

Mais si les changements techniques sont extrêmement rapides, les changements de mentalité sont très lents. Nous devons en prendre conscience pour trouver des solutions à ce problème grâce à notre créativité. A un problème technique, il y a toujours une solution technique. A un problème humain, les réponses sont plus difficiles car l'être humain est plus complexe que la matière.

C'est pourquoi il serait souhaitable d'apprendre à anticiper, dans nos décisions, pour que l'être humain, précédant le progrès technique, lui donne un sens. Pour cela nous devons acquérir un mode de pensée qui prenne en compte la complexité, en situant chaque problème comme un élément d'un système qui a des contradictions (dialectique) qu'il nous faut assumer, au lieu de les fuir, si nous voulons les surmonter. Pour mieux saisir ce monde complexe, nous avons des outils (ordinateur multimédia, réseaux mondiaux, etc.). Pour appréhender la réalité, utiliser en premier lieu l'information, la formation, la réflexion ; en second lieu dominer l'outil : livres, ordinateurs, réseaux, banques de données, etc. Nous devons apprendre à nous servir de ces éléments pour développer les communications au sein de nos groupes, de nos organisations et avec notre environnement.

Pour juger de toutes ces situations, nous devons aussi faire l'apprentissage consistant à substituer au jugement de valeur (bien/mal, etc.) des jugements de réalité éclairés par des valeurs que nous aurons choisies (amour, justice, dialogue, etc.), de façon à déterminer les actions nécessaires de transformation personnelle et sociale pour construire une société plus solidaire.

Au plan des méthodes

Depuis plus d'un demi-siècle, la méthode Voir-Juger-Agir a servi de grille d'analyse pour les problèmes auxquels nous étions affrontés. Si elle a été pertinente pendant longtemps, en l'appliquant comme plan d'analyse, il nous faut aujourd'hui en changer, non la démarche – qui conduit de la perception des problèmes à leur jugement (de réalité éclairé par des valeurs), à l'action – mais la modifier dans son application. Il s'agit à présent, pour chaque problème, de faire un plan d'analyse et c'est à chaque point du plan que sera appliquée la Méthode VJA. Sachant que le Voir doit prendre en compte la complexité des problèmes et ne plus se contenter d'un seul en généralisant. Que le Juger se fondera sur des valeurs choisies, sur des finalités, des politiques et des objectifs clairs. Que l'Agir se situera dans une perspective évolutive.

Cela va aussi nous conduire, pour prendre en charge un problème complexe qui a toujours une dimension collective, à apprendre à travailler de façon pluridisciplinaire.

Repérer votre niveau de conscience

Type Entraînement

Objectif

(1) Action préconisée :
(2) Personnes et groupes concernés :
(3) Changements à opérer :
(4) Délais à respecter :

Préparer notre esprit à prendre conscience de la complexité de la vie en réalisant cet exercice.

Nous rappellerons pour chaque exercice les quatre éléments constitutifs d'un objectif.

Déroulement

1. Prenez une feuille de papier
2. Ecrivez le plus grand nombre de mots évoquant :
   - la technique : ex. ordinateur, voiture...
   - les attitudes humaines intérieures : ex. compréhension, écoute...
   - les comportements extérieurs : ex. sourire, geste accueillant...
   - les valeurs : ex. amour, justice, liberté...
   - le travail : ex. manuel, intellectuel...
   - l'action : ex. énergie, ardeur, œuvre...
   - la réflexion : ex. méditation, recueillement...
   - la personne : ex. individu, être humain...
   - la société : ex. population, classe sociale...
   - les idéologies : ex. monarchisme, communisme...

Analyse

- L'exercice mesure l'étendue de votre vocabulaire et de votre niveau de conscience,
- votre souplesse d'esprit pour passer d'un mot à un autre,
- votre capacité à saisir la complexité derrière la simplicité des mots,
- votre aptitude intellectuelle à prendre en charge une démarche proposée,
- mais aussi votre attitude qu'il convient que vous analysiez
  - Avez-vous réussi parce que vous êtes habitué à faire des mots croisés ?
  - Parce que votre profession vous facilite la démarche : enseignant ?
  - Du fait de votre spécialisation : sociologue, technicien, etc. ?
  - Ou avez-vous été bloqué par certains groupes de mots évoqués, étant une personne éprouvée par la vie ou en période dépressive ?
- Il se peut donc que, malgré vos aptitudes à répondre, vos attitudes vous empêchent de le faire correctement.
- Vos réponses dépendent de votre vie personnelle que personne n'a le droit de juger.

Remède

- Comme tout exercice a un double objectif : un objectif pratique et un objectif de personnalisation :
  - Que proposez-vous pour améliorer l'objectif pratique d'enrichissement de votre vocabulaire et d'accroissement de votre souplesse d'esprit ?
  - Que pouvez-vous faire pour surmonter vos difficultés personnelles actuelles ?

Éléments de réponse p. 289

Affirmation

[...] Quand la tempête gronde,
Mes amis, je me sens une foi plus profonde ;
Je sens dans l'ouragan le devoir rayonner,
Et l'affirmation du vrai s'enraciner.
Car le péril croissant n'est pour l'âme autre chose
Qu'une raison de croître en courage, et la cause
S'embellit, et le droit s'affermit, en souffrant
Et l'on semble plus juste alors qu'on est plus grand.
Il m'est fort malaisé, quant à moi, de comprendre
Qu'un lutteur puisse avoir un motif de se rendre ;
Je n'ai jamais connu l'art de désespérer ;
Il faut pour reculer, pour trembler, pour pleurer,
Pour être lâche, et faire avec l'honneur divorce,
Se donner une peine au-dessus de ma force.

Victor Hugo
L'année terrible

2. L'animateur

"Pour grands que soient les rois, ils sont ce que nous sommes : ils peuvent se tromper comme les autres hommes."

Pierre Corneille (1606 – 1684), ***Le Cid***

L'animateur

L'animation et l'animateur

Signification

• Du latin, **animatio**, dérivé de **anima**, donner une âme, principe de vie et de sensibilité ; **animus** désignant le principe de la vie morale et intellectuelle, le courage, l'esprit ; **animare**, donner la vie.

• Ainsi, animer, être animateur, comporte trois caractéristiques essentielles :
  – donner une âme (souffle) en créant une ambiance, un climat dans lequel chacun peut se permettre d'être lui-même ;
  – donner la vie (mouvement) pour favoriser l'épanouissement de chaque personne, de chaque groupe, de chaque organisation, en utilisant toutes les virtualités existantes ;
  – donner un sens (relations) en favorisant la communication des personnes au cours des réunions, dans le déroulement de la vie du groupe ou de l'organisation. Parler est important, mais arriver à une écoute réciproque et mutuelle favorise la compréhension, pour prendre en charge collectivement les problèmes auxquels nous sommes affrontés [1] et agir dans le sens déterminé ensemble. L'animation devient donc un élément nécessaire à toute vie sociale.

L'animation, un élément de la vie sociale

• Depuis plusieurs années, le terme animation s'est imposé à tel point qu'à présent sont baptisés animateurs un grand nombre de personnes aux fonctions diverses : animateur socio-culturel, animateur de rues, animateur de radio, animateur des ventes (représentant), etc.

• Il devient donc utile, pour clarifier les choses, de distinguer trois aspects :
  – ***Affecter la dénomination d'animateur*** à certaines professions est dangereux et regrettable car cela semble signifier que ne seront capables d'animer que ceux qui auront le statut, octroyé par un diplôme durement obtenu à la suite d'examens ou de procédures légalisées. Or c'est réduire la fonction d'animateur à des secteurs limités et, surtout, éliminer de l'animation nombre de personnes qui en font tous les jours (comme M. Jourdain faisait de la prose sans le savoir), dans leurs associations, dans leurs diverses activités ou dans leurs fonctions habituelles.
  – ***En faire une fonction exclusive*** : être spécialiste de l'animation est dangereux à un double égard. D'une part, l'animateur risque d'être confiné dans sa fonction particulière. Or, pour participer efficacement à la vie du groupe, il est important d'être capable aussi d'apporter sa contribution à la gestion et à l'administration du groupe ou de l'organisation. Etre seulement animateur ne suffit plus. Et, d'autre part, c'est laisser entendre que ceux qui ont d'autres fonctions ou d'autres responsabilités n'ont aucune part d'animation à assurer, ce qui est erroné.

---

(1) **L'animation non-directive des groupes**, Michel Lobrot, Petite Bibliothèque Payot.

– ***Le besoin d'animation*** se fait sentir dans tous les domaines de la vie sociale. Ce n'est donc pas par hasard qu'un technico-commercial est appelé animateur des ventes par exemple. Mais il est important de ne pas tout mélanger. Si un technico-commercial a une part importante d'animation à assumer de par sa fonction, il a aussi d'autres tâches à remplir qui ne sont plus du domaine de l'animation. Il en est de même pour toutes les autres fonctions spécialisées dans l'animation qui devront s'ouvrir aux autres secteurs de la vie du groupe (gestion, administration). Il en est de même de toutes les autres fonctions ou responsabilités non spécialisées dans l'animation qui, progressivement, prennent conscience de la nécessité d'inclure une part d'animation dans la façon d'exercer leur fonction.

Tout le monde peut être animateur

- A-t-on besoin d'animateurs professionnels ? Oui, pour le court terme, car on a pris l'habitude de se décharger de certaines tâches d'animation sur des spécialistes. Non, à plus long terme, car l'évolution des mentalités et du champ culturel de la population fait que, dans de nombreux lieux, on a tendance à rejeter ces animateurs pour échapper à une dépendance et se prendre en charge de façon autonome. Ce phénomène se retrouve dans nombre de clubs du 3e âge, comme dans de nombreuses bandes d'adolescents qui se sentent capables de s'animer eux-mêmes. Cela semble être un signe de maturation sociale à ne pas négliger.

- Alors se pose la question : “Tout le monde peut-il apprendre à animer ?” La réponse est oui car, dans la mesure où nous souhaitons que chaque personne accède à une responsabilité précise, pour l'exercer, il lui faudra être capable d'animer la partie de la réunion lorsque le groupe abordera les problèmes concernant cette responsabilité quelle qu'elle soit. Animer s'apprend comme on apprend à lire, à écrire et à compter, comme il faut apprendre à maîtriser l'informatique et apprendre une langue étrangère. Dès qu'une fonction se généralise par nécessité de service social et culturel, il devient urgent pour tout le monde d'apprendre soit à animer, pour ce qui nous concerne, la vie du groupe, soit à maîtriser l'ordinateur dans le domaine de sa vie professionnelle et sociale. Lorsqu'on devient conscient de cette nécessité, il convient d'en prendre les moyens pour que ceux qui le désirent acquièrent les éléments de maîtrise de ce nouvel aspect de leur responsabilité ou de leur fonction. Cela nécessite de croire profondément à l'éducabilité de tout être.

L'animateur, une fonction complexe

- Pour en saisir les différentes nuances, nous allons aborder successivement sa personnalité avec trois dimensions : attitudes, comportements et convictions ; sa responsabilité avec la distinction de trois aspects : autorité, pouvoir, responsabilité ; les caractéristiques de la fonction avec trois aspects : animation, gestion et administration.

Les attitudes

Signification

- Si le comportement est l'aspect apparent de nos réactions, l'attitude correspond à nos réactions intérieures. Quand nous pouvons les manifester, elles se traduisent en comportements. Quand il y a adéquation entre comportements et attitudes, nous sommes alors pleinement nous-mêmes. Mais, souvent, nous ne pouvons les manifester pour des raisons diverses, éducation, dépendance à l'égard d'un pouvoir, ou simplement par peur ou par conformisme. Dans ce cas, nous jouons un rôle qui peut aller jusqu'à adopter un comportement contraire à notre attitude intérieure. C'est la raison pour laquelle on ne peut se fier aux apparences. Il devient alors difficile de comprendre les autres uniquement à partir de ce que l'on voit de leur comportement. Découvrir l'attitude est autrement plus riche et plus fécond, mais c'est aussi plus difficile.
- Nos attitudes sont généralement le résultat de l'interaction entre notre personnalité et les événements sociaux que nous avons vécus, entre l'inné et l'acquis. L'expérience exerce une influence déterminante sur nos réactions intérieures, depuis notre éducation dans la famille, en passant par l'école et l'influence religieuse, sans oublier les différents groupes auxquels nous avons appartenu : quartier, colonie de vacances, etc[1].

Caractéristiques

- L'attitude met en jeu la totalité de notre être, quand nous sommes en relations avec des objets ou des personnes. Tous les facteurs perceptifs, affectifs, intellectuels, de la personnalité entrent en action, mais ce sont les aspects affectifs qui jouent un rôle prépondérant.
- L'attitude est ambivalente, c'est-à-dire que cohabitent en elle des éléments contraires, même si elle comporte une dominante, attirance ou rejet en particulier. Elle est faite d'éléments conscients et inconscients. Elle peut être spontanée ou composée. C'est pour cela, qu'en devenant conscients de nos attitudes profondes, il est possible de les faire évoluer.
- Il convient toutefois de ne pas confondre l'attitude avec les instincts ou pulsions (d'origine nerveuse), les habitudes (fruit d'automatismes), les opinions (résultat de conditionnements ou de réflexions personnelles).

Evolution des attitudes

- Nos attitudes peuvent évoluer. Plusieurs conditions complémentaires sont nécessaires :
  1. ***En avoir le désir profond***, car ce doit être une démarche libre.
  2. ***Accepter d'exprimer*** spontanément ses sentiments pour faire émerger à la conscience les racines refoulées.
  3. ***Faire un effort de compréhension***, sans jugement de valeur, de ce qui se passe en nous afin d'assumer une dynamique de changement choisie.
  4. ***Prendre conscience*** des influences qui ont joué au cours de notre vie pour les repérer et les utiliser pour changer.
  5. ***Avoir une dynamique de changement*** interne en essayant de la traduire extérieurement dans nos comportements.

---

(1) **Le développement de la personne**, Carl Rogers, Dunod.

Croire en la personne

Nombre de spécialistes ont étudié les problèmes d'attitudes, mais celui qui nous semble avoir apporté la contribution la plus intéressante dans ce domaine est Carl Rogers, né à Chicago (8 avril 1902–1987). C'est le père de la non-directivité. Mais quand il a vu les déformations que l'on faisait subir à sa pensée et à son expérience, il a abandonné ce terme pour lui substituer celui d'attitude centrée sur la personne. Ce sont ses recherches dont nous nous sommes inspirés.

Le centre de la personnalité est constructif

- L'expérience en thérapie, en formation, ou au sein des associations, montre à l'évidence que le centre – la base la plus profonde de la nature humaine, les couches les plus intérieures de sa personnalité – est essentiellement dynamique et constructif, est fondamentalement socialisé. Mais il faut un effort volontaire d'observation pour le découvrir, car la religion, en particulier, a imprégné notre civilisation du concept de l'homme fondamentalement pécheur. La psychologie aussi nous présente souvent l'homme agressif, incestueux, jaloux, s'il n'y avait un contrôle social. Heureusement, d'autres interprétations de la religion ou de la psychologie ont réussi à dépasser ces affirmations pour nous aider à découvrir un homme créé à l'image de Dieu aspirant à l'amour, un homme social recherchant la coopération au lieu de la compétition. Retrouver ce sens profond de l'être, demande d'être lucide pour déceler les déterminismes sociaux, en particulier idéologiques, qui ont conditionné nos réactions pessimistes à l'égard des personnes. Certes nous avons tous des déficiences, mais il est possible de les surmonter.

La personne possède une capacité unique de conscience

- Un être n'est jamais foncièrement mauvais, méchant. Il existe toujours une cause à ses réactions de rejet. Elles sont souvent un moyen de cacher une sensibilité très grande. Les difficultés de la vie ont pu contraindre à se durcir pour éviter de souffrir. Ce qui caractérise l'être humain, c'est la capacité de prendre conscience de ce qu'il est (personnalité) et de ce qu'il a (ses dons), de ce qu'il veut (sens à donner à ses actes). Nous avons alors un être capable de percevoir les exigences de civilisation, ses besoins physiologiques, son désir de relations, d'amitié, son aspiration au développement personnel, etc. Cette conscience peut rendre chacun capable d'avoir un comportement équilibré, réaliste, valorisant pour lui même et les autres.

Pour s'épanouir, la personne a besoin de confiance

- Quand on dévalorise un enfant ou une personne en lui disant qu'il est incapable d'étudier, de devenir habile (en ne lui renvoyant qu'une image négative), alors effectivement il le devient. Si, au contraire, cette personne sent notre confiance en ses capacités physiques, intellectuelles ou affectives, qui existent réellement, alors elle peut assumer ce qu'elle est et vivre pleinement en étant même capable d'utiliser ses handicaps physiques, mentaux ou sociaux pour s'épanouir. Des hommes comme Rogers, Bruno Bettelheim, Neill, l'ont amplement démontré par leur vie personnelle et sociale, même si, aujourd'hui, ils sont critiqués.

Les attitudes

La personne, un être en devenir

La pensée de Rogers se traduit toujours en actes. Elle est le fait d'une synthèse entre d'une part son expérience marquée par son éducation et toute sa vie professionnelle, familiale et sociale, et d'autre part son expérience issue de ses recherches organisées qui l'ont aidé à rationaliser sa pensée. Mais, pour Rogers, la rationalisation n'implique pas un modèle, une technique dans laquelle on s'enferme, mais simplement la classification d'une expérience vécue et pensée permettant de dégager un sens qui se construit chaque jour par des expériences nouvelles.

Toute personne possède en elle des richesses

- C'est ce pari sur la personne qui fait dire aux critiques de Rogers, qu'il est trop optimiste, qu'il oublie que l'homme a des défauts, etc.
- Rogers n'oublie rien de tout cela et lorsqu'il parle de considération positive inconditionnelle, c'est le résultat d'un choix issu de l'expérience. Il affirme qu'au cours de sa carrière déjà longue il n'a jamais trouvé de personne, même chez les plus perturbées ou les plus criminelles, qui n'ait en elle des richesses. Il reconnaît donc les défauts, mais il dit : malgré leurs défauts, il faut trouver leurs richesses, car nous avons tendance à porter des jugements de valeur qui font plus ressortir les défauts que les qualités.

Toute personne est capable d'utiliser ses richesses et d'être autonome

- On a tendance à croire que, si nous n'intervenons pas, les personnes ne vont pas progresser, ne vont pas changer. Nous croyons plus à la vertu de notre intervention qu'en la capacité des autres à trouver eux-mêmes la réponse à leurs propres problèmes. Si nous croyons en leurs capacités, nous les libérons de leurs angoisses. Ils deviennent capables de s'assumer.
- Pour Rogers cela est vrai, même en thérapie face à des gens perturbés. Combien cette affirmation devrait nous aider, dans nos relations "normales", à croire et à accepter que la plupart des gens aient la capacité d'être authentiques, d'être adultes, pour trouver en eux les ressources nécessaires à résoudre leurs problèmes.

Toute personne est capable de développer ses richesses, c'est un être en devenir

- Chacun est capable de tirer les leçons de son expérience. Il ne faut donc pas empêcher l'expérience de se faire. Ce qui nous empêche souvent d'accepter la démarche autonome des autres, c'est que nous avons peur de l'échec qui, pour nous, est un concept négatif. Or, échec et réussite servent à enrichir l'expérience et à tirer des leçons. Parfois un échec est plus enrichissant qu'une réussite ; si l'on sait en tirer profit, il permet une progression de l'être.
- Nous ne pouvons apprendre à changer que par l'autonomie. L'expérience des autres peut nous servir d'information, elle ne peut remplacer en rien notre propre expérience. Ceci est vrai dans tous les domaines, éducation des enfants, enseignement théorique, vie de groupe, etc.
- Ainsi chacun peut devenir capable d'assumer le présent dans son déroulement. La responsabilité est l'objectif de toute éducation qui a comme fondement l'autonomie de l'être et sa socialisation dans la relation aux autres. Trop de personnes sont dépendantes et ont de la difficulté à devenir adultes. Or nous sommes dans un monde complexe qui évolue rapidement, il est grand temps de forger des adultes capables de maîtriser le monde dans le mouvement même de son évolution. C'est le rôle de l'unité de l'être.

Confiance en soi et en l'autre

La confiance c'est le sentiment de celui qui se fie à lui-même ou à quelqu'un d'autre. Elle procure une impression d'assurance, de sécurité.

Liaison permanente, expériences et recherche

- "Les faits sont des amis" car ils permettent de cerner le réel qui est irréductible. Une pensée peut être infirmée, un fait ne peut l'être. Il est le garant de l'efficacité même de la recherche, car tant qu'elle reste théorique elle ne peut servir qu'à la satisfaction de l'esprit ; dès que l'expérience l'a saisie, l'application permet d'en vérifier la valeur (méthode déductive).
- La démarche inverse peut être faite : au lieu de partir d'une hypothèse non vérifiée, on peut partir de la synthèse d'une série d'expériences vécues, desquelles on dégage une ligne de travail (méthode inductive).

La conceptualisation est une aide

- Tout ce que nous pouvons tirer comme leçon de nos expériences pourrait être conceptualisé pour en clarifier la compréhension et en faciliter la communication à d'autres. Le concept devient un outil d'analyse. Le danger serait d'en être prisonnier au lieu de s'en servir de tremplin pour faire de nouvelles découvertes. Il est donc important que tout praticien apprenne à conceptualiser son expérience, sa pratique. Cela renforce la confiance en soi et, par les matériaux qu'elles nous apportent, la confiance aux autres.

Communiquer avec des formules simples

- Si l'on veut être compris, il faut avoir une maîtrise suffisante des concepts pour être capable d'en faire part en des termes accessibles à tous. Et, lorsqu'on est obligé d'utiliser des formules complexes, les expliquer de façon simple. C'est la seule façon qui permet de rendre compte provisoirement des aspects du réel. Le danger réside dans le simplisme car, derrière une formulation simple, peut se cacher une réelle complexité des problèmes.

L'attitude centrée sur les personnes s'applique dans tous les secteurs

- Si l'on veut atteindre l'unité de soi-même, c'est la même démarche qui doit présider à notre attitude dans tous les secteurs de notre vie : au travail, en famille, dans le quartier, dans les organisations dont on fait partie. C'est ce que Rogers essaie de faire en tant que psychothérapeute, enseignant ou leader : toujours rechercher le contact d'homme à homme, à égalité, dans la diversité et non dans une relation de dépendance.

On ne peut que proposer et non imposer

- La congruence nous impose d'être nous-mêmes. Cela signifie ne pas oublier que nous sommes des êtres de relation qui doivent comprendre empathiquement l'autre et l'accepter inconditionnellement tel qu'il est. Dans ces conditions, le devoir de dire ce que l'on pense en tant que thérapeute, enseignant, leader ou père de famille, ne signifie pas que l'on communique la Vérité, mais seulement notre vérité qui est donc relative. Ce qui nous empêche d'imposer notre pensée, afin de la proposer pour qu'elle s'affronte à la pensée des autres.

Toute relation est une rencontre de personnes

- Etre ouvert et disponible à l'autre totalement, c'est reconnaître l'égalité des êtres dans la diversité des fonctions, des capacités, des âges, des sexes, etc. C'est leur reconnaître la liberté d'être pleinement eux-mêmes dans leur relation avec nous. C'est accepter d'être enrichi par l'apport de l'autre quel qu'il soit, car c'est une rencontre avec un "être unique" qui m'apporte autant que je lui apporte. Sans le client, sans l'élève, sans les participants, sans mes enfants, comment se développerait mon être ? Parce que je suis un être de relation et que j'opte pour la liberté et l'égalité avec tous, je m'enrichis dans l'affrontement de toute rencontre avec des personnes.

Etre authentique

Croire en la personne ne peut être une affirmation sans se répercuter sur notre vie et sans transparaître dans nos comportements. La mesure qui nous servira pour agir avec les autres, c'est nous-même.

Me connaître

- Prendre conscience, c'est apprendre à découvrir ce que nous sommes. Or, le moyen le plus efficace que nous connaissons, c'est d'observer les réactions des autres à notre égard. L'autre est mon miroir et ce qu'il fait, ce qu'il dit en ma présence, est provoqué par ce que je suis. Il me renvoie donc, par ses réactions, une image de moi-même qu'il est parfois difficile d'accepter. Les enfants sont les reflets des parents, les participants sont les reflets des animateurs, les subordonnés sont pour une grande part les reflets de leurs chefs, etc. En acceptant d'apprendre à me connaître, j'acquiers des éléments pour connaître mieux les autres.

M'accepter tel que je suis

- M'accepter est une affirmation paradoxale dans la mesure où je souhaite changer pour m'améliorer, pour évoluer. Or la base du changement est l'acceptation de ce que nous sommes. Essayons d'expliquer ce paradoxe. Pendant que je cours après ce que je voudrais être, je ne peux être ce que je suis. C'est donc une fuite permanente en avant, idéaliste et non réaliste. Alors qu'en reconnaissant ce que je suis, je peux travailler avec ce que je suis. Si je suis un impulsif, il faudra travailler avec cette impulsivité et, en travaillant avec elle, le changement vient de lui-même dans la dynamique de la relation. Donc, loin de repousser mes contraintes, je les utilise, je travaille avec, c'est ce qui me transforme.

Instaurer des lieux permissifs

- Il n'y a pas beaucoup d'institutions où l'on se sente libre d'être soi-même, de vivre pleinement ce que l'on est et ainsi de pouvoir évoluer, changer, en fonction de ses propres désirs. C'est une démarche importante pour un animateur de faire du groupe, voire de l'organisation, un lieu permissif, un lieu où chacun puisse se permettre d'être ce qu'il est en se sachant accepté par les autres tel qu'il est. Permissivité individuelle, voie pour la permissivité sociale, car, en apprenant à être authentique dans sa vie personnelle, on apprend à être authentique dans sa vie sociale. On peut ainsi expérimenter dans son groupe, avec les autres, une expérience originale de vie collective préfigurant ce que l'on souhaiterait instaurer au niveau de la société planétaire.

Etre congruent

La congruence est une attitude déterminante dans nos relations interpersonnelles ou de groupe. Elle favorise le contact et permet une cohésion et une solidité des groupes quand elle est pratiquée par tous les membres.

Contenu

- La congruence c'est la relation étroite existant entre expérience et conscience, et expérience et communication, les deux démarches étant nécessaires parce que complémentaires. Reprenons cette définition pour l'expliquer. D'abord, précisons que le terme expérience ne renvoie pas au passé, mais à ce qui est vécu dans le présent. Ainsi la liaison expérience et conscience consiste à être conscient de ce que l'on vit actuellement. Quand un animateur dit à une personne énervée : "Pour dire cela, tu peux parler plus calmement", et que l'autre répond sur un ton très agressif : "Je ne suis pas énervée, vous m'en voulez tous", il n'y a pas de liaison entre l'expérience (le vécu) et la conscience (ce qui est dit et senti). Pour être totale, la congruence nécessite aussi la liaison entre expérience et communication, c'est-à-dire la capacité de communiquer ce dont on est conscient. Dans l'exemple précédent, il n'y a aucune liaison entre l'expérience et la conscience, ni entre l'expérience et la communication.
- Un jour, vous êtes invité par une amie. Vous attendez cette soirée avec impatience, mais, le moment venu, la soirée est terne et ennuyeuse. Au moment de partir, vous dites à la maîtresse de maison : "Merci de l'agréable soirée que nous avons passée ensemble". S'il y a liaison entre expérience et conscience, puisque nous sommes conscients de nous être ennuyés, il n'y a pas de liaison entre cette conscience et la communication que nous faisons. Il n'y a donc pas congruence.
- Lorsqu'il y a non-congruence entre expérience et conscience, on parle d'attitude défensive. Lorsque la non-congruence est entre la conscience et la communication, on parle de tromperie ou de politesse.

Faire le choix de dire

- Nous vivons dans une société qui nous a appris que "toute vérité n'est pas bonne à dire". Ce concept de civilisation a primé sur le concept évangélique : "Que votre oui soit oui, que votre non soit non". Comment peut-on arriver à régler un problème si on n'en parle pas ? Et plus on en parle tard, plus la situation s'est généralement aggravée. Alors que si nous prenions l'habitude d'aborder les problèmes dès qu'ils se présentent, ils n'auraient pas le temps de prendre de l'ampleur et pourraient se régler plus facilement.
- Ainsi le choix n'est pas entre dire ou ne pas dire, puisque pour être congruent il faut dire, mais entre dire sans se préoccuper de l'autre ou dire en faisant attention à trois choses :
  - ***le moment de le dire***, pour attendre que nous soyons prêts à dire les choses avec maîtrise et l'autre prêt à les entendre ;
  - ***la façon de le dire*** en veillant au ton et au comportement ;
  - ***le contenu*** : choisir les mots pour que l'autre ne soit pas bloqué par ce que nous disons. Une concession de forme n'est pas une concession de fond.
- Ces trois exigences montrent que la congruence est difficile, mais elles montrent aussi que la notion de non-directivité (ne rien dire) est le contraire de l'enseignement de Rogers qui est de dire et donc de s'impliquer.

Avoir de la considération objective inconditionnelle [1]

Contenu

Les trois mots de ce concept sont significatifs en eux-mêmes, avoir de la

- *considération* pour chaque personne avec qui l'on est en relation, signifie que personne n'est rejeté a priori, que personne ne peut être enfermé définitivement dans nos jugements de valeurs ;
- *objective* : Très souvent nous avons tendance à percevoir ce qui ne va pas chez les autres. Il faut donc inverser cette attitude afin de rechercher dans toute personne ce qu'elle a de constructif en elle. Rogers affirme : "Mon expérience me montre que, fondamentalement, tous les hommes ont une orientation positive", même les plus perturbés, ceux dont le comportement est le plus antisocial. [2] Il faut donc avoir un autre regard pour rechercher le plus spontanément possible ce qu'il y a de constructif en chacun ;
- *inconditionnelle* : Cela signifie qu'il faut accepter l'autre totalement, sans conditions, dans tout ce qu'il est, qu'il éprouve de la haine pour nous, de l'indifférence ou de l'admiration [3]. C'est chose difficile, car nous acceptons avec peine que les autres pensent et agissent autrement que nous.

Ambiance dans la relation interpersonnelle

Il ne peut y avoir de considération objective inconditionnelle si dans le contact ne se dégagent :

- *Une certaine chaleur*, une ambiance de relation qui doit être ressentie par l'autre personne. Cette chaleur ne peut exister dans tous les contacts que si nous sommes persuadés qu'il y a du positif en chaque personne.
- *De l'attention*, non pas pédagogique, mais d'une façon réelle, vraie, et perçue comme telle par l'autre, car elle a dépassé les jugements de valeur. Nous ne pouvons être attentifs à quelqu'un qui n'a pas notre estime.
- *De l'affection*, au-delà du paternalisme, mais un amour sincère de l'autre, sans cela nous n'accepterons pas inconditionnellement ce qu'il est.
- *De l'intérêt* : Etre attentif ne suffit pas, il faut être en situation soi-même, être intéressé profondément par l'autre. Lorsqu'on n'a pas d'intérêt pour quelqu'un, on a tendance à s'en désintéresser.
- *Du respect* : Chaque personne est respectable, même celles qui nous semblent les plus dépourvues. Sans respect pour ce qu'elles ont de positif en elles, nous les enfermons définitivement dans ce qu'elles ont de moins riche en elles.
- *De la confiance* : Il faut croire que toute personne peut changer, peut s'améliorer. Sentir que nous sommes responsables dans nos rapports avec les autres de l'attitude que nous aurons vis-à-vis d'eux. Admettre cela prouve une marque de confiance dans les chances d'amélioration de toute personne.

Les obstacles à surmonter

Nous avons souvent des craintes envers nous-mêmes. Nous avons peur de nos propres sentiments. Ne vont-ils pas changer ? N'allons-nous pas être marqués par tous ces contacts, si nous acceptons tout le monde, il n'y a plus les bons et les mauvais ?

Toutes ces questions sont significatives que notre personnalité n'est pas encore totalement unifiée, que nous avons peur d'être remis en cause et surtout de nous remettre en cause.

Nous ne pourrons avoir de la considération positive inconditionnelle pour quelqu'un que le jour où notre degré de confiance en nous sera assez fort, le jour où notre personnalité nous permettra de ne plus avoir peur.

---

(1) **Le développement de la personne**, op. cit., pp.204-237.

(2) Op. cit., p.24.

(3) Op. cit., p.19.

Avoir de la compréhension empathique

Signification

Là encore chacun des mots employés a un sens précis et complémentaire.

- *Compréhension*, c'est la faculté pour chacun de nous de comprendre un phénomène, une chose, une personne, c'est-à-dire de saisir par l'esprit, le raisonnement, la signification de quelque chose.
- *Empathie*, c'est la communication affective avec une autre personne. Elle est à la base de la compréhension interne, profonde, intuitive des autres : une mère avec son enfant, deux fiancés, sont dans les conditions de la compréhension empathique.

Application pratique

La compréhension empathique comprend différentes étapes :

- *Comprendre ce qui est dit*. Il s'agit d'abord de comprendre objectivement ce qui est exprimé par l'autre personne. Il est parfois nécessaire de passer par une étape d'interprétation interrogative qui permet à l'autre de préciser et d'ajuster sa pensée pour la communiquer. Il faut donc arriver à saisir les sentiments et les réactions personnelles éprouvés à chaque instant par les autres [1].
- *Pourquoi c'est dit*. Il nous faut arriver à percevoir les sentiments d'autrui, non seulement comme il nous les communique, mais de l'intérieur, tels que l'autre les perçoit et les ressent en lui-même au fur et à mesure de leur évolution. Sentir ce monde intérieur comme s'il était le nôtre mais sans se substituer à l'autre, qu'il apparaisse clairement à notre conscience [2].
- *Au-delà des mots*. Plus nous percevons clairement de l'intérieur les sentiments d'autrui, au-delà de ce qu'il exprime verbalement, plus il nous sera possible (et non facile) de lui communiquer quelque chose de cette compréhension, tant celle qu'il perçoit et connaît, que de proposer des significations de ce qu'il éprouve de façon à peine consciente [3].

Les conditions de cette compréhension

Cela suppose une acceptation inconditionnelle de l'autre, c'est-à-dire éviter de porter des jugements de valeur (bien/mal, etc.).

Cela suppose que nous soyons pleinement convaincus qu'il y a du positif en toute personne, sinon nous ne chercherons pas à comprendre empathiquement quelqu'un que nous avons rejeté définitivement.

Cela suppose aussi que nous soyons "congruents", car si nous nous contentons d'une compréhension de surface et que nous gardons pour nous ces découvertes, nos conclusions peuvent être ou une interprétation, ou une évaluation, car ce n'est qu'en communiquant que nous passerons à la compréhension.

Les concepts de Rogers sont complémentaires l'un de l'autre. Ils montrent qu'en définitive ces attitudes ont beaucoup plus d'importance que la connaissance théorique en psychologie et que l'habileté technique de l'animateur qui s'est entraîné à la conduite des réunions

Cela permet d'établir une relation fondamentale de personne à personne au niveau de la vérité de l'être profond.

(1) Op. cit., p. 42.
(2) Op. cit., p. 49.
(3) Op. cit., p. 205.

L'apprentissage authentique

Sa signification

• "C'est un apprentissage qui provoque un changement dans la conduite de l'individu, dans le sein des actions qu'il choisit pour le futur, dans ses attitudes et dans sa personnalité, par une connaissance pénétrante, ne se limitant pas à une simple accumulation de savoir, mais qui s'infiltre dans chaque part de son existence[1]."

Une nouvelle façon d'être

• ***Engagement en profondeur*** signifie que chaque journée nous apporte son lot de nouveauté, car c'est la vie. Une plante qui ne change pas ne vit pas. Il en est de même pour nous. L'essence de la vie c'est le changement. Or, si nous apprenons une seule chose nouvelle par jour, cela en fait 365 par an. Comment pourrions-nous ne pas changer devant cette poussée de vie ? Mais ce changement peut venir des pressions du milieu, pour nous adapter aux nouvelles situations, ou nous pouvons choisir nous-mêmes, à partir de notre conscience, les secteurs ou domaines de notre changement[2].

• ***Connaissance pénétrante*** : Une fois ces choix réalisés, notre apprentissage est en route. C'est un engagement personnel. C'est la personne tout entière qui se trouve impliquée dans ses aspects corporel, intellectuel, affectif. C'est un apprentissage en profondeur qui change quelque chose dans le comportement, les attitudes, donc dans la personnalité. Cet apprentissage ne peut être attesté par un examen ou diplôme car il dépasse le mesurable. Ainsi il ne suffit pas d'être capable d'expliquer, par exemple, ce qu'est la congruence (ce que l'on demanderait à un examen), mais d'être capable de la vivre dans tous les secteurs de sa vie, familiale, professionnelle, associative, etc. Seule la personne elle-même et ceux qui vivent avec elle peuvent témoigner du changement et de sa direction.

• ***Changement permanent*** : Dans certains groupes, il est parfois question de conflits de générations, à cause de certaines incompréhensions ou parce qu'on ne se retrouve pas sur la même longueur d'onde. Si nous analysons de plus près le phénomène, nous découvrons que ce n'est pas un problème d'âge, mais un problème de momification. Les conflits surgissent entre les personnes quand les unes restent figées sur leurs acquis, croient avoir atteint leur plein développement (momification), face à d'autres qui acceptent d'être ouvertes à toute expérience, donc de s'enrichir, d'évoluer, de changer, car c'est signe de vie. C'est donc moins un problème d'âge (encore que parfois cela puisse intervenir) qu'un problème de changement. Or, il y a des personnes de 20, 30, 40 ou 50 ans, qui croient avoir acquis des certitudes pour l'éternité et, de ce fait, ne peuvent changer. Il y a d'autres personnes qui à 30, 40, 50, 60, 70 ou 80 ans, sont toujours prêtes à apprendre de nouvelles choses, donc à changer en permanence. L'apprentissage ne peut être limité à une période de la vie. Il a lieu du berceau à la tombe. C'est lui qui fonde la nécessité d'une éducation permanente instituée, mais aussi branchée sur l'expérience permanente de la vie sociale.

---

(1) Rogers, op. cit., p. 201.

(2) **Le métier d'animateur**, Geneviève Poujol, Privat.

"La vie pleine"

Sa signification

"La 'vie pleine' est le processus de mouvement dans une direction que choisit l'organisme humain quand il est libre intérieurement de se mouvoir dans n'importe quelle direction, et les traits généraux de cette direction choisie semblent avoir une certaine universalité [1]."

On se rend compte par cette définition que la "vie pleine", encore appelée "le plein fonctionnement de la personne", n'est pas un état fixé, un but que l'on peut atteindre, dans lequel on s'installe, le sommet de la perfection, de la vertu, de l'habileté... C'est un mouvement, une progression, une direction choisie librement du plus profond de l'être. Ce qui montre qu'il n'est pas facile de se réaliser car il faut surmonter ses propres conditionnements ainsi que les conditionnements du milieu qui nous entoure.

Caractéristiques du processus [2]

• ***Ouverture accrue à l'expérience***

"Arriver à m'accepter tel que je suis, sans me juger, accepter aussi bien les sentiments internes provoqués par mon organisme que ceux provenant du milieu, être suffisamment ouvert à l'expérience permanente, vécue, pour accepter les sentiments de peur, de souffrance, comme les sentiments de courage ou de tendresse."

Cette ouverture conduit à la conscience de ce que nous sommes réellement dans notre complexité en l'acceptant.

• ***Vie existentielle accrue***

C'est vivre totalement le moment présent comme un moment nouveau qui est enrichissement puisqu'il se situe dans un processus de progression qui permet une évolution permanente et non la fixité, car toute situation est imprévisible pour moi et pour les autres. Il faut donc que je demeure capable d'assumer l'instant présent.

• ***Confiance accrue dans mon organisme***

Pour arriver à vivre totalement le moment présent, il est utile que je me serve de mon organisme. Je dois donc lui faire de plus en plus confiance.

Il faut avoir dépassé le comportement habituel consistant à s'appuyer sur des principes directeurs, sur le jugement d'autrui ou sur l'habitude, pour arriver à se faire confiance à soi-même, à avoir confiance en ses propres réactions.

Quelques conséquences [3]

Aussi paradoxal que cela puisse paraître, plus on est disponible à soi-même, plus on est ouvert aux autres et plus notre être personnel devient un être social, car il n'a plus peur des autres, ni de l'environnement.

Plus on a une vie pleine, plus on est capable de choisir, plus on est en marche vers la liberté.

Plus on est libre intérieurement, plus on est créateur, c'est-à-dire capable d'inventer pour se situer pleinement face à des situations nouvelles et face à des situations anciennes.

Plus la personne est créatrice, plus elle est digne de confiance, et comme toute personne est créatrice, on peut faire confiance à la nature humaine pour surmonter ses faiblesses.

Enfin, elle entraîne un échange plus large. On devient à même de dépasser ses "petits problèmes". On devient capable de sortir de soi et d'assumer le milieu, ce qui est une plus grande richesse de vie.

---

(1) Op. cit., p. 141.
(2) Op. cit., p. 142.
(3) Op. cit., p. 146.

Les comportements

Le comportement de l'animateur

Signification

- Le comportement, c'est la manifestation extérieure de notre conduite. Observer un comportement ne préjuge pas des dispositions intérieures qui l'accompagnent. Ainsi, lorsque vous rencontrez dans la rue une personne que vous n'appréciez guère (attitude intérieure), vos habitudes culturelles, la politesse, feront que, lorsque vous vous croiserez, vous montrerez un visage souriant pour lui demander de ses nouvelles (comportement extérieur).

- Certaines écoles de psychologie veulent seulement prendre en considération l'ensemble des réactions accessibles à l'observation extérieure. Elles s'attachent donc à étudier la partie visible de l'iceberg (comportements), ne voulant pas étudier la partie cachée qui représente cependant 90 % de ce que nous sommes réellement (attitudes), sous prétexte que cette partie n'est pas mesurable.

- Il arrive souvent qu'il n'y ait pas corrélation entre le comportement (sourire lors d'une réception, attention d'un élève pendant un cours, paroles aimables à l'égard d'un chef, etc.) et l'attitude intérieure qui correspond à nos réactions intimes (je m'ennuie à cette réception, ce cours est rasoir, ce chef est incompétent, etc.), car nous jouons des rôles sociaux pour éviter des ennuis. Le comportement est très souvent lié au paraître. Or, pour arriver à être totalement nous-mêmes, il serait souhaitable d'arriver à ce que le comportement (paraître) corresponde à l'attitude (être), mais cela est rare et difficile du fait de notre éducation, mais aussi parce que cela nous permet de protéger nos faiblesses et nos peurs [1].

Attention au mimétisme (imitation)

- Cependant, le comportement extérieur de l'animateur joue un rôle capital dans la vie du groupe, tant dans le domaine de l'efficacité que dans celui des relations qui la permettent. Tout animateur suscite un phénomène de mimétisme (imitation), qu'il le veuille ou non, qu'il en soit conscient ou pas. Chacun a pu observer, dans les groupes où il se trouve, que la personnalité de l'animateur rejaillit sur le comportement des membres du groupe. Un animateur tendu provoquera des tensions dans le groupe ; un animateur disponible entraînera la disponibilité des membres du groupe, etc.

- Il est donc indispensable, pour chaque animateur : d'apprendre à connaître ses points forts comme ses points faibles ; de savoir observer les contradictions entre ses divers comportements – un animateur démocrate dans son groupe peut être un dictateur en famille, ou l'inverse – ; mais surtout d'observer les répercussions de son comportement sur les autres membres du groupe. Ainsi les autres lui servent de miroirs pour découvrir les aspects de sa personnalité sur lesquels faire porter ses efforts.

---

(1) **L'éducation et l'approche systémique**, Collectif, UNESCO.

Etre lucide

Une sincérité lucide

Pour être conscient de son propre comportement, la lucidité est nécessaire. Elle nous éclaire et complète la sincérité qui, lorsqu'elle est seule, peut égarer.

- *La personne sincère* peut manipuler d'autres personnes en se justifiant avec des motivations élevées : "C'est pour leur bien. Ils ne sont pas encore capables de comprendre. Ils n'ont pas l'habitude. C'est dans leur intérêt. C'est désintéressé. C'est parce qu'on les aime", etc. Ce genre de raisonnement empêche de se remettre en cause. Etant sincère, la personne ne pense même pas à s'interroger sur sa façon de faire et les répercussions de celle-ci. Ainsi elle pourra continuer en toute bonne foi et sincèrement à conditionner d'autres personnes. Que chacun réfléchisse aux personnes qui les ont "embêtées". Je crois que, dans la plupart des cas, elles étaient sincères, que ce soient nos parents, nos instituteurs ou nos chefs. Etaient-elles lucides ? On dit que "l'enfer est pavé de bonnes intentions", cela doit être vrai.

- *La personne lucide* tend à être consciente de ses actes et de ses répercussions. Elle fait des choix après avoir analysé une situation. Cela peut conduire parfois à manipuler, influencer autrui, mais en toute connaissance de cause. Ce qui signifie que, sachant ce que l'on fait, on peut se limiter, s'arrêter et changer. On dit aussi que l'habitude est une seconde nature. Quand l'animateur sera amené à manipuler, il lui faudra veiller à ce que ce soit en tenant compte des circonstances et des personnes, et veiller à limiter ce comportement dans le temps. La lucidité permet de se remettre en cause en permanence et elle évite le piège de l'idéalisme. Mais être lucide seul est très difficile. Il serait souhaitable de se rencontrer avec d'autres animateurs pour confronter méthodes, expériences, raisons des choix réalisés, car une équipe est généralement plus lucide qu'une personne seule.

Montrer l'exemple

Pour limiter les manipulations toujours dangereuses, il est judicieux de les dévoiler en les expliquant et de s'attacher à donner l'exemple d'une vie d'ouverture aux autres et de lucidité par sa pratique. Ce qui sert de régulateur au comportement c'est cette volonté de vivre lucidement ses choix profonds en tout domaine, même sur les détails les plus mineurs. Or, dans une vie de groupe, il n'y a pas de chose infime.

- *Dans le domaine matériel* : L'animateur est à l'heure aux rendez-vous, aux réunions. Il prépare ses réunions, car on ne peut exiger des autres ce que l'on ne fait pas soi-même. Il essaie d'avoir une pensée personnelle en évitant d'être trop lié à une "boutique" lorsqu'il se contente de répéter les consignes, etc.

- *Dans le domaine des personnes* : Il essaie d'écouter et de comprendre les autres. Il observe ceux qui souhaitent parler mais n'y arrivent pas. Il accepte d'être contesté, que ses idées soient remises en question, à la condition que des propositions soient faites à la place, etc.

Montrer l'exemple, c'est illustrer, par sa pratique sociale, comment être soi-même une personne unique. C'est le contraire du modèle qu'il faut copier. L'exemple montre la voie de la différence, le modèle indique la voie de la reproduction.

Notre comportement marqué par notre culture

Grands ou petits, Blancs, Noirs, Jaunes, enfants, adultes, hommes, femmes, etc. tous les humains font partie de la même espèce. Et pourtant chacun est unique.

Tous semblables

Chaque être humain, quels que soient la couleur de sa peau, son état de santé, son âge ou son sexe, reçoit de la même façon un programme de vie. Ce programme est inscrit dans chacune de nos cellules en 50 000 signes environ appelés gènes qui sont répartis sur 46 bâtonnets. Ce sont les chromosomes. Si nous avons pu repérer clairement les chromosomes, nous sommes encore loin de connaître tous nos gènes, mais les chercheurs continuent leur travail et l'on espère, d'ici quelques années, les avoir tous repérés.

Tous uniques

En effet, chacun de nous a reçu 23 chromosomes de son père et 23 chromosomes de sa mère, lesquels sont composés de milliers de gènes à l'origine de nos différences. Nous ne recevons jamais les mêmes moitiés que nos frères et sœurs. Les gènes de chacun se combinent au hasard comme dans une loterie. Nos différences physiques sont dues à nos gènes : yeux bleus ou marron, cheveux bruns ou blonds, nez droit ou crochu, bouche étroite ou large, etc. Ces caractères sont donc hérités de nos parents ou de nos grands-parents. Quelques gènes sont responsables de maladies dites "héréditaires". D'autres, à cause de leur combinaison, provoquent des handicaps.

Notre développement dépend de nos apprentissages

Ces caractéristiques innées vont être influencées et marquées par nos acquis, car tout s'apprend. Que nous soyons nés en Europe, en Afrique, en Amérique, ceux qui nous élèvent et nous éduquent ont un rôle très important. Ils font rentrer notre nature dans une culture. Non seulement ils nous nourrissent, nous soignent, nous habillent, nous logent, mais, comme ils nous aiment et nous éduquent, ils nous font découvrir nos coutumes, nos habitudes, notre langage, notre environnement. C'est par ce qui nous est proche que nous pouvons ensuite découvrir d'autres cultures et accéder à la connaissance de l'ensemble du monde.

L'école, les voisins, les amis viennent compléter le rôle des parents, avec tous ceux que nous rencontrons, pour participer à notre développement. C'est pour cela que nous sommes à la fois si semblables et si différents.

Nous avons tous une vocation personnelle

Malgré la marque du milieu, de la culture, de l'histoire, nous restons des êtres uniques. Cette unicité se traduit par la recherche de notre vocation, c'est-à-dire que chacun de nous a un rôle déterminé à jouer dans la société qui constitue sa fin personnelle. Il faut découvrir en soi un appel silencieux à faire quelque chose de sa vie dans une direction donnée que l'on a choisie. L'ensemble des vocations individuelles peut se mettre au service de la mission du groupe qui est de participer par ses objectifs à l'amélioration de la société.

Notre comportement marqué par notre histoire

L'espèce humaine est composée de plus de 5 milliards de personnes. Cette population ne cesse de croître au rythme des naissances plus ou moins nombreuses suivant les régions du monde. Chaque membre de l'espèce est un individu unique, une créature exceptionnelle. Aucun ne peut se croire supérieur aux autres, aucune ethnie ne peut affirmer qu'elle est au-dessus des autres. Ceux qui l'affirment sont des racistes et l'on connaît ce qui a résulté de la "race supérieure" des nazis qui ont exterminé 7 millions de personnes dans des camps de concentration et provoqué la mort de 50 millions de personnes pendant la guerre de 39/45.

Des personnes de toutes les couleurs

Noirs, Blancs, Jaunes, nous appartenons tous à l'espèce humaine. Pour le moment nous ne savons pas précisément pourquoi notre espèce présente des couleurs de peau différentes selon les régions. Cette différence de couleur de peau ne conduit pas à une différence de nature comme le croyaient certains conquistadores espagnols lors de la découverte de l'Amérique. Ils considéraient les Indiens comme étant de race inférieure. De même les négriers vendant des esclaves noirs considéraient aussi ces derniers comme étant de race inférieure. Il n'en est rien. Chaque ethnie possède une culture particulière, très riche et très variée, qui a nécessité des millénaires pour s'élaborer. Il convient donc de comprendre que différence ne signifie pas inégalité.

Nous sommes tous des métis

En effet, depuis le début de l'humanisation, les brassages de populations ont été nombreux. Les déplacements de peuples ont été fréquents. Les vainqueurs qui s'installaient parmi la population autochtone y faisaient souvent souche. A cela s'ajoutent les migrations occasionnées par les guerres, les famines, les épidémies. Aujourd'hui, peut-on encore prétendre qu'il existe une race pure... si race il existe ?

Les brassages se multiplient

Certains pays sont devenus des terres où toutes les couleurs se côtoient. Au Brésil, Noirs, Blancs, Indiens, vivent ensemble, se mélangent. Des fêtes comme le carnaval de Rio l'illustrent clairement. Aux Etats-Unis, comme en Amérique centrale ou latine, le peuplement s'est réalisé avec des immigrants venus de tous les pays d'Europe, de tous les pays d'Afrique. Chacun y joue sa chance, sans distinction de couleur de peau. Les religions sont aussi à l'origine de multiples brassages de populations, lors des croisades, certes, mais aussi des pèlerinages à St Jacques de Compostelle, à Jérusalem ou à la Mecque. Nous sommes dans un monde dans lequel tous les hommes de la Terre se croisent et se rencontrent.

Les vraies inégalités

Elles sont d'ordre économique : vivre dans le bien-être ou la misère, manger normalement ou avoir faim, étudier ou ne pas savoir lire et écrire, pouvoir se soigner ou mourir de maladie, etc. Elles sont d'ordre politique : vivre dans un Etat démocratique ou dans une dictature. Elles sont d'ordre idéologique : pouvoir dire ce que l'on pense ou devoir se taire, avoir la liberté de pensée ou être obligé de croire en une idéologie ou en une religion. Là se situent les véritables inégalités.

Prendre conscience des rôles

Le rôle est une configuration de modèles de comportements, de conduites, associés à une position ou **fonction** dans un système social. C'est l'aspect dynamique du **statut** qui désigne l'ensemble de ces fonctions et précise les **normes** de comportement conforme aux attentes d'un groupe restreint ou social donné. Pour clarifier les comportements, il est donc nécessaire de préciser ces 4 concepts : rôle, fonction, statut et norme.

Le rôle c'est généralement le personnage que l'acteur représente sur une scène de théâtre. Par analogie, c'est le personnage que l'on est dans son milieu de vie ou celui que l'on s'efforce de paraître. C'est aussi le comportement attendu de quelqu'un compte tenu de ses différents statuts. A partir de cette base, plusieurs variantes viennent se greffer.

- Moreno distingue trois sortes de rôles sociaux : ceux que chacun rêve de jouer ; ceux que la société attend de lui ; et ceux qu'il joue en fait.
- La personnalité est un ensemble de rôles possédés par l'individu qui les met successivement en œuvre dans les situations appropriées. Nous passons notre vie à jouer un, deux, voire trois rôles. Il est important d'être conscient que cette diversité apparente de rôles se raccroche aux mêmes attitudes de base et aux mêmes principes de vie. Ce qui nous fait croire à la multiplicité des rôles, c'est que, sous des contenus différents, nous ne voyons pas que, finalement, nous nous conformons aux mêmes principes de vie.
- Pour respecter ces principes de vie, nous pouvons être amenés à modifier nos comportements extérieurs face à différentes situations : au travail, en famille, à l'église, au syndicat, etc. Nous jouons ainsi des rôles différents apparemment à cause du processus d'interaction. Les personnes que nous rencontrons dans ces différents milieux induisent nos comportements comme nous induisons le leur. L'animateur aura pour tâche de percevoir ces différents jeux de rôles chez les personnes pour déceler les attitudes fondamentales qu'ils recouvrent. Il y sera aidé par le statut de la personne.

Le statut d'une personne c'est l'ensemble des comportements que son milieu a le droit d'attendre d'elle et réciproquement. Le statut correspond à l'ensemble des rôles tenus par une personne. Son obtention dépend autant de facteurs attribués (sexe, âge, origine familiale, profession, etc.) que de facteurs acquis liés au mérite personnel. Le statut est à distinguer du status. Le **statut** est constitué par un ensemble de déterminations juridiques (statut des fonctionnaires), le **status** est fait d'un ensemble de données de caractère social d'où résulte le rang reconnu à une personne dans son milieu. C'est la position sociale que cette personne possède dans la structure même du groupe ou de l'organisation (père dans sa famille, cadre dans son entreprise, goal dans son équipe de foot, etc.). L'ensemble des ces status particuliers constitue le statut social. Chaque statut nous contraint à jouer un rôle différent pour tenir compte de notre status particulier marqué par nos principes de vie.

La personne se socialise en "jouant" le rôle de ses parents, de ses camarades, etc. Grâce à l'interaction constante entre nos besoins, nos actes, l'image que nous avons de nous-mêmes et des autres, nos rôles sociaux sont perpétuellement remodelés au gré des situations. C'est dans cette activité symbolique incessante que peuvent se développer la conscience et la relation.

Une personne a plusieurs statuts, mais un seul statut social qui est la résultante de ses statuts divers.

Les rôles sont en interaction permanente

Interaction à partir de l'autonomie de la personne

Aucun individu n'accepte d'être traité totalement et uniquement comme un moyen dans son travail, dans ses loisirs, dans les organisations auxquelles il appartient. Il n'est jamais conditionné totalement dans son comportement pour plusieurs raisons.

- ***Chacun poursuit ses propres objectifs*** au sein des groupes où il vit. Personne n'accepte d'être traité comme un pion au service des objectifs du groupe ou de l'organisation. Ceux-ci ne sont pas forcément opposés, mais le groupe et l'organisation vivent avec cette multiplicité plus ou moins antagoniste. Ce n'est ni bien, ni mal, c'est un fait dont il faut tenir compte.
- ***Chacun possède une autonomie relative***. Il garde une possibilité de liberté qu'il utilise plus ou moins suivant les circonstances. Cette autonomie va s'affronter au pouvoir, l'organisation essayant de la contrôler, la personne cherchant à avoir un territoire personnel sur lequel elle peut décider. C'est encore un fait à prendre en compte en confiant des responsabilités à chaque personne et en délimitant un champ de décision (de pouvoir) dans le cadre de cette responsabilité.
- ***Chacun trouve une solution à sa manière*** pour retrouver son autonomie et sa liberté. Quand la structure du groupe ou de l'organisation est trop coercitive (travail à la chaîne), la personne arrive toujours à se dégager de cette contrainte (mise en panne de la machine par exemple), mais en le faisant de telle façon que cet acte ne lui soit pas imputé pour éviter soit la sanction, soit la parade de ceux qui ont le pouvoir.

Interaction de différents niveaux où se conjuguent :

- ***L'aspect personnel***, c'est-à-dire son histoire, son éducation, sa personnalité, son système de valeurs, etc.
- ***La situation de la personne dans le groupe***. Les enjeux auxquels elle est affrontée : tâches à accomplir, niveau de responsabilité, champ d'autonomie, importance du pouvoir de décision, etc.
- ***La situation du groupe dans l'institution***. L'institution marque la vie des groupes et des organisations. Elle concerne dans son secteur l'ensemble des citoyens (école, entreprise, Eglise). Elle organise les pouvoirs de relations internes et externes (lois) au nom d'une valeur qu'elle universalise (éducation pour l'école). De ce fait, nous sommes influencés par toutes les institutions dans lesquelles nous vivons comme personne (Etat) ou comme groupe régi par une loi.

Le rôle de l'animateur consistera à percevoir ces différents jeux de rôles de chaque membre du groupe en se rappelant que l'on agit toujours :

- dans son propre intérêt, en utilisant sa personnalité pour accroître ou défendre sa propre zone d'autonomie ;
- en tant que représentant de son groupe, à condition que cela n'affecte pas ses propres intérêts, mais au contraire les valorise ;
- en tant que représentant de l'organisation, à condition que cela n'affecte pas les intérêts de son groupe, mais au contraire leur permet de se réaliser.

Le rôle de l'animateur est de faire en sorte que les stratégies individuelles restent cohérentes avec les objectifs du groupe ainsi qu'avec les politiques de l'organisation ou en divergent le moins possible grâce au dialogue interne.

Directivité - Non-directivité

Ces termes, à la mode il y a quelques années, ont souvent, du fait de leur interprétation erronée, conduit à des impasses.

- L'animateur est directif toutes les fois qu'il choisit ou décide. Ainsi, choisir la non-directivité c'est être directif puisque nous imposons au groupe notre choix. A l'inverse, être directif, à la demande du groupe car il a besoin d'un père ou d'être dirigé, c'est être non-directif car on accepte la demande du groupe sans la juger, ni la critiquer.
- L'animateur est non-directif toutes les fois qu'il accède à la demande du groupe, tant en ce qui concerne le contenu que la méthode. Est-ce que cela n'est pas dangereux vont demander certains ? Le groupe va s'habituer à voir accepter toutes ses demandes et cela risque de le rendre très dépendant de l'animateur, ce qui peut conduire pour l'un au paternalisme et pour l'autre à l'habitude de l'assistance.

En fait, les choses sont plus complexes que cela. Toute personne, comme tout groupe, aspire à l'autonomie, à l'indépendance et, paradoxalement, on accélère le processus en répondant aux demandes. Un jour viendra où le groupe voudra se libérer de la tutelle de l'animateur. C'est alors que se posera le vrai problème : sera-t-il prêt à accepter aussi facilement l'autonomie du groupe que sa demande de dépendance ? Il est donc nécessaire de connaître ce processus pour s'y préparer et ne pas être surpris quand il se produit. C'est le phénomène de l'œdipe (voir p. 56).

La forme et le fond

Il est nécessaire de distinguer en outre directivité et non-directivité sur la forme et sur le fond.

- ***La directivité sur le fond***, c'est lorsque l'animateur impose ses idées, ses orientations sur le contenu, de façon visible ou de façon cachée.
- ***La non-directivité sur le fond***, c'est lorsque l'animateur favorise l'expression de la pensée de chacun, ses orientations, ses positions, et permet que le groupe fasse la synthèse pour arriver à une position commune.
- ***La directivité sur la forme***, c'est lorsque l'animateur, avec l'accord du groupe sur les points choisis ensemble, fait respecter les décisions prises : horaires, programmes, procédures, etc.
- ***La non-directivité sur la forme***, c'est lorsque l'animateur laisse faire au groupe ce qui lui plaît, sans intervenir, au nom d'une certaine conception de la non-directivité. Cela entraîne souvent au désordre et à l'inefficacité.

L'attitude souhaitable pour un animateur serait donc d'arriver à être directif sur la forme (respect des horaires par exemple) et non-directif sur le fond (expression de la pensée de chacun).

L'animateur disponible

1. *L'animateur réunit les participants* et leur présente, pièces sur table, de façon succincte mais précise, comme un ensemble :
   - des matériaux d'information,
   - des programmes types possibles,
   - des techniques,
   - des exposés de théories,
   - des matériaux : livres, dossiers, manuels, cartes, films, images, machines, exercices variés.

2. *L'animateur propose un choix* important de possibilités, pour le but à atteindre, auxquelles il attache du prix et qui l'engagent personnellement.

3. *L'animateur précise qu'il appartient aux participants de décider* individuellement et en groupe des moyens qu'ils emprunteront, en fonction des objectifs précis qu'ils se sont fixés et en usant pleinement de leur liberté, et que, si ce matériel est présenté, il n'est en aucune manière imposé.

4. *L'animateur se met à la disposition du groupe* en tant que personne compétente ou source de renseignements.

   Dans les relations animateur-groupe, rien d'obligé, rien d'exclu ; l'animateur est prêt à avoir des conversations, à faire des exposés ou à exprimer sa propre façon d'envisager les choses.

5. *L'animateur ne doit intervenir*
   - que si on le lui demande ;
   - à condition que chacun se sente libre d'accepter ou de refuser cette offre à tout moment, même si l'exposé est commencé.

6. *L'animateur coopère*. Quelle que soit l'information demandée par un individu ou un groupe, l'animateur doit être prêt à rechercher, avec les participants eux-mêmes, les possibilités d'élargissement et de remise en cause.

7. *L'animateur prend en compte tout ce qui surgit*. Pendant la réunion, rien ne doit être écarté :
   - ni les problèmes réels vécus par les participants ;
   - ni les sentiments propres de l'animateur, à condition que cela n'influence pas les participants d'une façon prépondérante et que cela soit réciproque.

8. *L'animateur allie disponibilité et rigueur*. Contrairement à ce que l'on pourrait croire, il n'y a pas trace de laisser faire dans une telle méthodologie, car si l'on ne présente aucune restriction au contenu du travail interne que les participants voudront choisir, il est cependant nécessaire de présenter des exigences externes, par rapport auxquelles le travail doit être accompli de façon responsable.

Choisir un comportement

Choisir un comportement, c'est un peu le résultat d'une dialectique entre l'inné et l'acquis. Par l'inné, nous avons un certain tempérament qui peut nous conduire à être spontanément dynamique ou passif. S'il est indispensable de travailler avec ce que l'on est, il est aussi important d'utiliser sa liberté pour choisir une direction et utiliser cet inné dans le sens de ses choix [1], dans une interaction de l'avoir et de l'être.

Avoir la maîtrise de soi

Lorsqu'on accepte d'animer un groupe et les réunions qui en découlent, de multiples problèmes surgissent.

- *Des problèmes techniques* à propos de moyens et de méthodes. Mais, si l'on réfléchit en équipe, à tout problème technique on trouve une solution technique.
- *Des problèmes humains*. Ce sont les plus délicats et les plus difficiles à maîtriser. Il est important de tenir compte et d'utiliser la diversité des personnes, les âges, les caractères, les formations, les sexes, etc. Il est nécessaire de ne pas entrer dans le jeu des clans, des oppositions, des attirances ou des rejets. Comme on ne peut les éliminer, il est préférable de s'en servir pour apprendre à faire cohabiter des pratiques différentes et faire l'apprentissage de la tolérance au sein du groupe. Surtout, il est utile de savoir que la raison et la rationalité sont une chose et que les sentiments en sont une autre. Ce sont eux qui, en dernière analyse, favorisent ou bloquent la vie du groupe, même quand on s'est mis d'accord sur des procédures ou des définitions de fonctions.

Etre disponible

- Que chacun sache qu'il peut voir l'animateur, le rencontrer lorsqu'il le souhaite s'il en a besoin. C'est un peu la compensation de ne pas avoir de projets sur les autres, car si l'autre me demande librement mon avis, au nom de quoi le refuserais-je ? Si c'est pour ne pas influencer, c'est ne pas lui faire confiance. Car, s'il demande un conseil, un avis, ce n'est pas forcément pour le suivre, mais pour être interpellé ou tout simplement pour nous obliger à nous dévoiler.
- Cette disponibilité aux personnes sera complétée par une disponibilité aux événements afin de ne pas rester centré sur les problèmes internes. Etre capable d'être ouvert aux interpellations de la vie sociale n'est pas toujours facile, car nous sélectionnons involontairement les faits qui vont dans le sens de nos préoccupations.

Etre accueillant

- C'est le corollaire nécessaire de la disponibilité. Car accepter de recevoir une personne tout en restant centré sur ses propres problèmes est ressenti par l'autre comme un rejet. D'autre part, en acceptant une rencontre, il est important que l'autre nous sente ouvert à ses problèmes parce que nous avons fait le vide en nous. Surtout si l'avis ou le conseil émis prend racine sur ce que la personne esquisse dans l'instant présent. Notre prise de parole est en écho à la relation présente. Ce sera une façon agréable de mettre l'autre à l'aise, d'être détendu, souriant. Même dans la rue, de façon gratuite, un sourire ne coûte rien et peut être agréable à l'inconnu.

---

(1) **L'inné et l'acquis**, Jean-François Skrzypczak, Chronique Sociale, 3e éd.

Avoir confiance en l'autre

- Il arrive que le discours de l'autre nous semble erroné, qu'il nous raconte des mensonges. Alors la méfiance envahit notre esprit et toute la relation risque d'en être détruite. Or, si l'autre éprouve la nécessité de nous dire ce qu'il dit, même si nous le considérons comme faux, c'est qu'il en a besoin. Notre confiance en l'autre doit aller jusque-là, car ce n'est pas par hasard s'il tient ces propos avec ce contenu. Il conviendra d'apprendre à décoder le non-dit derrière le dit et le dit caché derrière le dit exprimé. Si l'autre sent notre confiance et notre compréhension, elles seront libératrices.

Etre simple

- C'est rester accessible à tous dans le domaine du langage (jargon spécialisé), dans le domaine des titres (président), dans le domaine de nos compétences spécialisées, etc. Il existe souvent une appréhension chez nombre de personnes quand elles doivent rencontrer quelqu'un qui leur semble (à tort ou à raison) supérieur.

Avoir le sens de l'humour

- Ce n'est pas très fréquent dans la vie de groupe. Soit nous travaillons avec sérieux, car ce que nous faisons ne doit pas être pris à la légère ; soit, quand il nous arrive de mettre un peu de détente dans nos relations, nous passons à la grivoiserie ou à des histoires manquant de finesse.
- Avoir de l'humour, c'est ne pas se prendre au sérieux. C'est mettre le grain de sel qui donne une note détendue dans notre travail. L'humour ce n'est pas l'ironie qui détruit ou déconsidère l'autre. Ce n'est pas la grosse blague de corps de garde. C'est l'esprit qui étincelle à travers tout ce que nous disons et faisons. C'est un comportement à cultiver car nous en manquons singulièrement.

Avoir de la rigueur

- La liberté n'est pas l'anarchie (au sens péjoratif). C'est le contrepoint inévitable de la disponibilité et de l'accueil, si l'on ne veut pas verser soit dans le paternalisme, soit dans l'assistance. C'est, en même temps, un élément de sécurité pour le groupe car chacun sent qu'il peut s'appuyer sur quelqu'un de ferme, de solide, de résistant, restant inébranlable dans l'adversité, pour permettre au groupe de poursuivre son chemin malgré les difficultés et les déboires rencontrés en cours de route.
- L'assurance et la détermination sont également des facteurs importants pour avancer vers les objectifs fixés. Encore convient-il qu'elles soient l'expression d'une personnalité épanouie et non le produit d'une suffisance sans racine.

Etre innovateur

- Le danger de l'habitude nous guette tous, personnes ou groupes. C'est généralement le produit de notre éducation : elle a plus insisté sur l'adaptation et la reproduction que sur l'innovation. Innover ce n'est pas faire du nouveau à tout prix, par principe, mais être disponible à l'événement, à l'évolution des personnes et de la société. Or, si le monde change autour de nous et que nous ne changeons pas, il en résultera un décalage préjudiciable à la vie personnelle des membres du groupe et à la vie sociale.
- Innover, c'est se situer sans crainte devant un problème nouveau et lui trouver une réponse nouvelle. Innover, c'est aussi, se trouvant devant un problème ancien mais se posant en d'autres termes, apporter des réponses nouvelles. Mais les comportements précédents de disponibilité et d'accueil nous auront préparés à être capables d'innover.

Les convictions

La conviction est une certitude raisonnée, fruit d'une réflexion et d'un échange avec d'autres pour l'étayer. Elle conduit la personne qui a fait des choix à la conscience de l'importance de ses actes. La conviction, comme toute démarche, est ambivalente, d'où la nécessité d'en percevoir les richesses et les pièges.

Les pièges sont nombreux

La conviction peut conduire au fanatisme par la certitude que l'on a de détenir la vérité. F. Nietzsche écrit dans **Humain, trop humain** : "Les convictions sont des ennemis de la vérité plus dangereux que les mensonges". C'est vrai, toutes les fois que les convictions rendent aveugle, empêchent la lucidité et masquent la conscience. Sans convictions pour servir de guide à nos pensées et à nos actes, nous pouvons verser dans la prévarication, succomber aux nombreuses tentations du pouvoir. Maupassant disait déjà : "Le désir de plaire modifiait secrètement ses convictions". Nous pourrions ajouter aujourd'hui : "le désir de s'enrichir" ; "le désir d'avoir du pouvoir", etc. Tout au cours de l'histoire nous avons vu des hommes ou des femmes assoiffés de pouvoir utiliser n'importe quels moyens pour arriver à leurs fins. Nous voyons aujourd'hui un trop grand nombre d'hommes politiques promettre, lors des élections, n'importe quoi à leurs électeurs quitte à faire le contraire une fois élus.

Les richesses sont encore plus nombreuses

La conviction permet :

- De servir de guide à nos pensées et à nos actes, en orientant notre réflexion, pour mieux approfondir le sens de nos actions.
- De consolider l'orientation de nos déterminations. Dans la vie il nous faut faire des choix : donner la priorité à notre bien-être ou à la solidarité, par exemple.
- De nous affirmer dans notre particularité, en apportant notre contribution à la réflexion et à l'action collectives issues de nos pensées personnelles et de nos expériences.
- D'être garant aux yeux des autres du respect de nos choix. Sans convictions nous risquons d'être des girouettes se ralliant aux thèses du dernier qui s'est exprimé.
- De donner consistance à nos attitudes et comportements. Ce sont eux qui nous permettent d'unifier notre vie, tant dans l'intimité de notre être que dans son expression dans nos milieux de vie.
- De rechercher les moyens correspondant à nos fins. Pour nous la fin ne peut justifier les moyens car, s'il y a contradiction entre l'une et les autres, nous tombons dans les pièges de la suffisance.
- De nous permettre de respecter les convictions d'autrui. Nous souhaitons être respectés dans notre différence. Donnons l'exemple de l'ouverture à la compréhension des convictions des autres.
- De nous aider à affiner notre conscience morale. Comme c'est elle qui, en dernier ressort, nous sert de guide, il est indispensable de la nourrir de nos convictions, approfondies et enrichies en permanence.
- De développer en nous la tolérance. Non pas le laxisme qui consiste à tout accepter, mais, par la recherche du dialogue avec ceux qui ont d'autres convictions, essayer de comprendre leur démarche.
- De favoriser le désintéressement à l'égard des honneurs, des remerciements, en agissant selon le choix que nous avons fait sans en attendre forcément la compréhension ou la reconnaissance. Pour l'honneur de soi.

L'initiateur

C'est celui qui, possédant des savoirs, des savoir-faire, des savoir-devenir, au lieu de les garder pour lui, comme une propriété privée, accepte de les faire connaître aux autres, de les transmettre au moyen d'apprentissages, en s'appuyant sur l'expérience vécue des personnes avec qui il vit.
L'initiateur accepte de ne pas tout connaître et surtout admet que d'autres personnes aient des richesses comme lui. Il crée alors le climat nécessaire pour que s'effectuent des échanges réciproques d'expérience et d'enrichissement mutuel. Il favorise l'initiative de chaque personne, c'est-à-dire la possibilité pour chacun de proposer et de commencer une nouvelle expérience en prenant les décisions nécessaires pour innover, à condition que ces propositions aillent dans le sens de l'objectif déterminé ensemble.

Initiateur du sens (orientation, direction et profondeur)

L'univers engendre la complexité. La complexité engendre l'efficacité. Mais l'efficacité n'engendre pas le sens. Pour accéder au sens, il faut un élément nouveau, arbitraire : une décision consciente et active dans cette direction. L'être humain qui peut choisir de construire ou de détruire est affronté au problème du sens. C'est lui qui fait l'histoire. C'est lui qui doit lui donner un sens. Notre rôle est d'aider la société à accoucher d'elle-même. L'être le plus menaçant qui peut détruire la planète est aussi le seul qui puisse faire réussir l'accouchement.
Les organismes vivants sont menacés perpétuellement. L'espoir de survie est tout entier dans la progéniture. Pour perpétuer l'espèce, pour permettre aux rejetons de grandir, il faut les protéger, les entourer de soins, leur enseigner le dur métier de la vie. La nature nous indique donc la voie, les relations d'entraide, la solidarité pour survivre, sinon la mort. L'animateur permet par ce rôle de rassembler les matériaux nécessaires pour déterminer les finalités, les politiques et les objectifs du groupe et de l'organisation.

Initiateur des relations

Nous sommes des êtres de relation, mais nous avons tendance à sélectionner les personnes avec qui nous avons des affinités en écartant celles qui nous déplaisent. Dans une vie de groupe cette sélection est dangereuse pour la cohésion du groupe et pour son efficacité. L'animateur, en donnant l'exemple de l'ouverture avec tous sans exception, en faisant ressortir les qualités objectives de chaque personne, favorisera la rencontre de tous avec tous. Comme dans une famille où il est nécessaire de s'accepter différents, en vivant avec ceux qui nous déplaisent pour éviter les ruptures. La vie de groupe pose les mêmes exigences et l'animateur facilitera notre relation avec nous-même (s'accepter comme on est), avec les autres (les accepter comme ils sont), avec le monde (pour prendre en charge nos problèmes de vie).

Initiateur des techniques

Pour travailler en groupe, il faut des outils. L'animateur proposera ceux qu'il possède pour que chacun se les approprie. Il demandera aux autres participants de proposer aussi leurs propres outils pour les partager avec les autres et être à leur tour des initiateurs, tant sur les moyens que sur les méthodes ou les procédures.
L'animateur initiateur permet aussi aux autres d'être des initiateurs dans leur domaine de compétence.

L'accompagnateur

C'est une personne qui accompagne une personne ou un groupe dans leurs démarches de prise de conscience, de prise en main de leur vie, de réflexion sur les expériences personnelles ou sociales, etc. Accompagner c'est donc aller de compagnie avec quelqu'un sous deux formes complémentaires : joindre, ajouter une chose à une autre, par exemple en joignant son accord ou son désaccord à une opinion ou une proposition, c'est donc accompagner un avis, une action par les nôtres ; soutenir une proposition, une démarche en accompagnant l'autre dans cette proposition, dans cette démarche.

- ***L'accompagnateur tiendra compagnie***, c'est-à-dire posera une action d'accompagner quelqu'un par sa présence auprès de lui. Il sera un réconfort, un soutien, signe de compréhension de l'autre au moment précis où il a besoin d'être écouté.

- ***Il deviendra un compagnon*** (du latin populaire companio, de cum, avec, et panis, pain : qui partage le même pain). Celui qui vit dans la compagnie intime de quelqu'un, participe à sa vie. Cette démarche d'accompagnement se veut être un moyen de rompre la relation hiérarchique réelle ou imaginaire qui peut bloquer la cohésion d'une équipe. Elle met l'animateur au niveau des participants, sans pour autant éliminer sa fonction ni sa spécificité, mais en la situant comme une responsabilité parmi les autres responsabilités où chacun a sa particularité sans pour autant être supérieur aux autres.

L'expérience sera un des éléments de base de tout accompagnement. En effet, il a été constaté par l'expérience que l'on peut difficilement transmettre ses acquis, ses expériences aux autres. Il est indispensable que chacun fasse sa propre expérience. On peut seulement l'accompagner pour surmonter ses difficultés si l'expérience est douloureuse, pour prendre conscience de ce qu'elle peut lui apporter de constructif au lieu de se laisser abattre, d'en tirer profit pour modifier son style de vie, améliorer son comportement, approfondir ses attitudes.

Dans notre civilisation occidentale judéo-chrétienne, l'apprentissage de la vie se fait dans la douleur. Dans les civilisations orientales, elle se fait dans la joie, la décontraction. C'est peut-être un apport intéressant qui peut nous interpeller, car il ne faut pas confondre expérience et souffrance. Cependant toute expérience peut entraîner une souffrance, non pas physique, mais affective, morale. Prendre conscience, après un accident d'où l'on est sorti indemne avec sa famille, que l'on aurait pu provoquer la mort de son épouse et de ses enfants apporte généralement une souffrance intérieure qui nous purifie et nous aide à changer.

L'animateur peut aider les participants à découvrir l'importance d'une disposition intérieure fondée sur des convictions et leur permettre ainsi d'utiliser leurs expériences de façon constructive. Des personnes sont passées par les camps de concentration, par la torture, la diffamation, et ont traversé cette épreuve consolidées dans leur choix de vie. D'autres, à propos de bagatelles (considérées de l'extérieur comme telles) n'ont pas supporté l'expérience et ont subi une dépression nerveuse.

Ce n'est pas l'expérience faite qui compte, c'est notre attitude à son égard qui importe. L'animateur peut être cet accompagnateur qui aide à construire.

L'animateur médiateur

Le médiateur (de médiare, s'interposer – de médiator, intermédiaire)

C'est une personne qui s'entremet ou que l'on choisit pour arriver à un accord, à un accommodement entre des personnes différentes et entre niveaux différents. Le médiateur a donc pour rôle de trouver avec les partenaires concernés des solutions pacifiques aux conflits latents ou exprimés. Le médiateur aura pour tâche de soumettre aux parties antagonistes des propositions susceptibles de servir de base à la solution des tensions, des conflits.

L'animateur a ici une tâche délicate. Car, étant en permanence sur le terrain de la vie du groupe en contact avec les divers participants, il aura à prévoir les tensions qui risquent de surgir du fait du caractère ou de la personnalité des membres, ou à cause des divergences sur les problèmes quant aux choix, aux objectifs, aux moyens employés pour les résoudre, aux formes d'actions envisagées.

Au cœur de l'interaction multidimensionnelle

- ***Interaction entre pairs***. Les participants ont besoin d'espaces de liberté pour s'exprimer hors de la présence de l'animateur. Récuser ce désir c'est être irréaliste. Il est préférable de prévoir des lieux, des moments, où tous les participants pourront se retrouver à leur convenance. C'est une façon de régler nombre de tensions, les participants étant d'excellents médiateurs entre eux.
- ***Interaction animateur/participants***. L'animateur ne peut être médiateur que s'il rejoint chacun des participants dans ses représentations, ses questions. Le participant reprend alors confiance en lui et peut clarifier ses hypothèses, ses anticipations, ses questionnements pour leur trouver des réponses personnelles pertinentes.
- ***Interaction animateur/groupe***. En favorisant le dialogue entre les membres où chacun apporte le résultat de sa propre démarche, la coopération s'instaure dans la vie du groupe pour prendre en charge collectivement les problèmes de société et leur traduction en actions. Cette coopération favorise une meilleure appropriation par les participants des objectifs du groupe et développe une profonde estime de soi.
- ***Interaction groupe/organisation***. Il peut exister des tensions entre groupes d'une même organisation. Trop exacerbées, elles peuvent conduire à l'organisation de minorités, de groupuscules, de tendances, etc. Ces antagonismes peuvent être surmontés si le projet de l'organisation fonctionne comme un référentiel que rappelle l'animateur, pour permettre de transcender les problèmes et favoriser une collaboration cohérente pour atteindre un même objectif.
- ***Interaction avec l'environnement***. D'autres organisations coexistent avec la nôtre, soit pour prendre en charge le même problème, soit pour prendre en charge un autre problème qui a des incidences sur notre problème. Chaque organisation doit reconnaître la spécificité de l'autre. Au lieu de s'opposer en permanence, l'apprentissage de la coopération ne pourra qu'être bénéfique à tous les partenaires tout en favorisant la résolution du problème. De ces relations de confiance réciproque dépend l'épanouissement des personnes, le développement des organisations et l'amélioration de la société. L'animateur médiateur voit son rôle s'élargir aux dimensions de la vie sociale.

L'animateur catalyseur de conscience

La conscience. Quand nous parlons de conscience, il est utile de distinguer les deux acceptions du terme : la conscience morale et la conscience connaissance.

La conscience connaissance de soi et du monde

C'est la connaissance que chacun possède de son existence, de ses actes et du monde extérieur. La conscience coordonne les données de nos sens et de notre mémoire pour nous situer dans le temps, dans l'espace et par rapport à des valeurs (qui donnent sens à notre vie). Il y a cependant, face à la conscience de soi, une part importante d'inconscient et, face aux problèmes du monde, un aveuglement inconscient qui nous empêche de percevoir clairement les problèmes auxquels nous sommes affrontés, d'où la nécessité, si l'on veut agir, d'avoir une pédagogie de la prise de conscience.

Une pédagogie de la prise de conscience

• ***Première étape. Prendre conscience de nos problèmes personnels***

Chaque fois que nous réalisons une expérience nouvelle (par exemple la maladie), nous découvrons un problème nouveau. C'est le début d'une prise de conscience qui a besoin de s'approfondir en rassemblant de l'information sur notre problème, en réfléchissant sur la façon dont nous pouvons utiliser cette prise de conscience pour nous enrichir et trouver des solutions à ce problème, afin de pouvoir agir avec pertinence en apportant notre contribution à sa résolution. Cette prise de conscience a aussi besoin de s'élargir. Ce problème auquel je suis affronté est-il le seul ? A partir de cette interrogation vont surgir les autres problèmes auxquels je suis affronté personnellement : le chômage de mon fils, l'accident de mon frère, mon salaire bloqué, mes conditions de travail difficiles, etc. La même démarche pourra être faite pour les approfondir.

• ***Deuxième étape. Prendre conscience que d'autres ont les mêmes problèmes***

C'est choisir un problème et regarder autour de soi pour voir si d'autres personnes sont concernées. Nous verrons rapidement que nous ne sommes pas seuls dans notre cas. D'autres personnes sont affrontées au chômage, aux accidents, à la maladie, aux bas salaires, aux conditions de travail difficiles, etc. Il devient alors possible

- *de les rencontrer* pour savoir si elles sont conscientes des problèmes qu'elles vivent ;
- *d'échanger* avec elles pour approfondir ces problèmes et débattre des solutions ;
- *de les inviter* à participer à la vie de notre équipe pour élargir l'échange avec d'autres et étudier ensemble les solutions et les actions à engager.

• ***Troisième étape. Prendre conscience des problèmes de société***

En échangeant avec d'autres au sein de nos groupes, nous découvrons que nos problèmes personnels, les problèmes auxquels sont affrontés nos collègues, nos voisins, nos amis, sont en fait des problèmes de société que l'on ne pourra résoudre seul dans son coin.

Trop de personnes croient encore que l'on peut résoudre les problèmes individuellement. Comme si trouver du travail à une personne (ce qu'il faut d'ailleurs faire à court terme) résolvait le problème de trois millions de chômeurs. Comme si obtenir une augmentation de salaire pour soi (ce qui n'empêche pas de le faire) réglait le problème de tous ceux qui ont des bas salaires, etc.

En élargissant son champ de conscience on donne à son action une dimension plus féconde pour répondre aux problèmes de société.

• ***Quatrième étape. Prendre conscience du besoin de responsabilité personnelle***

Les trois premières étapes ont surtout été des étapes quantitatives. Elles ont été nécessaires pour dépasser le repli sur soi, sur ses problèmes, sur ceux de son groupe, pour accéder à une conscience plus large. Cela nous permet d'amorcer un dépassement permanent pour accéder à une solidarité globale pour la satisfaction des besoins matériels en essayant de donner la priorité aux plus démunis.

Si nous ne voulons pas rester des acteurs passifs, pour être des acteurs actifs de notre propre changement, il nous faut accéder à un nouveau niveau de conscience qualitatif qui est celui de notre participation active à toutes les étapes du processus, depuis l'étude du problème jusqu'à la décision et à l'action. Cela ne sera possible que si nous acceptons de prendre une responsabilité, si petite soit-elle, pour devenir un acteur à part entière du processus de transformation sociale.

• ***Cinquième étape. Prendre conscience du besoin de responsabilité pour tous les membres du groupe***

Etre responsable est une étape décisive dans la vie d'une personne. Il serait dommage de priver les autres collègues, membres de notre équipe, d'être acteurs collectifs du changement social. L'animateur et les participants pourront, lors d'une réunion consacrée spécialement à cette tâche, recenser, au sein du projet du groupe, toutes les tâches qui sont à réaliser, tant fonctionnelles (trésorier, secrétaire, etc.) que politiques (centrées sur les problèmes pris en charge, santé, éducation des enfants, etc.). L'énumération des tâches une fois faite, il conviendra de se les répartir de façon à ce que chaque membre du groupe ait une responsabilité claire et précise. Pour que les territoires soient clairement délimités, une définition de fonction précisera les tâches à faire, les interactions avec les autres responsabilités, les champs de pouvoir déterminant les secteurs où la décision pourra être individuelle et les domaines où la décision reviendra au groupe.

• ***Sixième étape. Prendre conscience du besoin de responsabilité pour toutes les personnes dans la société***

Nous franchissons ici un seuil de transformations sociales en profondeur, en ayant comme objectif de répondre aux aspirations des personnes à ne plus être des pions sur un échiquier et à désirer participer activement à la vie sociale dans les domaines qui les concernent. Si déjà nous avons commencé dans notre groupe, si ensuite nous avons œuvré au sein de notre organisation pour que cette démarche se réalise dans tous les autres groupes, notre organisation pourra démontrer par sa pratique que cette démarche est possible tant pour les autres organisations que pour les institutions. Nous passons, par cette démarche, de la promotion individuelle à la promotion collective qui, par l'exemple de la pratique, pourra s'étendre à tous les secteurs de la vie.

L'objectif de cet élargissement de la conscience des problèmes et de la conscience dans la capacité des personnes à prendre des responsabilités permettra à l'humanité d'être actrice de son changement.

La conscience morale

Caractéristiques de la morale

Du latin **moralis** : relatif aux mœurs. La morale est un ensemble de principes de jugement, de règles de conduite en usage dans une société, qui s'imposent à la conscience individuelle et collective. Elle est le reflet d'une culture. Dans la mesure où nous avons choisi des valeurs, seul ou au sein de notre groupe, car elles nous paraissent correspondre davantage à notre éthique, la morale devient l'application de ces valeurs dans notre vie personnelle et sociale.

Une personne libre ne peut être assujettie à un sens donné à sa vie qui lui serait imposé de l'extérieur par une religion, une philosophie, une idéologie. Elle peut se nourrir des travaux, des recherches, des recommandations faites par la religion ou l'idéologie qu'elle a choisie librement, mais elle ne peut s'y soumettre. Son seul guide, c'est sa conscience morale.

La conscience morale étant la capacité à se former des jugements moraux qui inspirent nos actes, cela suppose de tenir compte de quelques exigences. Car la conscience, par la distance qu'elle instaure entre l'homme et ce qui est, entre le moi et le non-moi, entre le sujet et son monde, rend possible la critique de la réalité et le jugement.

Caractéristiques de la conscience

- ***Son immédiateté***, car rien ne sépare ma conscience d'elle-même. Ce n'est pas une réflexion en second sur une pensée déjà passée. C'est une présence immédiate de la pensée à elle-même. Cette immédiateté est cependant le résultat d'une lente maturation, consciente quand elle résulte de choix délibérés et volontaires, inconsciente quand elle intègre des éléments issus de l'éducation, de la culture, etc. Paradoxalement, la spontanéité est le fruit de la densité. Ne surgit à la conscience immédiate que ce que l'on a longuement mûri et médité.
- ***Sa transparence***, car rien d'obscur ne peut résider en elle. Et quand le doute apparaît, elle n'a de cesse de réfléchir et d'expérimenter pour trouver une réponse à ses interrogations. Réponse non définitive qui devient un jalon, une étape, dans la clarification des problèmes auxquels l'être humain est affronté.
- ***Son unité***, car si notre conscience ne formait pas une unité, nous aurions le sentiment de vivre une suite d'événements incohérents. Ainsi nous pouvons choisir un certain nombre de valeurs. Il nous faudra trouver les liaisons existant entre elles, dégager celles qui sont déterminantes et celles qui les complètent, celles qui peuvent devenir universelles et celles qui resteront particulières à notre culture, à notre religion, etc. C'est un effort permanent de cohérence qui nous permettra de posséder un système de valeurs s'enrichissant de notre histoire et de celle de l'humanité.
- ***Son intentionnalité***, c'est-à-dire son ouverture sur l'extérieur, son ouverture au monde. Elle établit une unité entre le sujet qui pense et l'objet, le monde pensé. Elle est ainsi dépassement, mouvement de transcendance vers les êtres et les choses. Elle peut prendre trois sens complémentaires : – celui d'une relation "psychologique" de la conscience à un objet, – celui d'une relation "transcendantale" d'une conscience qui se crée en créant le sens de son objet, – celui d'une relation "ontologique" (l'être en général) d'un esprit qui prend conscience de lui-même comme créateur du monde.

Lucidité face au conditionnement et aux illusions de la conscience

Ces caractéristiques de la conscience ne correspondent pas à un état, mais à une marche en avant, à une dynamique en cours de réalisation, à condition de percevoir clairement les obstacles à surmonter.

- ***La sincérité*** est certainement le premier obstacle qui gêne la conscience car, comme l'a montré Nietzsche, nous pouvons nous aveugler nous-mêmes sur les buts que nous poursuivons, par lâcheté, par hypocrisie, par conviction. La conscience se croit libre alors qu'elle est conditionnée par nos désirs et ce qui les détermine. **La lucidité** est un impératif de la conscience face à la sincérité.
- ***L'inconscient*** : Freud a démontré largement que ce n'est pas la conscience qui règne sur notre esprit et notre raison, mais un inconscient qui nous échappe souvent. Il peut y avoir en nous des idées que nous ne pensons pas vraiment et qui viennent de notre inconscient. Le désir est souvent à l'origine de l'illusion de la conscience lorsque le principe de plaisir n'est pas rééquilibré par le principe de réalité.
- ***L'idéologie*** empêche l'autonomie de la conscience comme l'a montré Marx. Notre conscience est faussée, car nous ignorons trop souvent quelles sont les forces véritables qui nous mènent. Ces forces, qui semblent neutres, sont en réalité au service des intérêts politiques et économiques d'un groupe social particulier qui, généralement, détient le pouvoir.

Elargissement de la conscience

Pour que la conscience puisse nous servir de guide, il est nécessaire de percevoir une certaine démarche.

- Notre vérité ne peut nous apparaître qu'au terme d'une longue analyse qui commence par critiquer les illusions de la conscience.
- Nous pouvons alors commencer notre recherche, mais elle ne part pas de rien. Elle peut démarrer à partir de nos choix profonds, émanation de nos sentiments et de nos désirs, souvent reflets de notre immersion dans une culture, dans une religion.
- Ces choix, issus de nos désirs, de nos sentiments, de nos passions, vont être passés au crible de notre raison, de notre pensée. Par la méditation, qui demande du temps donné à soi-même, nous allons faire mûrir les valeurs que nous avons choisies.
- Ce mûrissement va nous permettre de choisir, d'une part les valeurs que nous voulons promouvoir, mais aussi, pour chaque valeur, un contenu riche, dense et précis.
- Nos choix vont alors pouvoir s'affronter à la réciprocité, car une conscience coupée des autres et du monde est une conscience morte. La réciprocité des consciences humaines, c'est la relation du moi et du toi, en sachant que l'essence de toute relation du toi au moi est l'amour, c'est-à-dire la volonté de promotion mutuelle.
- Cette réciprocité va nous permettre de vérifier en permanence l'adéquation entre théorie et pratique, entre pensée et action, entre valeur et réalité.

La conscience étant là pour baliser nos actes en fonction des valeurs choisies, car, comme le dit Sartre : “Il n'y a point de conscience qui ne soit hantée par sa valeur”. La conscience morale ne peut surgir sans dévoiler du même coup les valeurs.

Les valeurs inspirent les jugements

Le jugement est un acte de pensée porteur de sens qui permet la régulation de l'existence. Cet acte de la personne est porteur de valeur dynamique, car il exerce une fonction pratique : terminer les débats par une phase de décision qui indique les actes à réaliser. C'est le corrélatif intellectuel de l'acte volontaire.

Il nous faut cependant distinguer :

1. Les jugements de valeur

Ils concernent la qualité des choses et des êtres, en les situant dans un cadre étroit.

- ***La source s'en trouve chez Aristote*** (384-322 av. J.-C.) qui, par ses travaux, nous a permis de distinguer quatre grands domaines pour former notre jugement :

  – le Bien et le Mal – le Beau et le Laid

  – le Juste et le Faux – le Bon et le Mauvais

- ***Paradoxalement, Héraclite*** (540-480 av. J.-C.) nous disait que rien n'est définitif sauf le changement : "On ne se baigne jamais deux fois dans le même fleuve", et qu'ainsi les critères, les normes, variaient suivant les époques, les lieux, les peuples, les religions, etc.

- ***La pensée d'Aristote a prévalu***. Nous avons souvent l'habitude de dire : "Ce film était bien", sans préciser en quoi il était bien ; "C'est un bon élève", au lieu de préciser en quoi il est bon. Est-il studieux ? assidu ? coopératif ? obéissant ? etc. Ce qui nous amène au jugement de réalité.

2. Les jugements de réalité

- ***Le jugement de réalité*** exprime des faits que l'on peut décrire. "Vous avez un quart d'heure de retard", au lieu de porter un jugement de valeur : "C'est mal d'être en retard". Il peut aussi exprimer un rapport donné entre des faits : "Vous avez un quart d'heure de retard à votre poste, j'ai été obligé d'arrêter le travail de tous ceux qui dépendent de vous". Cet enchaînement de réalités permet très souvent à la personne de prendre conscience de la répercussion de ses actes sur les autres. Alors qu'un jugement de valeur : "Ce n'est pas bien", "C'est déplorable", "On ne peut jamais compter sur vous", etc. provoque une réaction de défense qui empêche de prendre conscience des phénomènes perçus par les autres. Le jugement de réalité pourrait toujours être un point de départ.

Le jugement de réalité tend à être objectif : "Vous avez un quart d'heure de retard", "Le bruit que vous avez fait m'a réveillé", "Vous stationnez sur le passage des bus, cela gêne la circulation", etc. Cela suffit souvent à la prise de conscience, car la remarque n'est pas contestable, c'est un fait.

Il est très difficile de s'en tenir au jugement de réalité tellement nous sommes déformés par notre culture. Difficulté d'autant plus grande qu'elle nécessite de faire confiance à la personne pour croire qu'elle est capable de prendre conscience à partir d'un simple constat.

3. Les jugements de réalité éclairés par des valeurs

Les obstacles à surmonter. Le véritable jugement de réalité doit être éclairé par des valeurs pour donner un sens à nos jugements. Pour cela nous devons surmonter quelques difficultés.

- ***Le mot valeur est ambivalent***. Dans jugement de valeur, il y a un sens péjoratif avec la connotation normative restreinte de bien/mal, etc. sans précision de contenu. Ces jugements de valeur fréquents ont souvent détruit le tissu de nos relations sociales, car celui qui le recevait (mauvais élève notamment) était bloqué à l'égard de celui qui l'émettait. La référence à des valeurs suppose que l'on ait fait des choix parmi les valeurs : amour, justice, dialogue, liberté, solidarité, etc. Défendre la justice donne une autre signification à un acte que de dire : c'est un "mauvais patron". Mais remplacer mauvais par justice ne nous avance guère si nous n'émettons pas un jugement de réalité préalable : "Les salaires sont inférieurs au SMIG", et si nous ne précisons pas le contenu de la valeur justice (respecter la morale du droit), de façon à dire : "Nous demandons que les salaires correspondent au droit. Si nous ne l'obtenons pas par la négociation, nous nous battrons pour l'obtenir". C'est exigeant comme démarche, car il ne suffit pas de dire que nous défendons la liberté si nous ne précisons pas ce que nous mettons sous le terme liberté.
- ***Les valeurs que nous défendons sont marquées par les idéologies*** et, la plupart du temps, nous n'en sommes pas conscients. La liberté est souvent individualiste, en retard de deux siècles sur la conception actuelle. La compétition est prônée comme la valeur suprême de la liberté, alors qu'elle n'en est que la déformation puisque le fort peut imposer sa loi au faible. Que devient alors la liberté du faible, sinon d'être détruite ? La plupart de nos choix sont dictés par des valeurs que nous avons intégrées dès l'enfance sous l'influence de la famille, de l'école, de l'Eglise, des médias, etc., comme l'ordre, la concurrence, la hiérarchie, le profit, etc. Ces valeurs nous semblent naturelles et peu de personnes se posent des questions à leur égard, ce qui donne une coloration idéologique à nos jugements dont nous ne sommes plus maîtres.

Il est donc urgent :

1. de prendre conscience des idéologies sous-jacentes qui déterminent nos actes ;
2. d'analyser leur contenu, leur répercussion sur notre vie personnelle et sociale, et de déterminer si elles correspondent à nos choix profonds ;
3. de sélectionner celles que nous voulons promouvoir et vivre, soit parmi les valeurs traditionnelles, soit en recherchant des valeurs nouvelles plus en correspondance avec le contexte social et les mutations de notre époque ;
4. de travailler à approfondir les valeurs choisies pour leur donner un contenu clair et précis ;
5. de les utiliser dans la pratique, pour nourrir nos pensées et nos actes en les enrichissant par notre expérience.

Les convictions

Faire autorité

Définition. Autorité, du latin **auctoritas**, racine **auctor** : être auteur. Se rattache à **augere** : faire croître. Nous avons donc trois aspects complémentaires de l'autorité : **être auteur**, c'est l'aspect initiative, création ; **croître**, avec son aspect de développement de l'être ; **faire croître**, comme être de relation l'autorité peut aider l'autre à développer son être propre. L'autorité est d'ordre psychologique. Elle concerne la personnalité, la capacité d'être.

Interprétation. L'autorité peut être vécue de trois façons :

- ***Etre autoritaire***. C'est généralement le signe d'un manque d'autorité. Paradoxalement, la personne autoritaire n'ayant pas d'autorité a tendance à abuser de son pouvoir en imposant ses vues, en dictant ses ordres. Elle se donne ainsi l'impression d'avoir de l'autorité. Or elle ne réagit pas en fonction de son être, de sa personnalité, mais en fonction de son statut dont elle a tendance à abuser.
- ***Etre "auteur de soi"***. C'est s'affirmer avec sa personnalité, ses particularités. C'est travailler à développer toutes ses virtualités pour acquérir un ascendant personnel qui influence par ce que l'on est, sans contraintes. La personne qui a de l'autorité, à la limite, n'a pas besoin du pouvoir donné par un statut. Elle est capable de se faire écouter par sa personnalité. La personne fait autorité par sa compétence, ses qualités particulières, son sens des relations, son ouverture aux autres, sa compréhension.
- ***Favoriser les autres pour qu'ils soient auteurs d'eux-mêmes***. Avec cette interprétation, nous franchissons un seuil (faire croître) qui vient prolonger l'aspect précédent en le complétant. Cela suppose d'être conscient de l'influence que nous exerçons sur autrui pour être capable de l'utiliser, non pour soumettre, mais pour faire accéder l'autre à l'autonomie et à la socialisation. Ce qui lui permettra de devenir "auteur de lui-même", c'est-à-dire d'acquérir de l'autorité.

L'autorité a ainsi une triple fonction : grâce à l'œdipe favoriser l'accès de tous à l'autonomie ; remplacer l'obéissance par le dialogue qui prend en compte les désirs de l'autre ; faire accéder chacun à la capacité d'assumer des responsabilités.

Caractéristiques. Il est possible de reconnaître l'autorité à trois aspects :

- ***L'autorité influence sans recours à la force***. Une personnalité affirmée n'a pas besoin d'insuffler la crainte. Elle vise plutôt à établir une confiance réciproque dans la relation aux autres. Elle influence certes, mais par ce qu'est la personnalité et non par un statut de commandement qui a tendance à miser sur l'obéissance. Elle est entendue car, à la confiance s'ajoute l'estime que l'on a pour elle. Les messages qu'elle émet sont entendus car l'on n'a pas peur d'être en désaccord avec elle puisqu'on sait que le dialogue reste ouvert pour débattre des problèmes.

- ***L'autorité se fonde sur une légitimité***. La légitimité est différente de la légalité. La légalité se fonde sur la loi. La légitimité se fonde sur des valeurs, ici la valeur de la personne qui sait se faire estimer et en qui l'on a confiance. Nul besoin qu'un règlement ou un organigramme vienne indiquer que l'on est soumis au pouvoir de telle ou telle personne. L'autorité "est" et n'a nul besoin d'être instituée par un système. Elle le dépasse et se vit spontanément dans une relation d'être à être. L'autorité est donc légitime et non légale.

- ***L'autorité assume les différences*** et ne les transforme pas en inégalités. Chaque personne est différente par son sexe, son âge, sa santé, son caractère, son expérience, etc. L'autorité va utiliser ces différences pour permettre à chacun de les développer afin qu'au cours du dialogue elle favorise un enrichissement mutuel. Si je suis identique à un autre, je ne lui apporte rien. Si je suis différent, je peux lui apporter les richesses de cette différence et réciproquement. C'est l'utilisation de ces différences qui fonde l'égalité des êtres.

L'autorité sécrète le leader

- ***Le leader*** est la personne qui influence la vie d'une équipe, d'une organisation, au travers de sa personnalité. Il entraîne par ce qu'il est. On ne peut donc dresser les caractéristiques d'un leader puisque chaque personnalité, différente des autres, sécrète son style propre. Mais le phénomène de leadership est cependant influencé par le contexte dans lequel il s'exerce : les objectifs de l'organisation, sa structure, son fonctionnement, etc. Ce qui fait que ses idées, son efficacité, son rayonnement affectif sont utilisés et canalisés par son immersion dans une structure.

- ***Tous leaders***. Dans la mesure où l'autorité consiste aussi à faire croître, l'animateur, au lieu de bloquer le phénomène de leadership, va au contraire l'utiliser. En effet, tous les essais pour empêcher le phénomène de leadership d'exister (sélection, tests, etc.) ont tous échoué car lorsque, théoriquement, il n'y avait plus de leader en fonction des critères des sélectionneurs, d'autres formes de leadership surgissaient. On ne supprime pas l'autorité ainsi. La solution la plus raisonnable consiste à découvrir en quoi et dans quel domaine chaque personne peut être leader (utiliser son autorité). Alors, comme le chef d'orchestre sait harmoniser le jeu des différents instruments, l'animateur harmonisera le leadership de chacun au service de tous.

- ***Le leader se réalise hors structure***. Comme c'est un phénomène né de la personnalité, l'autorité ne peut s'enfermer dans une structure. Elle se vit partout, dans toutes les structures, en famille, dans l'entreprise, dans une association, dans une église, etc. C'est donc les structures qui doivent changer, pour tenir compte des capacités de chacun à vivre son autorité au service de tous, si l'on veut utiliser ces charismes pour faire progresser l'organisation vers ses objectifs.

La situation œdipienne [1]

L'œdipe, comme chacun sait, c'est le meurtre du père et le mariage avec la mère, les deux éléments étant complémentaires, donc indissociables. Nous prendrons ici l'œdipe au plan symbolique en partant des apports de Lacan, c'est-à-dire au niveau de sa signification profonde qui dépasse la réalité visible matérielle.

Le meurtre du père : L'animateur symbole d'autorité

La notion de meurtre du père au plan symbolique signifie que le père est symbole d'autorité. Donc cette autorité représentera le père, que ce soit un homme ou une femme, un ami ou un étranger. Le meurtre du père sera donc une réaction contre l'autorité ressentie comme empêchant d'être soi-même. C'est donc une aspiration à l'égalité, non pour être identique, mais pour assumer sa différence, être autonome comme le père – ou ceux qui le symbolisent – est autonome.

Autorité

- ***La réaction du groupe, signe de réussite***. Paradoxalement, quand un groupe – une classe, un atelier, une équipe – se révolte, réagit, les animateurs considèrent ce phénomène comme un échec. C'est l'inverse qui est vrai. Quand un groupe se révolte, c'est un signe de réussite. Cela signifie que le groupe a acquis une certaine autonomie pour pouvoir s'affirmer. C'est le signe qu'il est possible à présent, pour l'animateur, de passer d'un ressenti de directivité à une attitude non-directive consistant à dialoguer sur toutes les demandes issues du groupe. Cette réaction ne peut avoir lieu au début de la vie de groupe. Elle a lieu quand les participants ont mûri et qu'ils sentent qu'avec cet animateur c'est possible d'accéder à l'autonomie.
- ***Vers l'autonomie par le dialogue***. De l'attitude de l'animateur (homme ou femme) va dépendre la progression du groupe vers son autonomie. Face à une demande du groupe, il peut :

– Soit dire *non*, souvent parce qu'il a peur de perdre son pouvoir, d'être dépassé, de ne plus maîtriser son équipe. C'est souvent un signe de manque de confiance en lui et dans le groupe. L'œdipe n'a pas lieu.

– Soit dire *oui* à toute demande, par principe, au nom de la non-directivité. Cela peut être un signe de faiblesse ou de démagogie : tout accepter pour ne pas avoir d'histoire. L'œdipe n'a pas lieu non plus.

– Soit *dialoguer* en acceptant de débattre avec les intéressés de tous les problèmes qu'ils souhaitent aborder. Il facilite l'expression de la demande. Il exprime à son tour ses propres réactions, ses positions, et amorce le débat pour arriver à une entente qui tienne compte, par une synthèse, des points d'accord et de désaccord, qui prenne en compte le point de vue du groupe et le sien.

- Cela suppose une personnalité assez forte pour ne pas avoir peur d'écouter les autres, de les comprendre et d'accepter de changer par leur apport, comme ils acceptent de changer par ce qui est fourni par l'animateur.
- L'autorité est nécessaire. C'est elle qui permet à une personne, comme à un groupe, de conquérir son autonomie, car la liberté ne s'octroie pas, elle se conquiert.

---

(1) **L'œdipe, moyen de libération**, Charles Maccio, Claude Régnier, Chronique Sociale, 2e éd.

Le mariage avec la mère : Le groupe symbole d'amour

La notion de mariage avec la mère au plan symbolique signifie que le groupe (animateur et participants) est symbole d'amour, d'un désir fusionnel de cohésion. Et non, comme certains l'interprètent, en mettant un deuxième animateur qui serait une femme afin qu'elle symbolise l'amour. Une animatrice femme symbolise aussi l'autorité et provoque les mêmes réactions à son égard qu'un homme. Le mariage avec la mère sera donc un appel à **l'égalité**, non pour être identique, mais pour être reconnu par les autres dans ses spécificités. Comme cette aspiration à la reconnaissance de soi est le fait de tous les membres du groupe, cette égalité est une aspiration à **la socialisation**. Chacun désire être reconnu par tous. C'est un phénomène de groupe.

- ***La recherche de cohésion est un appel à l'unité***. Paradoxalement, cet appel à l'égalité se manifeste par l'affirmation de la différence de chacun. Une interprétation erronée peut laisser croire à un éclatement du groupe, alors qu'il est appel à la reconnaissance par le groupe de la différence de chacun. Une compréhension du phénomène permettra à l'animateur de faire prendre conscience au groupe de ce que peut apporter chaque membre aux autres et de montrer que l'unité ce n'est pas le nivellement, l'uniformisation, mais, au contraire, l'unité se réalise dans la diversité en acceptant de s'enrichir mutuellement de la différence des autres.

- ***Vers la socialisation par la compréhension***. La démarche de l'animateur sera un facteur de réussite ou d'échec suivant les choix qu'il fera.
  - S'il dit *non* à tous les appels à la reconnaissance (qui est appel d'amour) pour que chacun soit reconnu dans sa spécificité, parce qu'il aura peur de l'éclatement du groupe, l'œdipe n'aura pas lieu.
  - S'il dit *oui* à toutes les manifestations de différence par principe, en acceptant que chacun fasse ce qui lui plaît, comme il lui plaît, c'est de la démagogie qui empêche le groupe de se souder, car cela favorise l'individualisme. L'œdipe n'a pas lieu.
  - *S'il essaye de comprendre* ces appels, en permettant à chacun de les exprimer et de faire accepter cette expression aux autres pour que tous comprennent le sens de cette reconnaissance, cela signifie mieux apporter sa contribution personnelle spécifique à la vie du groupe. Cette compréhension mutuelle et réciproque conduira le groupe vers son unité, source de tolérance et d'efficacité.

- Cela suppose une personnalité assez forte pour ne pas avoir peur de l'affrontement de ces différences, pour être capable d'en voir la richesse pour chaque personne et pour le groupe.

- L'amour est nécessaire. Il sert de ciment, de lien entre les membres du groupe. Il facilite le dialogue et la compréhension internes au groupe comme à l'égard de l'extérieur pour comprendre les problèmes de société.

L'ambivalence de l'œdipe. Après avoir distingué, il faut à présent relier. Le père, celui qui le symbolise (**l'animateur**), devra avoir de **l'autorité** et de **l'amour**, car l'autorité de l'animateur n'est pas l'autorité des membres du groupe, ils sont complémentaires ; comme l'amour au sein du groupe devra se compléter de l'amour de l'animateur. La mère, **le groupe** qui la symbolise, devra avoir certes de **l'amour** entre membres, élargi à l'animateur, mais aussi de **l'autorité** qui se traduira par la répartition des responsabilités entre tous les membres du groupe pour que cette autorité se réalise concrètement.

Comment acquérir de l'autorité

Il n'y a pas, d'un côté, des personnes qui ont de l'autorité et, de l'autre, des personnes sans autorité. Toute personne possède en elle les capacités nécessaires pour acquérir de l'autorité. Cela s'apprend comme toute autre démarche humaine, la connaissance, la compréhension ou le dialogue. Ce n'est pas inné, c'est acquis pour celui qui le désire et qui ajoute à son désir la volonté d'y parvenir.

Prendre conscience des potentialités de son être. L'être se situe dans une triple dimension.

- ***L'être en rapport avec lui-même***. C'est une personne dont l'être se projette, par-delà le présent, dans le futur, en étant conscient de ses racines. C'est donc l'être déterminé par la conscience, déterminé par ses possibilités. Par ce projet, il est toujours déjà au-delà de soi. Il est ce qu'il n'est pas encore.

La personne n'est pas seulement ce qu'elle est, mais elle est aussi ce qu'elle fait de ce qu'elle est. L'être consiste donc dans la liberté, car il ne peut échapper au devoir de se réaliser lui-même, c'est-à-dire faire de soi ce qu'il est dans une direction choisie (projet). Il est condamné à être libre, même s'il refuse de l'être. Ce refus est aussi un acte libre.

Pour Sartre, exister et être libre sont deux manières d'être équivalentes. Exister c'est être là, se construire et imprimer sa marque sur les êtres et les choses. Etre libre signifie être capable à tout moment de mettre à distance les causes de nos aliénations grâce à la conscience. C'est se mettre en situation de choisir mettant la personne en pleine responsabilité envers elle-même.

- ***L'être en rapport avec autrui***. Le regard de l'autre me construit. L'être vu signifie que l'être de l'individu est toujours déjà constitué par la présence des autres. L'autre, par son regard sur mon agir, interpelle ma conscience tout en me livrant au jugement de l'autre. Pour se connaître soi-même on a besoin d'autrui. Il nous permet, et parfois nous oblige, à nous projeter consciemment vers nos possibilités propres pour les utiliser dans une direction que nous choisirons.

- ***L'être en rapport avec la société***. La personne est insérée dans une société qui la détermine. Sa conscience doit s'élargir à la réalité économique, politique, idéologique, sociale, culturelle, au sein de laquelle doit s'accomplir son projet d'exister comme être libre. Pour surmonter la contradiction entre liberté individuelle et complexité sociale, il est nécessaire d'utiliser une médiation – c'est-à-dire engendrer une connaissance compréhensive – permettant à l'être de se retrouver dans le monde et de le suivre dans son projet d'être lui-même pour participer au changement social (cf. pp. 166 et 168).

L'essence de l'être est ambivalente. D'une part on la trouve lorsqu'on a trouvé ce qu'il y a de commun à tous les êtres pour mettre en rapport les essences entre elles, découvrir leur parenté, leur opposition et leur influence par une essence mère : **l'amour**. D'autre part la réalité humaine ne peut être définie comme une permanence, car l'être est toujours au-delà de lui-même : **projet et liberté**.

C'est par la dialectique de ces deux pôles que se construit l'être de la personne.

Les moyens de développer les potentialités de l'être

1. ***Repérer ses désirs profonds***. Le désir correspond à la conscience d'une tension vers un objet ou un sujet qui nous manque. C'est le désir qui fait agir. Le désir porte notamment sur l'amélioration du niveau et des conditions de vie, selon certains systèmes de valeurs. Mais le désir sans volonté ne peut se transformer en actes. Le désir suscite le besoin, la volonté permet sa réalisation.
2. ***S'accepter tel que l'on est***. C'est une démarche difficile, car notre éducation nous a souvent conduits à vouloir être mieux que ce que nous sommes. Or, pendant que nous courons après ce que nous voudrions être, nous ne pouvons pas être ce que nous sommes. L'autorité surgit de l'être profond. Il est préférable de repérer ce que nous sommes et de nous assumer tel que nous sommes.
3. ***Travailler avec ce que l'on est***. Quand on s'est accepté, on peut alors travailler avec ce que l'on est. Si je suis impulsif, en travaillant avec mon impulsivité je la canalise en l'utilisant. Si je suis calme, en travaillant avec mon calme je l'utilise pour avancer. Je n'ai plus à mobiliser de l'énergie pour être autre chose. J'utilise cette énergie pour agir. C'est le fondement de notre changement.
4. ***Acquérir de l'assurance***. Progressivement, en voyant les résultats, je découvre qu'en travaillant avec ce que je suis, l'efficacité est au rendez-vous. Toute mon énergie est utilisée pour réaliser mes désirs en fonction de ce que je suis et avec mes capacités propres. C'est ce qui procure de l'assurance.
5. ***Avoir confiance en soi***. Ma peur de ne pas faire les choses correctement s'étant envolée, je peux utiliser toutes les ressources de mon être : physiques, affectives, intellectuelles, au service de mon projet. Après l'étape de dépendance et d'indépendance, je peux enfin accepter l'interdépendance et travailler avec les autres sans avoir peur d'eux.
6. ***Développer ses connaissances***. Libéré du centrage sur moi, je peux me centrer sur les connaissances nécessaires à acquérir pour cerner un problème, en connaître la complexité et le situer dans son contexte social. En répétant cet effort face à tous les problèmes auxquels je suis affronté, j'élargis en permanence mes connaissances.
7. ***Approfondir sa compréhension***. Connaître ne suffit pas, il est indispensable de comprendre en profondeur la signification des événements. Ce sont souvent des signes à décoder, car l'efficacité de l'action dépendra de la façon dont nous aurons analysé un problème et compris sa signification.
8. ***Choisir les valeurs sur lesquelles fonder son action***. Ce sont elles qui donneront sens à nos actes. La connaissance et la compréhension éclairent l'action. Mais, pour lui donner une direction, il est nécessaire de s'être choisi des valeurs guides qui permettront de préférer les moyens correspondant à nos fins
9. ***Apprendre à dialoguer***. Comme nous n'agissons pas seul, notre démarche d'autonomie va se trouver face à la démarche d'autonomie des autres. Si chacun veut imposer sa façon de voir, il n'y a aucune chance de progresser et d'agir efficacement. Alors que, par le dialogue, nous pourrons, grâce à la synthèse des points communs et en acceptant que des points de divergence subsistent, arriver à prendre ensemble des décisions qui déterminent l'action.
10. ***S'entraîner à anticiper les changements***. C'est un apprentissage difficile car nous sommes plus habitués à répondre aux problèmes au coup par coup quand ils se présentent. Il est possible aujourd'hui, en rassemblant de l'information, en la traitant sérieusement, de saisir les évolutions qui vont se produire dans les quelques années à venir. Ainsi nos décisions pourront se situer dans cette visée plus prospective.

Vers le partage du pouvoir

Définition. Pouvoir vient du latin populaire **potere**, c'est-à-dire être capable de, renvoyant à une **capacité** à faire ou à faire faire, que toute personne possède. Il dérive du latin classique **posse** signifiant avoir la force de, c'est-à-dire avoir la **possibilité** de réaliser. Tout le monde peut faire des choses. "Je peux soulever cette table." Ce qui fait que tout le monde possède du pouvoir. Mais capacité et possibilité ne sont rien si l'on n'a pas la **volonté** de faire, c'est-à-dire mobiliser cette énergie qu'est la force pour passer aux actes. Le pouvoir a donc trois caractéristiques : avoir des capacités, avoir des possibilités et avoir de la volonté.

Interprétation. Le pouvoir peut être utilisé de trois façons différentes.

- ***Le monopole*** du pouvoir se réalise lorsqu'on a affaire à une personnalité faible qui se protège en imposant sa façon de voir et de faire. Ce sont généralement des personnes autoritaires qui abusent du pouvoir octroyé par leur fonction. Amorcer ce choix c'est s'emprisonner, car le monopole du pouvoir engendre une dilatation du "Moi" qui fait se prendre au sérieux toute personne qui tombe dans ce piège. Alain disait déjà : "Tout pouvoir sans contrôle rend fou" et Lord Acton : "Le pouvoir tend à corrompre et le pouvoir absolu corrompt absolument". Il y a peu d'exceptions à la règle.

- ***La délégation de pouvoir***. Elle peut se réaliser dans deux sens :

  – Elle vient du haut de la hiérarchie quand celle-ci accepte le principe de la délégation. L'expérience montre qu'en fait ce n'est jamais le pouvoir qui est délégué, mais les tâches à exécuter et généralement les plus fastidieuses. L'illusion de la délégation de pouvoir est vite dissipée chez ceux qui la subissent engendrant rancœur et parfois révolte. Il vaudrait mieux confier une fonction précise et concrète.

  – Elle vient du bas quand on sacrifie au système électoral qui donne l'impression de vivre la démocratie. Or, élire quelqu'un c'est déléguer son pouvoir de décision, c'est se démunir d'un pouvoir indispensable dans toute vie sociale. Pour l'instant, quand on n'a rien trouvé de mieux, il serait judicieux de mettre en place des mécanismes qui évitent la délégation de pouvoir et s'en tenir seulement à la représentation nécessitant un aller-retour permanent entre l'électeur et l'élu.

  Pour l'instant la délégation n'est qu'une illusion de progrès.

- ***Le partage du pouvoir***. Cette troisième utilisation semble inéluctable à plus ou moins long terme. L'augmentation du niveau de formation de la population, l'impact des médias qui fournissent en permanence des informations, procurent à chaque citoyen les moyens de s'exprimer sur les problèmes qui les concernent. L'aspiration à participer aux décisions s'élargit dans tous les secteurs de la vie sociale. C'est vrai dans l'institution enseignement où les étudiants veulent être consultés sur les réformes, dans l'entreprise où les salariés souhaitent être entendus grâce à la négociation et à la concertation, sans parler de la famille, de l'Eglise, des associations où les personnes ne veulent plus être des pions sur un échiquier. Ils veulent accéder au partage du pouvoir grâce à l'accès de chacun à des responsabilités.

Caractéristiques du pouvoir

- ***Le pouvoir influence en ayant recours à la force***. La force recouvre un éventail très large de possibilités. Elle va à une extrémité jusqu'à la torture et à la mort comme dans nombre de dictatures. A l'autre extrémité, elle recourt à la sanction en utilisant soit la punition (privation de dessert), soit la récompense (tu auras des bonbons). L'autorité n'a pas besoin de sanctions, elle émane de l'être. Le pouvoir entraîne de ce fait des réactions soit d'obéissance, soit de désobéissance, alors que l'autorité utilise le dialogue. Le mécanisme de l'obéissance entraîne très souvent à la soumission donc à la possibilité d'aliénation de l'être, alors que l'autorité, par le dialogue, suscite la participation.
- ***Le pouvoir se fonde sur la légalité***. En effet, le pouvoir est généralement instauré, il est octroyé par une institution avec ses caractéristiques propres pour y accéder : diplômes, relations, ancienneté. Il est codifié par des structures généralement hiérarchiques donc pyramidales, décrit par les statuts ou un règlement intérieur. Le pouvoir se pérennise : arrivé au sommet de la pyramide, l'ancien président ne peut que devenir président honoraire. On ne redescend pas des sommets. Le pouvoir étant toujours légal, il peut commettre des abus, il n'y a aucune garantie. En effet, une dictature édicte les lois qui lui conviennent et ceux qui la combattent rentrent alors dans l'illégalité, souvent au nom de la légitimité de leur action qui est fondée sur des valeurs de justice, de dignité humaine. La loi n'est pas une garantie sans la légitimité de l'opposition qui la rééquilibre.
- ***Le pouvoir organise l'inégalité***. Cette inégalité est très diversifiée.
  - *Inégalité de statut* qui crée la dépendance : enseignants/enseignés, soignants/soignés, clercs/laïcs, chefs/subordonnés, etc.
  - *Inégalité de pouvoir* au sein d'une structure pyramidale où ceux qui sont au sommet monopolisent le pouvoir et ceux qui sont à la base n'ont qu'une ressource : croire que les abus de pouvoir seront limités.
  - *Inégalité de fonction* située sur une échelle de valeurs où le balayeur est considéré comme quantité négligeable alors que le directeur sera toujours reçu avec considération.
- ***Le pouvoir sécrète les chefs***

  Le chef commande. Pour commander, il faut savoir obéir à ses supérieurs, aux ordres de sa hiérarchie, respecter les règlements et les faire respecter, avoir une discipline personnelle et l'exiger de ses subordonnés. On distingue :
  - *Le chef autoritaire* prend toutes les décisions, ne participe pas à l'exécution, ne revient jamais sur une décision, ne s'intéresse pas à ses subordonnés. Ses valeurs sont : l'ordre, la discipline, le rendement.
  - *Le chef laisser-faire* distribue le travail pour ne pas avoir à le faire, évite le contrôle du travail, se décharge de ses responsabilités, n'aime pas importuner par des demandes de conseil, de précision.
  - *Le chef coopératif* est compétent mais admet que d'autres puissent l'être plus que lui, se considère comme un membre du groupe. Il a de l'autorité, n'a pas besoin d'user de son pouvoir, prend ses décisions en tenant compte des suggestions, connaît la valeur de ses collègues de travail, se préoccupe du perfectionnement et de la carrière de ses subordonnés.

Il y a donc encore là un choix à faire.

Voyons à présent deux phénomènes complémentaires permettant de réguler le pouvoir : le miroir pour les personnes, le principe de subsidiarité pour les institutions.

Le miroir moyen de prise de conscience

La personne qui a tendance à abuser de son pouvoir dispose d'un moyen de découvrir sa façon d'agir. Il suffit d'observer les réactions des autres à notre égard, car l'autre est mon miroir. Il réagit en fonction du ressenti que je provoque par ma façon d'être. C'est un excellent moyen d'apprendre à se connaître.

Les étapes

L'accès à la conscience de son identité ne se fait pas en une seule fois. Nous passons par des étapes successives.

1. ***Moi c'est un autre***. L'enfant, devant le miroir, lorsqu'il a quelques mois, ne se reconnaît pas. Ce qu'il voit dans la glace c'est une personne étrangère à lui-même. Dans le groupe, le miroir c'est les autres. Leurs réactions sont souvent provoquées par ce que je suis, mais je ne le sais pas, je ne le vois pas. Il faut du temps pour faire le lien entre les réactions des autres et moi qui les provoque.

2. ***Moi morcelé***. Progressivement, je découvre des aspects parcellaires. Quand je réagis violemment, je provoque chez telle personne un repli sur elle ou de l'agression à mon égard. Lorsque j'apporte une idée intéressante, certains la rejettent, d'autres se l'approprient. Je découvre progressivement que les réactions des autres sont déterminées par ma façon d'être. Ils me renvoient comme un miroir ce que je suis. Je prends ainsi conscience des éléments partiels de mon moi dans l'exercice du pouvoir.

3. ***Moi unifié***. Au bout d'un certain temps, si j'accepte d'être attentif à la réaction des autres, je découvre ma personnalité. Je progresse vers la connaissance d'une totalité de ce que je suis, par ce que je provoque. Parfois ce n'est pas facile à admettre. Aussi la tentation de refuser de voir, de refuser d'élargir son champ de conscience est grande. On peut ainsi en rester à la première ou à la deuxième étape, ce qui ne favorise guère notre propre évolution, ni les communications interpersonnelles, ni la remise en cause de notre façon d'utiliser le pouvoir.

Un outil de conscience

Il est très important pour un animateur de comprendre ce mécanisme et de ne pas avoir peur de l'utiliser pour lui-même car, comme pour beaucoup d'autres choses, il sert d'exemple. S'il a peur de découvrir sa véritable personnalité, les participants aussi auront peur.

S'il accepte de percevoir l'autre et les autres comme des miroirs qui lui renvoient sa propre image par leurs réactions, alors :

- il apprendra à se connaître, à découvrir progressivement l'unité de son moi ;
- il apprendra à connaître les autres et à accepter leurs personnalités différentes de la sienne comme facteurs d'enrichissement ;
- il apprendra à se connaître en relation avec les autres, ouvert ou fermé à leurs apports, acceptant ou refusant de gérer autrement son pouvoir.

Toute réaction de l'autre à mon égard me renvoie en miroir ce que je suis. Puis-je l'admettre et le supporter ? C'est la question.

Le principe de subsidiarité [1]

Ce principe, remis dans l'actualité, s'enracine dans une tradition ancienne consistant à cerner les contours d'une politique caractéristique de gestion des pouvoirs dont les principaux penseurs ont été : Aristote, Thomas d'Aquin, Althusius, Hegel, Tocqueville, Proudhon, Charles Gide, etc.

Les fondements

L'idée de subsidiarité repose sur une anthropologie spécifique. Elle s'enracine dans une philosophie de l'homme et de la société. Elle résulte d'un mouvement dialectique entre deux éléments déterminants.

- ***Une philosophie de l'action***. L'homme individuel est considéré comme responsable de son propre destin et capable de l'assumer. Le courant aristotélicien fait de l'homme un être en acte dont la vie se passe à devenir ce qu'il est, à réaliser ses virtualités. La pensée chrétienne et la culture scandinave consacrent la dignité de la personne humaine à laquelle nulle autorité ne saurait voler l'existence en l'utilisant comme moyen. En conséquence la société politique doit tout mettre en œuvre pour ne priver personne de l'action qu'il peut et veut accomplir.
- ***Une représentation précise de l'intérêt général***. La société politique est considérée comme une entité possédant son propre destin. La personne, finalité suprême de la société politique, se définit comme un être social qui a besoin des autres comme ils ont besoin de lui. Un homme vivra plus heureux dans une société épargnée de la misère et de l'indifférence, surtout s'il doit contribuer personnellement au bien commun qui est ce que l'on nomme aujourd'hui l'intérêt général. Cela se traduit par l'exigence d'une certaine redistribution des biens afin que les plus défavorisés conservent leur dignité en dépit de leur incapacité temporaire ou non à se prendre en charge.
- ***L'interaction de ces deux phénomènes*** montre que la concurrence, le laisser-faire engendrent les inégalités et que l'exigence de solidarité réclame nécessairement la restriction de certaines libertés, en général par la ponction fiscale d'une partie des revenus.

Le principe de subsidiarité

Il présente un double aspect répercutant cette double exigence.

- Le pouvoir en général et l'Etat en particulier ne doivent pas empêcher les personnes ou groupes sociaux de conduire leurs actions propres, c'est-à-dire de déployer autant que possible leur énergie, leur imagination, leur persévérance, dans les œuvres par lesquelles ils se réalisent tant au profit de l'intérêt général que de l'intérêt particulier.
- Chaque pouvoir a pour mission d'inciter, de soutenir et, en dernier lieu, de suppléer s'il le faut, les acteurs insuffisants. Les détenteurs du pouvoir ne sont plus les acteurs uniques. Ils deviennent les garants du principe de subsidiarité. Ce principe s'applique à définir la **participation** du citoyen par l'intermédiaire de la **liberté d'action**, en précisant leurs limites et leurs conditions d'exercice. Nouvelle citoyenneté que nous aurons à vivre en pratique.

Pouvoir

---

(1) **Le principe de subsidiarité**, Chantal Millon-Delsol, Que sais-je ? N°2793

Des moyens pour un partage du pouvoir

Si l'on souhaite faire du pouvoir un moyen de s'épanouir, mais aussi de servir, il est nécessaire de prévoir des modalités de fonctionnement favorisant la prise de conscience par chacun de ses capacités pour arriver à un partage du pouvoir.

Le partage se justifie idéologiquement

- Depuis le début de l'humanité, des essais de démocratie complète, où le pouvoir était dévolu au peuple directement, ont été entrepris à l'époque néolithique, dans la Grèce antique, dans nombre de peuplades africaines, américaines ou indiennes. Ce type de relations de pouvoir suppose un degré de civilisation très élevé et une conscience politique très grande de la part de chaque citoyen.

- Ces civilisations ont été détruites par d'autres qui se croyaient plus évoluées et prétendaient leur apporter "la culture" (idéologie). Elles voulaient surtout s'annexer leurs richesses (économie) et pour cela imposer leur pouvoir (politique). La colonisation est née ainsi. Aujourd'hui une prise de conscience se manifeste. Elle permettra peut-être d'aller vers la construction d'une société où chaque personne aura droit de décision dans les domaines où elle est concernée.

- Aujourd'hui partout des réactions se manifestent pour illustrer que les citoyens aspirent à prendre en charge leur vie, désirent participer activement à la vie de la cité (plus de 150 associations se déclarent chaque jour à l'administration), luttent pour obtenir le droit à la parole : étudiants, agriculteurs, salariés, actionnaires minoritaires, aucune catégorie sociale n'est absente du débat. Faudra-t-il attendre que tout éclate avec violence pour en tenir compte et essayer de mettre en place, à froid plutôt qu'à chaud, des structures qui répondent à ces aspirations ?

Le partage nécessite pratiquement

• ***Une stratégie du grand jour***

Plus d'informations conservées par les détenteurs du pouvoir. Toute information est communiquée aux autres pour permettre à chacun d'avoir les éléments nécessaires à la réflexion préalable avant toute décision. Plus de politique du secret : les salaires sont connus de tous, les définitions de fonctions aussi, l'organisation du travail est affichée, les projets à long terme sont publiés. Tout est à la disposition de tous, sauf dans le domaine touchant à la vie privée des personnes.

• ***Des relations simples***

Suppression des titres de président, de directeur, de supérieur. Il suffira de définir les fonctions de chacun et de reconnaître chacun, non par un titre, mais par une responsabilité concrète.

Un cadre de travail simple, confortable mais pratique supprimant tout décorum inutile.

Entretenir des relations avec toutes les personnes concernées par un travail, un projet, et pas seulement avec les notables. L'efficacité en sera décuplée car, souvent, l'exécutant détient plus d'informations sur son travail que son supérieur.

• ***Reconnaître le travail réalisé par les autres***

Au lieu d'être centré sur soi, sur ses capacités, sur ses supériorités, il est indispensable de savoir regarder le travail réalisé par les autres. Les uns sont rapides, les autres lents, les uns ont de l'initiative, les autres n'en ont pas, mais tous réalisent quelque chose. Il faut savoir le reconnaître. C'est à cette condition que chacun donnera le maximum de lui-même (miroir).

• ***Travailler avec les autres***

Au lieu de chercher à diviser pour régner, tendre à la collaboration permanente de chacun avec tous. Le travail isolé ne peut avoir la richesse d'un travail en équipe.

Une personne, si géniale soit-elle, ne peut rassembler en elle tous les éléments dont disposent les autres. Par le partage d'informations détenues par chacun, les décisions prises ensemble seront plus opérationnelles.

• ***La structure est seulement un moyen non une fin***

La structure pyramidale peut parfois devenir une fin en soi. La structure communautaire peut tomber dans le même travers. Une structure est faite pour faciliter la progression collective vers des objectifs élaborés ensemble.

Pour cela, on organise la totalité des membres en unités à taille humaine où chacun se connaissant peut s'exprimer sans arrière-pensée. Sachant être écouté, il pourra à son tour être disponible à l'autre afin de travailler ensemble à l'œuvre commune[1].

• ***Chaque membre possède du pouvoir***

Dans une communauté, il ne peut y avoir de personnes ayant du pouvoir et d'autres pas. Chaque membre a une responsabilité précise, définie ensemble en fonction des besoins collectifs. Pour assumer sa responsabilité, chacun a besoin des pouvoirs nécessaires pour l'exercer correctement.

La définition de fonction, si elle est personnelle et connue de tous, n'exclut pas la collaboration, au contraire. Chacun peut faire appel aux autres pour l'aider, lorsque c'est nécessaire, à la réalisation d'une tâche. Cette attitude permanente, quand elle est réciproque, soude une communauté.

• ***La contestation est un signe d'évolution***

Dans une communauté vivante, les contestations sont nombreuses mais, au lieu d'effrayer, elles sont décodées comme signes d'évolution collective. Lorsqu'une ou plusieurs personnes revendiquent, cela montre la prise de conscience d'une situation à faire évoluer (Œdipe). Aussi toute demande est prise en compte et discutée ensemble. Cela suscite toujours des débats passionnés, des affrontements entre tendances. Mais, comme tout se passe au grand jour, en toute amitié, le débat aboutit à une évolution des parties en présence permettant de travailler ensemble sur les points où l'accord est intervenu.

---

(1) **Organisation et responsabilités**, Charles Maccio, Chronique Sociale.

Une responsabilité pour chacun

Définition. Du latin **spondero** : je promets solennellement, et **re** : en retour. Ainsi **respondere** signifie : je réponds de ma parole et de mes actes, je m'engage. La responsabilité a donc trois caractéristiques : **répondre** de la parole donnée en étant conscient que nos promesses doivent se traduire en actes ; **respect** de la parole donnée qui nécessite d'avoir de l'autorité et le pouvoir nécessaire pour la réaliser ; **engagement** personnel à l'égard des personnes à qui l'on a donné sa parole.

Interprétation

Nous avons le choix entre trois attitudes possibles.

- ***Le bouc émissaire***. C'est la personne ou le groupe de personnes choisi (immigrés pour le Front National), consciemment ou inconsciemment, et que l'on charge de tous les défauts ou dysfonctionnements du groupe et des relations défectueuses. La personne responsable qui n'assume pas ses actes dans leur totalité **fuit** en recherchant un bouc émissaire qui portera toutes les erreurs de ceux qui n'ont pas le courage d'assumer leurs actes. Depuis la plus haute Antiquité, les détenteurs du pouvoir trouvaient des boucs émissaires à qui l'on imputait les causes de tous les malheurs. Cette fuite n'est pas constructive car elle ne permet pas de résoudre les problèmes puisqu'on refuse de les voir, donc de les analyser.

- ***Etre responsable* pour *les autres***. Cette attitude part d'un sentiment de générosité. Pendant de longues années, elle a été nécessaire pour prendre en charge les problèmes que les intéressés ne pouvaient pas assumer faute de compétence, faute d'argent, faute d'avoir des idées pour les résoudre. Aujourd'hui les données sont différentes avec la montée du niveau de conscience collective. Il est préférable d'éviter le **paternalisme** qui empêche les personnes et les groupes de se prendre en charge et les conduit à adopter une mentalité d'**assistés**. Pour rompre avec ces habitudes, une seule condition : **faire confiance** aux personnes.

- ***Etre responsable* avec *les autres***. Cette confiance va nous conduire à pouvoir travailler avec tous les membres de notre groupe, de notre organisation, en sachant utiliser la **particularité** de chacun pour enrichir le fonctionnement de l'ensemble. Cet **apport réciproque** sera source d'enrichissement pour chacun et pour tous, car il deviendra possible à chaque personne de prendre une responsabilité concrète et précise. Ainsi les tâches seront réparties entre tous les membres de l'équipe alors qu'auparavant seuls deux ou trois responsables faisaient tout, étaient surchargés de travail. Le partage des tâches par le partage des responsabilités favorise la **prise de décision** tant individuelle, pour les problèmes liés à la fonction, que collective pour les problèmes concernant le groupe et l'organisation.

Caractéristiques

- ***L'influence est réciproque***. Par ma responsabilité j'influence les autres. Les autres, par leur responsabilité, m'influencent, entraînant une **dynamique** dans la réalisation de nos fonctions. Nous découvrons la nécessité d'élargir nos **compétences** aux dimensions que les autres nous ont permis de déceler, ce qui nous permet une plus grande **maîtrise** des problèmes à prendre en charge.

• ***La dialectique légalité/légitimité***. L'autorité est légitime. Le pouvoir est légal. Pour clarifier précisons le sens de ces concepts. Comme le droit, l'éthique vise à définir la validité de nos pratiques sociales. Alors que le droit s'attache à définir cette validité du point de vue de la **légalité**, c'est-à-dire de sa conformité à un système de règles établies, l'éthique la définit du point de vue de la **légitimité**, c'est-à-dire de sa conformité à des valeurs extra-juridiques. Dans cette démarche on retrouve l'affirmation de la personne responsable et le droit au développement collectif avec une conscience plus aiguë du mouvement dialectique permanent de la légalité (droit) et de la légitimité (valeur), pour construire sans cesse un nouveau droit qui tienne compte de l'évolution des personnes et des organisations pour orienter les **changements**.

• ***L'égalité dans la différence***. Etre identique serait nier la particularité des personnes en nivelant les êtres au lieu de les promouvoir. La promotion de l'être réside dans l'acceptation de la différence, le respect de cette différence et son emploi pour un enrichissement mutuel. Ces différences nous permettent ainsi de prendre conscience de la compénétration des problèmes, de leur **interaction** puisque chacun en perçoit souvent un aspect différent. Cela nous conduit à organiser la **complémentarité** des fonctions, pour assumer ces interactions, et à progresser vers la **polyvalence** de chaque responsabilité, pour un travail en équipe plus profitable à tous et plus efficace pour régler les problèmes.

Nous percevons à présent qu'être responsable c'est entreprendre une démarche pour acquérir de l'autorité et organiser le groupe pour avoir le pouvoir nécessaire pour l'exercer. Cela suppose de toujours essayer de prendre en compte le troisième élément de l'interprétation et le troisième élément des caractéristiques. C'est donc un choix éthique que nous sommes conduits à faire.

La responsabilité sécrète l'animation

• ***L'animateur*** étant celui qui donne une âme, du souffle, un esprit au groupe ou au secteur dont il a la responsabilité, il ne peut, de ce fait, s'auto-désigner ou jouer au chef. Il doit être choisi par le groupe. Ce choix ne peut être guidé dans la mesure où chaque groupe recherchera le type d'animateur dont il a besoin. Les uns auront besoin de quelqu'un de très directif pour se sécuriser, d'autres viseront un type plus coopératif, chacun en fonction de ses besoins ressentis.

• ***Nous sommes tous animateurs*** à partir de la responsabilité que nous assumons, soit au cours des réunions quand on traitera, dans l'ordre du jour, le point correspondant à notre responsabilité, soit quand nous serons conduits à provoquer une réunion particulière, à partir de notre responsabilité, pour régler certains problèmes.

• ***Le coordinateur***. Quand, dans le groupe, toutes les personnes auront une responsabilité et, dans ce cadre, assumeront la partie animation nécessaire à son fonctionnement, l'animateur du groupe deviendra un coordinateur de toutes ces animations.

Etre responsable

Etre responsable, c'est accepter de mettre nos capacités à la disposition des équipes auxquelles nous appartenons. Nos possibilités sont diverses, c'est ce qui fait la richesse d'un groupe, ce qui crée la complémentarité et favorise le partage du pouvoir dans l'égalité des droits.

Croire en la personne

Si, au départ, on ne croit pas que toute personne, sans distinction de race, de sexe, d'âge, de santé, etc. a des capacités et des virtualités à développer, la démarche suivante est vaine. Cette foi en la personne est la clé permettant de se mettre en marche.

Toute personne doit avoir des responsabilités

Traditionnellement, dans le groupe et les organisations, on a une liste-type des responsabilités à répartir. Il est nécessaire à présent de distinguer :

- ***Les responsabilités fonctionnelles***, celles qui permettent aux groupes et aux organisations de fonctionner : animateur, trésorier, secrétaire, responsable de formation, de l'information, des relations avec l'extérieur, etc.
- ***Les responsabilités politiques***, celles qui permettent d'atteindre les objectifs de l'organisation. Elles varieront en fonction des buts poursuivis. Pour un syndicat : salaires, conditions de travail, horaires, représentation du personnel, gestion des ressources humaines, etc. ; pour une association familiale : éducation des enfants, procréation, revenus, vie du couple, etc.

Choisir au lieu d'élire

Ce choix est fondé sur :

- ***Le désir de chaque personne*** de prendre en charge une des tâches à accomplir, car le désir est le moteur de l'action.
- ***Les besoins du groupe***. Ce désir s'affronte à la réalité. Il ne s'agit pas de créer des fonctions inutiles pour le plaisir. Au contraire, il convient de réfléchir aux besoins du groupe pour atteindre ses objectifs.

L'affrontement des deux aspects permettra à chacun d'être réaliste tout en respectant, toutes les fois que cela sera possible, les désirs exprimés.

La responsabilité a une double dimension

- ***Elle est personnelle***, en ce sens que si celui qui a accepté de la prendre ne l'assume pas, il y aura dysfonctionnement, non seulement pour la personne, mais aussi pour le groupe qui ne remplira pas sa tâche.
- ***Elle est collective*** dans la mesure où celui qui est responsable n'est pas celui qui fait le travail "pour" les autres, mais le réalise "avec" les autres en rappelant à chacun ce qui est à faire. Ainsi le responsable de l'accueil ne sera pas celui qui accueille seul, mais celui qui rappelle que chacun doit accueillir dans son secteur. Le trésorier n'est pas celui qui tient les comptes seul, mais celui qui apprend à chacun à faire les comptes de son secteur, lui étant chargé de coordonner le tout et d'élargir la compétence des autres en ce domaine. C'est vrai pour toutes les responsabilités.

La durée de la responsabilité est à préciser

- **Déterminer un temps** en évitant deux écueils :

– ***Une durée trop courte***, comme changer d'animateur à chaque réunion sous prétexte de formation, alors que c'est de la déformation. En effet si, après avoir animé, je prends conscience d'améliorations à apporter à l'animation, je ne peux le faire puisque, la fois suivante, c'est une autre personne qui anime.

– ***Une durée trop longue*** où des individus restent en place pendant des décennies. Ils ne peuvent se renouveler, car ils sont prisonniers de leurs habitudes.

Une durée de 2 à 6 ans, suivant les responsabilités, semble acceptable, en limitant le renouvellement.

- **Rotation des responsabilités**. Si l'on fixe une durée, ce n'est pas pour qu'en fin de mandat nous n'ayons plus rien à faire. C'est au contraire pour qu'il y ait rotation des fonctions, ce qui permet à chacun d'enrichir la nouvelle fonction occupée, grâce à l'expérience acquise dans la précédente.

Le cumul des responsabilités devrait être atténué ou évité

En effet, des individus acceptent parfois des responsabilités dans de nombreuses organisations. Débordés de travail, ils ne peuvent assumer correctement aucune de leurs responsabilités. Ce sont d'autres personnes qui remplissent les tâches, sans être reconnues ni avoir le pouvoir. En remplissant ses responsabilités correctement, on ne peut en assumer de trop nombreuses.

Définir clairement les responsabilités

C'est un impératif. Si l'on veut que chacun les assume comme il faut, il est important de délimiter les territoires et de préciser les contenus et, en particulier, le champ des décisions.

- **La personne responsable** fera une première mouture de sa définition de fonction, en partant de son expérience, de ses projets et de ses possibilités, afin d'être réaliste.

- **Le groupe régulera** pour adapter la responsabilité personnelle aux besoins du groupe et harmoniser avec les autres responsabilités.

- **La définition de fonction** sera écrite pour permettre à chacun de connaître son champ de travail et de pouvoir.

- **Elle sera revue annuellement** de façon à faire évoluer les fonctions en tenant compte des richesses apportées par l'expérience.

Pas de valeur attachée aux fonctions

Sinon une hiérarchie va s'instaurer qui va bloquer le fonctionnement de l'ensemble, empêchera de fixer des durées, de favoriser la rotation, etc. Toutes les fonctions sont nécessaires. Il n'y en a pas de majeures, ni de mineures. Il y a seulement partage des tâches et du pouvoir. Si nous attachons une valeur à la fonction, nous risquons de ne plus l'attacher aux personnes. Or, toutes les personnes sont égales en dignité, on peut seulement demander à chacun d'utiliser toutes ses capacités.

Principes d'animation pour le responsable

Montrer l'exemple

L'un des facteurs fondamentaux pour la personne qui anime est de ne pas mettre en contradiction ce qu'elle dit et ce qu'elle fait. Pour cela, en toute circonstance, elle devra être un exemple, non pour entraîner une simple imitation de la part des participants, mais pour changer l'optique des habitudes dans trois directions :

- ***Les rapports des personnes entre elles***, afin d'aboutir à un vrai dialogue, à un échange, dans le respect mutuel des opinions.
- ***La cohésion du groupe***. Elle découle du facteur précédent. Elle est la condition du progrès pour les personnes et pour le groupe.
- ***L'insertion du groupe dans la vie sociale***. Il ne faudrait pas que les personnes soient tellement à l'aise dans le groupe que l'on passe d'un égoïsme individuel à un égoïsme collectif. La seule façon d'éviter ce danger est : pour chaque personne d'être insérée dans d'autres groupes actifs, pour chaque groupe de faire partie d'une organisation.

L'exemple de l'animateur dans ces trois domaines sera un encouragement pour chacun.

Stimuler les talents

Chaque personne a des dons particuliers, des qualités individuelles. La vie de groupe devrait être l'occasion de leur épanouissement. Le groupe en sera plus riche, plus homogène. C'est cela la complémentarité.

Mais pour que ces talents puissent être au service de tous, il convient que les responsabilités soient réparties de telle façon que chacun en ait sa part, car il n'y a pas épanouissement total des personnes sans responsabilité individuelle et collective.

Favoriser une certaine autonomie

Notre civilisation occidentale nous a modelés dans une structure hiérarchique de dépendance : école, subordination aux maîtres ; armée, subordination aux gradés ; entreprise, subordination aux cadres, etc. La personne n'est pas habituée à une certaine autonomie. Le groupe devrait permettre de l'atteindre : c'est une des responsabilités de l'animateur.

Il convient de saisir le moment où le sentiment d'indépendance se développe pour favoriser son épanouissement dans plusieurs directions :

- ***intérieure***, par le développement de la conscience de ses capacités :
- ***extérieure***, par l'acceptation et la capacité à assumer des responsabilités et à prendre toute sa place dans la vie du groupe et de la société ;
- ***individuelle***, par la stimulation et le développement des valeurs propres à chaque personne ;
- ***collective*** : accepter que cette autonomie, base de la liberté individuelle, permette à chacun de s'insérer dans le courant de progression de l'humanité en participant activement à la vie de groupes qui agissent dans cette direction.

Les moyens permettant d'accéder à l'autonomie des personnes et des groupes

1. Prendre les gens et le groupe tels qu'ils sont

- Trop souvent, on se fait une certaine idée des personnes ou des objectifs du groupe. Nous sommes alors prisonniers de cette idée et le plus grave c'est que nous avons emprisonné aussi les autres dans l'idée que nous nous faisons d'eux. A partir de là aucune possibilité de progrès n'existe.

- Il est préférable d'accepter les gens tels qu'ils sont et non tels que nous voudrions qu'ils soient. C'est le réalisme, ce qui est le contraire de l'idéalisme.

2. Les aider à prendre conscience de leur situation

- Au début de la vie d'un groupe, il est impossible que le groupe soit autonome. On a cru longtemps, en interprétant de façon restrictive la notion de non-directivité, qu'en laissant faire les participants et les groupes ils arriveraient à leur autonomie tout seuls. L'expérience, après quelques années, prouve que la vie sociale ne préparant pas, ni par l'école, ni par la famille, ni par l'Eglise, à accepter l'autonomie, il est préférable, pour être efficace, de commencer par désaliéner les personnes et les groupes. Et cela l'animateur peut le faire en créant un climat permissif, c'est-à-dire un climat où chacun se sente suffisamment à l'aise pour se permettre d'être en accord ou en désaccord avec l'animateur ou un autre participant. Dans la mesure où le climat est dû à l'animateur, il est forcément directif puisqu'il veut conduire le groupe à l'autonomie. Il est préférable d'en être conscient.

3. Accepter d'être remis en cause

- Cette marche à l'autonomie aboutira, au bout d'un temps plus ou moins long suivant le groupe, à une remise en cause de l'animateur perçu comme le "père", perçu comme une autorité. C'est alors le signe que le groupe approche de son autonomie. Il faut éviter d'avoir peur du phénomène car ce n'est pas la personne de l'animateur qui est en cause, mais la façon dont il assume sa fonction.

4. Accepter de changer de statut

- L'attitude de l'animateur ne peut donc être identique tout au long de la vie du groupe. Au début, il peut avoir une attitude d'aide ou, au contraire, provocante, suivant son caractère, pour passer à une attitude plus libérale après quelque temps, de façon à aboutir au moment où c'est le groupe qui détermine le rôle de l'animateur. Cela suppose, de la part de l'animateur, une forte personnalité pour accepter de tenir compte de l'évolution du groupe.

5. Accepter de travailler avec ce que l'on est

- Parfois on attend que l'on nous propose un modèle d'animation, voire d'animateur. Cela irait à l'encontre de notre souci d'autonomie, car l'important est que chacun s'accepte tel qu'il est, impulsif ou patient, et qu'il anime à sa façon. Car s'accepter soi-même c'est déjà être sur la voie qui permet d'accepter les autres tels qu'ils sont.

Les fonctions

La fonction c'est le rôle qu'un individu a dans l'organisation collective d'une société. Elle recouvre l'ensemble des opérations, coordonnées de telle sorte qu'elles aboutissent à rendre la responsabilité particulière apte à atteindre l'objectif fixé. La notion de fonction s'applique à des personnes (fonction d'animation). Elle s'applique aussi à des organismes (fonction de gestion) ou à des méthodes de travail (fonction de réunion), etc. Dans ses diverses utilisations, elle nécessite de préciser la spécificité de la personne, de l'objet ou de la méthode. Cette spécificité est sous-tendue par le sens que l'on veut lui donner. Par exemple, la fonction spécifique de l'entreprise peut être : d'assurer la créativité économique, de rapporter des profits aux propriétaires, de promouvoir des emplois, d'assurer des revenus, etc. Sa fonction dépendra donc du sens donné à sa spécificité. Pour l'animateur il en sera de même : quel sens donner à cette spécificité qu'est l'animation. Ainsi chaque responsabilité définie des personnes aura à préciser sa spécificité : trésorier, secrétaire, etc. et le sens qui lui sera affecté. Pour cerner plus facilement la fonction pour chaque personne, il est utile de préciser quatre éléments préalables.

- **Le besoin**. C'est l'aspiration des personnes à satisfaire leur désir. Il émane du **sujet** ou des sujets concernés. Il provient des situations particulières auxquelles sont affrontées des personnes. Par exemple, quand plusieurs personnes sont rassemblées pour agir, il y a besoin d'une personne qui **coordonne** les activités.
- **Le produit**. C'est l'**objet** chargé de répondre au besoin. Ce sera, dans ce cas, le groupe avec ses réunions et sa vie, avant et après les réunions. C'est-à-dire englobant toutes les activités du groupe, leur préparation, leur débat, leur réalisation.
- **La fonction** va permettre l'adéquation du produit au besoin, de l'objet au sujet. La fonction de l'animateur va donc consister à accompagner la vie des personnes et du groupe, à réguler leur interaction, à faciliter leur tâche, à atteindre les objectifs pour être efficace.
- **Le sens de la spécificité** de cette fonction. C'est elle qui va permettre de préciser les attitudes et le comportement de l'animateur. Si le sens choisi est de favoriser l'autonomie et la socialisation des personnes, l'animateur agira en fonction de ce choix. Si le sens est de faire obéir les membres du groupe pour qu'ils respectent les ordres donnés afin d'être plus efficaces en évitant les débats, l'animation se fera différemment et le comportement et les attitudes de l'animateur en seront modifiés.

L'exemple pris pour l'animation montre la démarche à suivre pour toute responsabilité qui doit se traduire par une définition de fonction claire, précise, proposée par la personne responsable, débattue dans le groupe et incluant les champs de pouvoir nécessaires pour que chacun assume sa fonction. Sans possibilité de prendre des décisions dans son domaine de responsabilité, il n'y a pas de responsabilité. Est responsable celui qui décide, qui a du pouvoir. La définition de fonction ne peut être écartée de la prise de décision.

Procédure des définitions de fonction pour le groupe

1. Répartition des responsabilités au sein de l'équipe
   – politiques (liées à la spécificité de l'organisation : éducation, revenu)
   – fonctionnelles (communes à toutes les organisations : secrétaire)
2. Définition de fonction par la personne concernée
   – qui rédige en fonction de son expérience
3. L'équipe confronte les désirs de la personne aux besoins du groupe
   – débat des propositions
4. Négociation de l'équipe avec la personne
   – argumentation réciproque
5. Nouvelle rédaction définitive
   – avec l'accord de toutes les personnes concernées
6. Bilan de fin d'année
   – enrichissement apporté à la fonction de la personne

Fiche de fonction pour chaque responsabilité

1. Les objectifs de la fonction
   – avec les quatre paramètres définissant un objectif
   – situés par rapport aux objectifs du groupe et de l'organisation
2. Description des tâches à effectuer
   – délimitation du territoire
   – énumération des actions à réaliser
3. Les compétences
   – à avoir et à développer pour l'animation, la gestion, l'administration de sa fonction
   – à transmettre aux autres membres de l'équipe
4. Les champs de décision individuelle
   – dans le cadre de sa responsabilité personnelle
   – en liaison avec d'autres responsabilités concernées
5. La participation aux décisions collectives
   – quand la responsabilité fonctionnelle est concernée
   – aux décisions politiques qui engagent l'ensemble du groupe
6. Les moyens d'assumer sa responsabilité
   – moyens matériels nécessaires
   – les collaborations avec d'autres responsabilités
7. Durée de la fonction
   – durée totale pour établir un projet d'ensemble personnel
   – prévoir la rotation des fonctions
8. Bilan régulier
   – au minimum annuel pour ajuster aux besoins
   – au terme de la responsabilité pour transmettre la charge
9. Evolution de la fonction
   – enrichissement par l'expérience de la personne
   – enrichissement par les critiques de l'équipe

L'aspect animation de la fonction

L'animation

Comme nous l'avons vu, chaque personne, à partir de sa responsabilité, aura à animer la partie de réunion où seront abordés les problèmes de son domaine ou les réunions qui seront centrées sur son domaine de responsabilité. L'animation ne se limite pas à la réunion. Avant la réunion, il convient de la préparer, de voir les personnes, qu'elles réfléchissent sur le problème et préparent leurs interventions. Après la réunion, assurer le suivi des décisions et l'exécution des tâches pour chaque personne s'étant chargée d'une action à réaliser sur le problème pris en charge. L'animation sans la gestion et l'administration est inopérante.

La fonction animation ainsi assumée par chaque personne, au travers de sa responsabilité, aura besoin d'être soutenue. La fonction de l'animateur du groupe devient une fonction de coordination de tous les aspects animation des différentes responsabilités.

Animer, cela s'apprend

Certains s'interrogent : faut-il des qualités spéciales pour être animateur ? On pourrait répondre par une boutade : faut-il des qualités spéciales pour être parents ? C'est un peu le même genre de réponse que l'on peut faire. Dans les deux cas cela s'apprend.

Tout le monde, à partir de ses responsabilités, est amené à animer une réunion ou une partie de réunion sur les problèmes qu'il a en charge. Devant cette réalité, comme pour être parents, être informé, se former, devient une nécessité pour tous si nous souhaitons maîtriser notre domaine de responsabilité.

Chaque personne responsable doit être à même d'animer une réunion, c'est-à-dire la préparer, en assurer le déroulement et le suivi dans le domaine qui la concerne.

L'animateur professionnel à revoir

Ainsi l'animateur professionnel devient un personnage dangereux à plusieurs titres :

- D'une part, il n'est pas animateur puisqu'il n'a pas été choisi par le groupe. Il conviendrait mieux de lui donner un titre correspondant à sa fonction du moment :
  - un formateur n'est pas un animateur, mais, dans sa fonction de formateur, il y a une part d'animation comme dans toutes les autres fonctions ;
  - il en est de même pour la plupart des éducateurs, spécialisés ou non.
- D'autre part, si son efficacité peut être réelle dans le domaine relationnel, elle est réduite quand le groupe est centré sur un problème concret qu'il ne connaît pas autant que les personnes directement concernées. De ce fait, il lui est difficile de faire un plan logique de réunion ou des synthèses car, pour cela, il est nécessaire d'être compétent pour le problème.

L'animation, une fonction sociale

Le besoin d'animation se fait sentir dans tous les domaines de la vie sociale. Mais il est nécessaire de distinguer la responsabilité "d'animateur", qui est une fonction spécifique pour animer un groupe ou une réunion. Celui qui l'assume est choisi par le groupe, sa fonction évolue vers la coordination, et toutes les autres responsabilités qui ont des fonctions spécifiques parmi lesquelles la fonction animation. Ainsi chaque responsable, quelle que soit la nature de sa responsabilité, doit apprendre à animer dans le domaine de sa responsabilité quand elle est abordée dans le groupe ou en réunion.

L'implication, une nécessité

On ne peut échapper à l'implication. C'est une question de conscience morale : si je ne m'implique pas je risque de devenir un manipulateur ; de conscience lucide car je suis toujours impliqué en tant qu'être. Je fais partie d'une humanité. Je suis influencé par un bain culturel et ma personnalité réagit de façon unique à cette insertion sociale. Je suis capable d'affirmer ma particularité par l'analyse lucide de mes réactions dans mon milieu. Je peux alors m'impliquer comme acteur responsable à tous les niveaux :

– celui de l'évolution créatrice de ma personnalité
– celui, relationnel, de mes contacts avec les autres
– celui, politique, de ma fonction et de ma position sociale.

Donner l'exemple de l'implication

Pendant de nombreuses années, la neutralité était recommandé à l'animateur afin de ne pas influencer les participants. Or, l'expérience montre que la neutralité n'existe pas. Chacun de nous a des positions, des orientations et, s'il ne peut les exprimer ouvertement, consciemment ou non, il les fera passer d'une façon ou d'une autre.
On est paradoxalement moins directif lorsqu'on dévoile ses opinions, car on permet aux autres membres du groupe de connaître notre pensée et, ainsi, de pouvoir la combattre si par hasard ils étaient en désaccord. Alors qu'il est plus difficile de réagir contre un animateur, dit neutre, qui prétend ne pas vouloir influencer.

L'objectivité c'est la somme des subjectivités

L'objectivité n'existe pas, mais on peut essayer de l'atteindre. La neutralité ne permet pas d'avancer vers l'objectivité car elle cache la pensée ou l'expérience de quelqu'un. Alors que l'implication révèle cette pensée ou cette expérience. C'est en dévoilant notre expérience, notre pensée, que nous sommes objectifs puisque nous exprimons notre particularité. C'est en même temps subjectif puisque cette objectivité est limitée à nous-mêmes.
Si un seul exprime son “Je”, il sera directif, mais si l'animateur donne l'exemple du “Je”, il favorise l'expression de tous les “Je” présents à la réunion. La synthèse de ces “Je” conduira au “Nous”, à une pensée collective. Ainsi la somme de ces subjectivités nous permettra d'approcher d'une certaine objectivité, mais limitée aux personnes présentes à la réunion. Car un autre groupe, sur le même problème, avec les mêmes démarches, aboutira peut-être à un autre contenu.

Maîtrise de soi

Mais, affirmer son “Je”, ce n'est pas l'imposer. Cette nuance n'est pas toujours évidente. Elle suppose, pour celui qui l'exprime, d'accepter l'apport des autres pour compléter sa propre démarche. Elle suppose aussi, pour celui qui l'entend, de ne pas prendre cette expression comme un absolu, mais comme relative à un moment et prête à évoluer par l'apport des autres.
Cette évolution n'est possible qu'à la condition d'avoir une personnalité assez forte pour ne pas avoir peur d'être remis en cause. C'est la base de la participation de chacun à une vie collective.
La personne qui anime, en particulier, devra veiller à ce que son “Je” ne prévale pas sur celui des autres, qu'il ne soit qu'un parmi tous les autres. En donnant l'exemple de l'expression d'un “Je”, résultat d'une préparation, de l'acceptation de soi remise en cause et enrichie par les autres, elle permet aux autres participants de faire de même.

Réguler la vie du groupe

Cette fonction est centrée sur les problèmes des personnes et sur leurs relations. Elle vise à favoriser l'épanouissement de chacun et l'utilisation de ses richesses par le groupe. Pour cela [1] :

- **Chaque membre croit aux virtualités de tous les autres**. Cela suppose une triple démarche : faire prendre conscience à chacun de ses propres capacités ; découvrir, au travers de leur pratique sociale, les capacités des autres ; savoir utiliser au sein du groupe toutes ces richesses existantes.
- **Eviter tout jugement de valeur** (ce film est mauvais) pour s'habituer à porter des jugements de réalité (ce film ne me plaît pas, mais il peut plaire à d'autres). L'animateur donnera l'exemple pour qu'entre les membres du groupe il en soit de même.
- **Favoriser l'expression de chaque participant** en utilisant alternativement diverses méthodes. **Les questions** : directes (Pierre peux-tu nous dire...), indirectes (Que pense-t-on autour de toi de ce problème), à la cantonade (une question lancée à tout le groupe), de retour (retourner la question à celui qui l'a posée, généralement il répond), de relais (utiliser une question qui nous est adressée et la poser à une personne qui a peu parlé), muette (question à la cantonade en regardant précisément une personne). **Les silences** : la dynamique du groupe a largement prouvé qu'il était possible d'animer sans toujours parler. Les questions induisent les réponses, les silences font surgir de l'inconscient les questions réelles que se posent les participants. Attention cependant à distinguer les différents types de silence : angoissé, réflexif, d'attente, etc. pour ne pas les traiter de la même manière. Les silences sont aussi comme la ponctuation de la vie du groupe. Ils permettent aux secondaires d'avoir le temps de réagir, sinon, sans plage de silence, seuls les primaires peuvent parler. **La spontanéité** est aussi à ne pas négliger car elle favorise les interpellations réciproques et, de ce fait, réduit la dépendance du groupe à l'égard de l'animateur. Elle favorise la simplicité et les échanges en profondeur.
- **Aider l'implication en s'impliquant soi-même**. C'est un peu aller à contre-courant d'apprendre à chacun à dire "Je", c'est-à-dire à parler de sa vie, de ses connaissances, de ses expériences. Cette expression de notre objectivité est la seule forme d'objectivité, car on ne peut parler clairement et simplement que de ce qu'on a vécu. Pourquoi parler à la place des autres ? Il est préférable de leur permettre de parler eux-mêmes de leurs problèmes sans cela nous devenons paternalistes.
- **Du "Je" au "Nous"**. Une réunion sera d'autant plus efficace si chaque membre apporte sa contribution en disant "Je". Cette première étape est nécessaire si nous voulons arriver à une pensée collective permettant, après le débat et la synthèse, de dire "Nous". Mais ce "Nous" lui-même est relatif au groupe, il n'est pas universel, car il est seulement l'émanation et l'expression des "Je" des personnes présentes dans le groupe.

---

(1) **La liberté, pas l'anarchie**, A. S. Neill, Petite Bibliothèque Payot.

- **Apprendre à écouter** la parole de l'autre, c'est apprendre à sortir de soi, à être disponible et surtout à être attentif au désir de parler de ceux qui nous entourent. Cette attitude d'écoute est plus efficace quand elle est réciproque. Cela suppose d'accepter l'expression de la parole de l'autre pour que l'on puisse accepter en retour l'expression de notre parole.

- **Essayer de comprendre**, c'est encore franchir une étape supplémentaire et ce n'est pas une tâche facile pour un animateur de faire accéder le groupe jusqu'à ce niveau. Car, si l'écoute est nécessaire, elle n'est pas suffisante si elle consiste seulement à être capable de répéter ou de reformuler ce qui a été dit. Il convient de s'entraîner à comprendre au-delà des mots ce que l'autre ou les autres ont voulu dire. Comprendre ne signifie pas être d'accord, mais au moins le débat portera sur des bases claires.

- **Faire de l'affrontement une valeur** car, si chaque personne du groupe parle, comme nous sommes des personnes différentes, il sera rare que tout le groupe tombe d'accord avec ce qui a été dit par chacun. Aussi, pour avancer vers une certaine unité du groupe, il sera nécessaire de s'habituer à affronter nos points de vue, nos expériences, pour en tirer parti et arriver à une position collective. L'affrontement n'est pas le conflit. Au contraire, c'est lui qui permet de les éviter lorsqu'on a la simplicité de défendre sa position, tout en acceptant de changer si l'apport de l'autre nous procure des éléments auxquels nous n'avions pas pensé. Cette dynamique du changement par l'affrontement est possible seulement si les parties en présence en font une attitude réciproque, où chacun recherche la part de vérité de l'autre et dépasse sa position de départ pour arriver à une position commune sans marchandage et sans vote.

- **Veiller aux conditions d'une participation efficace**. La première est que chaque membre soit **concerné** par le problème ; la deuxième que chacun soit **compétent** ou cherche à le devenir vis-à-vis du problème ; la troisième que cela corresponde à un **désir** réel d'aborder ce problème en équipe. Sans ces conditions minima, pas de participation réelle.

- **Faire prendre conscience des progrès** réalisés par chacun et par le groupe, tant dans le domaine des objectifs, de la maîtrise des techniques, que dans le domaine des relations. Cela donne du dynamisme et de la confiance aux personnes et au groupe.

Dans un groupe, on ne travaille pas seulement sur de la matière, mais surtout sur des personnes, avec des personnes. L'oublier, c'est se vouer à l'inefficacité, voire à l'échec.

Fiche de circulation de l'information

Coordonnées

- Date
- Qui envoie le message
- Destinataire
- Thème abordé
- Pour quelle utilisation

Le message

Retour à l'envoyeur

- Les réactions

- Demande de complément d'information

- Propositions éventuelles

Fiche de propositions

Coordonnées

- Date
- Emetteur

Objectifs. Les quatre paramètres à utiliser : l'action préconisée, les personnes et groupes concernés, les changements à opérer, les délais de réalisation

Arguments

Propositions

Retour à l'envoyeur

- Critiques et suggestions

L'aspect gestion de la fonction

La gestion. Comme nous l'avons vu, elle consiste à assurer le fonctionnement de l'organisation dans une direction donnée, afin d'en garantir la pérennité et d'en favoriser le développement, grâce au choix de décisions pertinentes. La gestion correspond à l'organisation et à la recherche de la meilleure utilisation des ressources du groupe et de l'organisation : gestion financière pour chaque fonction, gestion des ressources humaines des personnes avec qui l'on est en contact de par sa fonction, gestion matérielle des moyens et des méthodes pour remplir sa fonction. Souvent la gestion est confondue avec la comptabilité. Or ce sont deux domaines distincts. La comptabilité et les finances en général sont des moyens techniques à la disposition de la gestion. Ce sont des outils nécessaires et indispensables, mais ils ne sont pas les seuls car la gestion a une dimension politique. Elle vise au fonctionnement global de l'organisation par l'intermédiaire de sa fonction. Toutes les fonctions ont donc une dimension gestion puisque c'est elle qui donne un sens, une direction, aux actions à entreprendre. La gestion sans l'animation et l'administration est inefficace. “Gouverner c'est prévoir” disait déjà Emile de Girardin. Nous y ajoutons : dans une direction donnée, qui ait un sens, et c'est l'attribut de chacune des responsabilités dans un groupe.

La fonction gestion ainsi assumée par chaque personne, au travers de sa responsabilité, aura besoin d'être encouragée. La fonction de l'animateur du groupe devient une fonction de coordination de tous les aspects gestion des responsabilités personnelles des membres du groupe.

Une conversion mentale intime est nécessaire pour passer de la comptabilité à la gestion, pour entrer dans un autre type de raisonnement. La gestion moderne est par nature globale et prévisionnelle. A partir des documents éclairant le passé et le présent (bilans réalisés dans tous les secteurs de la vie de l'organisation : financiers, ressources humaines, techniques, etc.), elle doit susciter des questions : Que pourrait-on faire d'autre ? Ou autrement ? Pour répondre à quels besoins ? Cela nécessite de faire appel à l'imagination. La gestion est essentiellement d'ordre qualitatif. Elle relève de l'intuition, de l'observation, de l'information. Elle permet de prévoir plusieurs hypothèses parmi lesquelles il faudra choisir et définir des objectifs.

Dans ce domaine, comme en d'autres, la téléinformatique peut et doit jouer une fonction importante. Le danger serait de ne l'utiliser que pour faire plus rapidement des calculs plus nombreux, mais ces tâches répétitives ne sont pas les plus rentables. Devant un certain nombre d'hypothèses suggérées par l'imagination, le travail de groupe, l'informatique est un outil qui facilite l'organisation et le traitement de ces hypothèses, qui permet d'en mesurer les conséquences financières, humaines, techniques et autres, et de les sélectionner pour permettre un choix restreint devenu responsable dans le sens des objectifs fixés.

La gestion c'est l'utilisation par chaque responsable des diverses ressources mises à sa disposition : ressources financières, ressources humaines, ressources techniques, ressources procédurales, etc. Exploitation réalisée conformément aux politiques déterminées par l'organisation et par le groupe de façon à atteindre les objectifs fixés.

La gestion dans une équipe suppose que chaque responsable ait une vision claire des différents domaines qui interviennent dans la mise en œuvre de sa responsabilité. Chaque responsabilité nécessite au minimum :

- ***la gestion du projet***, c'est-à-dire la part prise à la réalisation du projet par l'intermédiaire de sa responsabilité ;
- ***la gestion financière*** pour déterminer les sommes nécessaires à la réalisation des actions dans son champ de responsabilité et une utilisation judicieuse des fonds mis à disposition ;
- ***la gestion humaine*** pour prévoir avec qui collaborer pour progresser vers ses objectifs fonctionnels et politiques ;
- ***la gestion technique*** pour sélectionner et utiliser les moyens matériels nécessaires à l'action dans son domaine ;
- ***la gestion procédurale*** pour choisir les méthodes et procédures de travail pour arriver à des résultats.

Gestion

La gestion prévisionnelle. Elle ne doit d'ailleurs être que cela puisque la gestion a pour vocation d'utiliser le passé, pour analyser le présent, afin de prévoir le futur. Une gestion qui ne se situerait pas dans une démarche évolutive de changement ne serait pas une véritable gestion.

Son but est d'assurer le fonctionnement du groupe et de l'organisation afin d'en garantir la pérennité et le développement grâce à la participation de tous les membres. En effet, une gestion démocratique c'est la mobilisation et l'expression des ressources de compétences et des ressources cachées de l'énergie sociale des équipes. L'initiative créatrice des personnes et des groupes, tel est le facteur fondamental de la gestion. Le partage du pouvoir, par l'intermédiaire des responsabilités réparties, est la source du fonctionnement d'une organisation qui proclame œuvrer à la réalisation de l'épanouissement des potentialités humaines, pour favoriser l'accès à l'autonomie et la socialisation de tous. Elle commence à le pratiquer dans son sein, avec ses membres, afin d'illustrer qu'il est possible de le réaliser à l'extérieur sur les problèmes qu'elle a pris en charge. Les méthodes de gestion doivent, par leur contenu, permettre de donner libre cours à l'initiative des personnes et des équipes, de libérer leur énergie sociale. La démocratie réelle (qui est participation de chacun et pas seulement élection) est la forme la plus efficace de gestion en libérant l'énergie dynamique des personnes, ce qui décuple l'efficacité de tous les moyens de gestion. L'efficacité de la gestion réside ainsi dans la participation la plus large de tous.

La démarche de gestion

Une approche permanente. Les pratiques de gestion évoluent en fonction des besoins et du devenir des organisations et des groupes. Certes, il y aura encore longtemps des développements importants sur l'aspect technique des disciplines (efficacité), sur les aspects financiers (comptabilité analytique) et le contrôle de gestion. Des préoccupations et des évolutions nouvelles des organisations sont à l'origine de l'ouverture de champs de recherche inédits pour induire de nouvelles dimensions à la gestion. Par exemple sur les dysfonctionnements de la motivation, sur le stress lié à l'incertitude de l'avenir, sur les répercussions de l'environnement sur la vie de l'organisation, etc. La gestion pourrait se réduire à l'ensemble des utilisations de certains outils. Mais le choix de techniques est lui-même conditionné par la connaissance préalable des organisations et de leur comportement et par le diagnostic établi au préalable et en permanence par le gestionnaire sur son environnement. La gestion élargit sa fonction à la compréhension de ce fonctionnement, dans toutes ses dimensions : économique, financière, organisationnelle, humaine, sociale, etc.

Les fondements de la gestion. Nous les retrouvons quel que soit le domaine de gestion abordé. Elle suppose toujours un engagement personnel.

1. ***La gestion a un sens***. En effet, assurer le fonctionnement d'une organisation, d'un groupe, la pérennité et le développement, c'est utiliser tous les outils nécessaires pour atteindre les objectifs fixés, ceux-ci étant situés par rapport à des politiques et une finalité insérées dans un projet cohérent. Elle sert donc l'efficacité au service de choix que l'on a faits.

2. ***La gestion fait appel à la créativité***. Gérer c'est prévoir. Or la prévision ce n'est pas la lecture de l'avenir dans le marc de café. C'est une analyse rigoureuse en trois étapes.

   - ***Analyse du passé*** à l'aide de documents qu'il nous faut réaliser pour chaque type de gestion : plan du projet, contrôle de gestion, budget, rapports internes, ressources humaines, utilisation du matériel, progrès techniques, outils méthodologiques, etc. Cette analyse nous permet de savoir **d'où l'on vient**, avec nos réussites et nos échecs pour pouvoir faire les rectifications nécessaires.

   - ***Analyse du présent***. Dans un monde en mutation, de nouveaux éléments interviennent sans cesse, en tout domaine. Nous ne pouvons les ignorer si nous voulons prendre en charge la société telle qu'elle est. C'est la phase prise en compte du changement pour savoir **où l'on en est**.

   - ***Analyse prospective***. A partir de ces données, il est nécessaire de faire des hypothèses, de les étudier pour choisir la plus pertinente. Cette phase se fonde sur l'initiative, l'imagination, l'innovation, la créativité, pour que nos projets puissent prendre en charge le monde dans son déroulement. **C'est savoir où l'on va**.

3. ***La gestion c'est la mise en œuvre de la décision***. Lorsque l'analyse a été réalisée sérieusement, quand des hypothèses ont été proposées, il s'agit de les étudier pour choisir la plus pertinente et prendre les décisions nécessaires pour la mise en œuvre de ce choix.

4. ***La gestion c'est l'organisation de l'action***. C'est la planification de la mise en œuvre. C'est déterminer un itinéraire à suivre afin : 1. de mobiliser toutes les ressources pour progresser vers les objectifs fixés ; 2. d'analyser les informations reçues pour réviser la démarche si c'est nécessaire, afin d'adapter les forces internes aux opportunités externes ; 3. d'organiser le déroulement de l'action grâce à un planning des activités où chacune d'elle a une personne responsable pour l'assumer.

La gestion d'une activité par un responsable nécessite donc :

- ***Fixer les objectifs*** à atteindre par les membres du groupe concernés par le problème ou l'aspect pris en charge. Veiller à recueillir l'accord de tous afin d'être assuré qu'ils sont perçus et compris par chacun.
- ***Sens du projet***. Choix des valeurs qui serviront de guides, tant pour l'ensemble de la démarche (interne) que pour les actions à accomplir (externe) par le projet pour réaliser des changements.
- ***Elaborer le projet*** correspondant à l'objectif. Veiller à la cohérence entre politique et objectif et entre objectif général et objectifs intermédiaires.
- ***Faire circuler l'information*** de façon à ce que tous les membres du groupe possèdent les éléments nécessaires à leur réflexion pour qu'ils puissent faire des propositions. Cette information sera en permanence à la disposition de tous : rassemblée, classée, organisée, afin d'être utilisable facilement par ceux qui en ont besoin.
- ***Permettre la prise de décision*** nécessaire pour prendre en charge le problème ou le domaine de responsabilité imparti, en distinguant les décisions individuelles de fonctionnement et les décisions collectives politiques quand le problème concerne tout le monde, quand il touche au sens ou qu'il a des répercussions sur l'équilibre financier.
- ***Organiser l'action*** en précisant pour l'ensemble les objectifs intermédiaires, les priorités, les échéances, les responsabilités, les moyens. Le responsable aura la charge de coordonner l'ensemble du déroulement pour veiller au respect des décisions prises.
- ***Dans le cadre d'une stratégie***, car une action isolée au coup pour coup, même réussie, n'est pas efficace si elle n'est pas située dans un processus continu de changement.
- ***Prévoir le bilan*** régulier en cours d'action pour éviter les dérives, mais surtout à la fin de l'opération pour mesurer l'écart entre prévision et réalisation et prendre les décisions correctives nécessaires.
- ***Fabriquer les outils nécessaires*** pour assurer la gestion en permanence de toutes les étapes, de toutes les opérations, de tous les aspects.

Nous allons en proposer quelques-uns à titre d'exemples.

Gestion

Savoir utiliser la créativité de chacun

Chaque personne a des capacités créatives. Ce potentiel créatif existe en toute personne, quels que soient son âge, son sexe, son ethnie, son état de santé, etc. C'est l'aptitude à trouver des idées nouvelles ou des objets nouveaux, des procédures nouvelles, grâce à l'imagination, à l'initiative, mais aussi à l'utilisation de certaines méthodes qui peuvent la favoriser. Se rappeler que la création résulte de 98 % de sueur et de 2 % de génie, d'où la nécessité, pour une personne, de se cultiver, de développer son champ de connaissance, de réfléchir sur sa pratique, sur les expériences des autres, de façon à accumuler des matériaux dans lesquels puiser quand on en a besoin.

Une procédure facilitant le processus créateur

1. ***Déterminer l'objectif***. C'est le point de départ, car on ne peut rien trouver si l'on ne sait pas ce que l'on cherche. Ce peut être un nouveau produit, une nouvelle méthode de travail, une hypothèse de travail, etc.
2. ***Formulation du problème***. Rassembler l'information en fonction de l'objectif. Inutile de réinventer ce qui existe déjà, mais on peut l'améliorer ou trouver autre chose. Il sera nécessaire de formuler de façon précise les caractéristiques du problème afin de s'en approprier les différentes facettes.
3. ***Phase d'incubation***. Observer la réalité en fonction du problème à traiter de façon à s'imprégner de ses caractéristiques. On se familiarise ainsi avec le problème, on en découvre les aspects insolites. De cette façon, nous le portons en nous en laissant notre pensée vagabonder et méditer. C'est une phase d'assimilation.
4. ***Phase de concassage***. Cette assimilation a pénétré notre subconscient. Il faut à présent passer à la phase difficile et parfois douloureuse de détruire en nous tous les aspects du problème, car on ne peut rien créer de nouveau tant que subsistent des traces anciennes. Il faut faire table rase du passé.
5. ***Analogie***. L'esprit redevenu libre, il est possible d'établir des rapports de ressemblance entre deux ou plusieurs objets. Plus l'objet choisi est loin du problème à traiter, plus les analogies peuvent être riches d'innovation. Nous utilisons pour cela imagination et concentration.
6. ***Identification***. C'est se mettre à la place de l'objet, de la méthode, de la procédure, comme si nous étions cet objet, cette méthode, afin de sentir en nous les réactions qu'ils auraient en différentes situations.
7. ***Etincelle***. Tout ce travail nous a imprégnés de l'idée du nouveau produit. Nous sommes prêts à recevoir l'étincelle qui nous en fera découvrir les caractéristiques particulières et nouvelles.
8. ***Autonomie de l'objet***. Il s'agit, à présent que le produit a pris corps, de lui donner vie en le décrivant, le faisant fonctionner suivant diverses hypothèses, pour qu'il acquière sa vie propre.
9. ***Expérimentation***. C'est l'étape de vérification de l'adéquation du nouveau produit à l'objectif fixé. Il devient alors possible de le perfectionner, de l'aménager pour le rendre opérationnel.

Ce deuxième exemple d'outil de gestion, très différent du précédent, montre l'éventail possible des outils à trouver ou à créer pour gérer correctement sa responsabilité.

L'analyse des ratios

La gestion n'est pas la comptabilité. Parmi les différentes formes de gestion (technique, humaine, financière, etc.), la gestion financière est sans doute celle qui fait le plus peur car nombre de personnes se figurent qu'il est nécessaire de connaître la comptabilité pour cela. Il n'en est rien. Certes, il est préférable de savoir ce qu'est une comptabilité analytique, un bilan, un compte d'exploitation, un investissement, mais ces connaissances ne nécessitent pas qu'on soit comptable. Cette fonction est assumée par une personne compétente à qui nous devons faire confiance. Inutile de recompter ses opérations, elles sont justes. La gestion c'est davantage l'utilisation des données financières, pour connaître la situation financière de l'organisation, pour avoir les moyens d'atteindre ses objectifs. Pour cela il faudra apprendre à utiliser des ratios et, mieux encore, à inventer ceux qui nous permettront de connaître une situation particulière.

Ce qu'est un ratio. Les ratios définissent généralement certaines relations caractéristiques entre deux grandeurs. Ils peuvent être exprimés soit sous forme d'un **quotient**, soit sous forme d'un **pourcentage**. Ils permettent des comparaisons dans **le temps** avec les éléments des années précédentes, dans **l'espace**, c'est-à-dire avec d'autres organisations de même nature, et en fonction du **sens**, pour voir si l'on progresse vers les objectifs fixés.

Exemples de ratios

- ***Liquidité***. Votre souci de responsable est d'assurer la survie à court terme de votre organisation. Est-elle en mesure de faire face à ses obligations à court terme ?

  – *Ratio de trésorerie*

  $$\frac{\text{Valeurs réalisables et disponibles}}{\text{dettes à court terme}}$$

  – *Ratio de disponibilité*

  $$\frac{\text{Valeurs réalisables et disponibles (VRD)/Stock}}{\text{dettes à court terme}}$$

  } exemple avec un quotient

- ***Rentabilité***. Ces ratios traduisent l'utilisation par le gestionnaire des ressources dont il est responsable.

  – *Marges bénéficiaires*

  $$\frac{\text{Bénéfices avant impôts}}{\text{total des ventes}} \times 100$$

  – *Rendements des capitaux propres*

  $$\frac{\text{Bénéfices avant impôts}}{\text{capitaux propres}} \times 100$$

  } exemple avec un pourcentage

Les chiffres figurant sur les comptes annuels ne veulent pas dire grand-chose. Connaître un taux de bénéfice ne signifie rien s'il n'est pas relié, par exemple, à un chiffre d'affaires ou aux capitaux propres de l'organisation. Pour que les ratios soient significatifs, il est indispensable de les comparer à des ratios équivalents des années précédentes, avec ceux d'autres organisations de même nature, et par rapport aux objectifs.

L'aspect administratif de la fonction

Elargissement du champ de la notion d'administration

L'interrogation centrale reste toujours : quels sont les fins et les objectifs d'une organisation afin que l'administration puisse avoir les prérogatives nécessaires pour remplir correctement sa mission au service de l'intérêt général ? A cette interrogation s'en ajoute une nouvelle centrée sur la notion d'organisation qui donne cohérence au fonctionnement de l'organisation : qu'est-ce qu'une organisation, selon quels principes est-elle structurée, quels processus s'y déroulent, comment rendre son fonctionnement plus satisfaisant, plus équilibré, plus efficace ? Ainsi se conjugue à présent une nécessaire réflexion tant sur les missions externes (fins et objectifs) que sur les fonctionnements internes de l'organisation. Ces deux aspects complémentaires ont en commun de faire de l'administration une instance au service de la gestion (politique) et de l'animation (idéologie) avec ses territoires propres (droit, finances, organisation, etc.). Elle est chargée de procurer les outils (administration) pour préparer les décisions (gestion) et de les faire exécuter par tous (animation). Elle œuvre ainsi en vue de l'intérêt général. Elle risque d'être investie à cet effet de prérogatives exorbitantes qui ne pourraient être canalisées que par le fait que, dans chaque fonction animation, gestion et administration sont intégrées. Cette cohabitation va permettre de tenir compte, d'une part des règlements explicites qui gouvernent l'organisation, d'autre part des relations informelles découlant des motivations, des comportements et de la stratégie des acteurs en présence, dont les intérêts et les objectifs ne coïncident pas toujours avec les fins officiellement poursuivies par l'organisation.

Avantage et inconvénient de cet élargissement

Réduire l'administration à ce qu'il était convenu d'appeler le secteur public est dommageable. La limite à l'analyse des organisations (en sociologie) limite aussi le champ. En lui donnant une dimension active, avec ses caractéristiques particulières en interaction avec l'animation et la gestion au sein de toutes les fonctions, on en fait un domaine pertinent pour enrichir la vie des organisations. Cela permet en outre de profiter largement des recherches faites en sciences humaines dans leur diversité et, par exemple, de tirer profit des travaux de Michel Crozier sur le phénomène bureaucratique (impersonnalité des règles, centralisation des décisions, isolement de chaque catégorie hiérarchique, développement de pouvoirs parallèles) pour éviter de tomber dans ce piège formaliste en mettant au point des procédures participatives, mais aussi des instances et des outils d'analyse des procédures pour empêcher ces dysfonctionnements. Rappelons-nous que administration vient du latin **ministrare**, c'est-à-dire servir. Cela évitera la confusion trop souvent faite avec la gestion et l'animation, avec le management et les études financières. L'administration est à leur service avec ses outils propres. Elle peut et même doit aider chacun à réaliser ses propres outils.

• ***L'administration*** a donc pour objet de procurer les outils nécessaires à la gestion et à l'animation pour accomplir leur tâche. Ces tâches s'ajoutent à la particularité administrative qui a aussi besoin d'outils pertinents. L'ensemble de ces outils doit correspondre à la spécificité de chacun de ces secteurs. A la gestion ils permettent d'organiser les différents domaines qu'elle a en charge afin de lui permettre de trouver des solutions innovantes aux problèmes et de faciliter la prise de décision nécessaire au fonctionnement de la responsabilité de chacun. A l'animation ils procurent les éléments de facilitation et de régulation nécessaires pour faciliter les relations entre les personnes, la participation active à la vie du groupe, l'expression des personnes pour favoriser la cohésion du groupe pour qu'il progresse régulièrement vers ses objectifs. A l'administration pour qu'elle facilite le fonctionnement de l'ensemble des activités du groupe et de l'organisation, tant dans le domaine de l'information, du personnel, des finances, de l'organisation du travail, du droit, des relations extérieures, du développement, etc.

• ***Le travail administratif***. Il s'agit de rechercher les moyens qui permettent d'effectuer le travail dans les meilleures conditions et avec le maximum d'efficacité. Pour accomplir les tâches qui découlent de sa responsabilité, chaque personne doit disposer d'équipements, de matériels, de fiches pratiques qui facilitent l'accomplissement de sa fonction.

Pour être réalisés avec le maximum d'efficacité et au moindre coût, les outils administratifs doivent être analysés :
- globalement, pour vérifier qu'ils correspondent aux besoins du groupe et de l'organisation en fonction de leurs objectifs ;
- par responsabilité, pour s'assurer que quantitativement et qualitativement, chaque outil correspond au besoin particulier pour lequel il a été créé.

Cette analyse comprend deux phases :
- *l'analyse statique* : description des tâches effectuées avec un outil par un responsable pour étudier son utilité ;
- *l'analyse dynamique* : description des circuits que va suivre la fiche pour savoir si elle est utilisée de façon pertinente ou s'il y a des blocages dans le fonctionnement.

Le travail administratif pour chaque fonction aura besoin :
- de moyens matériels : ordinateur, photocopieuse, imprimante, etc.
- d'équipements : locaux, bureaux, classeurs, chauffage, éclairage, etc.
- d'un organigramme pour permettre à chacun de se situer par rapport aux autres et de percevoir les relations à établir ;
- d'un planning pour savoir qui fait quoi, à quel moment, avec quels moyens ;
- de définition de fonction écrite pour chaque responsable ;
- d'outils et de moments d'analyse critique pour améliorer les outils utilisés ;
- d'outils d'analyse financière car tout a un coût ;
- de documents généraux servant de référentiels : statuts, règlement intérieur, projets, etc.

Le traitement de l'information

L'information c'est la matière première de toute tâche administrative. Toute organisation est amenée à prendre des décisions. La prise de décisions nécessite une transformation de la matière première qu'est l'information. C'est tout élément qui nous apporte du mouvement et de l'imprévisible, nous permettant d'augmenter notre **connaissance** d'un phénomène ou de nous en faire découvrir un nouveau.

- Moins une information est **attendue**, moins elle a de chance d'apparaître dans son contexte. D'où la nécessité de prévenir les récepteurs de la nature et de la régularité des informations qu'ils recevront.
- Plus la **quantité** d'informations véhiculées est grande, plus la réception a de la difficulté à la recueillir dans sa totalité. D'où l'intérêt de ne transmettre qu'une information à la fois, mais d'informer plus souvent.

La communication. Pour obtenir ces informations, pour diffuser les décisions, il est nécessaire d'optimiser les modes de communication. La communication c'est l'échange ou la transmission d'informations sous forme d'un **message**. Elle a lieu entre un **émetteur** qui transmet les informations à un ou plusieurs **récepteurs**.

Cette communication peut être orale, écrite, audiovisuelle et téléinformatique.

Elle peut être interne à l'organisation ou externe.

La gestion de l'information. Elle se décompose en cinq étapes.

1. ***Recueillir l'information***
   - *La collecte*. C'est le fait d'aller chercher des informations de base (des données) auprès des personnes qui les détiennent ou dans des lieux où elles sont entreposées (banques de données).
   - *La saisie de l'information*. C'est l'enregistrement des informations sur un support en vue de leur traitement manuel (machine à écrire) ou automatisé (ordinateur).
2. ***Le stockage***. C'est le fait de conserver les informations jusqu'à leur traitement, et après leur traitement jusqu'à leur diffusion ou à leur utilisation par ceux qui en ont besoin. C'est un lieu de mise à disposition.
3. ***Le traitement***. C'est la transformation des informations de base en informations élaborées pour permettre la prise de décision. Le traitement peut se faire de façon manuelle (papier) ou automatisée (informatique). Il peut se réaliser en temps réel ou différé, de façon unitaire ou par lots, sur place ou à distance. On peut choisir son mode de visualisation : texte, graphique, planning, réseau, organigramme.
4. ***La distribution***. C'est le fait de transmettre et de diffuser l'information à ceux qui en ont besoin et à toutes les personnes concernées : circuit interne de remise directe aux intéressés, circuit par réseau informatique et télématique, etc.
5. ***Les réactions en retour*** (feed-back). Sans réaction du récepteur, l'émetteur ne saura pas comment il réagit et comment il utilise l'information reçue. Cet aspect, trop souvent oublié, entraîne des dysfonctionnements dans l'organisation.

Survol du domaine administratif

L'administration consiste soit à fournir les outils nécessaires au fonctionnement, soit à aider les intéressés à réaliser eux-mêmes leurs outils. Cette liste n'est pas exhaustive et, d'autre part, tous les éléments ne sont pas forcément à prendre en compte. Cela dépend des personnes et des organisations. Ce survol veut simplement être un aide-mémoire.

Droit
- loi sur les associations
  les coopératives ou les entreprises
- statuts
- règlement intérieur

Marketing
- le marché
- le plan de prospection
- la distribution

Les réunions
- diversité
  fréquence
- enchaînement

Fonctionnement
- organigramme
- planning
- définition de fonction

Techniques de travail
- moyens
- méthodes
- procédures

Environnement
- interne
- externe
- interaction

Démarche
- prévision
- propositions
- élaboration
- organisation
- décision
- réalisation
- coordination
- contrôle

Investissement immatériel
- recherche-développement
- formation-information
- logiciels
- démarche commerciale

Finances
- comptabilité
- bilan
- compte d'exploitation
- ratios

Le matériel
- les équipements
- l'entretien
- le renouvellement

Le personnel
- bénévoles/salariés
- compétences
  relations

Démarche relationnelle
- analyse
- synthèse
- argumentation
- négociation

Information
- écrite
- orale
- audiovisuelle
- téléinformatique

Communication
- liaisons
- relations
- centre ressource

Formation
- connaissances
- champ culturel
- développement de l'être

Ressources humaines
- rémunération
- conditions de travail
- climat social
- qualification
- relations de travail
- participation
- innovation

Sans l'administration, la gestion et l'animation ne peuvent se réaliser efficacement.

Administratif

Procédure pour élaborer une fiche

Il n'y a pas une équipe administrative chargée de réaliser les outils pratiques nécessaires pour permettre à chacun d'exercer sa responsabilité avec efficience, encore que cela puisse être envisageable. Toutes les fois que cela sera possible, l'animation proposera une procédure pour réaliser une fiche de travail afin que chaque personne, chaque équipe soit à même de réaliser les outils qui lui sont nécessaires. De cette façon il y aura toujours adéquation entre les tâches à réaliser et les outils facilitant leur réalisation.

1. Proposition
- par la personne responsable d'un secteur
- par la personne responsable d'une activité
- ou tout membre d'une équipe qui a des idées

2. Communication
- à l'ensemble de l'équipe
- pour susciter des réactions
- en fonction de l'expérience

3. Contre-propositions
- d'amélioration
- écrites par chaque membre de l'équipe
- avec argumentation à l'appui

4. Négociation
- synthèse des contre-propositions par l'émetteur
- présentation des avantages et des inconvénients de la proposition
- dégager les points d'accord

5. Décision collective
- mise au point définitive
- modalité d'utilisation
- répartition des tâches

6. Application
- utilisation de l'outil par chaque personne concernée
- suivi de l'utilisation par le responsable
- noter les avantages et les dysfonctionnements

Etude critique d'une procédure

Certaines procédures sont peu opérantes, d'autres très efficaces, d'autres nécessitent des aménagements. Une analyse de l'utilisation des documents, des moyens, des méthodes, des procédures, permet leur amélioration pour optimiser leur contenu, leur circulation et leur résultat.

1.Exemple critique des opérations

Pour chaque opération, se poser les six questions

Quoi Que fait-on ? La tâche	Pourquoi le fait-on ?	Aurait-on intérêt à – l'éliminer ? – l'améliorer ? – le remplacer ?
Qui Qui le fait ? Le responsable	Pourquoi le faire avec cette personne ?	Aurait-on intérêt à – mieux l'informer ? – la former ? – réaliser la tâche à deux ? – répartir la tâche sur plusieurs personnes ?
Où Où le fait-on ? Le lieu	Pourquoi le faire en ce lieu ?	Aurait-on intérêt à – le faire ailleurs ? – regrouper ? – élargir ?
Quand Quand le fait-on ? Le moment	Pourquoi le faire à ce moment-là ?	Aurait-on intérêt à – choisir un autre moment ? – modifier l'ordre des opérations ? – combiner deux moments ? – découper en plusieurs moments?
Comment Comment le fait-on ? La façon	Pourquoi le faire comme cela ?	Aurait-on intérêt à – utiliser un autre procédé ? – utiliser d'autres fournitures ? – utiliser d'autres machines ?
Combien Combien de fois, de temps le fait-on ? Volume Fréquence Durée	Pourquoi le faire ce nombre de fois ?	Aurait-on intérêt à – réduire la fréquence – réduire le volume ? la durée ? – augmenter le volume la fréquence la durée

D'une manière générale, les réponses aux questions

– Quoi	conduiront à améliorer les outils
– Qui	entraîneront à modifier la répartition des tâches
– Où	nécessitent des aménagements de lieu
– Quand	débouchent sur des aménagements dans les opérations
– Comment	obligent à revoir le mode opératoire
– Combien	permettent d'adopter fréquence, volume, durée ou besoin

2. Propositions d'amélioration

A partir du bilan critique, elles entraînent
- la réalisation de rencontres d'information avec les personnes intéressées pour voir avec elles les remises en cause et les améliorations ,
- la modification, la suppression voire la création de nouveaux outils ;
- l'amélioration de la procédure d'utilisation de l'outil.

Le coordinateur

La coordination consiste à coordonner, c'est-à-dire à lier, agencer des éléments séparés pour constituer un ensemble cohérent afin d'atteindre un objectif déterminé. Le coordinateur a donc une fonction spécifique qu'il peut remplir grâce à un comportement spécifique. L'animateur deviendra coordinateur quand les responsables seront devenus animateurs dans le cadre de leur fonction.

La fonction du coordinateur nécessite plusieurs dimensions

1. ***Etre le garant de l'objectif de l'organisation*** en veillant à ce qu'il se décompose en objectifs par secteur, par groupe, afin d'en assurer la cohérence à tous les niveaux de l'organisation, chaque objectif étant décomposé en objectifs intermédiaires.
2. ***Favoriser la réalisation du projet de l'organisation***. Il permettra à chaque secteur et groupe de prévoir, pour ses objectifs, les délais de réalisation avec planning, les moyens à utiliser, les étapes de progression, le contrôle permanent de réalisation.
3. ***Permettre les rencontres*** nécessaires pour prendre en charge chaque aspect particulier d'un problème à régler. Il vérifie la diversité des réunions à faire : information, réflexion, recherche, décision, stratégie, pour assumer la totalité des problèmes choisis.
4. ***Aider à la répartition des responsabilités*** entre les secteurs, les groupes et les personnes. Il veille à la prise en charge des deux aspects : responsabilité politique et responsabilité fonctionnelle. Il formalise cette répartition par une définition de fonction écrite.
5. ***Préciser les champs de pouvoir de chacun*** de façon à ce que chaque secteur, groupe ou personne, sache qu'elle est son territoire de décision : décisions individuelles dans le cadre de sa définition de fonction, décisions collectives sur les problèmes collectifs.
6. ***Assurer la régulation*** des secteurs, des groupes et des personnes, en facilitant la prise en charge, par chaque responsable, de la partie animation, gestion, administration de sa fonction ; en aidant éventuellement chacun à créer ses propres outils de travail.
7. ***Organiser les liaisons internes*** entre les secteurs, les groupes, les personnes, tout en préservant l'autonomie et le développement de chaque entité. L'autonomie étant la source de l'enrichissement de l'organisation lors des rencontres de liaisons qui favorisent la socialisation.
8. ***Etablir des liaisons externes*** avec des partenaires qui œuvrent dans la même direction, il y aura ainsi complémentarité grâce à la diversité ; avec des adversaires pour négocier sur les points de désaccord afin de progresser vers ses objectifs.
9. ***Réaliser des bilans réguliers*** en cours d'action avec tous les membres de l'organisation en les effectuant au sein des secteurs et des groupes. Bilan aussi, en fin de parcours, pour mesurer les écarts entre prévision et réalisation afin de prendre les mesures correctives nécessaires pour continuer à avancer vers l'objectif s'il n'a pas été atteint.
10. ***Assurer la cohérence du tout*** qui est la liaison, l'union de tous les éléments en respectant leur différence et en en faisant profiter l'ensemble ; cohérence des objectifs, des outils avec leurs fins, des structures, des relations, des personnes et des groupes. Seule la cohérence est facteur d'efficacité.

La personnalité du coordinateur

Gengis Khan a été victorieux avec des troupes nettement inférieures en nombre à celles de ses adversaires. David a vaincu le géant Goliath. Dans l'histoire on connaît de nombreux cas semblables. Ce qu'ils ont en commun, face à une situation difficile, c'est la personnalité de celui qui conduit l'action qui lui permet : 1. l'affectation et la répartition des ressources entre tous ; 2. la mobilisation des moyens ; 3. la rapidité de décision face à des opportunités ou événements imprévus ; 4. la cohérence avec les objectifs et les valeurs choisis. Ces éléments, pour être pris en compte, nécessitent d'être capable d'avoir ou d'acquérir :

1. ***La conscience des problèmes*** auxquels le groupe et l'organisation sont affrontés par leur insertion sociale : conscience lucide pour éviter de fuir la réalité ; conscience morale pour donner sens à l'action en fonction des valeurs choisies.
2. ***L'autorité*** qui émane de l'être et permet d'écouter, de comprendre les autres et de dialoguer avec eux sans avoir peur de changer par ce qu'ils lui apportent, tout en défendant ses positions sans les imposer. Son influence, due à sa personnalité, sera fondée sur la confiance et l'estime.
3. ***La capacité à anticiper***. Elle repose sur une vision globale des problèmes et une analyse correcte du système dans lequel on est inséré. Cette anticipation ne peut être que de court terme, c'est elle qui permet les prises de décision en pensant à leur répercussion future.
4. ***L'esprit de synthèse***. Pour être capable de sélectionner l'information, de la regrouper, l'organiser en fonction de ses besoins pour atteindre l'objectif, mais aussi, après l'analyse, la synthèse pour être capable de faire ressortir les points communs, les points différents et les points divergents.
5. ***L'aptitude à prendre des risques***. Le goût du risque pour lui-même peut être dangereux, tout autant que la frilosité qui empêche d'avancer. La prise de risque c'est la capacité à oser un choix, après une analyse sérieuse de la situation, et à assumer ce choix.
6. ***La capacité de jugement***. Pas le jugement de valeur qui détermine le bien et le mal, le juste et le faux, etc. mais le jugement de réalité éclairé par les valeurs choisies qui permet, face à toute situation, de déterminer les actions nécessaires dans une direction donnée.
7. ***La maîtrise de soi***. Elle nécessite que le coordinateur "[doive] savoir raison garder" en toute circonstance. Cette confiance en soi rejaillit par mimétisme sur les autres membres du groupe ou de l'organisation. Il est nécessaire d'apprendre à dominer ses réactions passionnelles.
8. ***L'aptitude à la prise de décision***. C'est elle qui permet le passage de l'analyse, du jugement, à l'action. C'est donc l'outil incontournable pour avancer vers ses objectifs : savoir décider, mais aussi savoir faire décider chaque personne, groupe ou secteur.
9. ***Le goût de la communication***. La confiance entre les membres d'une organisation sera d'autant plus grande que l'information circulera, que la communication entre tous les membres se réalisera régulièrement pour que tous puissent s'exprimer, seule façon de réguler.
10. ***La volonté de se connaître***. Le "Connais-toi toi-même" de Socrate est toujours d'actualité. Il serait judicieux que, sur chacun des points précédents, le coordinateur réfléchisse régulièrement. Un bilan mensuel serait utile pour arriver à détecter ses points faibles et arriver à les surmonter grâce à ses points forts.

Exercie n° 2

Assouplissement de l'esprit

Type Entraînement seul ou en groupe

Objectif Assouplir (3) [1] notre esprit (2) un peu encrassé par la routine (1) en trouvant des réponses adéquates aux problèmes ci-dessous (3). Prenez votre temps (4).

Déroulement Lisez attentivement chaque problème pour prendre connaissance de l'énoncé et comprendre ce qui vous est demandé.
Prenez votre temps car l'intérêt réside dans ce qu'apporte la démarche plus que dans la rapidité.

Problème n°1 : La pendule sonne trois heures. Pendant qu'elle sonne il se passe trois secondes. Combien de temps prend la pendule pour sonner sept heures ?

Problème n°2 : Un avion franchit la distance entre la ville A et la ville B en 1 h 20. Cependant il effectue le vol retour en 80 minutes. Comment l'expliquez-vous ?

Problème n°3 : Vous savez ce que représente le nombre un million. Vous vous représentez la longueur de vos pas. En comparant l'un à l'autre pouvez-vous dire quelle distance vous parcourez en faisant un million de pas ? Plus ou moins 10 km ?

Problème n°4 : Cinq terrassiers creusent en 5 heures 5 mètres de fossé. Combien faut-il de terrassiers pour faire en 100 heures 100 mètres de fossé ?

Problème n°5 : Lebrun, Lenoir et Leblanc travaillent ensemble dans une même entreprise. Ils sont : comptable, magasinier et représentant mais peut-être dans un ordre différent.

- Le représentant qui est célibataire est le plus petit des trois.
- Lebrun qui est le gendre de Lenoir est plus grand que le magasinier.
- Quel est le métier de chacun ?

Problème n°6 : A l'issue d'un hold-up, quatre employés d'une banque décrivent le signalement de l'agresseur.

- Selon l'hôtesse, il avait les yeux bleus, était de grande taille et portait une veste et un chapeau.
- Selon le caissier, il avait les yeux noirs, était de petite taille et portait une veste et un chapeau.
- Selon la secrétaire, il avait les yeux verts, était de taille moyenne et portait un imperméable et un chapeau.
- Selon le directeur, il avait les yeux gris, était de grande taille, portait une veste et était nu-tête.

En réalité, chaque témoin a décrit correctement un seul détail sur quatre. Par ailleurs pour chaque détail un seul témoin l'a décrit correctement. Quel est le signalement exact de l'agresseur ?

Analyse Que vous apporte chacun de ces exercices ?

Amélioration Pour continuer votre assouplissement, conjuguez des exercices de même nature pris dans des revues et des exercices à partir de faits concrets.

Eléments de réponse p. 290

(1) Les chiffres entre parenthèses correspondent aux quatre paramètres définissant un objectif, cf. p. 19.

Connaissance de son profil d'animateur

Type Auto-analyse

Objectif Découvrir lucidement (1) ses forces et ses faiblesses (2).
Pour remédier à ses faiblesses et utiliser ses points forts (3).

Déroulement Face aux 20 points caractéristiques de l'animation, inscrivez un point rouge face aux aspects correspondant dans la colonne de % que vous estimez avoir atteints. Reliez ces points entre eux pour obtenir votre profil.

Caractéristiques	0 %	20 %	40 %	60 %	80 %	100 %
1. Garant du respect de l'objectif de l'organisation						
2. Favorise la réalisation du projet						
3. Dans l'analyse assume : complexité, systémique et dialectique						
4. Développe sa lucidité à l'égard des problèmes et des personnes						
5. Aide à répartir les responsabilités à chaque membre du groupe						
6. Favorise la prise en compte dans chaque responsabilité des aspects : animation, gestion, administration						
7. S'implique et permet l'implication de chacun en disant "Je"						
8. Accompagne les efforts de compréhension réciproque						
9. Assure la régulation des personnes et des groupes						
10. Rappelle les exigences de la conscience morale et du code de déontologie						
11. Aide à préciser le champ de pouvoir de chacun						
12. Acquiert de l'autorité et aide chaque membre à en acquérir						
13. Rappelle de situer les décisions par rapport aux finalités, aux politiques, aux objectifs						
14. Permet de situer les décisions dans une visée d'anticipation						
15. Facilite les prises de décision unanimes non uniformes toutes les fois que c'est possible						
16. Organise les rencontres des personnes et des groupes						
17. Facilite la rencontre des mêmes responsabilités						
18. Etablit des liaisons avec d'autres organisations						
19. Réalise régulièrement des bilans						
20. Assure la cohérence de tous les éléments						

Analyse Réfléchissez aux raisons de vos points forts (personnalité, désir correspondant, etc.). Faites de même avec les points faibles en recherchant les causes. Etablissez un plan en ne prenant qu'un point à la fois à régler et commencez toujours par le plus facile.

Amélioration Refaites cette grille sur d'autres points que vous jugez importants pour vous ou pour le groupe. Le jour où vous pourrez en débattre avec les membres du groupe ce sera une preuve que la cohésion du groupe est forte.

Eléments de réponse p. 291

Etre un homme

Si tu peux voir détruit l'ouvrage de ta vie
Et, sans dire un seul mot, te mettre à rebâtir
Ou perdre en un seul coup le gain de cent parties
Sans un geste et sans un soupir

Si tu peux être amant, sans être fou d'amour
Si tu peux être fort sans cesser d'être tendre
Et te sentant haï, sans haïr à ton tour
Pourtant lutter et te défendre

Si tu peux supporter d'entendre tes paroles
Travesties par des gueux pour exciter des sots
Et d'entendre mentir sur toi leurs bouches folles
Sans mentir toi-même d'un mot

Si tu peux rester digne en étant populaire
Si tu peux rester peuple en conseillant les rois
Et si tu peux aimer tous tes amis en frère
Sans qu'aucun d'eux soit tout pour toi

Si tu peux méditer, observer et connaître
Sans jamais devenir sceptique ou destructeur
Rêver mais sans laisser ton rêve être ton maître
Penser sans n'être qu'un penseur

Si tu peux être dur sans jamais être en rage
Si tu peux être brave et jamais imprudent
Si tu sais être bon, si tu sais être sage
Sans être moral, ni pédant

Si tu peux rencontrer triomphe après défaite
Et recevoir ces deux menteurs d'un même front
Si tu peux conserver ton courage et ta tête
Quand tous les autres les perdront

Alors, les rois, les dieux, la chance et la victoire
Seront à tout jamais tes esclaves soumis
Et ce qui vaut mieux que les rois et la gloire
Tu seras un homme, mon fils.

Rudyard Kipling
(Traduit de l'anglais par A. Maurois)

3. Les participants

"Veux-tu bien te dire que cet être que tu appelles ton esclave est né de la même semence que toi ; qu'il jouit du même ciel ; qu'il respire le même air ; qu'il vit et meurt comme toi. Tu peux le voir libre comme il peut te voir esclave... Avise toi donc de mépriser un homme dont la condition peut devenir la tienne, au moment où tu lui marqueras ton mépris."

Sénèque, Lettre à Lucilius (4 av. J.-C.-65 ap. J.-C.)

Les participants

La personne est unique

L'individu prémisse de la personne

Individu et personne sont deux termes souvent confondus. Cette confusion est un frein à la montée de la conscience humaine et nous enferme dans l'individualisme et nous empêche d'accéder à la personne comme être de relation.

La personne est unique. Au départ, nous sommes des individus avec nos caractéristiques génétiques faisant de chacun de nous un être totalement unique, issu de 23 chromosomes de notre père et de 23 chromosomes de notre mère. Cet être unique, biologiquement, va aussi l'être affectivement. Comme nous sommes ambivalents, tiraillés par des pulsions contraires (amour et haine, joie et peine), notre ressenti aux événements va être unique. Unique aussi intellectuellement. Or notre corps et nos sentiments vont nous faire penser différemment la façon d'appréhender les événements, de les étudier, d'en tirer des conduites d'action. Notre unicité se construit, pour chacun de nous, dans cette dialectique de l'inné et de l'acquis qui nous procure une identité propre.

La personne est multiple. Cette identité est composée de trois individus. Le premier c'est la personnalité "psychofamiliale". Elle s'est formée pendant l'enfance, modelée par les parents ou leur substitut, à l'intérieur de la famille. Le deuxième c'est l'individu "d'insertion sociale". Nous appartenons à une nation, à une profession, à une commune, à un parti, à une Eglise. C'est l'homme de la statistique sociale que l'on évoque dans le sondage. Le troisième c'est l'homme de "l'actualité". Nous sommes différents de nos parents car nous sommes marqués par notre appartenance à une société en mutation permanente. Chaque génération à présent a sa spécificité et, dans les familles nombreuses, les aînés et les derniers ne sont pas de la même génération. Ils ont des mentalités différentes. Notre actualisation est un élément déterminant de notre personnalité.

La personne se construit par et dans le monde. La personne est immergée dans la société par trois aspects complémentaires en interaction permanente. Sa **culture** qui est la maîtrise progressive de la nature depuis l'hominisation. Socrate avait déjà apporté sa contribution, au passage de l'individu des hordes primitives à la personne, en soulignant que la personne est ce qui achève l'univers en lui donnant un sens. Il a commencé par le "Connais-toi toi-même" qui déborde l'individualité de chacun pour entrer en relation avec les autres individualités. Le moyen pour cela : le dialogue. Il fait surgir deux consciences sur un pied d'égalité, dans la mesure où toutes deux sont des consciences qui cherchent et recherchent pour arriver à un retournement sur elle-même. Faire être ma personne c'est lui faire comprendre ce qu'il y a de commun à la véritable humanité et ce qui lui est particulier, personnel. Se connaître soi-même afin de se réformer. Sa **raison** qui est la mise en œuvre de ses savoirs et leur développement. C'est la raison qui fait connaître le monde, qui permet le développement de la connaissance scientifique, qui conduit Rabelais à dire : "Science sans conscience n'est que ruine de l'âme" et conduira l'humanité jusqu'au droit de l'homme. Sa **passion** qui le fait réagir à l'injustice, aux inégalités criantes à l'intérieur de la société et dans l'ensemble du monde. Elle contribuera à rechercher les valeurs pouvant servir de guide à l'action, en les faisant approfondir en permanence.

La personne transcende la nature

- **Par son intelligence**. Sa raison lui permet de percevoir les problèmes de société, de les analyser et de prendre les décisions nécessaires avec les personnes concernées pour déterminer les actions à entreprendre.
- **Par sa conscience**. Elle la conduit à la recherche de la vérité pour surmonter les dysfonctionnements sociaux, conscience lucide de la réalité, conscience morale pour donner sens à l'action.
- **Par sa liberté**. La personne, par sa conscience, peut choisir les priorités à prendre en charge, peut choisir les moyens qui correspondent à ses fins, de façon à surmonter dès le départ les contradictions pensée/action.
- **Par son travail**. La personne a des rapports dialectiques avec la nature. Le travail sert de médiation pour aménager la nature sans la détruire et la mettre au service du développement de l'humanité.
- **Par sa créativité**. En puisant dans sa spécificité, elle va trouver en elle les ressources nécessaires pour prendre des initiatives, pour innover sur ce qui existe et inventer face aux situations nouvelles.

La personne est en perpétuel devenir

- **Par son historicité**. La personne émerge de l'histoire. De l'hominisation à l'humanisation une étape importante a été franchie. Il a fallu des siècles pour qu'émerge socialement l'individu, puisque des philosophes, depuis la plus haute antiquité, l'avaient déjà amorcé, mais il faut du temps pour passer d'une conscience des minorités aux consciences des peuples. Nous sommes passés par l'autosuffisance du sujet au Siècle des Lumières avec son humanisme, pour arriver au libéralisme avec son individualisme. Or, en parallèle, depuis Socrate, une pensée plus riche montre l'élargissement de la conscience pour arriver à percevoir que la personne est un être de relation, un être social. On pourrait dire que l'individu est un être non-conscient de son système de relations et qu'être une personne c'est être conscient que chaque individu côtoie d'autres individus pour former une société.
- **Par son intentionnalité**. L'intention est l'acte par lequel la conscience donne un sens aux données de la perception. C'est la capacité biologique fondamentale de l'esprit de mettre l'organisme en rapport avec le monde. Nous retrouvons l'ambivalence de la conscience (lucide et morale) qui en relation dialectique permet à la personne d'agir sur la réalité (lucide) dans une direction donnée (morale). C'est le mariage du sens et de l'acte. L'intention c'est donc ce qui se lit dans les actes et non dans les déclarations de principe. Toute action est porteuse de sens pour la personne qui agit. Ce sens informe de l'intention du sujet. L'intentionnalité fait intervenir le pouvoir de transcender l'espace-temps par le souvenir (de son cheminement) et la production de projets. Cela montre que la personne n'est pas enfermée dans l'instant. Les projets nouveaux montrent l'invention humaine qui est le signe de l'existence de notre liberté, de notre créativité, de notre responsabilité. Loin d'être prisonnier de ce qui nous conditionne, nous pouvons le modifier et c'est pourquoi il y a changement dans l'histoire.

Un système complexe, notre cerveau

Henri Laborit nous explique que l'activité fonctionnelle du système nerveux chez l'homme aboutit au phénomène de la conscience réfléchie. L'ensemble dynamique des niveaux d'organisation moléculaire, métabolique (ensemble des réactions biochimiques qui se produisent au sein de la cellule et de l'organisme), cellulaire et fonctionnelle des voies nerveuses aboutit au comportement. "Comment ne pas comprendre que toutes les sciences humaines sont biologiques."

Les systèmes nerveux

- ***Le système nerveux autonome*** règle l'activité indépendante de notre volonté dont nous n'avons pas conscience : cœur, tube digestif, vaisseaux, etc.
- ***Le système nerveux central*** concerne le système de la vie de relation. C'est lui qui nous met en relation avec l'extérieur. Il est composé de centres nerveux ou substance grise, situés dans le cerveau, le cervelet, le bulbe et la moelle épinière, et de nerfs. Ce système reçoit des informations venues de la peau, des yeux, de la bouche, des oreilles, du nez, des muscles, etc. de tout notre corps et de tous nos sens. Il y a plusieurs façons de prendre en compte ces informations venant de la vie et d'y répondre, soit de façon volontaire en partant du cerveau, soit de façon réflexe, mais elle aussi est influencée par le cerveau.

Le cerveau : comment il est fait

- ***Les neurones***. Ce sont des cellules nerveuses composées d'un corps d'où partent des prolongements de deux sortes : les dendrites et l'axone. Chaque neurone est individualisé. On évalue à 100 milliards le nombre de neurones composant le cerveau humain.
- ***Les synapses*** permettent d'entretenir des relations entre les neurones. Chaque neurone peut établir, grâce aux synapses, 10 000 connexions avec ses semblables. Ce qui fournit une banque de données de dizaine de milliers de milliards de synapses : les messages.
- ***La relation*** avec l'environnement est réalisée par chaque neurone qui est individualisé et relié aux organes des sens, aux glandes et aux muscles. Les messages qui parcourent le réseau dense des synapses sont soit électriques, soit chimiques.
- ***La perception*** mobilise, par l'intermédiaire d'un neurone, une multitude d'autres neurones situés dans des régions très différentes du cerveau. Une "représentation mentale" s'identifie à l'entrée en activité concertée d'une assemblée de neurones. Ces ensembles sont complexes et très spécialisés. Il existe également des aires non spécialisées qui se chargent d'analyser, de reconnaître et de stocker les sensations.
- ***Le développement du cerveau***. Il apparaît dès le 18e jour de la gestation. La production de neurones se fait à ce moment-là, au rythme de 60 000 neurones à la minute. A la naissance tout y est. Mais le cerveau continue de grandir plus rapidement que le reste du corps : pour le nouveau-né environ 340 g, à 1 an 970 g, à 2 ans 1150 g, à 3 ans 1200 g, ce qui représente 90 % du poids total. Le cerveau va continuer de croître jusqu'à 20 ans pour arriver à 1400 g. Le taux de croissance le plus élevé se trouve avant la naissance. Le poids du cerveau triple la première année. Le cerveau est donc plus vulnérable à cette période face à la malnutrition (corps), à la carence affective (sentiment), à l'environnement socio-culturel (pensée).

Les trois cerveaux. Notre cerveau s'est constitué au cours des âges.

- ***Le cerveau reptilien***, vieux de 250 millions d'années environ, à l'époque des grands reptiles de la préhistoire. Construit au cours des millénaires en un bricolage propre à toute l'évolution du monde vivant, il est le siège de nos **instincts**, en particulier l'instinct de conservation dont découlent tous les autres. Il comporte la mémoire à court terme, incapable d'adaptation parce qu'insensible à l'expérience. Il commande l'agressivité pour se défendre et survivre. Il met en relation l'instinct avec l'environnement pour préserver l'individu et répondre aux besoins fondamentaux : manger, boire, dormir. Nous en sommes au stade de l'individu.

- ***Le cerveau limbique*** apparaît il y a 180 millions d'années avec les premiers mammifères. Il est le siège des **émotions**. Il côtoie le premier et tempère sans doute sa violence. C'est un filtre des informations. Il retient celles qui peuvent lui être utiles et élimine celles qui le gênent. C'est le lieu de la mémoire à long terme qui permet l'expérimentation constante en faisant réagir le cerveau correctement par un va-et-vient action-réflexion. C'est l'action vécue qui est enregistrée, action qui nourrira la réflexion pour infléchir l'action nouvelle. Il assure des fonctions de connaissance. L'objet matériel devient image, ce qui facilite la mémorisation. L'affectivité réagit au plaisir/déplaisir et nourrit **l'inconscient** qui est structuré comme un langage, mais qu'il faut décoder. Les cerveaux reptilien et limbique forment ce que l'on appelle l'archéocortex.

- ***Le cerveau néocortex***. Il a surgi il y a environ une dizaine de millions d'années, au début de l'hominisation qui commençait son processus. C'est le lieu où s'élaborent la pensée conceptuelle, la logique, la raison. Son développement représente 85 % de la masse cérébrale chez l'homme. Il a forcé les centres structurés à s'enfoncer au cœur du cerveau tandis que lui occupe au maximum la boîte crânienne. C'est par lui que nous accédons à la double conscience, la conscience lucide et la conscience morale. Par la capacité de réflexion devenue possible, nous pouvons apporter des réponses originales aux problèmes que nous avons à résoudre. La réalité peut à présent être perçue tant de façon symbolique (transcendance) qu'imaginaire (création). Par le langage nous accédons aux concepts. Nous pouvons manipuler l'abstraction pour accroître les possibilités infinies de création.

Les deux hémisphères : cerveau droit, cerveau gauche. Après avoir découvert la spécialisation verticale, depuis quelques décennies nous connaissons mieux une spécialisation horizontale entre les deux hémisphères du cerveau. Ce n'est pas une séparation puisqu'il y a, grâce aux synapses, des millions de circulations d'informations entre les trois cerveaux et les deux hémisphères. Pascal parlait déjà de l'esprit de géométrie (cerveau gauche) et de l'esprit de finesse (cerveau droit). L'hémisphère gauche est responsable de “ce que nous disons”, le droit de “comment nous le disons”. Les personnes qui ont une prédominance droite sont “visuelles”, celles qui ont une prédominance gauche sont “auditives”. L'hémisphère gauche s'intéresse aux détails plus qu'à la vision d'ensemble. C'est le goût pour les dictionnaires, les lexiques, les mots, le vocabulaire, le classement des éléments, les plans structurés. C'est l'intérêt pour le fond plus que pour la forme. L'hémisphère droit c'est la vision d'ensemble. Il complète l'analytique par le symbolique. C'est aussi l'univers du rêve, de l'imagination. C'est la capacité d'abstraction, de conceptualisation, l'approche intuitive domine.

Voyons à présent comment nous pouvons utiliser tous ces matériaux.

Apprendre à utiliser notre cerveau

Fonctionnement du cerveau. Repérons les éléments essentiels.

- Les sensations captées par notre corps et nos cinq sens arrivent dans l'archéocortex par le cerveau reptilien.
- Ces sensations sont transmises au néocortex grâce auquel nous allons pouvoir prendre conscience de l'événement qui nous atteint.
- Pour comprendre ce qui se passe, le néocortex interroge le cerveau limbique afin de consulter les souvenirs qui ont un rapport avec l'événement perçu.
- Muni de ces informations, le néocortex va identifier l'événement que nous avons perçu. Les émotions liées aux souvenirs réveillés vont s'associer à l'événement nouveau.
- Cet événement, chargé des émotions liées à nos souvenirs, va s'enregistrer dans la mémoire du cerveau limbique.
- A la suite de ce va-et-vient, nos deux hémisphères vont réagir et travailler pour déclencher une action ou une réaction qui va se communiquer aux muscles du corps.

Caractéristiques des deux hémisphères
Il est possible de bâtir un schéma où se croisent les approches verticales : archéocortex composé du cerveau reptilien et du cerveau limbique, avec le néocortex, et les approches horizontales hémisphère droit, hémisphère gauche.

Système néocortical

La pensée

Raison Néocortical gauche		Néocortical droit **Passion**	
. Détails	. Morcellement	. Ensemble	. Association
. Raisonnement	. Rationalisation	. Conceptualisation	. Création
. Abstrait	. Technique	. Concret	. Imagination
. Fond	. Contenu	. Forme	. Façon de dire
. Analytique	. Auditive	. Synthétique	. Visuel
Mode de fonctionnement gauche approche verbale structurée		Mode de fonctionnement droit approche non-verbale vécue	
. Objectif	. Démarche	. Subjectif	. Fonctionnement
. Matérialité	. Pragmatique	. Spiritualité	. Volonté
. Logique	. Besoins base	. Intuition	. Besoins évolués
. Réflexion	. Désir latent	. Action	. Désir manifeste
. Fonct.techniq	. Inné	. Fonct.humaine	. Acquis
Organisation Archéocortical gauche		Archéocortical droit **Relations**	

Les émotions

Système archéocortical

Dans une même situation, chacun a une façon personnelle d'interconnecter ces différents systèmes cérébraux. Chacun a des préférences. Tout le monde utilise donc tout le système cérébral, mais avec des intensités variables. Notre liberté reste intacte, mais la connaissance des caractéristiques du cerveau peut nous aider à les utiliser toutes plus judicieusement en fonction de nos besoins et des problèmes à traiter.

Un mouvement dialectique permanent

L'intelligence est souvent considérée comme un phénomène inné de la personne, en oubliant qu'elle peut se développer grâce à la volonté et à la connaissance de certains mécanismes. Nous venons de voir rapidement les caractéristiques du cerveau. Il nous faut apprendre à présent à nous servir de chacune de ces caractéristiques.

A partir de ces bases, nous pouvons rentrer dans la complexité.

Cerveau gauche ◄--------------	**Néocortex (85 %)**	--------------► **Cerveau droit**
	Fondement du conscient	
• **Raison**	• **Pensée conceptuelle**	• **Passion**
. détails	. logique	. ensemble
. raisonnement	. explication	. conceptualisation
. abstrait	. conscience lucide	. concret
. fond/esprit	. conscience morale	. forme/lettre
. analytique	. réflexion	. synthétique
. morcellement	. abstraction	. association
. rationalisation	. symbolique	. création
. technique	. imaginaire	imagination
. auditive	. perception sensorielle	. visuel
	Archéocortex (15 %)	
	(limbique)	
• **Organisation**	• **Emotion**	• **Relation**
. objectif	. sensibilité	. subjectif
. fonction technique	. expérience	. fonction humaine
. matérialité	. affectivité	. spiritualité
. logique	. connaissance	. intuition
. concentration	. mémoire longue	. actions
	(reptilien)	
• **Structure**	• **Instinct**	• **Réalisation**
. démarche	. pulsions	. fonctionnement
– moyens	– agressivité	– perception
– méthode	– ambivalence	– expression
– procédure	– déguisement	– décision
. inné	– puissance	. acquis
. latent	. désirs	. manifeste
. manger/boire/dormir/ se reproduire	. besoins fondamentaux	. se défendre, s'habiller, se loger, se déplacer
. pragmatique	. mémoire courte	. volonté
	Fondement de l'inconscient	

Nous constatons, qu'à partir d'une même base des trois cerveaux, les deux hémisphères droit et gauche sont complémentaires puisqu'ils ont la même source et manifestent l'ambivalence humaine. Le cerveau est un organe physique que nous possédons tous. Il existe donc en chacun de nous tous ces potentiels. Notre problème est de savoir si nous avons le désir et la volonté de développer tous les éléments constitutifs de notre personnalité. Il faudrait repérer nos points fort et nos manques et utiliser ces points forts pour développer les particularités qui nous manquent.

L'équilibre humain

L'équilibre d'une personne se caractérise par la capacité à favoriser l'interaction de son corps (aspects physiques), de ses sentiments (aspects psychiques) et de sa pensée (aspects intellectuels). C'est alors qu'étant capables de mobiliser ces ressources quand nous en avons besoin, nous sommes en excellente santé.

La santé. C'est une proposition de contenu pour réfléchir et à compléter. La santé c'est, pour notre vie personnelle, le fonctionnement harmonieux des trois caractéristiques de base de tout être humain : le corps, le cœur et l'esprit en interaction permanente et indissociables. C'est pour notre vie sociale, notre insertion diversifiée et équilibrée de notre vie professionnelle (les chômeurs en savent quelque chose), de notre vie familiale (les conflits internes perturbent chacun des membres), de notre vie de quartier (un logement sain est source de détente), de notre vie associative (l'engagement dans l'action élimine le stress), de notre vie spirituelle (religieuse ou non qui développe notre intériorité).

C'est en maintenant un équilibre permanent entre ces deux fonctionnements individuel et social, que nous pouvons atteindre une certaine satisfaction, un état de bien-être qui rend plus facile notre propre évolution et nous rend aussi plus disponible aux autres. Cet état d'équilibre, pour se maintenir, a besoin des progrès de l'être humain dans chacune de ses dimensions, sachant que tout progrès dans une dimension rejaillit sur les autres. Il a besoin aussi du progrès de la société, pour contribuer à répondre aux besoins des humains, en facilitant un partage équitable des richesses dues au travail humain et en réduisant sans cesse les inégalités pour arriver aussi à un équilibre social organisé librement et volontaire pour tous, pour contribuer à l'épanouissement de tous les humains.

Pour réaliser ce double équilibre, il nous faudra utiliser toutes les capacités, les aptitudes, les habiletés de chaque personne, au service de tous, grâce aux apprentissages.

Travailler et développer ce que l'on est

- ***Capacité***. Une capacité représente la possibilité de réaliser une tâche, une action, une réflexion. C'est une qualité qui montre ce que l'on est capable de faire. "L'homme a en lui la capacité de connaître la vérité" disait Pascal. "A chacun selon sa capacité, à chaque capacité selon ses œuvres" disait Saint-Simon. La capacité c'est être capable d'exécuter une tâche, d'exercer une profession, d'assumer une responsabilité. La capacité s'acquiert par le travail, l'apprentissage, la formation. Elle est conditionnée par une aptitude qu'elle révèle indirectement, mais dépend de conditions préalables parmi lesquelles joue le degré de maturation de la personne.

- ***Habileté***. C'est une capacité acquise qui se distingue de l'aptitude qui est innée. Elle permet d'agir et, grâce à l'apprentissage et à l'expérience, d'atteindre des résultats avec un minimum d'effort. Avec le temps se créent des habitudes qui libèrent en rendant automatiques certains processus, mais elles risquent aussi d'enfermer en empêchant d'innover et de tenir compte des changements dans l'environnement.

L'aptitude est innée. Ce sont les potentialités que possède chaque individu, ses dons, ses charismes particuliers. Les aptitudes ne sont pas mesurables comme les capacités. Certains s'y sont essayés enfermant les personnes dans un conformisme aliénant. Cependant les aptitudes n'existent pas en elles-mêmes, mais en fonction de la société qui agit, qui détermine par sa culture, ses moyens, ses projets, ses classifications.

Voici cependant, à titre indicatif, une classification proposée par Gaston Berger, pour les aptitudes personnelles.

- ***Les aptitudes physiques*** dont la connaissance est nécessaire pour l'exercice d'une profession, d'une activité sportive, d'une responsabilité.
- ***Les aptitudes sensorielles*** liées au fonctionnement des organes des sens : la vue, l'ouïe, l'odorat, le toucher, le goût.
- ***Les aptitudes motrices*** ou sensori-motrices exprimant la dextérité, l'habileté, la résistance à la fatigue physique et nerveuse, la rapidité de réaction, etc.
- ***Les aptitudes intellectuelles***, attention, mémoire, imagination, intelligence, réflexion, méditation, etc. faisant appel aux ressources de l'esprit. L'aptitude désigne le substrat constitutionnel d'une capacité préexistant à celle-ci, qui dépendra du développement de l'aptitude provoquée par la formation éducative, l'apprentissage ou l'exercice.
- ***Les aptitudes sociales*** ont été décrites par Kurt Lewin qui a été un des premiers psychosociologues à traiter expressément les relations sociales comme impliquant une habileté et des capacités analogues à celles du domaine technique. Donc objets possibles de formation et d'apprentissage comme elles, en se fondant sur les aptitudes particulières de chacun et sur leur potentialité qui est une énergie en puissance qui n'est pas forcément utilisée. La potentialité ne demande souvent qu'à être mise en valeur et l'animateur, s'il assume sa fonction de catalyseur, permettra à chaque participant de découvrir ses potentialités, de les utiliser, pour que ces aptitudes révélées servent à développer les capacités nécessaires à la vie du groupe, en assumant leur responsabilité particulière.

Le mouvement dialectique de l'être se réalisera grâce à l'interaction corps, cœur, esprit, en utilisant pour cela les aptitudes pour développer les capacités. Aucune capacité ne s'acquiert sans effort, le succès dans les études, la carrière professionnelle, l'accès à des responsabilités importantes, sont affaire de volonté, de travail, plus que de moyens personnels. De même les aptitudes peuvent sommeiller et ne pas être utilisées, privant l'équipe de l'apport des richesses personnelles de chacun. En prendre conscience est une première étape, accepter de se former, d'apprendre pour les faire surgir, pour les faire croître, et enfin avoir la volonté de s'en servir au service des autres. C'est ainsi que notre personnalité se développe, que nous passons de l'individu à la personne. Plus notre conscience s'élargit, plus nous pourrons nous prendre en main, plus notre personnalisation se réalise.

Savoir utiliser notre mémoire

Pour nous exprimer, nous allons puiser dans nos pensées, nos réflexions, nos expériences, nos souvenirs, dans notre mémoire de court terme comme de long terme. Nous avons tous de la mémoire mais, trop souvent, nous la laissons en friche, aussi est-il compréhensible qu'elle ne puisse se développer. Si nous savons la faire travailler, elle se développera, quel que soit notre âge.

Les bases de la mémoire (1)

1. La mémoire enregistre des structures

La mémoire aime avoir une vision globale des choses, des récits, des événements, des démonstrations, des pensées. Dans cet ensemble perçu, elle aime dégager les idées forces se rapportant à des groupes d'images qui, elles-mêmes, font partie d'un système d'enchaînement permettant de dégager un ordre architectural qui assure la cohérence de l'ensemble. Ainsi chaque fois que nous pourrons dégager les structures d'un discours, d'un article ou d'un film, nous serons plus à même de retenir ce que nous avons vu ou entendu.

2. La mémoire est à facettes

- La mémoire n'est pas monolithique. C'est un ensemble à facettes qui nous permet d'utiliser plusieurs formes, soit l'une des formes suivant nos dominantes, soit la conjugaison des formes, ce qui accroît son efficacité.
- Les différentes formes de la mémoire sont nombreuses :
  - psychologique : elle enregistre les sentiments, les réactions ;
  - logique : enregistrant les faits, les démonstrations ;
  - sensorielle : utilisant les dominantes de nos sens (mémoire visuelle, mémoire auditive, mémoire olfactive, mémoire gustative, mémoire tactile, etc.) ;
  - symbolique : elle réagit à nos représentations poétiques ;
  - numérique : elle est sensible aux nombres, aux rapports, etc.
- La liste n'est pas limitative et chacun de nous peut découvrir le type de mémoire lui réussissant le mieux. Une fois cette mémoire choisie, le souvenir se fixera d'autant plus que nous associerons un plus grand nombre d'autres mémoires à cette mémoire de base. Elles se prêteront appui mutuellement.

3. La mémoire a des ruptures

Lorsqu'on a appris quelque chose, si nous ne l'utilisons pas régulièrement, nos souvenirs s'estompent, mais ils ne disparaissent pas totalement. Aussi peut-on refaire surgir ce que nous avons appris à des époques antérieures en apprenant de nouveau. Nous mettrons beaucoup moins de temps à retenir que ceux qui n'avaient jamais entendu parler du sujet. La répétition régulière peut être un moyen facile de retenir les choses importantes pour nous.

4. La mémoire s'enracine dans nos désirs

- Il est plus facile de retenir ce qui nous plaît. Il est facile d'observer combien chacun s'attache à étudier, approfondir les matières qu'il aime et à ne pas se mobiliser pour les autres.
- Il en découle qu'il faut plus de temps pour retenir ce qui déplaît ou alors il faut arriver à aimer tous les domaines. Une curiosité sur tout facilite le travail de la mémoire.

---

(1) **Cultiver sa mémoire**, Colette Bizouard, Chronique Sociale, 3e éd.

Utiliser nos capacités

Se concentrer

La concentration est le premier apprentissage à développer. Si notre attention n'est pas capable de soutenir un effort persévérant, il nous sera difficile de retenir ce que nous voulons. Pour cela deux conditions : 1. N'avancer que progressivement. Si nous voulons arriver au but trop vite, nous nous décourageons car ce n'est pas facile. Mais si nous acceptons de franchir des étapes successives adaptées à nos possibilités, alors la réussite est au bout de l'effort. Commencer par dix minutes, puis chaque fois ajouter quelques minutes supplémentaires. 2. Mettons-nous dans les conditions les plus adéquates : isolons-nous, notre attention en sera facilitée. Cependant certaines personnes arrivent à se concentrer au milieu de foules ou dans un fond musical. A nous de choisir. Ensuite, mettons-nous à notre aise : table, siège, position du corps, etc. Tout cela nous aidera dans notre effort.

Ordonner

- *Pénétrer d'abord le sujet.* Pour cela quatre étapes sont nécessaires :
  - lecture de sensibilisation pour découvrir la nature du sujet ;
  - lecture de compréhension pour saisir l'interprétation de l'auteur ;
  - lecture de structuration pour dégager les idées forces, les articulations, les enchaînements ;
  - lecture de vérification pour s'assurer de la cohérence de l'ensemble.
- *Organiser ensuite nos matériaux*
  - Aller toujours du général au particulier, descendre lentement dans le détail pour relier les éléments entre eux et les situer dans le plan général.
  - Distinguer l'ordre de complexité en allant du plus complexe (idées principales) au plus simple (idées secondaires).
  - Faire une synthèse nous permettant de regrouper les points communs, de dégager les différences entre les éléments et faire resurgir les contradictions.

Associer

- *Les différentes formes de mémoire* : si, à notre mémoire visuelle (schémas, tableaux, titrages, couleurs, etc.) nous ajoutons notre mémoire auditive (musique, sons, voix, etc.), notre mémoire sensorielle (faire soi-même ses montages, ses textes, ses photos), nous décuplons nos possibilités de retenir.

– *Les différents éléments* : si, à un mot, nous associons une image, à une idée nous associons un schéma, à un nom nous associons un lieu familier, à une date nous associons un souvenir personnel, à une idée nouvelle nous associons une idée connue, nous accroissons nos possibilités de retenir.

Répéter

Décomposons ce que nous voulons retenir en éléments simples mais cohérents. Répétons chacun de ces éléments jusqu'à ce qu'il revienne à la mémoire sans effort, puis passons à un autre élément. A mesure que nous retenons un nouvel élément, le répéter en l'ajoutant au précédent. Ainsi, graduellement, nous arriverons à retenir des ensembles importants. Nous pouvons aussi prendre l'habitude d'écrire des fiches. L'écriture fixe l'attention et lorsque la fiche est rédigée nous avons pratiquement retenu l'essentiel.

L'affectivité

L'affectivité est un aspect fondamental de la personne, comme l'intelligence et la perception avec qui elle s'interpénètre intimement dans tout le vécu. Elle en est le côté motricité et dynamisme. On peut la considérer comme le résultat d'une dialectique constructive par le dépassement de l'être, tendant au repli sur soi, qui s'ouvre à l'autre. C'est dire son caractère ambivalent, ressenti très personnel dans la relation aux autres. L'affectivité est certes un phénomène intime, mais aussi social.

Les pulsions sont à la base de la vie affective. Elles sont ressenties sous la forme de désirs, comme des forces venant de l'organisme vers un objet ou un sujet pour se satisfaire. Un de leur caractère est la tendance à la satisfaction immédiate, qui transforme le désir en besoin, sans tenir compte de la réalité extérieure. Leur nombre et leur classification varient suivant les auteurs. Serge Tchakhotine en indique quatre utilisées fréquemment en publicité pour créer les besoins : la pulsion combative (image de force), nutritive (image gourmande), sexuelle (femme nue pour vendre des voitures aux hommes), parentale (parents, enfant nous interpellant). La personne peut sacrifier ses désirs dans des substituts symboliques. Le langage en est l'instrument. Toutes nos pulsions sont ambivalentes. Elles se fondent d'une part sur la pulsion de vie (Eros) qui appelle à la conscience et, d'autre part sur la pulsion de mort (Thanatos), qui libére des tensions, des agressions extérieures, pour revenir à une forme de vie inconsciente.

Les émotions sont les grands courants de la vie affective. Elles sont la réaction globale intense et brève de l'organisme à une situation inattendue, accompagnée d'un état affectif de tonalité pénible (peur, angoisse) ou agréable (coup de foudre). L'émotion c'est ce qui met en mouvement. Elle agit tantôt comme un excitant (colère, enthousiasme), tantôt comme un stupéfiant (syncope). L'émotion occupe une place importante dans la vie car elle est liée aux besoins, aux motivations, et peut être à l'origine de troubles psychosomatiques. L'émotion dépend de la personne, de son état actuel physique et mental, de sa personnalité, de son histoire, de ses expériences. Elle dépend aussi du milieu, de la culture. Les Asiatiques ne réagissent pas comme les Africains ou les Européens. Les désordres liés à l'émotion sont temporaires, mais certains peuvent durer tant que la cause n'a pas été surmontée (asthme, eczéma, obésité, etc.).

La passion. C'est un état affectif intense, stable et durable, orienté vers un objectif et susceptible de nous mobiliser pour transformer le monde. Elle nous rend capable de mobiliser toutes nos énergies dans une direction donnée, que nous avons choisie, et détermine nos comportements et nos attitudes. Quand la passion atteint une intensité pathologique, elle conduit à des réactions destructrices (crime du jaloux, attentat des fanatiques, etc.). Par contre, quand la passion est maîtrisée parce que lucide, elle utilise les énergies dans un sens constructif. Elle est féconde et créatrice. La passion révélerait le fond de l'individu, sa réalité profonde, seule capable d'appréhender l'infinité du monde favorisant cette identité entre nous et le monde. La passion constructive agit en mouvement dialectique avec la raison pour déboucher sur l'action.

Les sentiments désignent tous les états de la sensibilité : tendances, désirs, émotions, passion, etc. depuis les formes les plus élémentaires jusqu'aux manifestations les plus élaborées. Entre les émotions et les sentiments, il n'y a qu'une différence d'intensité. Les manifestations physiques sont très atténuées. Ils sont les témoins de nous-mêmes et nous renvoient à ceux pour qui ils témoignent. Les causes de ce phénomène sont plus durables que l'émotion et moins violentes que la passion, peuvent être d'ordre intellectuel, affectif, physique, moral, esthétique ou religieux. Ce sont des phénomènes psychiques conscients qui colorent affectivement nos perceptions et influencent nos conduites.

Comprendre un sentiment, c'est saisir la situation globale vécue dans laquelle ils se manifestent et ce que l'individu met en jeu dans cette situation. Les sentiments sont une modification du lien à autrui au niveau de l'histoire et de l'évolution de ce lien en chacun.

L'ambivalence fondamentale fait que les sentiments ne sont jamais ou très rarement purs. En nous cohabitent : joie et tristesse, amour et haine, crainte et espérance, admiration et mépris, rejet et estime, etc. C'est ce qui enracine notre liberté car les animaux, qui ne peuvent choisir, sont mus par leurs instincts alors que nos instincts sont transformés en pulsions, c'est-à-dire nous rendent capables de choisir, donc de dépasser notre conditionnement, en introduisant un mouvement dialectique entre nos pulsions contraires pour atteindre un certain équilibre.

Les sentiments nous tiennent "embrayés" à la vie et à autrui. Ils sont un moyen de communication et de compréhension d'autrui d'autant plus efficace qu'ils ne s'épuisent pas en sensiblerie. Ils nous permettent d'équilibrer notre propre vie psychique, de nous dépasser par leur maîtrise et leur affinement. Ils sont le soutien de la pensée et de l'action.

Les fonctions des sentiments sont riches et variées.

- Les sentiments sont des régulateurs de l'action disait Pierre Janet, c'est-à-dire des réactions à une situation donnée et des réactions organisées et utiles. Ces réactions sont destinées à régler notre conduite en conformité avec cette situation. On comprend alors qu'ils jouent un rôle en morale.
- Le sentiment est un détecteur de valeur. Ce qui ne signifie pas qu'il la crée, mais qu'il la découvre et l'approfondit. Nulle éducation morale n'est possible sans un appel constant au sentiment. C'est un sentiment de sympathie, d'amour, de respect qui est le motif habituel de la plupart des actes moraux.
- Le sentiment n'est pas de nature exclusivement psychologique. Il est à la jointure même des rapports du sensible et de l'intellectuel. S'il y a une régulation en lui, c'est qu'il participe de la raison. Ainsi le sentiment est le lieu de rencontre de la sensibilité et de la raison et comme l'effort suprême vers l'unité personnelle. Le sentiment et la raison se réconcilient et deviennent facteurs d'unité dans la compréhension des autres et du monde. Par là il est aussi moyen réel de connaissance.

Le sentiment est ainsi lié à la fonction du réel. La réalité d'un objet ou d'un sujet pour nous se mesure à son retentissement dans la sphère affective. Est réel ce qui stimule et excite notre intérêt, ce qui est mis en relation avec notre vie affective, intellectuelle et active.

La volonté [1]

La volonté est une énergie potentielle que possède tout être humain. Souvent cette énergie sommeille, soit parce que nous ignorons qu'elle existe, soit parce que nous ne savons pas l'utiliser.

Le désir, élément moteur de cette énergie

Nous sommes tous des êtres de désir. Chaque acte que nous posons est issu d'un désir conscient ou inconscient. Même lorsque nous posons un acte qui nous déplaît, il faut savoir découvrir, derrière l'apparence, où est le désir caché. Si j'accepte de faire ce travail pénible qui me déplaît, n'est-ce pas parce qu'il me rapportera plus qu'un autre travail plaisant ? Le désir d'argent est alors le moteur de mon acte sans que j'en sois conscient.

Prendre conscience de ses désirs. C'est une étape importante dans l'évolution de notre personnalité, passer des actes inconscients à la conscience de ses actes permettra d'arriver à réfléchir pour décider de ce que l'on fera. Aussi est-il nécessaire d'arriver à un certain degré de lucidité pour découvrir le désir caché derrière nos actes.

Nos désirs conscients engendrent le besoin. Trop longtemps on a cru que le besoin était une chose naturelle. Certes, les besoins vitaux existent : manger, boire, dormir, mais d'autres besoins existent, de toute nature, qui évoluent avec le type de société dans laquelle nous vivons. Même les besoins de nourriture peuvent varier. On voit parfois des personnes fortunées faire des repas frugaux et des pauvres passer tout leur revenu dans la nourriture ce qui, parfois, nous conduit à la critique. Or, la frugalité comme la boulimie ne dépendent pas de notre niveau de revenu, au moins dans nos sociétés occidentales, mais de nos désirs profonds inconscients ou du conditionnement opéré par la publicité qui a aliéné nos désirs en besoins orientés.

Certains intellectuels quittent leur profession pour aller élever des moutons. Récemment un diplomate s'est fait menuisier, ce n'était pas par besoin. C'était le désir d'une vie moins aliénante, moins conformiste, qui a provoqué ce choix engendrant le besoin d'apprendre pour l'un à élever des moutons, pour l'autre à travailler le bois, afin de s'épanouir par le contact avec la nature en libérant l'esprit pour se retrouver en profondeur.

Nos désirs sont affrontés à la réalité

- ***La réalité, ce sont toutes les contraintes*** qui nous environnent, contraintes des choses que nous ne possédons pas, des logements trop étroits ou trop sonores, mais aussi contraintes des personnes que nous côtoyons, avec qui nous vivons. Nos désirs sont affrontés aux désirs des autres et il n'y a pas forcément correspondance des désirs. Devant tout cela, nous avons plusieurs façons de réagir.
- ***Nier les contraintes*** : attitude infantile qui consiste à faire ce que l'on veut sans tenir compte des autres. C'est la libération de son désir sans se soucier des désirs d'autrui. Mais c'est un passage nécessaire pour prendre conscience de ses limites.

---

(1) **La maîtrise de soi**, Paul Chauchard, Dessart.

- ***Tenir compte des contraintes*** : c'est la capacité de choisir entre des contraintes. Cela suppose une conscience claire des contraintes, une réflexion sur elles et un choix volontaire pour passer à l'acte. Cette deuxième attitude est éducatrice de la volonté car elle fait appel à la lucidité, au choix, et ce choix conduit à l'action. Sans elle la volonté n'est pas utilisée. Combien de personnes savent être conscientes, savent choisir, mais ne savent pas passer aux actes par manque de volonté.

Nos désirs en actes sociaux

- Nous en sommes donc au point où le désir peut être moteur de nos actes si nous en sommes conscients. Mais quel est ce champ de conscience à atteindre pour avoir vraiment de la volonté ?
- Tenir compte des contraintes, certes, mais jusqu'où ? On pourrait en rester à l'affrontement de nos désirs à ceux d'autrui nous conduisant à un accord sur les actes à poser. Par exemple, j'ai le désir d'aller au cinéma plutôt qu'à une réunion. J'exprime ce désir aux membres du groupe qui le comprennent et l'acceptent. Je peux donc aller au cinéma sans me poser de questions puisque la réalisation de mon désir n'a gêné personne. En fait, je suis obligé d'aller plus profond dans mon niveau de conscience. Est-ce que mon absence n'a pas empêché le groupe de prendre des décisions efficaces dans la mesure où j'étais seul à détenir une part d'information que les autres ignoraient ? C'est à ce niveau de conscience que la volonté intervient. Je canalise mon désir d'aller au cinéma par le désir de permettre au groupe de prendre les décisions efficaces avec l'information que je possède. En transcendant cette contrainte, ma liberté est créatrice. Elle a permis, grâce à mon apport d'information, de donner à la décision collective des éléments novateurs.

Forger sa volonté par la conscience et la persévérance

- Il est judicieux de distinguer la volonté (capacité à mobiliser de manière ajustée son énergie) et le volontarisme (issu d'une situation subie et non acceptée). Cela nous conduit à une plus grande conscience de la nécessité d'une adhésion choisie (d'être sujet actif et acteur), de tout notre être, à la mise en œuvre de nos actions.
- "Quand on veut, on peut." Cette boutade un peu lapidaire n'est pas fausse. Lorsque notre désir de faire quelque chose existe, la volonté nous aidera à passer à l'acte. Je suis timide et n'ose pas intervenir en réunion. Or, j'en ai le désir, mais je m'en sens incapable. Il suffit de commencer **petit** (intervenir une fois à la prochaine réunion, puis deux à la suivante) et de commencer par le plus **facile** car ainsi le changement peut avoir lieu et, quand les choses se compliqueront, nous serons mieux armés pour y faire face.
- Tout le monde a de la volonté. Tout le monde peut la développer. Il suffit de commencer aujourd'hui sur de petites choses et de persévérer. La persévérance c'est la qualité d'une personne qui demeure ferme et constante dans son action. C'est la capacité de maintenir volontairement une activité sur une période longue jusqu'à ce que l'on ait atteint l'objectif que l'on s'est fixé.

La personne

Les motivations [1]

Ce qu'est une motivation

C'est l'état intérieur de tension qui détermine la conduite des individus et leur permet :
– d'éprouver ou d'exprimer certaines aspirations
– pour accomplir des actions
– en fonction d'objectifs conscients ou inconscients
– répondant à diverses formes de besoins ou désirs.
Cela exclut tous stimuli qui déclencheraient le comportement en le conditionnant. C'est pourquoi un lien étroit existe entre attitudes et motivations.

Distinctions utiles

- ***Les motifs*** sont les causes **intellectuelles** de nos actes. Ils font appel à la raison pour déterminer nos objectifs. Ce sont les raisons d'agir que se donne l'intelligence lorsqu'elle délibère avant de choisir une action.
- ***Les mobiles*** sont des raisons **affectives**. Ils font appel aux instincts et désignent les causes d'ordre passionnel qui incitent à poser des actes d'une certaine façon, dans une certaine direction.
- ***Les motivations*** sont le résultat de phénomènes plus complexes où se mêlent
  – le conscient et l'inconscient
  – le psychologique et le physiologique
  – l'intellectuel et l'affectif
  – l'individuel et le social.

C'est donc un ensemble de désirs, d'intentions, d'instincts mais aussi de volonté, de valeurs, de décisions, etc.

La capacité à se motiver peut se faire en plusieurs étapes.

1. ***Découvrir***. Il existe autour de vous un univers à explorer pour répondre aux besoins. Observez les personnes avec leurs besoins. Percevez les problèmes de société auxquels vous pouvez apporter des remèdes.
2. ***Participer*** avec les personnes qui ont pris conscience des mêmes problèmes que vous. Définissez ensemble des objectifs et donnez-vous à fond pour les atteindre. Organisez votre temps pour trouver un rythme équilibré.
3. ***Se lancer***. Décomposez votre objectif final en objectifs intermédiaires, c'est-à-dire en étapes qui vous permettront de progresser régulièrement. Recherchez les moyens nécessaires qui faciliteront votre progression.
4. ***S'exprimer***. Décidez qu'à présent vous réfléchirez pour faciliter ce que vous avez à dire. Vous rassemblerez l'information nécessaire pour défendre votre point de vue, pour argumenter, tout en acceptant des points de vue différents.
5. ***Aimer*** les gens et vos activités. Car si vous ne pouvez faire ce que vous aimez, aimez ce que vous faites. Pour y arriver, apprenez à aimer qui vous êtes et à aimer ce que sont les autres, sans conditions.
6. ***Créer***. Nous avons tous cette potentialité. Reprenez confiance en vous pour développer votre imagination hors des sentiers battus. Créez de la beauté. Créez des activités. Créez de l'efficacité. Créez des démarches nouvelles.

---

(1) **Initiation à la psychologie dynamique**, G. Cruchon, p.11-12, Mame.

7. ***Persévérer.*** Cultivez cette qualité sans laquelle on n'accomplit rien de grand, de beau, de solide. Face à vos projets, dites-vous : "Je peux y arriver, j'y arriverai." Avec des échecs et des réussites, on apprend à aller jusqu'au bout.
8. ***Se cultiver.*** Le champ des connaissances est immense. A partir de chaque problème, décidez ses aspects économique, politique, idéologique, social. Découvrez la complémentarité des problèmes insérés dans un système complexe de relation.
9. ***Bâtir.*** Grâce à vos objectifs, à vos projets, vous apportez votre pierre à la construction de la vie de la cité. Travaillez avec ardeur à la réalisation de ce que vous avez décidé de faire. Focalisez vos efforts sur vos points faibles pour qu'ils deviennent vos points forts.
10. ***Faire le point*** régulièrement pour voir si, en cours de route, vous ne déviez pas de vos objectifs. A la fin, mesurez l'écart entre vos objectifs et leur réalisation, pour prendre les décisions correctives nécessaires.

Les obstacles qui bloquent les sources de motivations

L'action de l'homme c'est de modifier une situation en fonction de ses désirs ou de ses besoins, mais différents obstacles peuvent surgir.

La frustration

C'est un sentiment de privation face à une satisfaction à laquelle nous croyons avoir droit.

- ***Aspects sociaux*** : ils sont de plusieurs ordres
  - obstacles matériels : intempéries détruisant un projet, revenus inférieurs à d'autres exerçant le même emploi, etc.
  - privation de l'objet : fermeture d'un magasin, produits épuisés, etc.
  - limitation biologique : due au sexe (femme moins forte que l'homme dit-on), à l'âge (l'enfant ayant une résistance plus faible que l'adulte)
  - situations sociales : stagnation à un poste hiérarchique, privation d'une formation désirée pour changer de poste, etc.
- ***Aspects affectifs***
  - Généralement à la base un manque d'amour ou, du moins, des actes de l'entourage considérés comme tel : jalousie d'un enfant de 2 ans envers le petit frère qui vient de naître car il a l'impression que l'on s'occupe moins de lui.

Toutes ces frustrations engendrent l'angoisse qui pourra être surmontée par l'agressivité, ou le découragement.

Les conflits

- C'est une lutte de tendances, d'intérêts, situation dans laquelle nous nous trouvons lorsque nous sommes soumis à des désirs de direction opposée et de puissance à peu près égale.
- C'est ce qui se produit lorsque nous sommes tiraillés entre le désir de répondre à une invitation d'amis et, d'autre part, le désir de rester seul pour faire un travail qui nous plaît. Ce conflit intérieur fait aussi naître l'angoisse et, pour la surmonter, nous utilisons soit la sublimation, soit le refoulement, etc.

Tous ces obstacles ne sont pas néfastes. Ils servent, au contraire, à structurer notre personnalité, si nous en sommes conscients et utilisons notre volonté pour les surmonter. Dans le cas contraire, nous risquons le repli sur nous-mêmes, la fuite du réel pour entrer dans un monde du fantasme.

La personne

Surmonter la timidité

Le timide est une personne qui manque d'assurance ou de hardiesse. Cette attitude est due à la crainte d'un dommage ou d'un échec. Il ne faut pas la confondre avec l'hésitation normale qui précède un choix ou une épreuve qui engage la personne ou avec la tendance défensive, tout aussi normale, à l'égard d'un risque ou d'une menace.

Il s'agit d'une accentuation excessive de ces aspects du comportement provenant souvent de frustration ou de déception antérieure. La timidité est, la plupart du temps, acquise dans l'enfance sous l'influence de l'éducation : protection excessive des parents qui refusent de laisser prendre à l'enfant des responsabilités et de fréquenter des camarades de son âge, ou, au contraire, qui ont des exigences par souci de faire un être parfait, qu'ils reprennent pour lui donner une "bonne éducation". Ces exigences permanentes s'avèrent impossibles à satisfaire. Il en résulte des sentiments complexes d'incapacité, d'infériorité, d'agressivité, de culpabilité, qui se manifestent par l'anxiété, l'angoisse, des complexes, du stress, etc. quand ils prennent des proportions importantes.

L'anxiété, état affectif caractérisé par un sentiment d'insécurité sans manifestation physique. C'est un signal de danger adressé au "moi", c'est-à-dire à la personnalité consciente, qui, ainsi prévenue, peut y répondre par des mesures adéquates : se raisonner, respirer profondément, etc.

L'angoisse, plus accusée, s'accompagne de réactions organiques intenses : serrement épigastrique, gorge nouée, accélération des battements du cœur et de la respiration, sueurs, tremblements, vision brouillée, etc. L'angoisse peut provenir d'un conflit intérieur (réprimer son agressivité), d'une activité extérieure insatisfaisante (activité sexuelle incomplète, deuil, désapprobation d'une personne chère, etc.) qui réactivent un vieux sentiment d'abandon dû à de précédentes expériences pénibles. L'angoisse, d'une intensité très variable, peut aller de l'inquiétude à la panique. L'angoisse n'est pas un phénomène pathologique, elle est liée à la condition humaine. Ce comportement est le signe d'un progrès, car c'est un signal fort pour nous permettre de prendre conscience de certains phénomènes et événements importants. C'est un appel à leur prise en charge sérieuse. Il signale les moments importants de l'existence.

Les complexes désignent un conflit inconscient qui oppose nos tendances instinctives contradictoires et, en particulier, l'amour et la haine qui coexistent dans la personnalité. Un environnement très rigide de type puritain favorise le développement des complexes. On peut prendre conscience des tendances contradictoires qui animent inconsciemment la personnalité. La réussite dans la vie affective, intellectuelle, physique ou sociale reste la solution la plus efficace.

Le stress n'est pas l'équivalent de la tension nerveuse. Tout ce qui, désagréable ou agréable, accélère l'intensité avec laquelle nous vivons provoque une augmentation du stress. On peut éprouver du stress du fait d'un coup douloureux ou d'un baiser passionné. Le stress n'est pas quelque chose à éviter à tout prix. Il va de pair avec l'expression de toutes nos impulsions intérieures. En fait, l'absence de stress c'est la mort.

Quelques pistes de travail

La maîtrise de la timidité et des états qui en découlent ne s'acquiert pas facilement et ne vient pas du jour au lendemain. Il faut de la perspicacité, de la volonté, de la persévérance et du temps.

"**Connais-toi toi-même**." (Socrate) Diagnostiquez correctement votre problème, car le remède doit correspondre à votre cas particulier. Essayez les techniques suivantes en prenant soin d'en prendre dans les trois catégories jusqu'à ce que vous trouviez ce qui correspond à votre personnalité.

Aspects physiques

1. Ne faites pas d'actes destructeurs. Soyez constructifs.
2. Changez d'environnement pour être dans un cadre agréable.
3. Détendez-vous dès que vous êtes fatigué. Relaxez-vous.
4. Changez de routine, d'itinéraire, de magasin, pour vous renouveler.
5. Défoulez-vous sur des objets quand vous êtes irrité, faites de l'exercice.
6. Concentrez-vous sur des activités qui soient enrichissantes.
7. Apprenez à savourer ce que vous mangez.
8. Ayez chez vous un endroit où vous pouvez vous isoler.
9. Choisissez les vêtements qui vous plaisent, sans tenir compte de la mode.
10. Ménagez-vous une vie privée. Equilibrez travail, sommeil, vie de famille.

Aspects affectifs

1. Ne laissez pas les choses aller à la dérive. Réagissez immédiatement.
2. Ne blâmez pas les autres. Recherchez leurs qualités.
3. Ne jouez pas un rôle. Si vous en êtes prisonnier, libérez-vous.
4. Ne soyez pas perfectionniste. ayez le sens du relatif.
5. Notez vos griefs pour les analyser et voir comment y remédier.
6. Respectez-vous vous-même. Ayez de l'estime pour ce que vous êtes.
7. Trouvez la sécurité en recherchant une personne avec qui partager.
8. Parlez à un ami pour extérioriser vos problèmes.
9. Soyez ouvert, allez à la rencontre des gens. N'exagérez pas.
10. Ecoutez les autres parler sans les interrompre.

Aspects intellectuels

1. Déterminez ce qui vous fait peur. Soyez lucide, ne fuyez pas.
2. Donnez un sens à votre vie. Choisissez les valeurs qui vous guideront.
3. Faites quelque chose avec les autres. Prenez en charge vos problèmes.
4. Même lorsque vous avez raison, soyez souple. On vous en saura gré.
5. Prenez des décisions. Mieux vaut un mauvais choix que pas de choix du tout.
6. Faites une liste de vos objectifs : pour la journée, la semaine, l'année.
7. N'ayez pas peur de l'échec. Le droit à l'erreur permet d'expérimenter.
8. Anticiper les événements. Provoquez-les pour mieux les maîtriser.
9. Soyez coopératif (la compétition est une menace pour les autres).
10. Prenez les choses une par une en sélectionnant les plus importantes.

Toutes ces actions et d'autres que vous pouvez trouver, seront autant de moyens d'apprendre à utiliser toutes les potentialités qui sommeillent en vous. Développez vos capacités pour œuvrer avec d'autres à la construction de la cité. Castoriadis disait : "Nous avons décidé que nous voulions être libres et cette décision est déjà la première réalisation de cette liberté."

La personne

L'intelligence en œuvre

L'intelligence c'est la faculté de connaître, de comprendre, d'agir avec discernement, ce qui est très différent des diplômes ou titres que l'on peut avoir acquis

Les types d'intelligence

L'intelligence pratique (sensori-motrice ou concrète)

- C'est une forme d'intelligence qui se trouve à l'aise dans le concret ; il lui faut voir, entendre, sentir, etc. Elle passe par l'utilisation de la totalité de nos sens. Elle conduit à faire des expériences. Le degré d'abstraction n'étant pas suffisant, il faut visualiser le problème, expérimenter, voir les évolutions, etc.
- Ses éléments de base sont l'attention et l'observation qui favorisent la connaissance et la compréhension. La mémoire permet de retenir le déroulement de l'expérience dans sa chronologie, mais aussi les expériences faites antérieurement.

L'intelligence abstraite (ou conceptuelle)

- Elle est caractérisée par l'aptitude à utiliser le matériel verbal (débat, discussion, explication) et symbolique (représentation du réel).
- Elle part d'une curiosité ou d'un besoin de comprendre, rassemble les informations, établit les liaisons, rejette ce qui ne convient pas, et déduit les résultats de sa réflexion. On part ainsi du particulier pour aller au général et fabriquer un concept (outil de pensée) qui pourra servir dans d'autres circonstances. Elle a besoin d'intuition, d'imagination et de raison.

L'intelligence sociale

- Elle implique, d'une part, la compréhension des êtres humains comme individus et comme groupes et, d'autre part, la possibilité de s'entendre avec eux dans des relations individuelles ou sociales.
- Elle a besoin d'objectivité en sachant qu'elle est à base de subjectivité. Comprendre quelqu'un semble objectif, en fait ma compréhension est d'abord personnelle donc subjective. Elle nécessite un esprit critique pour éviter d'être prisonnier de cette subjectivité ou, du moins, d'être conscient qu'à notre subjectivité il est nécessaire d'ajouter la subjectivité des autres pour approcher de l'objectivité.

Dialectique des trois formes d'intelligence

- Aucune des trois n'existe à l'état pur. Chacun de nous possède les trois avec une dominante. Or, les trois sont nécessaires à l'être équilibré. Seule une dialectique permanente des trois peut nous permettre d'avoir une pensée favorisant le passage à l'action pour améliorer la vie sociale.

Ce qui favorise le développement de l'intelligence

- ***La parole*** : Le langage est l'outil du développement, de la conceptualisation et de la logique, car il permet l'application des notions abstraites et générales à toute situation. Il permet l'évocation de multiples solutions à des problèmes, en l'absence des objets que l'on pourrait utiliser pour les résoudre. Par la rencontre de la parole de l'autre, il nous permet l'approfondissement.
- ***Les actes*** : L'expérimentation de nos pensées nous permet de clarifier et de consolider nos concepts en confirmant ou infirmant nos hypothèses. Ainsi l'acte renvoie à la pensée qui éclaire l'action dans un mouvement permanent favorisant le changement.

L'inné ou les bases biologiques

Ce débat ancien évolue à partir de recherches multiples et variées.

Les tenants de l'inné affirmaient que chaque personne avait, à la naissance, des capacités d'intelligence ou de bêtise. Ce phénomène était naturel et reposait sur les dons que chacun possédait ou pas. Et, pour confirmer cette hypothèse, avaient été mis au point des tests de QI (quotient intellectuel) chargés de mesurer l'intelligence de chacun. L'emprise de ces tenants est tellement forte que, partout, les tests de QI nous envahissent, à l'école, à l'usine, en formation, etc.

Les tenants de l'acquis estiment que ceux qui prêchent pour l'inné sont souvent ceux qui détiennent :
- le savoir : de cette façon ils ont trouvé une excuse valable à leur inefficacité ; ce n'est pas de leur faute, ce sont les autres qui ne sont pas doués ;
- le pouvoir : ainsi la théorie de séparation de la société en intelligents et imbéciles permet de justifier le monopole des décisions par ceux qui se disent intelligents ;
- l'avoir, comme le savoir et le pouvoir, procurent de l'argent. On légitime ses privilèges au nom du QI.

L'acquis ou l'influence de l'environnement

Il n'existe pas d'intelligence indépendante du milieu
- L'exemple des enfants sauvages nous montre qu'après avoir été recueillis par des spécialistes, il a été impossible de les réintroduire dans notre culture. Si l'inné avait été dominant, cela aurait pu se faire.
- Les enfants nés de la sélection faite par Hitler pour développer la race aryenne auraient dû donner de petits génies. Or, le milieu dans lequel certains ont été élevés en a fait des débiles légers, malgré la sélection.

L'éducation influence profondément notre intelligence
- Lorsque l'enfant vit dans un milieu culturellement riche, où l'on a des débats sur tous les problèmes importants, où l'on possède livres, disques que l'enfant peut utiliser, cet environnement favorise le développement de son intelligence.
- Dans un milieu où l'enfant doit se taire, ne peut lire, ne peut inviter ses copains, ne peut discuter avec ses parents, avec d'autres adultes, cet enfant aura un retard scolaire parce que ses virtualités intellectuelles n'auront pu s'épanouir.
- Les différences biologiques (inné) s'enracinent dans un milieu (acquis) qui peut permettre soit l'épanouissement des virtualités, soit leur stagnation.

C'est seulement la dialectique de l'inné et de l'acquis qui permet la construction de la personnalité et le développement de l'intelligence.

La testomanie du QI

- De multiples expériences ont montré la relativité de ces tests, parce que :
  - l'environnement sociologique influence très fortement les résultats obtenus ;
  - les tests sont le produit d'une culture donnée ;
  - les tests favorisent donc systématiquement la culture ou la classe sociale qui a mis au point les tests d'intelligence.

L'enjeu du problème est donc politique. Si l'intelligence est innée, il faut maintenir la sélection des meilleurs ; si elle est acquise et déterminée en partie par l'influence sociale, une politique nouvelle pourrait compenser les différences qui apparaissent entre les personnes du fait des inégalités.

Acquérir une pensée personnelle

Pourquoi apprendre à penser

Lorsqu'on parle de penser, nombre de personnes se disent : ce n'est pas pour moi. Il y a des intellectuels qui pensent pour nous. Il y a les responsables qui ont l'habitude, faisons donc confiance à ces gens-là.

Cette démarche est dommageable pour deux raisons :

– d'une part, nous nous privons d'un enrichissement, car il est toujours préférable d'avoir une pensée personnelle puisque nous disposons tous de la capacité de penser plutôt que de reproduire la pensée des autres ;

– d'autre part, nous privons le groupe de notre apport, car notre vécu, notre expérience, sont uniques et la réflexion que nous pouvons porter sur eux peut apporter un aspect original et complémentaire à l'apport des autres.

Tout le monde peut-il penser ?

- C'est comme si nous posions la question : tout le monde peut-il marcher ? Sauf accident, tous ceux qui ont deux jambes peuvent marcher. Pour la pensée, il en est de même : sauf accident, tous ceux qui ont un cerveau peuvent penser. Encore que, comme pour la marche, il faut le faire travailler régulièrement.
- Ce qui nous bloque souvent c'est que, dans peu de lieux, on nous a appris à avoir une pensée personnelle. Pendant longtemps, penser c'était être capable de répéter la pensée des philosophes ou des cadres dirigeants de toute nature.
- Il est temps aujourd'hui de nous libérer de ce carcan, de casser le mécanisme de reproduction de la pensée d'autrui. Cela ne veut pas dire ne pas la connaître, c'est même nécessaire, mais, pour se l'approprier, l'affronter à notre expérience personnelle, rejeter ce qui ne correspond pas à notre approche et, à partir de là, construire des outils de pensée cohérents.

Conditions d'acquisition d'une pensée

- Notre pensée se nourrit à deux sources :
  - La pensée de ceux qui nous ont précédés, quelle que soit leur fonction ou leur notoriété. Connaître leur pensée pour se l'approprier, sans rejeter a priori personne, Aristote ou Sartre, Montaigne ou Mounier, Marx ou Jésus, car l'appropriation est le passage nécessaire pour, ensuite, trier, élaguer, conserver, en évitant de dogmatiser la pensée d'aucun.
  - Notre pratique sociale, notre expérience, notre vécu, car la pensée, la nôtre ou celle d'autrui, est le fruit d'une réflexion sur le réel. Nous avons ainsi, comme tous les penseurs, un matériau irremplaçable sur lequel réfléchir de façon originale, car personne d'autre ne vit notre expérience, personne ne réagit comme nous, même quand nous avons les mêmes expériences que d'autres.
- Pour apprendre à penser, il faut d'abord apprendre à apprendre. Savoir quelque chose aussi à fond que possible et ce quelque chose est toujours particulier. L'universel se trouve quand on pousse à bout la connaissance d'une spécialité et qu'on en dégage le sens.

La gestion de notre pensée

La gestion de la pensée c'est la capacité de gérer ses ressources intellectuelles. Cette capacité au départ n'est qu'une habitude culturelle. La prise de conscience qu'en utilisant plus correctement sa raison et ses passions, chacun peut faire de son mode de fonctionnement mental un élément conduisant à des choix plus efficaces, à une stratégie plus personnelle, donc à une véritable autonomie de pensée et d'action. La pensée est la transformation par l'esprit de l'événement en expérience. Les temps forts de la gestion de la pensée sont :

L'attention. Elle naît de la conscience. Il n'y aurait pas d'activité de la pensée sans conscience au moins initiale. Elle est comme une lumière qui surgit dans l'activité des personnes lorsque son intervention se révèle nécessaire à leur développement. Cette conscience spontanée peut aussi être volontaire. Elle devient concentration de l'esprit sur quelque chose ou quelqu'un. L'attention prépare et oriente la personne vers la perception. Tout son être est orienté vers ce but.

La mémorisation. C'est l'aller et retour entre perception, née de l'attention, et évocation, qui est de rendre présent à la mémoire les faits, les événements dont on a pris conscience. Les cinq éléments de la mémoire sont : 1. la fixation des souvenirs ; 2. leur conservation ; 3. le rappel ; 4. la reconnaissance ; 5. la localisation. Les souvenirs ou événements oubliés sont ceux que nous refoulons dans l'inconscient, soit parce qu'ils nous choquent, soit parce qu'ils nous forceraient à repenser notre vision.

La concentration. Action de rassembler ce qui est épars, séparé. Acte par lequel nous dirigeons notre attention, nos souvenirs, grâce à notre énergie, vers un objectif déterminé. La concentration nécessite souvent la rumination qui est travail sur sa pensée, la méditation pour approfondir les éléments rassemblés en les examinant profondément et longuement. C'est faire l'analyse détaillée des problèmes.

La compréhension. On ne se souvient correctement que de ce que l'on a clairement compris. Elle est complémentaire de l'explication. L'explication est analytique, se veut objective et relève de la raison. La compréhension relève du sentiment et permet de saisir en profondeur la signification d'un comportement, d'une attitude, d'une démarche, mais aussi le fonctionnement d'une équipe ou d'une organisation.

La réflexion. C'est l'attitude mentale de la personne qui évite la précipitation dans ses jugements, l'impulsivité dans sa conduite. Elle permet de transformer un fait, un événement qui nous arrive, en un contenu qui a un sens. Le passage de cette conscience d'un phénomène en une direction qui ait un sens n'ajoute rien aux connaissances et aux actions, mais il permet de les situer. La réflexion est une pensée interrogative qui nous permet d'aller au-delà de nous-mêmes, car une réflexion libre n'impose rien, mais engage chacun au plus grand développement possible de sa personnalité. Pour être libre, il faut apprendre à réfléchir librement en restant maître de soi.

L'imagination. C'est la faculté de penser pas images, de les combiner, d'en créer de nouvelles. Il convient de distinguer l'imagination reproductrice, qui reprend ce que nous connaissons déjà, de l'imagination créatrice, qui combine des faits ou des données réelles pour inventer une solution concrète permettant à la personne créatrice d'agir et de se réaliser dans son action. Elle permet de casser le moule de la reproduction.

La pensée désincarnée est inutile. La pensée, pour être féconde, a besoin de se réaliser. D'où la nécessité de poursuivre la démarche par : la décision, l'organisation de l'action, la réalisation de l'action et un bilan.

La personne

Acquérir un mode de pensée

Dans une période où la société est en mutation permanente, il nous semble , nécessaire, d'acquérir un mode de pensée qui permette de percevoir le changement dans son mouvement, pour le comprendre et essayer de lui donner un sens.

La pensée dialectique

- ***La pensée métaphysique***, née avec Aristote environ quatre siècles avant J.-C
- ***La pensée dialectique***, proposée par Héraclite environ cinq siècles avant J.-C.

Métaphysique

• Principe d'identité
– Tout est statique
(les choses étant ce qu'elles sont)
Une chose ou un être est déterminé
– Les valeurs sont immuables
(choisir le bien ou le mal)
On ne peut faire à la fois l'un et l'autre
– Conduit à une morale **de** situation
(tu ne voleras pas)
L'acte (le vol) est déterminant

• Isolement des choses et des êtres
– Cloisonnement
(séparation maths, français, histoire)
On ne confond pas élite et peuple
– Succession linéaire
(Antiquité, Moyen Age, Renaissance)
Ne pas confondre les périodes
– Mouvements mécaniques
(chaque pièce d'un ensemble a sa place)
Le réglage est fait une fois pour toutes

• Principe de non-contradiction
– Permanence des situations
(il y aura toujours des riches)
(il y a toujours eu des faibles)
Le monde est immuable
– Refus des oppositions
(La hiérarchie doit dominer)
(La majorité doit gouverner)
– Une chose ne peut être son contraire
(refus de l'ambivalence : amour/haine, joie/peine, etc.)

• Tiers exclus
– Le dualisme est permanent
La vie et la mort sont séparables
Choisir le bien ou le mal
– Les divisions sont éternelles
(entre les intelligents et les imbéciles)
(entre les maîtres et les élèves)
– Le conservatisme est nécessaire
(les traditions fondent la société)
(le respect du passé est fondamental)

Dialectique

• Principe de changement
– Rien n'est défini sauf le devenir
(la vie c'est le changement : bébé, adulte)
Le passé enrichit le présent et prépare l'avenir
– Les valeurs s'enrichissent
(la liberté à Rome, en 1789, aujourd'hui)
Chaque génération s'enrichit des précédentes
– Conduit à une morale **en** situation
(j'ai volé parce que j'avais faim)
La personne doit être considérée

• Action réciproque
– Compénétration des problèmes
– la géographie influence l'histoire
C'est un enchaînement de processus
– Complémentarité des éléments
(la santé a des aspects sociaux, économiques)
Un aspect complète les autres
– Développement en spirale
(une pomme engendre un arbre)
On ne revient jamais au point de départ

• Principe de contradiction
– Tout se transforme
L'action des humains continue la création et lui donne un sens
– L'unité des contraires se réalise (Yin et Yang
Une journée c'est le jour et la nuit
Une pièce a un côté pile et un côté face
– Les contradictions, moteur du changement
Une thèse engendre une antithèse. Il nous faut faire une synthèse qui devient thèse à son tour

• Le progrès se réalise par bonds
– La quantité peut devenir qualité
(–10° glace ; + 1° eau ; + 100° = vapeur)
La vie naît de la mort
– L'histoire est l'œuvre des humains
Elle a été faite par les grands hommes mais aussi par l'activité des peuples
– La société est le résultat de leurs actions
(révolte des esclaves pour plus de dignité)
(travail des humains pour aménager la Terre)

Ces deux formes de pensée sont nécessaires pour nourrir la nôtre.

La pensée systémique

- **La systémique**. "C'est une totalité organisée, faites d'éléments solidaires ne pouvant être définis que les uns par rapport aux autres en fonction de leur place dans cette totalité." Ces éléments sont en interaction et ils influent sur et sont influencés par leur environnement.
- **L'analytique** a été fondée par la pensée cartésienne qui demeure toujours un élément essentiel de l'analyse de problème, pour en percevoir les différents aspects.

Analytique

- **Principe d'évidence**
  - Eviter la précipitation
    N'admettre une chose que lorsqu'elle est évidente et ne peut être mise en doute
  - Fuir la prévention
    Éliminer soigneusement les idées toutes faites, les schémas préconçus et les a priori
  - Fécondité de l'idée claire
    Ne comprendre rien de plus que ce qui se présente distinctement sans occasion de doute
- **Principe de morcellement**
  - Rechercher toutes les difficultés rencontrées dans les problèmes techniques et humains (plus difficile)
  - Diviser chaque difficulté en autant de parcelles qu'il se peut et qu'il est nécessaire
  - Persister jusqu'à le résoudre
    Décomposer encore jusqu'à ce que la solution apparaisse clairement
- **Principe d'ordre**
  - Conduire logiquement nos pensées en commençant par les objets ou éléments les plus simples, les plus faciles
  - Aller du simple au complexe
    Monter peur à peu comme par degrés jusqu'à la connaissance des plus composés
  - Identifier les lois.
    Il faut les trouver pour pouvoir ensuite les utiliser en d'autres domaines
- **Principe d'exhaustivité**
  - Repérage complet de tous les éléments pour fairele tour de l'ensemble des caractéristiques d'un problème
  - Dénombrer tout et ne rien omettre de ce qui estnécessaire pour expliquer la particularité du problème étudié
  - Classification des problèmes pour les organiser de façon cohérente afin d'avoir une vision d'ensemble de tous les éléments

Systémique

- **Principe de différence**
  - Percevoir la diversité des systèmes (physique : atome ; vivant : cellule ; social : famille)
    Chacun est différent, aucun problème n'est identique
  - L'intention des acteurs
    Elle varie en fonction de ceux qui l'ont perçue, analysée, étudiée en diverses utilisations possibles
  - Diversité de la combinaison des éléments qui peuvent intervenir soit spontanément, soit par la volonté des acteurs en fonction de leurs objectifs
- **Principe d'organisation**
  - Situé dans un project avec ses aspects
    . structurels, fonctionnels
    . relationnels
  - Influencé par ses composantes
    . les objectifs, les techniques
    . les personnes et leur responsabilité
  - Influencé par son fonctionnement
    . durée, rythme
    . environnement
- **Principe de totalité**
  - Modification permanente du tout
    . par l'interaction des éléments
    . réprocité des changements
  - Le tout non réductible aux parties
    L'ensemble fait apparaître des qualités nouvelles qui n'existaient pas dans chaque partie
  - Enchaînement des relations. Pour maîtriser les interactions nécessaires d'un travail pluridisciplinaire afin d'utiliser la complémentarité
- **Principe d'intentionnalité**
  - Recherche des finalités du projet pour dégager le sens et l'orientation des éléments et du tout pour les situer
  - Compréhension du fonctionnement en établissant les relations qui existent entre les éléments de la structure
  - Explication : Identifier les variables qui sont motrices et celles qui sont dépendantes pour faire évoluer le système intentionnellement pouvoir

L'analyse complète et est complétée par la pensée systémique.

La pensée complexe

La complexité. Transdisciplinaire, elle apporte une nouvelle approche de la connaissance en soulignant l'interdépendance de l'observateur et de l'observé.

Simplicité

• Principe de linéarité

– Transmission directe
Le savoir, la connaissance se transmettent
de ceux qui savent à ceux qui ne savent pas
– Le tout est la somme des parties
Repérer ce qui est perceptible
additionner tous les éléments
– Il y a toujours relation causes/effets
Est cause tout ce qui fait
qu'une chose est ce qu'elle est.

• Principe de déterminisme

– Les phénomènes obéissent à des lois
. aux lois de la nature (pesanteur)
. aux lois humaines (avions)
. aux lois sociales (Code civil)
– L'ordre c'est le respect de la loi
. non-respect égale désordre
. respect égale ordre
. sans loi égale désorganisation
– La soumission à la loi
. nécessaire de la connaître
. de la comprendre
. de l'appliquer

• Principe de spécialisation

– Séparer le tout de la partie
. spécialisation en médecine
. spécialisation dans l'enseignement
. spécialisation en science
– Approfondir la partie
. élargir son domaine
. approfondir sa particularité
. préciser chaque élément
– Regrouper les parties
. d'une même spécialité (médecine)
. approfondir sa particularité
. préciser chaque élément

• Principe d'enchaînement

– L'organisation hiérarchise
. donne plus d'importance à une partie
. ou à une personne
. ou à une catégorie sociale
– L'administration fonctionnalise
. elle définit les fonctions
. si elle ne les renouvelle pas
elles se figent
– La gestion dynamise
. si elle ne se limite pas
à l'aspect financier
. prend en compte tous les secteurs

Complexité

• Principe de cycles

– Rétroaction effets/causes et réciproquement
. producteurs et produits
. informateurs et informations
– Un effet peut avoir plusieurs causes
. l'histoire est faite par les hommes
. elle est influencée par la géographie
– Une cause peut avoir plusieurs effets
. l'homme peut plaire à certains
. déplaire à d'autres

• Principe d'indéterminisme

– Des phénomènes contraires cohabitent
. loi de la pesanteur
. loi d'expansion de l'univers
. leur interaction est créative
– Des faits inverses coexistent
. l'ordre se nourrit de désordre
. le désordre est au cœur de l'organisé
. entropie : état de désordre d'un système
– Des événements opposés vivent simultanément
. la légalité (droit)
. la légitimité (fondée sur des valeurs)
. la dialectique des deux : une nouvelle loi

• Principe de multidimensionnalité

– La partie est dans le tout, comme
le tout est dans la partie. La personne
est dans la société comme la société
dans la personne
– Le tout est plus que la somme des parties
L'interaction des parties
provoque des phénomènes nouveaux
(dialectique inné/acquis)
– Mouvement permanent tout/parties
La culture enrichit chaque personne
chaque personne est enrichie
et enrichit à son tour la culture

• Principe d'auto-régénération

– La vie se nourrit de la mort
. le fumier (mort) restaure les plantes (vie)
. une génération transmet son expérience
. cycle du carbone
– La vie c'est le changement
. de la matière (montagnes neuves, anciennes)
. des plantes (graine, pousse, arbre)
. des humains (enfant, adulte, âgé)
– La vie c'est la création
. le travail crée la nature
. le travail crée la personne
. le travail crée la communauté humaine

La complexité est le complément de la simplicité.

Les principes d'un nouveau mode de pensée

Métaphysique			
• Principe d'identité – tout est statique – valeurs immuables – morale de situation	**• Isolement** – cloisonnement – succession linéaire – mouvement méca-nique	**• Non-contradiction** – permanence des situations – refus des oppositions – une chose ne peut être son contraire	**• Tiers exclus** – dualisme permanent – divisions éternelles – conservatisme nécessaire
Dialectique			
• Principe changement – rien n'est définitif – les valeurs s'enri-chissent – morale en situation	**• Action réciproque** – compénétration des problèmes – complémentarité des éléments – développement en spirale	**• Contradictions** – tout se transforme – unité des contraires – les contradictions, moteur du change-ment	**• Progrès par bonds** – quantité devient qualité – l'histoire est œuvre humaine – la société, résultat des actions
Analytique			
• Principe d'évidence – éviter la précipitation – fuir la prévention – fécondité des idées claires	**• Principe de morcellement** – rechercher les difficultés – diviser chaque difficulté – persister jusqu'à la résoudre	**• Principe d'ordre** – conduire logique-ment ses pensées – aller du simple au complexe – identifier les lois	**• Principe d'exhaustivité** – repérer les éléments – dénombrer tout et ne rien omettre – classifier les pro-blèmes pour une vision d'ensemble
Systémique			
• Principe de différence – percevoir la diversité – l'intention des acteurs – la diversité des com-binaisons d'éléments	**• Principe d'organisation** – situé dans un projet – influencé par ses composantes – et par son fonction-nement	**• Principe de totalité** – modification per-manente du tout – tout non réductible aux parties – enchaînement des relations	**• Principe d'intentionnalité** – compréhension – explications – sens donné
Simplicité			
• Principe de linéarité – transmission directe – le tout est la somme des parties – relations causes/ effets	**• Principe de déterminisme** – obéissance à des lois – l'ordre est le respect des lois – et la soumission aux lois	**• Principe de spécialisation** – séparer tout et parties – approfondir chaque partie – regrouper les parties	**• Principe d'enchaînement** – l'organisation hiérarchise – l'administration fonctionnalise – la gestion dynamise
Complexité			
• Principe de cycles – rétroaction causes/ effets – l'effet a plusieurs causes – la cause a plusieurs effets	**• Principe d'indéterminisme** – cohabitation des phé-nomènes contraires – coexistence faits inverses – vie simultanée d'éléments opposés	**• Principe de multidi-mensionnalité** – le tout est dans la partie et réciproque-ment – le tout plus que la somme des parties – mouvement perma-nent tout/parties	**• Principe d'auto-régénération** – la vie se nourrit de mort – la vie c'est le changement – la vie c'est la création

Vers un raisonnement plus scientifique

Dans un monde en mutation permanente, les disciplines de toutes sortes deviennent de plus en plus scientifiques. On parle de sciences humaines, de sciences sociales, qui emboîtent le pas aux sciences exactes. Finalement, une grande partie des activités humaines, non seulement scientifiques mais aussi techniques, est atteinte par le caractère propre de la science et le prend en considération.

Les deux pôles de la personne[1]. Nous vivons sous l'emprise de deux pôles qui agissent différemment en chacun de nous : le pôle scientifique et le pôle des choix personnels. C'est la synthèse personnelle entre les actions de ces deux pôles qui nous permet de devenir nous-mêmes.

- ***Le pôle scientifique***. Il est caractérisé d'abord par un aspect rationnel. On applique la méthode expérimentale à l'observation et à la connaissance de tout ce que l'on peut appréhender, étudier, depuis l'atome jusqu'au comportement des populations. La science se veut une recherche de la vérité. Ce dénominateur commun est un élément de fraternité planétaire. Il est nécessaire d'acquérir un ensemble de qualités par une ascèse longue et difficile : honnêteté, sens de l'équipe, balance entre imagination créatrice et patience méticuleuse, entre activité intellectuelle et travail manuel. C'est une forme d'esprit à deux composantes : la disponibilité ou esprit d'accueil et la critique ou esprit de remise en question.
- ***Le pôle des choix personnels***. C'est celui qui préside aux réflexions personnelles, aux choix, aux options qui ne sont pas scientifiques et pour lesquelles la méthode rationnelle ne s'applique pas ou incomplètement. Il en va de toutes les attitudes qui correspondent à la réaction de notre personnalité devant des phénomènes dont on ne connaît pas toutes les données, dont on ne peut pas prévoir toutes les conséquences. Dans ce domaine, les sciences humaines peuvent nous aider et, en particulier, la philosophie qui est une pensée de l'Etre sur l'Etre. C'est le fondement même de l'être que la plupart des philosophes prétendent dévoiler.
- ***Sciences exactes et sciences humaines ont la même ambition*** : arracher son secret au monde, refaire le chemin qui mène jusqu'au geste originel de Dieu pour le croyant, jusqu'à la naissance du monde pour les autres. Toutes deux sont lien et pleinement connaissance de l'être.

Les trois traits caractéristiques de la visée scientifique. C'est comme manière de viser ses objets de recherche que la pensée scientifique se différencie de toute autre espèce de connaissance (perceptive, relationnelle). Soulignons que ces traits n'entraînent nullement vers l'unicité de méthode, si l'on donne à ce mot le sens d'un ensemble de démarches ou de procédés réglés, largement indépendant de la nature des objets à connaître. Il y a de nombreuses méthodes scientifiques. Nous parlerons plus particulièrement de la méthode expérimentale, mais il y a un esprit et un seul type de visée proprement scientifique qui fait apparaître l'unité de la science et la différence avec des attitudes non-scientifiques.

---

(1) **Science et bonheur des hommes**, Leprince-Ringuet, Flammarion.

- ***La science est une visée de la réalité***[1]. Certes, la réalité est marquée par nos perceptions individuelles, mais l'attitude scientifique cherche à se démarquer sans cesse de la rêverie, de l'imagination (qui intervient à un autre moment), des idéologies, pour dépasser nos fantaisies. Car la science est une représentation abstraite, mais elle tend à une saisie de représentation du réel.
- ***La science vise à décrire et expliquer***. C'est une quête permanente de **la recherche de la vérité** et de la satisfaction propre qu'elle procure quand on s'en approche. C'est une approche de **la connaissance**, un essai de compréhension. Nous savons par expérience à présent qu'une découverte est toujours enrichie par d'autres, que la vérité ne s'atteint pas, nous sommes seulement en marche vers elle.
- ***La science a le souci constant de critères de validation***. Un savoir n'est scientifique que s'il est assorti d'indications sur la manière dont il a été obtenu, suffisantes pour que puissent en être reproduites les conditions. Ainsi la connaissance scientifique est-elle nécessairement publique, c'est-à-dire exposée au contrôle de quiconque. Ce qui exclut toute idée de propriété privée des idées.

La méthode expérimentale[2]. Chaque science sécrète sa méthode. On ne peut avoir la même en biologie ou en physique, en psychologie ou en anthropologie. La visée devrait être la même, mais la méthode est à mettre au point par chaque discipline, par chaque chercheur. La méthode expérimentale peut cependant servir de trame en la modifiant. C'est un cycle parce que le processus de la pensée et de l'action y est irréversible.

- ***L'observation initiale*** faite par une personne singulière qui a du talent, de l'ingéniosité, de la curiosité, qui s'interroge.
- ***La conjecture*** naît de l'observation, c'est une opinion fondée sur des présomptions, des probabilités.
- ***L'induction*** en découle. C'est un raisonnement consistant à inférer une chose d'une autre. Il va du particulier au général, des faits à la loi.
- ***L'hypothèse*** émise devient une proposition initiale, le point de départ d'une démonstration à partir d'une loi supposée universelle.
- ***Par déduction***, raisonnement par lequel on infère toutes les conséquences qui découlent de l'hypothèse.
- ***L'expérimentation***. En soumettant des cas particuliers à la pratique, il est possible de vérifier, de confirmer ou d'infirmer l'hypothèse.
- ***L'observation finale*** permet l'analyse des résultats de l'expérience et décide l'approfondissement. S'il y a confirmation, on recommence l'expérience. Après succès répétés, on considère la loi comme vérifiée et l'hypothèse se transforme en certitude, mais l'expérience prouve qu'après Galilée il y a Newton, et après Newton, Einstein, chacun enrichissant la loi. En cas d'échec, le cycle recommence sur d'autres bases.

Ainsi la démarche scientifique octroie le droit à l'erreur puisque c'est elle qui nous met sur le chemin de la vérité en nous obligeant à rechercher une autre voie ou une autre loi.

Voyons à présent comment utiliser tous ces éléments par l'expression au service de la participation.

---

(1) **La science et les sciences**, Gilles-Gaston Granger, Que sais-je ? N°2710.

(2) **La méthode expérimentale**, Georges Beneze, PUF.

L'expression

Le langage

L'expression passe par l'utilisation de la langue et du langage. Le langage est la faculté d'exprimer ses besoins, ses sentiments, sa pensée, au moyen de sons dans la production desquels intervient la langue. Les langues s'apprennent. Le langage se produit chez les humains, il est le produit de l'homme. C'est par mon langage que je me distingue des autres, d'où son importance pour l'épanouissement de l'être dans la relation et dans la vie sociale[1].

Il existe plusieurs formes de langage

- ***Le langage non verbal***, comme les gestes, le regard, les mimiques, le comportement du corps, nous apporte parfois autant d'informations que des paroles.
- ***Le langage non dit*** : Dans une vie de groupe, le non-dit est à percevoir et à étudier autant que le dit. Il y a des silences qui en disent long. Il y a des omissions qui parlent. Il y a des rétentions d'informations qui indiquent clairement la volonté de leur auteur.
- ***Le langage graphique*** est utilisé dans les Maternelles et auprès des jeunes enfants. Le dessin est un mode d'expression riche et dense qui parfois, symboliquement, parle plus que certains mots ou discours : voir l'invasion des pictogrammes et de la bande dessinée.
- ***Le langage parlé*** est celui qui nous révèle le plus. Le contenu du message, le choix des mots, le style, le débit de paroles, la durée de la communication, le moment de parler, etc. sont autant d'éléments qui nous dévoilent, permettant aux autres de nous connaître.

Chacune de ces formes devrait pouvoir compléter les autres en privilégiant cependant le langage parlé, car la parole construit l'être.

Les fonctions du langage

Le langage constitue à la fois l'instrument essentiel de la pensée et le fondement de la vie sociale.

- ***Le langage révélateur de nous-mêmes***

– Le langage permet l'expression et le contrôle de la pensée et, à travers elle, du comportement et des attitudes. Il y a une interaction pensée/langage, car si la pensée nourrit le langage, le langage conditionne le développement de la pensée et de toute l'activité mentale. L'homme a l'intuition du réel dont il se fait une idée qui prend corps grâce aux mots qui l'expriment. C'est ce réel qu'atteint la pensée. Le langage est à la pensée ce qu'un catalyseur est à la réaction chimique : il la fait valoir, l'accélère et la facilite.

– Le langage permet de se faire reconnaître par autrui. Par la parole, en me dévoilant, je permets aux autres de découvrir qui je suis. Même dans le cas extrême du beau parleur, du manipulateur, les autres le perçoivent dans sa réalité, car on ne peut jamais illusionner longtemps son entourage, même quand il est sous le charme. Celui qui parle pour dire quelque chose de vrai apporte sa densité, accepte de la partager et, si les autres font de même, cette réciprocité est source de progrès pour chacun grâce au dialogue.

---

(1) **L'homme et son langage**, Fred Poché, Chronique Sociale.

– Le langage permet de se libérer de ses tensions intérieures. Cela peut revêtir des formes très diverses. Les injures permettront de libérer notre agressivité pour éviter de passer à l'acte. Ne dit-on pas que ce fut le premier acte de civilisation que d'être arrivé à remplacer la lutte, la guerre, la force, par la parole, fût-ce l'injure ? La confession, à une époque pas très lointaine, permettait à un grand nombre de personnes de se libérer de tout sentiment de culpabilité. La psychanalyse et tous les services d'accueil centrés sur l'écoute sont devenus des substituts permettant à un nombre de personnes toujours croissant de se libérer de leurs problèmes. Les lapsus, les oublis, les actes manqués parlent aussi.

• ***Le langage nous introduit à l'existence sociale***

– Le langage permet l'expression. Nous utilisons pour cela des signes ayant une valeur identique pour tous les individus d'une même espèce (hommes, animaux), dans les limites d'une aire déterminée (nation, région).

– Le langage permet la reconnaissance. Toute famille, tout groupe, toute organisation forge sans arrêt son propre argot. Toute profession sécrète son propre jargon, administratif, médical, juridique, etc. Toute ethnie tente de sauver son propre dialecte qui, pour elle, est un langage, mais que le pouvoir central a réduit au rang de sous-culture.

– Le langage permet la communication. Non seulement communiquer des pensées, des informations, mais aussi agir sur autrui, car ordres et questions appellent des réponses. Il permet la vie en groupe par la réception et la transmission des valeurs sociales du milieu, de la catégorie sociale.

– Le langage permet la maturation. Un enfant coupé de l'environnement social humain reste bloqué et ne peut évoluer, comme l'enfant-loup. Certains ont besoin d'une éducation spécialisée, comme les enfants sourds, afin d'accéder au langage pour permettre leur socialisation.

– Le langage permet la démocratisation. On s'achemine vers une société où plusieurs langues deviennent nécessaires à connaître. La langue nationale natale qui nous apporte les racines de notre culture. Une langue étrangère, pour nous ouvrir à une autre culture, en apprenant dès l'enfance à la parler couramment, la grammaire et la syntaxe viendront plus tard. L'anglais qui est devenu, que nous le voulions ou non, la langue internationale. Cela nécessite d'être plus vigilant pour freiner l'envahissement des anglicismes dans les langues nationales. Sans cela seule une élite pourra communiquer au-delà de ses frontières et s'enrichir de l'apport des langues étrangères.

Vers une appropriation du langage

Il est dangereux de laisser une élite imposer ses normes à une population par l'intermédiaire de l'école, des médias. Une langue est vivante. Elle évolue. Ce serait la figer que de l'emprisonner dans des contraintes trop étroites. Une langue vivante s'enrichit par les expressions de la vie quotidienne de tout un peuple. Par le langage nous accédons au savoir. Le savoir est la clé du pouvoir. Il est temps pour tous de nous approprier notre langue, et d'en apprendre de nouvelles, pour être maître de notre destin à l'ère de la mondialisation.

Commencer par l'implication

Une réunion ne peut porter des fruits, tant pour chaque personne que pour le groupe, que dans la seule mesure où chacun s'implique.

Partir des structures vécues

Il arrive encore trop fréquemment que des réunions se fassent autour de thèmes très intéressants, voire même importants, comme le Tiers Monde, les plus pauvres, la liturgie, la démocratie locale... la liste est illimitée. Il n'y a qu'à prendre les ordres du jour de la plupart des réunions, tous sont centrés sur des problèmes importants, intéressant le monde dans son ensemble.

Il faut simplement se poser deux questions, si nous voulons comprendre pourquoi la participation à la réunion est faible en nombre et réduite en expression :

1. Est-ce que ce problème est perçu comme important par chaque membre du groupe? Car il ne sert à rien de provoquer une réunion sur un thème important en lui-même et dont seuls les responsables ont conscience. Il faut partir (et partir n'est pas y rester) des problèmes perçus par l'ensemble du groupe, même s'ils ne sont pas ceux que l'on souhaiterait voir aborder.
2. Le problème étant choisi, chaque membre du groupe est-il prêt à s'impliquer, c'est-à-dire à apporter la façon personnelle dont il est concerné par ce problème ?

Si l'on ne peut répondre affirmativement à ces deux questions, cela signifie que le groupe n'est pas encore prêt à progresser vers son unité.

Utiliser une progression pédagogique

Cette méthode, qui consiste à partir du vécu de chacun des membres du groupe, est facile à comprendre, mais difficile à vivre car nous sommes tributaire :

1. d'une formation scolaire et universitaire, qui nous a appris à partir d'idées ou de concepts beaucoup plus que de la vie ;
2. d'une formation morale qui nous orientait à ne pas parler de nous. Le "je" étant considéré comme signe d'orgueil, alors on parlait des autres. C'est ainsi que, progressivement, on en est arrivé à fuir son "moi" intérieur, à ne pas se connaître et à ne pas comprendre notre propre situation, projeté que nous étions dans la vie des autres.

Pour amorcer le changement, il faudra avancer prudemment, car cette méthode fait peur à mesure que l'on découvre que, vouloir changer le monde, c'est d'abord commencer à se changer soi-même.

Une conversion intérieure

L'objectif c'est donc l'implication. encore faut-il prouver pourquoi il n'y a pas d'autres méthodes qui aient la double efficacité à laquelle nous sommes conduits : efficacité matérielle et unité du groupe.

Efficacité matérielle

Lorsqu'on aborde des problèmes importants comme "les étrangers en France" ou "les élections politiques", ou un sujet spécifique à notre groupe ou association, sans implication dans le problème, on transforme en fait la réunion centrée sur le problème en réunion d'information. Dans ce cas, il aurait été préférable de l'annoncer ainsi et de la préparer en conséquence, ce qui met en œuvre d'autres moyens puisque l'objectif est de s'informer et non de rechercher des solutions aux problèmes pour agir.

Mais si on est impliqué dans le problème, alors la réunion devient le moyen de mettre en commun la façon dont on est concerné personnellement :
– en décrivant les éléments du problème de vie,
– en recherchant des éléments de réponse,
– en proposant des actions possibles,
– en décidant ensemble du choix des actions,
– en organisant l'action à réaliser.

Unité de groupe

Trop souvent, l'unité de groupe se réalise à partir d'objectif élevé commun, mais pour que le ciment de cette unité soit solide, il convient qu'il soit constitué par la corrélation des objectifs individuels et des objectifs collectifs.

Ce qui permet d'accélérer le processus d'unité c'est donc, pour chaque membre du groupe, de partir des problèmes personnels que l'on a par rapport à l'objectif, de la façon dont on les perçoit, dont on les vit. Cette mise en commun, qui exige de chacun un dépassement de son égocentrisme, est la voie qui permet de bâtir l'unité du groupe à partir d'éléments solides parce que concrets et vécus par chacun.

Souvent il nous arrive de vouloir être objectifs dans notre recherche. Or l'objectivité passe nécessairement par notre subjectivité, en ce sens que chacun perçoit le même problème de façon différente. Ce qui est alors objectif, c'est ce que je perçois, cela personne ne peut le contester.

Ainsi, si chacun apporte sa perception personnelle et qu'il accepte que chacun des autres membres du groupe fasse de même, on approchera plus réellement vers l'unité du groupe.

L'implication nous enrichit

- ***Elle est libératrice***, pour nous, de nos tensions, de nos désirs, de nos aspirations. Elle est aussi libératrice pour les autres qui peuvent dire leurs problèmes, leur perception des choses, leurs réactions. Il devient alors possible de travailler en équipe sur les vrais problèmes ressentis au sein du groupe.
- ***Elle permet la mise en œuvre de la solidarité***, grâce à des relations plus vraies, plus profondes, les rendant plus solides pour œuvrer ensemble à la prise en charge de nos problèmes par les personnes concernées.

De l'impression à l'expression

Un double mouvement

Entre l'impression et l'expression, il y a l'intention. L'impression c'est l'impact initial fondateur. L'intention précède l'expression, elle est conditionnée par l'impression.

- Depuis quelques années, les techniques d'expression sont à la mode : expression orale, écrite, corporelle, etc. Cela risque d'être dangereux pour trois raisons :
  1. croire que l'expression de la personne peut se résoudre par la seule technique,
  2. oublier qu'il ne peut y avoir expression que s'il y a eu impression,
  3. ne pas être conscient que c'est l'intention qui donne sens à l'expression.
- Nous sommes ainsi affrontés à un double mouvement (1) :
  – le mouvement du monde vers ma personne : impression,
  – le mouvement de mon être vers le monde : expression,
  dont le sens est donné par l'intention.
- Je ne peux donc m'exprimer que si je me suis, volontairement ou non, laissé impressionner par tout ce qui m'entoure, m'environne, m'interpelle. Si je ne suis pas comme une plaque sensible capable d'enregistrer par le moyen de tous mes sens, d'emmagasiner, d'accumuler en moi des sensations, je n'aurai que peu de choses à exprimer.

Les moyens qui facilitent l'impression

L'impression c'est d'abord découvrir que tout être possède en lui une énergie qu'il convient de nourrir, de vivifier, avant de s'en servir.

1. ***Détente*** : disponibilité de notre énergie

- *Disponibilité* de notre corps, de nos sentiments et de notre esprit. Sommes-nous capables régulièrement de nous mettre en état d'attente, de façon à être prêt à nous laisser impressionner par tout ce que nous vivons ? C'est un peu la préparation de notre être à recevoir.
- *Décontraction* : Lorsque corps, cœur et esprit sont prêts, nous pouvons alors nous décontracter, c'est-à-dire commencer à agir pour faire disparaître les tensions qui sont en nous. "La théorie de Jacobson (2)" va nous aider.

– Elle nous indique : toute tension musculaire est le résultat d'une tension mentale ; inversement, toute tension mentale s'accompagne d'une tension musculaire. En faisant disparaître la tension musculaire, la tension mentale disparaîtra.

– La décontraction répond au principe du ressort : ce n'est qu'en contractant un muscle, puis en le relâchant, que nous prenons conscience de son action. Il faut accompagner chaque tension d'un effort mental pour comprendre le phénomène organique.

- *Relaxation* (3) : Son but est de préparer à la réceptivité en permettant un état de non-résistance à la sensation. Elle rend disponible à soi-même puisqu'elle permet de connaître les réactions objectives de notre organisme. Elle rend disponible à autrui, ce qui permet de le connaître, de le comprendre, de l'accepter sans le juger.

– La relaxation s'acquiert par une recherche patiente et par des exercices physiques, mentaux, spirituels continus, qui conduisent à une disponibilité de l'être profond face à soi-même, aux autres, au monde.

---

(1) **Conduite de soi et progrès humain**, Solange Desmolière, p. 119, Editions Ouvrières.

(2) **Technique de l'expression**, Dobbelaère-Saragoussi, p.14 à 29, Presses de l'Ile de France.

(3) Idem, p. 47.

• *Maîtrise de soi* : La décontraction et la relaxation, si elles ne sont que des exercices d'équilibre physique, sont insuffisantes si elles ne conduisent pas à une maîtrise de notre être qui suppose aussi équilibre de la vie affective, équilibre de la raison, équilibre de la pensée. Cela permet à l'être d'avoir en lui les éléments d'une conduite autonome et relationnelle, non seulement à l'égard de lui-même mais aussi face à la société environnante.

2. ***Réceptivité*** : accumulation d'énergie

La détente nous met en état de recevoir toutes les interpellations du dehors, que ce soit le monde de la matière ou le monde des hommes. Mais cette réceptivité de notre être à l'environnement ne peut se faire que par :

• *La sensation*, c'est-à-dire à travers l'interpellation de nos sens qui enregistrent tout ce qui les sollicite. La vue nous fait admirer la beauté du monde ou découvrir la misère qui s'y cache. L'odorat peut nous faire apprécier le parfum délicat d'une rose ou les odeurs nauséabondes provoquées par les tuyaux d'échappement des voitures. L'ouïe peut nous permettre de goûter une musique expressive ou nous faire découvrir les vacarmes de la ville, etc. La sensation dépend de notre sensibilité, si elle est égocentrique ou tournée vers la relation.

• *L'attention* : aussi, lorsqu'on est conscient des limites de sa sensibilité, on peut vouloir la développer en étant plus attentif. On introduit dans notre réceptivité une volonté de sentir, qui suppose au départ un souci d'attention au monde qui nous entoure. C'est vouloir voir la réalité telle quelle est, sans fuir les problèmes posés.

• *L'observation* : mais l'attention risque d'être insuffisante pour recevoir et se laisser imprégner. On peut alors aller un peu plus loin. Au lieu de faire seulement attention à ce qui se passe, à ce qui nous entoure, on peut s'arrêter sur chaque chose pour l'observer, la pénétrer de l'intérieur, la comprendre et ainsi aller au cœur des problèmes des hommes, de façon à recevoir non seulement l'apparence, mais aussi le contenu, la densité, la profondeur.

3. ***Pensée personnelle*** : développement de notre énergie (voir p.118)

Après la détente et la réceptivité, avant de pouvoir nous exprimer, il est nécessaire d'acquérir une pensée personnelle. Ce qui suppose :

• *Concentration*, c'est-à-dire faire porter toute son attention sur un point unique que l'on a choisi, pour éviter les vagabondages, les obsessions, les scrupules. C'est en quelque sorte apprendre à diriger sa pensée, lui commander, soit pour rester fixé sur une pensée ou une action choisie, soit pour éliminer les idées gênantes ou perturbantes.

• *Méditation* : La concentration a préparé la méditation, c'est-à-dire la concentration de la pensée vers un objet ou un sujet unique. La méditation n'est pas seulement religieuse, elle est applicable à tous les actes de la vie sociale ou personnelle. C'est elle qui permet d'acquérir progressivement une pensée personnelle sur les sujets où nous avons à réfléchir. Elle permet d'accéder à une double connaissance : de moi comme personne et de l'objet de ma recherche. C'est par elle que se nourrit l'esprit et la pensée de l'être.

• *Transmission* : Arrivés au terme du processus d'impression qui, de la détente en passant par la réceptivité, nous a conduits à acquérir une pensée personnelle, il s'agit de savoir si toute cette démarche n'avait de sens que pour nous ou si, étant un être social, nous pensons que nous pouvons communiquer, sans imposer ni notre pensée, ni ce que nous sommes. Ce qui nous conduit à découvrir comment nous exprimer.

L'expression

Nécessité de l'expression

- Chaque personne est **unique**, irremplaçable. Elle possède une richesse propre qu'il serait dommage de ne pas partager avec les autres. Parfois, un certain complexe d'infériorité, une certaine timidité, empêchent des personnes de s'exprimer. Elles ont peur d'être jugées. D'autres acceptent que tous ne s'expriment pas en disant : "elles n'ont rien à dire". Or, l'expérience prouve que, lorsque la réunion est finie ou que l'on se retrouve entre amis avec qui l'on se sent à l'aise, ces personnes muettes commencent à s'exprimer.
- S'exprimer c'est se **libérer**, c'est passer de l'intériorité à l'extériorité, c'est accepter de communiquer à autrui ce que l'on est ou ce que l'on a. C'est un effort de dépassement qui **enrichit** autant celui qui s'exprime que ceux avec qui il communique.
- M'exprimer c'est aussi accepter que d'autres s'expriment. C'est vouloir que mon "je" rencontre d'autres "je, pour arriver au "nous". C'est amorcer une démarche qui me met en relation avec autrui.

Les étapes de l'expression

S'exprimer n'est pas toujours facile, surtout si l'on souhaite communiquer ce qui est la vérité de notre être. Cela suppose :

1. Spontanéité : libération de notre énergie

La spontanéité est la démarche première de toute possibilité d'expression.

- *Etre profond* : La spontanéité est le reflet de notre être. L'enfant est spontané parce qu'il est pur, alors que l'adulte est encombré de toutes sortes de préjugés qui freinent sa spontanéité. Il faut donc retrouver notre fraîcheur d'enfant. Mais, d'autre part, la spontanéité est le fruit de notre densité, c'est-à-dire de notre culture, de notre capacité à avoir une pensée personnelle. Ce n'est que l'orsqu'on a médité longtemps sur un sujet, lorsqu'il nous a pénétré profondément, que surgit spontanément, au moment opportun, ce qui a mûri en nous.
- *Maîtrise d'une technique* : C'est l'aspect complémentaire de l'être profond. On ne peut être spontané sans technique. Un peintre ne deviendra spontané que lorsqu'il aura dominé la technique de la peinture, de même pour une infirmière, un chauffeur ou un animateur. Il faut maîtriser une technique pour s'en libérer et retrouver sa spontanéité.
- *Créativité* : L'expression personnelle sera originale, nouvelle, créatrice, si notre spontanéité dépasse le conformisme d'une culture mal assimilée pour trouver, au fond de notre être, les ressources d'innovation qui nous sont spécifiques. Plus on est esclave d'une technique, moins on est créateur. Plus on se libère de la technique parce qu'on l'a intégrée, plus on peut retrouver la spontanéité qui conduira à la création d'une forme spécifique d'expression. L'expression est toujours l'équilibre entre individu et société, entre spontanéité et technique, entre moi et autrui, entre conformisme et création.

2. Volonté : maîtrise de notre énergie [1]

S'exprimer n'est pas facile. La spontanéité ne s'acquiert que par une lente maîtrise de soi et le paradoxe n'est qu'apparent puisque la spontanéité est le fruit de la densité. Tout cela ne vient pas tout seul, il faut le vouloir (voir p. 110).

---

(1) **La maîtrise de soi**, Chauchard, p. 9 à 31, Dessart.

3. Sélection : orientation de notre énergie

Dans tout ce que nous avons reçu comme impression, il faut :

- *Enrichir* : Nous pouvons, par exemple, avoir la responsabilité des problèmes de rémunération dans un groupe. Nous sommes impliqués, donc nous comprenons le problème. Nous nous sommes laissé imprégner de tout ce qui se passait, concernant ce problème, autour de nous, les collègues, les supérieurs, les subordonnés. Nous avons ainsi une moisson abondante de réactions. Mais cela risque d'être insuffisant. Il faut à présent enrichir notre moisson de base en recueillant des informations sur d'autres entreprises, en rassemblant des documents sur les disparités, les classifications, etc.

- *Organiser* : Tous ces matériaux sont réunis en fonction des objectifs personnels ou de groupe. De cette façon, on abandonne certaines choses considérées comme inutiles et l'on essaye d'approfondir celles que l'on a gardées, en fonction de nos désirs, des besoins du groupe et du sens à donner à nos actes.

- *Mettre en forme*, car pour communiquer aux autres ce que l'on possède, il faut le mettre dans un certain ordre. Un plan clair, des parties délimitées, des chapitres organisés, autant d'atouts lorsqu'il faudra transmettre les informations que nous possédons.

4. Transmission : communication de notre énergie

C'est le moment de choisir la meilleure façon de s'exprimer. Il faudra tenir compte du sujet, du niveau de conscience des récepteurs, de leur compétence, etc.

- *Choisir le support* : L'expression peut se faire de plusieurs façons que l'on peut regrouper en quatre grandes catégories : expression orale, expression écrite, expression audiovisuelle, expression informatique. D'autres formes d'expression existent comme l'expression corporelle, artistique, etc. Ce sont aussi des moyens d'expression de notre personnalité qui dévoilent ce que nous sommes.

- *Choisir le moment* : Pour s'exprimer lorsqu'on veut être entendu et compris, il est préférable de choisir le moment où les gens sont le plus disponibles, le plus réceptifs, compte tenu de leur emploi du temps. De toute façon, l'expression ne peut consister à satisfaire seulement son désir de communiquer ce que l'on sait, si ceux qui doivent recevoir notre message ne le désirent pas ou ne sont pas disponibles.

- *Choisir la durée* : Tout est possible en la matière si le désir des demandeurs est important. Ils seront attentifs pendant la durée qui aura été déterminée ensemble, cela pourra être deux heures comme trois jours ou plus.

S'exprimer, c'est avoir le courage de sortir de soi, avoir la volonté d'apporter ce que l'on est et ce que l'on a. L'expression devrait être le fait de toute personne. Nos groupes devraient favoriser l'expression totale de tous.

Les formes de l'expression

Voyons celles que nous pourrons utiliser le plus fréquemment.

L'expression orale [1]

Depuis l'humanisation, la parole reste pour l'homme le moyen primordial, irremplaçable de son expression, de son existence. Le droit à la parole s'assimile à la liberté. Pas de vraie liberté sans la possibilité de prendre la parole. La parole est le propre de l'homme. Seul il peut traduire sa pensée profonde, créer le monde en exprimant ses idées, ses besoins. En en débattant avec ses collègues, il peut faire des propositions de changement et, si elles sont acceptées, organiser l'action pour apporter sa participation à l'amélioration du monde. L'expression est fondatrice de l'être, mais la parole reste la forme qui émane du plus profond de chacun de nous. La parole nous révèle dans notre densité ou notre superficialité [2].

La parole s'adresse à quelqu'un. Elle suppose que la personne qui parle soit écoutée. En étant écoutée, la parole va vers l'autre pour être entendue, reçue, comprise, et amorcer le débat pour échanger idées, expériences, prises de conscience, et s'enrichir mutuellement de nos différentes perceptions. Dire, écouter sont indissociables. Ce sont les deux fondements de toute communication.

Le droit à la parole est vital et universel. Nous avons tous quelque chose à dire, besoin de le dire et d'être écoutés pour prendre notre pleine dimension de personne (les sourds-muets ont mis au point d'autres formes d'expression pour compenser ce handicap). Apprenons à surmonter nos blocages, notre isolement, nos complexes.

L'expression écrite [3]

L'écriture est à la portée de tout le monde, à condition de vouloir faire les efforts nécessaires pour canaliser de façon compréhensible par le lecteur ce que l'on a à dire. La personne qui a une expérience concrète, qui a réfléchi sur sa pratique et qui désire la communiquer aux autres, peut écrire. La personne qui a des responsabilités dans un groupe est amenée à rédiger des comptes rendus, à faire des notes de synthèse sur les problèmes qu'elle a en charge, à rédiger des convocations pour les réunions, faire des tracts pour sensibiliser une population à ses problèmes, rédiger des rapports, etc. Ce sont soit des écrits d'information, soit des écrits de réflexion, soit des écrits incitant à l'action.

Ecrire : C'est parler de soi par le biais du style, des mots. Ecrire c'est une manière de penser canalisée par l'écriture sous ses différentes formes : écriture manuelle, mais aussi de plus en plus écriture avec ordinateur et logiciels de traitement de texte qui facilitent la maîtrise de la présentation. Ecrire c'est aussi traverser une jungle de principes, de règles, d'usages et de convenances. Ecrire c'est affronter les normes de la grammaire et de l'orthographe, du plan. Ecrire c'est laisser une empreinte de sa personnalité, de ses choix, de ses orientations. Ecrire c'est surtout, au départ, se retrouver seul avec soi-même, avec ce que l'on veut dire à quelqu'un d'autre, mais qui nous impose d'abord une confrontation silencieuse avec nous-mêmes. Ecrire c'est communiquer deux fois avec soi pour mûrir ce que l'on va dire, comment le dire pour être compris avec un vocabulaire simple, accessible à tous, mais aussi communiquer avec autrui en suscitant les réactions des lecteurs, en acceptant les critiques et les suggestions, afin qu'ayant donné une forme, un ordre, une raison à notre pensée, nous acceptions d'être enrichis par les critiques et les réactions des autres.

---

(1) **Invitation à l'expression orale**, Colette Bizouard, Chronique Sociale, 6e éd.

(2) **Créer par la parole**, Pierre Lebar, Chronique Sociale.

(3) **Savoir écrire un livre, un rapport, un mémoire**, Charles Maccio, Chronique Sociale, 2e éd.

L'expression audiovisuelle [1]

Vouloir utiliser l'audiovisuel pour s'exprimer au sein d'un groupe, c'est s'exposer au paradoxe des langages. Quoi de plus contradictoire que le langage des images et des sons avec celui poli, rodé, ordonné de la parole et de l'écriture ? Si l'alphabétisation touche le plus grand nombre, nous subissons plus que nous ne participons au langage audiovisuel. Pourtant l'audiovisuel a déjà sa syntaxe, son vocabulaire et même ses formes idiomatiques !

Il devient nécessaire aujourd'hui d'apprendre à s'en servir. Au minimum, ce qui serait préférable serait de devenir créateur de produits de communication qui facilitent la compréhension des problèmes ou l'expression des personnes. Pour certains, l'audiovisuel c'est la télévision dont le magnétoscope ne serait que l'appendice. L'audiovisuel c'est autre chose. La radio, la bande dessinée, les affiches, le disque, les montages de diapositives, les films, c'est aussi de l'audiovisuel.

Tous ces moyens sont imbriqués les uns dans les autres, se fécondant mutuellement et leurs rapports d'intégration évoluent rapidement, à la vitesse des innovations techniques et de la créativité des auteurs. En outre, ils procèdent de langages apparentés entre eux et qui ne sont pas ceux de l'écrit, des langages plus sensibles que conceptuels.

L'audiovisuel est aussi le produit de câbles que l'on branche, de boutons que l'on manipule, d'appareils que l'on transporte. C'est la cohabitation de l'esprit et de la matière. Nous avons chacun, dans notre tête, des scénarios. Pour les transmettre, il faut allier sa tête avec ses mains pour communiquer son message aux autres. La conjugaison de l'utilisation de plusieurs de nos sens (vue, ouïe, toucher, etc.) favorise la mémorisation.

L'expression téléinformatique [2]

Le développement de l'informatique (ordinateur) et de la télématique (informatique plus télécommunications) fait évoluer les matériels vers la téléinformatique (télévision, informatique, audiovisuel). Nous disposons d'outils (multimédias) qui, grâce à la numérisation, sont capables de traiter le son, l'image et l'animation (film, vidéo) en plus du texte et, grâce aux autoroutes de l'information, révolutionnent notre quotidien. Ces outils sont comme les langues d'Esope, la pire ou la meilleure des choses suivant nos choix. Les marchands s'en emparent pour nous conditionner davantage avec l'illusion de l'interactif qui devrait faciliter la communication entre émetteur et récepteur. Aujourd'hui c'est un piège.

Mais il est possible de favoriser la création à la place de l'aliénation : savoir utiliser ces outils pour faire circuler davantage l'information au sein de nos associations ; créer des banques de données où seraient rassemblées les informations nécessaires à la vie de l'association, en permettant à chaque adhérent, à chaque personne, de les alimenter par l'information qu'elle détient et d'utiliser en fonction de ses besoins les informations disponibles.

L'enjeu est de taille car l'information est ce qui permet de prendre des décisions et les décisions sont la clef du pouvoir. Il n'est donc pas raisonnable de laisser une minorité accaparer ces outils pour continuer de s'enrichir, pour accroître son pouvoir de conditionnement. Il est nécessaire de faire tous un effort pour nous former à utiliser ces outils dans le sens d'une démocratisation plus grande des institutions, avec la possibilité pour chacun de participer activement, grâce à ces outils, à la décision par l'accès permanent à l'information donnée, recueillie et utilisée.

---

(1) **L'audiovisuel pour tous**, Gilbert Graugnard, Jacques Hugo, Chronique Sociale.

(2) **Pratique de l'expression**, Charles Maccio, Chronique Sociale.

Mise en commun des "je"

1. Seul le "je" est objectif

Aussi paradoxal que cela paraisse, l'objectivité c'est ce que "je" perçois, à la condition toutefois que ce "je" ne soit pas universel mais relatif. Le grand danger de cette démarche, c'est la généralisation. C'est croire que ce que nous percevons est perçu de la même façon par autrui. Nous arrivons ainsi à détruire la liberté de l'autre en l'enfermant dans notre perception des personnes et du monde.

Alors que la démarche logique, dans la mesure où nous sommes conscients que chaque personne est un être unique, consiste à affirmer son "je" en permettant à chaque "je" de s'exprimer. Il n'y a pas de liberté réelle sans possibilité pour chacun d'exprimer son "je" dans le groupe.

2. Le "je" est exigeant

Le "je" est très exigeant car il demande d'avoir le courage de se livrer, de se découvrir, d'être vrai, non seulement avec soi-même mais devant le groupe. Loin d'être une attitude égocentrique, c'est une attitude d'humilité vraie que d'accepter ce que l'on est et de le livrer à autrui en se dévoilant.

Certes, on ne livre pas tout son "je" pour deux raisons. La première c'est que le groupe ne demande l'implication au cours de la réunion que dans le cadre du thème et de l'objectif abordés. La seconde c'est que, même dans ce cas-là, on ne livre pas forcément la totalité de soi, n'étant pas entièrement conscient de ce que l'on est, mais aussi et surtout parce qu'il y a un mystère de l'être qu'il est non seulement nécessaire mais souhaitable de respecter. Ne jamais forcer une personne à s'exprimer si elle ne le désire pas.

3. La tentation du "on"

Devant la difficulté de s'impliquer, la tentation inconsciente est de parler des autres au lieu de parler de soi-même. On projette ainsi ses propres problèmes sur ceux d'autrui. Cela peut être soit une fuite pour ne pas aborder de front ses propres difficultés, soit une démarche nécessaire. On commence à parler des autres pour arriver à parler de soi. Il faudra donc accéder progressivement à une conscience claire de sa démarche.

La fuite inconsciente est cependant plus fréquente que l'on ne croit. Combien de réunions où l'on traite des problèmes de personnes absentes ! Certes nous partons de faits que nous pensons objectifs, puisque connus de tous. Or, dans la mesure où nous parlons d'autrui et qu'il n'est pas présent pour compléter ou rectifier, notre objectivité est relative ; ne pas l'admettre est un signe d'inconscience.

4. Les autres nous servent de prétexte

Au cours d'une réunion, l'un des participants explique combien une de ses voisines sait s'organiser malgré le bas salaire de son mari. Ses enfants sont même les mieux habillés parmi ceux de leur classe, ce qui constitue pour celui qui rapporte ce fait un témoignage de dignité humaine. Une autre personne du groupe, qui connaît cette famille parce qu'elle en voit régulièrement chacun des membres au dispensaire dont elle s'occupe, estime au contraire que ces gens sont des orgueilleux. Ils veulent toujours être les premiers servis, n'acceptent pas de faire la queue pour attendre leur tour comme les autres, sont à l'affût de la moindre occasion de se faire valoir, etc. [1]

---

(1) **Connaître le réel,** Gérard Tiry, Chronique Sociale.

Voilà un exemple (réel) de fuite dans les problèmes des autres. Le fait est certes réel, mais chacune des personnes du groupe qui en parle n'est pas impliquée. Elle préfère parler de personnes absentes, qui ne peuvent se défendre, s'expliquer. Où est l'objectivité dans ce cas ? Il n'y en a pas, mais surtout cela ne sert à rien d'apporter ce genre de choses en réunion car, à la limite, si on s'était mis d'accord sur une perception identique, quel genre d'action cela engagerait pour les participants ou le groupe ? S'il y avait action à mener, peut-on dire à ces gens : "Nous avons discuté de votre cas en réunion, il faudrait faire cela" ? Ce serait certainement très mal reçu. La façon d'aborder un problème, c'est :

– de l'aborder de la façon dont "je" suis concerné par lui,

– de n'en pas parler si je ne suis pas impliqué.

Il faut donc choisir les faits où je suis impliqué et rien d'autre. Les faits où je peux dire "je", car je suis affronté au problème. Je peux alors m'exprimer simplement car je connais mon problème et son retentissement sur moi et ma famille.

5. L'ensemble des "je" conduit au "nous"

Dans un Comité de parents d'élèves, une personne s'excusait de parler de ses enfants et ainsi de personnaliser son intervention. Mais de qui diable aurait-elle pu parler sinon des problèmes scolaires de ses enfants ? Elle se croyait subjective, alors que c'était la seule forme d'objectivité possible.

Quand on rassemble la trentaine de parents d'élèves d'une classe, il est souhaitable de former trois groupes d'une dizaine de personnes. Dans chaque groupe, si chaque parent dit "je" en parlant de son enfant, comme les problèmes sont différents, on aura un éventail des problèmes réels posés à ces élèves. Ainsi, après expression de chacun des "je", on pourra faire la synthèse en regroupant les points communs et les points différents. Le groupe, à partir de cette synthèse, pourra alors dire "nous". La même démarche suivie dans les deux autres groupes arrivera sans doute à une synthèse différente pour chacun d'eux. La mise en commun de ces trois synthèses donnera une vision d'ensemble plus objective (en étant parti des subjectivités de chacun) des problèmes des élèves de cette classe, créant une unité plus grande des parents de cette classe dans la mesure où chacun a pu s'exprimer et voir ses problèmes personnels pris en compte pour ne pas écarter de l'analyse la réalité vécue.

6. En marche vers une approche de vérité

Ainsi nous pouvons constater que :

- la subjectivité c'est l'objectivité de chaque "je", il est judicieux d'éviter de généraliser à partir d'un cas particulier ;
- l'objectivité c'est la somme des subjectivités qui permet de dire "nous" après synthèse dans un groupe ;
- l'on approche de la vérité par la somme successive des subjectivités de chaque groupe qui nous fait approcher de l'objectivité sur un problème particulier d'une organisation.

La vérité ne s'atteint que par des démarches successives. Nous sommes en marche vers la vérité, nous ne la possédons pas.

La discussion

Il nous arrive fréquemment de confondre discussion, échange, affrontement et dialogue. Afin d'éclairer la signification de chacun de ces mots, essayons de voir d'abord ce qu'est une discussion.

Nature de la discussion

Elle peut être de forme variable suivant l'objectif que l'on veut atteindre. On peut vouloir :

- *Bavarder*, c'est-à-dire parler pour entretenir nos relations sociales. C'est le signe que la relation est formelle. Deux personnes, qui se rencontrent et échangent par politesse des banalités, bavardent. Le mot bavardage a d'ailleurs pris une coloration péjorative qui signifie superficialité.
- *Converser*, lorsqu'il nous arrive de rencontrer une personne connue que nous estimons ou avec laquelle nous avons des relations habituelles d'amitié, de travail ou autres, la discussion s'organise autour d'un échange d'information réciproque. Ce ne sont plus des banalités, mais des éléments enrichissants pour les deux parties en présence, sans pour autant que la discussion atteigne une profondeur mettant en œuvre des idées ou des pensées personnelles.
- *Convaincre*, c'est souvent ce qui se passe dans la discussion. Chacune des parties en présence a des idées précises sur un sujet et veut, non seulement exprimer ses idées, mais arriver à ce que l'autre personne pense comme elle. La discussion dans ce cas dépasse le bavardage et l'échange pour atteindre parfois la manipulation.

Déroulement de la discussion

- Dans un entretien entre deux personnes, chacune donne ses arguments et ne tient pas compte des arguments de l'autre ou n'en tient compte que pour les réfuter.
- Chacun est convaincu de la justesse de ses propres idées et essaye de persuader l'autre de les adopter.
- Or, notre pensée a cheminé, a mûri, a progressé lentement avant d'arriver à une conviction. Nous ne pensons pas toujours à faire suivre le même cheminement à l'interlocuteur.
- Nous devons donc essayer de connaître la pensée de l'autre sur le sujet, sa façon de voir les choses, ses propres schémas de pensée, sans vouloir convaincre et en tenant compte de la personne à qui nous nous adressons.
- Mais connaître notre propre position, connaître la position de l'interlocuteur ne suffit pas. Il s'agit aussi de savoir comment l'on pourra réduire l'écart entre la pensée actuelle de notre interlocuteur et la nouvelle forme de pensée que nous souhaiterions lui voir prendre.

Ces quelques éléments montrent clairement que, dans la discussion, la forme peut être proche du dialogue. Connaître l'interlocuteur et sa pensée, ce n'est pas pour le comprendre et l'accepter tel qu'il est, mais c'est trop souvent pour l'amener sur nos positions.

Comportement au cours de la discussion

La discussion entretient les relations. Il peut être utile de savoir quel pourrait être le comportement souhaitable en cours de discussion afin de progresser vers le dialogue.

1. Avoir un comportement calme et assuré

– Les discussions orageuses entraînent rarement des changements d'attitudes. Dans la mesure où l'on croit à ce que l'on pense, on peut s'affronter aux autres en toute sérénité, car l'affrontement n'est pas la violence.

– Les concessions de forme, que l'on peut faire pour permettre à la discussion de progresser, ne peuvent en aucun cas être des concessions de fond sur notre pensée. Ce serait du conformisme.

2. Savoir écouter

– Celui qui, dans une discussion, ne sait pas écouter, monologuera. La discussion entraîne l'intervention de plusieurs personnes (au moins deux). Si l'on veut que la discussion existe, il est nécessaire de savoir autant écouter que parler.

– Cela permet au moins de savoir ce que pense l'interlocuteur et de lui répondre en fonction de ses réactions.

3. Eviter le bavardage

– Ne pas se laisser entraîner à des discussions stériles.

Les discussions inutiles sont des bavardages qui vont à l'encontre de l'évolution des personnes. Elles font perdre du temps et accentuent les désaccords.

4. Ne pas émettre de jugements de valeur

– Ils sont toujours sujets à caution puisque subjectifs. Ils cristallisent des oppositions plus graves que si elles portaient sur des éléments objectifs.

– Essayer de s'en tenir à des jugements de réalité qui sont objectifs et contrôlables par tous, même si le désaccord subsiste.

5. Etre loyal

– Pour convaincre, ne jamais utiliser de faux arguments. Tout interlocuteur qui s'aperçoit qu'on le trompe ne sera jamais convaincu et deviendra méfiant.

– On ne peut convaincre que de ce que l'on croit réellement ; dans le cas contraire, s'abstenir.

6. Etre simple

– Savoir admettre que l'on s'est trompé si cela est vrai.

– Si l'on se heurte à une difficulté imprévue, admettre franchement son ignorance sans essayer de faire illusion.

7. Etre patient

– La discussion peut être longue. Elle peut nécessiter plusieurs rencontres sur le même objet. Ne pas vouloir avoir raison à tout prix et immédiatement, sinon c'est une aliénation de la liberté des pensées de l'autre, qui ne doit modifier son opinion que s'il est convaincu, sans que l'on ait utilisé de moyens de conditionnement.

Ces quelques éléments peuvent nous aider à nous mettre dans les dispositions nécessaires pour progresser vers le dialogue.

L'échange

Si **la discussion** est banale ou, au contraire, chargée de convaincre, **l'échange** passe à un stade de relations entre les personnes qui est plus riche et plus désintéressé.

Nature de l'échange

- Ce ne sont plus des paroles banales chargées d'entretenir des relations formelles ou superficielles. Il y a une densité, en ce sens que celui qui s'exprime apporte sa pensée personnelle, spontanée ou réfléchie, mais communique déjà quelque chose de lui-même.
- Ce ne sont plus des paroles qui veulent à tout pris amener l'autre sur ses positions. On ne veut pas à tout prix convertir. On se contente d'exprimer sa pensée, de l'affirmer si nécessaire, mais sans l'imposer.
- Cela suppose évidemment une réciprocité. Dans la discussion, l'apport peut être unilatéral, la volonté de convaincre aussi. Pour qu'il y ait échange, il est nécessaire que les parties en présence acceptent d'exprimer leur pensée, sans l'imposer.
- Il y a ainsi rencontre de deux ou plusieurs personnes qui acceptent de s'apporter réciproquement leurs informations, leurs pensées, leurs propositions.
- Mais cet apport ne vise nullement à modifier soit notre façon d'être ou de penser, soit celle d'autrui. Nous échangeons ce que nous sommes, sans volonté d'intervention ou de modification profonde de soi ou de l'autre.
- Cependant, aussi paradoxal que cela puisse paraître, l'enrichissement réciproque naîtra de cet état de fait. Si notre échange portait sur des objets, je donne à mon voisin une bonne bouteille de vin, à son tour il me donne une bonne bouteille de vin, nous n'avons chacun qu'une bonne bouteille. Alors que si je communique ma pensée à mon voisin et si lui me communique la sienne, nous avons échangé nos pensées et nous en avons chacun deux que nous pouvons soit utiliser, soit rejeter.

Comportement au cours de l'échange

Le comportement étant la façon extérieure dont nous serons perçus, il est important de veiller à ce que l'autre nous découvre tel que nous sommes, sans masque, sans façade. Pour cela nous pouvons :

- ***Essayer d'être détendu et souriant***, non par tactique ou par technique, parce que c'est efficace dans une relation pour convaincre, mais parce que c'est vrai et que cela correspond à notre attitude profonde. Si, ce jour-là, nous ne sommes pas en forme parce que nous avons des préoccupations, le mieux est encore "d'être soi-même" et de le dire simplement. Cela facilitera la relation en la situant sur des bases vraies.
- ***Etre attentif*** à ce que l'autre dit, de façon à comprendre, mais comprendre ne signifie pas accepter. Je ne peux rejeter ou accepter que ce que j'ai compris et non ce que j'ai cru comprendre avec ma subjectivité.

– ***Parler avec simplicité***. Si, à notre tour, nous voulons être compris, il est préférable d'utiliser un langage accessible à tous. Et si, pour mieux exprimer les nuances de sa pensée, on est amené à utiliser un jargon particulier, ne pas hésiter à expliquer le sens des mots utilisés.

– ***Recommencer*** nos explications si l'on craint de ne pas être compris. Ne pas se justifier en disant : il n'avait qu'à écouter. Si l'on veut échanger, il est nécessaire de faire des efforts et d'accepter de reprendre ce que nous avons déjà dit si cela s'avère nécessaire.

– ***Reformuler en d'autres termes***, pour intégrer la pensée de l'autre, pour faire avancer la discussion, mais surtout pour que l'autre – ou les autres – réagisse au contenu de notre message afin de savoir si nous avons correctement compris.

Attitudes au cours de l'échange

L'attitude est ce qui correspond au fondement de notre être. Aussi peut-il arriver que notre comportement extérieur (sourire) ne corresponde pas à notre attitude profonde (angoisse). Il serait cependant souhaitable qu'il y ait corrélation entre comportement et attitude. Pour cela :

– ***Etre vrai***, c'est-à-dire exprimer ce que l'on pense de façon à ce que l'échange porte vraiment sur la réalité objective de notre pensée. Ne communiquer que ce que l'on croit.

– ***Etre réceptif***. Les autres peuvent nous enrichir, mais sommes-nous capables de recevoir d'autrui ? Ou croyons-nous être les seuls à posséder la vérité ? Entre fanatiques il ne peut y avoir que des discussions, assez peu d'échanges et pas du tout d'affrontements ni de dialogues.

– ***Etre disponible***, ne pas avoir d'a priori face à une autre personne. Il est fréquent que l'on ne soit réceptif qu'à certaines personnes, à certaines pensées. C'est dommage car nous nous privons volontairement d'un enrichissement. Même si nous sommes en désaccord avec ce qui nous est dit, nous connaissons au moins le contenu des positions adverses.

– ***Effort de compréhension***, non pas simplement au niveau du contenu du message, mais en profondeur, au niveau du sens, de façon à saisir correctement de l'intérieur ce qui nous est communiqué. Ce n'est que lorsque nous sommes capables d'arriver à ce niveau de compréhension que nous nous enrichissons, mais aussi que nous devenons efficaces, car nous pouvons répondre alors sur le fond.

Si la discussion est courante, l'échange est moins fréquent. Mais il se rencontre encore souvent dans les relations entre personnes d'une même organisation. Il faut tendre à le réaliser entre personnes d'organisations différentes. Mais nous sommes encore loin du dialogue. Aussi ce serait faire preuve de rigueur que d'utiliser un vocabulaire plus adapté à la réalité. La presse, les discours, parlent volontiers de dialogue dès que deux personnes ou deux groupes se rencontrent. Ce ne sont souvent que des discussions, parfois des échanges, rarement un dialogue. Mais, avant, voyons l'affrontement qui nous prépare au dialogue.

L'expression

L'affrontement en œuvre

La notion d'affrontement

L'affrontement c'est le courage d'exprimer sa pensée personnelle, en acceptant que les autres puissent aussi exprimer librement leur propre façon de penser. Cela semble la méthode la plus efficace pour amorcer une évolution réciproque où chacun, étant suffisamment ouvert à la pensée de l'autre, s'enrichit de la part de vérité qui lui est apportée, permettant ainsi de progresser ensemble vers la vérité.

Les bases de l'affrontement

1. Croire que l'on ne possède qu'une part de vérité

C'est la pierre de touche du mécanisme. Le conflit naît et se maintient quand chacun prétend détenir toute la vérité. A partir du moment où chacun relativise, affirme certes sa vérité fruit de sa réflexion, mais accepte de ne pas posséder toute la vérité, l'affrontement devient possible.

2. Croire que l'autre possède aussi une part de vérité

C'est faire confiance à l'autre. Si j'ai réfléchi pour arriver à avoir la position que je défends, accepter que l'autre ait réfléchi et, s'il défend une position, elle contient aussi une part de vérité.

3. Vivre une réciprocité d'expression

J'exprime ma pensée totalement, sans ambiguïté, ni restriction mentale. L'autre doit faire de même. Si je n'exprime pas la totalité de ma pensée et que l'autre le perçoive, l'échange ne se faisant plus dans la confiance, on tombe dans la résolution classique des conflits. D'autre part, si l'autre ne s'exprime pas totalement, je n'aurai pas confiance et ne pourrai livrer le fond de ma position.

4. Accepter le changement

Si, avant de commencer, j'ai décidé de ne pas changer, mais de profiter du débat pour connaître la position de l'autre, l'affrontement ne servira à rien car l'autre n'étant pas idiot se sentira manipulé et fera de même.
Etre ouvert à la part de vérité apportée par l'autre sera source d'enrichissement pour moi car cela suppose une personnalité assez forte pour ne pas avoir peur de changer.

5. Faire l'effort d'une compréhension mutuelle

L'expression de l'autre peut être ambiguë dans sa formulation. Il faudra faire attention de ne pas se laisser prendre aux apparences et en profiter pour arrêter le débat et en faire porter la responsabilité à l'autre. Comprendre signifie ne pas m'en tenir à ce que j'entends ou je vois, mais prendre les apparences comme signes et décoder ce qu'ils signifient en profondeur.
Si l'une des conditions manque, l'affrontement ne peut avoir lieu et l'on retombe dans le conflit. A la base, il y a une confiance dans les personnes et une réciprocité indispensable car, si un seul faisait la démarche, il se ferait avoir par l'autre. Cette approche suppose un très haut niveau de conscience individuelle et collective et ne peut s'appliquer qu'au niveau de la vie des groupes, mais pas encore au niveau des classes sociales où les dominés doivent entrer en lutte pour se libérer de leur aliénation avant que l'affrontement ne soit possible. La négociation nous met cependant sur cette voie.

Le mécanisme de l'affrontement

Lorsque, au cours d'une réunion, des divergences surgissent, l'animateur au lieu de les éliminer doit, au contraire, les faire apparaître au grand jour pour les régler le plus tôt possible avant qu'elles ne se soient envenimées. Pour cela, une méthode simple : aller au tableau de façon à rendre plus objectives les expressions de chacun et commencer.

1. Demander à une des thèses de s'expliquer

Prendre le temps nécessaire pour qu'elle puisse aller au bout de sa description et de son argumentation. Noter au tableau de façon synthétique les éléments dominants ayant l'accord de ceux qui défendent cette thèse. Le tableau objectivise ce qui est dit, oblige à préciser sa pensée, l'affiche aux yeux de tous, et surtout canalise les passions en obligeant à attendre que cela soit écrit.

2. Demander à l'antithèse de s'exprimer

Procéder de même façon que pour la thèse et, si possible, en notant au tableau en parallèle de la thèse les éléments constitutifs de l'antithèse.

3. Favoriser l'expression totale de chacun

La durée de l'expression n'a rien à voir avec le nombre de personnes soutenant chacune des positions. Le temps doit correspondre à la durée nécessaire à l'expression totale.

Si, après un premier déballage et après l'expression de chacun, l'un ou l'autre voulait ajouter quelque chose à ce qu'il a dit, cela lui est possible.

Au stade de l'expression, l'affrontement n'a pas commencé. On a seulement décrit les positions en présence, ce qui a déjà comme premier effet de dépassionner le débat en le rendant plus rationnel.

4. La synthèse

Elle comprend trois choses :

- Ce qu'il y a de commun, c'est-à-dire les éléments qui, dans la thèse et l'antithèse, sont identiques ou proches. Il y en a souvent plus que l'on ne croit. Cela évitera déjà de s'accrocher sur des choses inutiles.
- Ce qu'il y a de différent : ce sont les éléments exprimés par l'un et qui n'ont pas été apportés par l'autre, mais qui ne sont pas en opposition et qui, après débat, peuvent s'ajouter soit à la thèse, soit à l'antithèse. C'étaient des éléments auxquels l'autre n'avait pas pensé et qu'il accepte d'intégrer au débat.
- Ce qu'il y a de divergent : ce sont les points irréductibles de chaque partie. Il faut savoir reconnaître que, dans tout affrontement, on n'arrivera pas à une convergence totale, qu'il restera des points de divergence, mais ce sera clair et accepté par tous.

5. L'évolution dialectique

C'est à partir des points de divergence que pourra se poursuivre l'affrontement. Car les points communs et différents formeront la nouvelle thèse ; les points de divergence pourront rallier d'autres personnes et cette nouvelle antithèse nourrie par ces nouveaux éléments réamorcera le processus. Apprenons à vivre dans les groupes en acceptant qu'il y ait des divergences : c'est être réaliste. Un groupe où tout le monde serait d'accord sur tout serait dangereux pour la liberté.

6. Vers l'affrontement permanent

Ainsi un groupe qui a le courage de s'affronter ne peut qu'évoluer avec réalisme, en acceptant de vivre avec des contradictions internes, facteurs de progrès pour les surmonter.

L'affrontement est un signe

De respect pour les personnes du groupe

Cela peut sembler paradoxal de dire que l'affrontement est signe de respect, pourtant c'est une évidence.

Lorsque nous sommes en contact avec des personnes qui nous sont indifférentes, leurs propos ne nous interpellent pas. Si nous sommes d'accord avec elles, nous le manifestons sans éclat. Quand nous sommes en désaccord, nous n'éprouvons pas le besoin de nous affronter à elles pour chercher ensemble, notre intervention est faible.

Au contraire, lorsque nous nous retrouvons avec des personnes que nous estimons, notre relation s'établit sur des bases plus solides. Notre accord se manifeste de façon sensible et, sur nos désaccords, nous avons le courage de nous affronter de façon à arriver à nous entendre.

Lorsque des personnes s'affrontent, cela suppose qu'elles ont atteint un certain niveau de confiance réciproque, qui permet à chacun de pouvoir exprimer sa pensée, sans avoir peur d'être jugé par autrui. Alors peut s'établir un échange simple et clair, sans a priori de part et d'autre, établissant ainsi des relations susceptibles de faire évoluer les parties en présence, capables de saisir la part de vérité qu'il y a dans le message reçu.

De courage pour travailler en groupe

Nous avons souvent reçu une formation qui nous incitait à éviter les affrontements pour préserver l'unité du groupe. Comme s'il était possible de régler un problème sans en parler.

C'était une vision idéaliste des rapports de personnes. Il était supposé que chacun était d'accord avec la pensée commune et que ceux qui avaient des avis opposés avaient à faire un effort pour ne pas l'exprimer afin de conserver une unité de façade.

Or, cette attitude nie l'évidence. Dans tout groupe, chaque personne a une pensée personnelle. C'est ce qui fait sa richesse et sa spécificité. L'on ne peut atteindre l'unité que par l'expression des pensées personnelles, recherchant ensemble les points de convergence et de divergence pour que l'affrontement soit enrichissant pour les parties en présence.

Il faut beaucoup de courage et de réalisme pour accepter cette démarche, mais si on la refuse, on se prive du même coup de la possibilité de progresser ensemble vers l'unité.

Des désaccords sont permanents dans toute vie de relation. Si nous nions l'évidence, cela conduira inévitablement à des ruptures, car malgré tous les efforts les désaccords latents surgiront. Au contraire, en acceptant par réalisme de nous affronter au grand jour, nous permettrons à chacun et au groupe de progresser.

Les formes d'affrontement

Le mot affrontement a une résonance péjorative qui nous laisse entendre que cela doit se traduire par des oppositions dures.

• ***Cela n'est pas forcément virulent***

La résonance d'opposition qui est en nous risquerait de nous faire traduire l'affrontement sous une forme violente. Ce n'est pas parce que nos avis divergent que nous sommes obligés de nous battre ou de nous exprimer de façon virulente.

Dans la mesure où nous avons acquis une certaine maîtrise de nous-mêmes, nous sommes capables d'expliquer notre position simplement et d'écouter celle d'autrui avec calme. Un débat de style amical peut alors s'instaurer, favorisant la recherche commune.

L'affrontement n'est pas dans la forme mais dans le contenu. Nous mettons face à face des positions différentes et nous recherchons ensemble calmement une progression vers une convergence.

• ***Ce n'est surtout pas être agressif***

Se montrer agressif est signe de faiblesse car on transpose ainsi notre propre insécurité dans la forme de relation. N'étant pas certain de notre position, nous compensons inconsciemment le manque de solidité de notre pensée dans une attitude extérieure dure.

Tandis qu'une personne qui a mûrement réfléchi sur le problème, qui a acquis une pensée personnelle, est devenue capable d'exposer simplement sa position. Sa méditation sur le sujet la conduit à découvrir les limites relatives de sa position, l'incitant à adopter une attitude d'écoute d'autrui, de façon à enrichir sa propre pensée par l'apport de la pensée d'un autre.

Les moments de l'affrontement

• ***Le plus tôt possible***

Dès qu'un problème se pose dans le groupe, dès qu'un conflit, un désaccord surgissent, il est inutile de le laisser s'envenimer. Il est toujours préférable d'aborder les difficultés en face dès qu'elles surgissent.

C'est une attitude réaliste car les problèmes ne se règlent jamais tout seuls. Au contraire, avec le temps, des oppositions, qui semblaient superficielles, ont pris de l'ampleur et sont beaucoup plus difficiles à surmonter car elles sont enracinées.

Il faut avoir le courage de régler les problèmes à mesure qu'ils surgissent, on court-circuite ainsi la dramatisation.

• ***Choisir le moment***

Parfois il semblera difficile de régler certaines questions à chaud, les passions étant trop vives. Le bon sens commande alors d'attendre le moment opportun pour le faire. Cependant il faudra veiller à ne pas trop faire traîner car les choses s'enveniment à la longue.

Dès que les circonstances le permettront, il faudra avoir le courage d'aborder le problème en face.

Pour établir un vrai dialogue

Le dialogue pourrait être l'aboutissement d'une démarche d'expression, après les étapes de la discussion, de l'échange et de l'affrontement.

Qu'est-ce que le dialogue ? (1)

La notion de dialogue est directement liée à l'approfondissement de la conception de la personne. C'est l'étape la plus dense dans les relations.

La personne est à la fois unique et universelle, c'est-à-dire accessible aux autres.

La richesse unique de chaque personne est fonction d'un double mouvement : perception de la richesse d'autrui et profit par autrui de sa richesse. Il y a communication de densité car la personne est insérée dans le monde.

Dans tout dialogue je suis, dès le premier mot, en contact avec une réalité qui existe indépendamment de ma pensée. Aussi retrouve-t-on le dialogue partout.

Penser que le dialogue peut résoudre tous les problèmes est non seulement faux, mais dangereux. Pour éviter de tomber dans ce travers, il est nécessaire de réfléchir sur la nature et sur les conditions du dialogue.

La nature du dialogue

Il y a une évolution historique du dialogue

La préhumanité commence par une opinion tout individuelle. C'est le stade du monologue. Mais bientôt les opinions individuelles se heurtent, les monologues s'opposent. Il arrive alors que les oppositions, au lieu de se traduire en violence, se traduisent en discussions. C'est le passage du monologue au dialogue.

On ne force plus l'autre à penser comme soi, mais on s'efforce de lui faire comprendre sa pensée, de provoquer son adhésion libre, de l'interpeller.

Le dialogue est reconnaissance de la liberté

Il est en même temps passage de l'individuel à l'universel.

Ceux qui ignorent le dialogue sont des fanatiques. Le problème du dialogue est le même que celui de la parole. Il n'a pas son point de départ dans le monologue, mais dans le dialogue.

C'est un échange réciproque, double mouvement de moi vers l'autre et de l'autre vers moi. Il est suprême activité et suprême passivité à la fois, puisqu'il consiste à donner et à recevoir sans cesse. Le signe distinctif de l'homme du dialogue, c'est qu'il écoute autant qu'il parle et peut-être plus.

Dans le dialogue, chaque interlocuteur accueille d'avance des états successifs de sa propre pensée et de la pensée de l'autre.

Il y a dans le dialogue une véritable désaliénation dont les conséquences sont imprévisibles.

Dialoguer, c'est parler pour dire quelque chose de vrai qui ait un sens

Le dialogue doit surmonter tous les obstacles qui surgissent dans la vie des individus : intérêts, passions, volonté de puissance, projection tant avec soi-même qu'avec autrui.

Cf. **Le personnalisme**, Jean Lacroix, Chronique Sociale.

Dialoguer, c'est d'abord s'engager à prononcer des paroles qui aient un sens

S'il est facile de parler pour ne rien dire, ou pour mentir, ou pour jouer, il est plus difficile de parler pour dire quelque chose de vrai, qui est notre vérité, et qui ait un sens.

Le dialogue est parlé, c'est-à-dire qu'il est aussi sacrifice

Or, le véritable sacrifice est un don désintéressé, un renoncement, une privation volontaire. Mais comme, dans le dialogue, on ne peut donner que soi, il s'ensuit que tout sacrifice s'ouvre sur la perspective de sa propre remise en cause par l'autre.

Dire que le langage implique sacrifice, c'est donc dire qu'il n'y a pas de parole vraie sans qu'il y ait renoncement et changement, et de dialogue sans réciprocité et partage.

Le vrai dialogue conduit à la vérité

Toute vérité pour l'homme est née de la discussion, de la critique d'une erreur antérieure.

C'est le choc de notre pensée avec celle des autres qui produit en nous le doute et le besoin de prouver.

C'est le besoin social de partager la pensée des autres, de communiquer la nôtre et de convaincre, qui est à l'origine de notre besoin de vérification. La pensée est née de la discussion.

La véritable objectivité résulte de la mise en commun des différentes expériences individuelles. La recherche de la vérité est l'effort commun de l'humanité.

La vérité n'est qu'une certaine modalité de notre dialogue avec tous, sans exception. Et c'est par ce dialogue que nous nous faisons sans cesse.

L'acquisition de la vérité est une entreprise collective.

Le dialogue est à la fois affrontement et union

La confrontation et l'affrontement sont aussi essentiels que l'accord et l'union.

Dialoguer ne saurait être ni réfuter la pensée d'autrui, ni simplement l'intégrer à la sienne propre, mais repenser les problèmes pour progresser au contact de l'autre.

Comprendre, c'est sortir de soi, se mettre à la place d'autrui, suspendre momentanément sa propre pensée pour la remplacer par celle de l'autre.

Ainsi dialoguer c'est s'exposer, non pas seulement aux coups d'autrui, ce qui n'est rien, mais au bouleversement de sa propre pensée et peut-être au renouvellement de soi-même.

A la base de l'être, il y a l'opposition et la lutte. Le dialogue s'efforce de les sublimer, mais ne les détruit pas.

L'affrontement implique l'espoir de se transformer les uns les autres, les uns par les autres.

Il n'est pas si facile d'accepter avec qui que ce soit un affrontement réel, en veillant sans cesse à ce que le mensonge sous aucune forme de ne glisse dans le dialogue, afin de progresser ensemble vers la vérité.

Les implications du dialogue [1]

Croyance en l'unité et en l'identité humaines

Une foi dans l'homme

Il n'y a pas de dialogue sans croyance en l'humanité. L'homme du dialogue est celui qui veut faire coïncider l'humanité en extension et l'humanité en compréhension. L'homme du dialogue, fût-ce contre toute apparence, a foi dans l'homme, parce qu'il reconnaît une égalité d'essence entre tous les hommes. La connaissance des autres, dit-on volontiers, n'est pas seulement intellectuelle, mais affective. La sensibilité y a autant de part que l'intelligence. Dans la relation à autrui, il n'y a pas seulement l'intelligence et la sensibilité, mais la volonté de rencontrer l'autre. En d'autres termes, avant de connaître quelqu'un, il faut préalablement le reconnaître comme homme. Or, tout dialogue consiste à reconnaître autrui comme "un autre" libre et différent.

Une foi dans les institutions

C'est accepter de passer du dialogue entre personnes, groupes et organisations au niveau institutionnel. Les droits effectifs dont jouiront les individus dans une société donnée ont sans cesse varié au cours de l'histoire ; mais au moins l'idée de droit définit-elle l'homme comme une possibilité générale d'avoir des droits à revendiquer. La première implication du dialogue est donc la reconnaissance a priori en tout homme, quel qu'il soit, d'un être de droit, d'un être qui a capacité et même vocation juridique, pour organiser et régler ses rapports avec autrui. Tenir des êtres humains pour essentiellement inférieurs, leur refuser une capacité juridique égale à la nôtre, pratiquer en somme une forme quelconque de racisme, c'est refuser le dialogue.

Un refus de la violence

Le dialogue est de l'homme même en ce qu'il substitue la parole à la violence. Car la violence est la forme même de l'injustice, une sorte de blocage radical dans les rapports humains.

Mais de quelle violence s'agit-il ?

Faute d'analyser ses diverses formes, on aboutit couramment à la mauvaise foi et à l'hypocrisie. Nous avons dit que la parole vraie était difficile. Pour qu'elle soit possible, il faut que les partenaires soient en état de parler. En fait le dialogue, ou plutôt un pseudo-dialogue, est souvent utilisé pour dissimuler la violence et éviter de la reconnaître. La violence masquée sous les apparences du dialogue est alors pire que la violence nue. Et il se peut alors que la révolte soit la condition préalable de la parole (quand un esclave s'adresse à son maître, il ne parle pas vraiment puisqu'il n'est pas en état de parler à égalité).

En d'autres termes, il faut distinguer **les actes de violence** et **les états de violence**. Pour s'instaurer en vérité, le dialogue exige la suppression des uns et des autres. En fait, on se contente trop souvent de condamner les actes de violence en oubliant les états de violence. Refuser les actes violents tout en laissant les individus dans un état de violence (la pauvreté, l'injustice, etc.) est un manque de lucidité. Des actes de violence sont parfois nécessaires pour mettre fin à un état de violence, c'est le drame de la condition humaine.

---

(1) **Le sens du dialogue**, Jean Lacroix, La Baconnière, 1965.

Les moyens de la non-violence

Le problème réel est donc de réaliser les conditions qui permettent aux adversaires de devenir des partenaires, qui empêcheront les actes de violence en mettant fin à une situation violente. C'est ce qu'on appelle communément les lois et les institutions qui constituent proprement des règles de dialogue. La démocratie est un effort, jusqu'ici partiel et limité, mais relativement efficace pour introduire le dialogue dans le domaine politique. Pas de dialogue sans hommes qui le désirent et qui l'exigent, sans hommes qui **veulent parler** ; mais pas de dialogue sans hommes qui **peuvent parler**, c'est-à-dire sans institutions qui établissent un minimum d'égalité entre les individus ou les groupes et qui imposent aux discours des règles d'échange et de sincérité. C'est ce que peuvent amorcer la participation et la négociation.

La référence aux valeurs

Le dialogue est à trois termes

Tout dialogue n'est pas à deux termes, mais à trois, car en plus des **partenaires**, il implique une commune référence aux **valeurs**. Le dialogue nous est apparu comme une forme de socialisation, issue des esprits et conduisant à un changement dans les esprits. Il faut se demander ce qui rend une telle transformation possible. Il faut que le sacrifice dont nous avons parlé ait, en définitive, un sens purement constructif. Si un dialogue totalement humain est possible, c'est qu'il existe quelque chose qui conduit les partenaires : ce sont les valeurs qu'ils ont choisies. Ainsi le dialogue relève d'un double dynamisme. Il naît de la spontanéité de **l'esprit** qui dit et contredit. Il s'alimente à la richesse inépuisable des **valeurs**.

Mais quelle est exactement l'origine de ces valeurs ?

En un sens, nous acceptons de dire que c'est l'humanité qui recherche les vérités et réalise les valeurs au cours de son évolution. La recherche de **la vérité** est l'effort commun de l'humanité. Cet effort est historique pour l'individu comme pour l'humanité et c'est le contrôle constant des consciences, les unes par les autres, qui permet le progrès de la connaissance. Il n'y a de dialogue possible qu'entre des interlocuteurs qui admettent que **la vérité** et **la justice** leur sont à la fois transcendantes (qui dépassent un certain ordre de réalité) et virtuellement immanentes (qui découlent de nos actes). C'est ce qui fait que la plupart des révoltes qui réussissent sont celles qui sont faites au nom des valeurs que l'adversaire refuse en pratique, mais reconnaît en théorie. C'est ce que l'on nomme la légitimité face à la légalité.

Le dialogue permet de progresser vers la vérité

En tout cas si, en m'engageant dans un dialogue, j'accepte de me mettre moi-même en question et d'en sortir transformé, ce n'est pas que j'envisage de subordonner ma personne à celle d'autrui, mais que je considère nos deux esprits comme des moyens et instruments pour accéder à une approche plus grande de la vérité. On ne dialogue pas pour avoir le dernier mot, mais pour découvrir ensemble la vérité et la justice. Dialoguer c'est s'orienter, grâce à la médiation d'autrui, vers une vérité à laquelle on demeure sans cesse attentif.

L'expression conduit à l'unité

Ce que n'est pas l'unité

• ***Ce n'est pas l'intégration***. Lorsqu'on mène une politique d'intégration, l'objectif est d'arriver à ce que chaque personne se fonde dans le groupe en acceptant les normes établies. Pour faciliter cette opération, plusieurs moyens sont mis en œuvre pour donner l'impression d'une participation et éviter ainsi les affrontements. C'est ainsi que livret d'accueil, boîte aux suggestions, réunions de sondage, etc. s'ils peuvent être des moyens de relation, sont souvent des moyens d'intégration évitant tout débat.

• ***Ce n'est pas l'identification***. Certains groupes, au nom de l'Unité, souhaitent que chaque membre s'identifie au groupe. Cela conduit souvent au fanatisme, à l'esprit boutique. Que l'on procède par slogan, par insigne, par costume, par cérémonie ou autres, on choisit de préférence des moyens qui dépersonnalisent pour mettre tout le monde dans le même moule.

• ***Ce n'est pas l'adaptation***. Car s'adapter, c'est accepter ce qui est. Cela conduit au conformisme sous prétexte de réalisme. Or, il est possible d'être réaliste, c'est-à-dire de tenir compte de la société telle qu'elle est, non pour s'y adapter, mais pour œuvrer à sa transformation, à son amélioration, et pour cela apprendre au contraire à anticiper.

Les éléments constructifs de l'unité

L'unité d'un groupe est très difficile à réaliser. Elle demande **beaucoup de temps**. Aussi les groupes, qui ont une durée trop réduite, un ou deux ans, ne peuvent atteindre à une unité profonde qui puisse les faire passer d'une vie de groupe à une vie communautaire. Cela suppose :

• ***L'unité de l'être pour chaque participant***, c'est-à-dire avoir trouvé d'une part son équilibre intérieur et extérieur, d'autre part avoir découvert sa mission propre, de façon à être capable de mobiliser toutes les virtualités de son être pour les épanouir totalement et les utiliser en fonction du sens donné à sa vie. Certes, tous les participants ne pourront atteindre ce degré d'unité personnelle. Il faudra aussi être capable d'accepter
  – *les différences de profondeur*. Et, surtout, si tous peuvent atteindre une certaine unité, tous n'y arriveront pas au même moment ;
  – *les différences de rythme*. L'unité du groupe ne peut se réaliser que dans l'acceptation des différences d'unité de personnes quant à leur nature et quant à leur rythme.

Sur quoi fonder l'unité du groupe

• ***Sur l'égalité*** de chacun des membres. Egalité ne signifie pas être identique, comme on l'a cru trop longtemps. On croyait que, pour être égaux, il fallait être semblables : même coutume, même rite, même comportement. Or, cette unité construite sur ce type d'égalité est factice car elle ne respecte pas la spécificité de chacun. La véritable égalité c'est de permettre à chacun d'être totalement lui-même. Que le professeur soit totalement lui-même au lieu de jouer son rôle, et qu'il permette à l'élève d'être aussi totalement lui-même. Il en est de même pour l'animateur et le participant, les parents envers leurs enfants, etc. La véritable égalité c'est le respect de la spécificité de chacun, mais aussi la possibilité de pouvoir l'exprimer.

- ***Sur la diversité***, c'est-à-dire l'acceptation des différences de chacun. On arrive assez facilement à accepter physiquement qu'il y ait des grands et des petits, des gros et des maigres, des blonds et des bruns. On accepte plus difficilement qu'il y ait des primaires à réactions rapides et des secondaires à réactions plus lentes, qu'il y ait des timides et des exubérants, des impulsifs et des calmes, etc. Accepter les gens tels qu'ils sont et non tels que nous voudrions qu'ils soient est une forme de réalisme qu'il serait souhaitable de rencontrer plus fréquemment.

- ***Sur la complémentarité*** : Une seule personne ne peut rassembler en elle-même toute la richesse de l'humanité. Mais sa richesse propre, affrontée aux richesses des autres membres du groupe, va contribuer à enrichir l'ensemble. D'autre part, tel charisme, telle particularité, telle spécificité de l'un des participants va s'affronter dans les groupes aux charismes, aux particularités, aux spécificités différents des autres et, loin d'être opposés, vont se trouver complémentaires. Ce que l'un n'a pas, l'autre peut l'avoir. Ce que l'un possède est complété par ce que possède l'autre. Encore faut-il vouloir chercher cette complémentarité car c'est dans cette recherche et dans sa réalisation que se construit l'unité.

- ***Sur la solidarité*** : Nous franchissons un seuil. La complémentarité risquerait de n'être que quantitative, complétée par la solidarité des membres entre eux, elle peut devenir qualitative. Elle permet de situer la relation au niveau fondamental, car on ne peut être solidaire que sur un fondement identique, accepté librement par chacun, à condition que ce fondement collectif se réalise à partir des fondements de chacun et ait été choisi et débattu par tous.

La réalisation de l'unité

- Elle se réalisera au bout d'**un lent processus d'évolution** de chaque personne et du groupe. Elle ne peut en aucun cas être le résultat d'une démission de l'un des membres par rapport à sa mission spécifique. Au contraire, l'unité sera d'autant plus forte que chacun contribuera à aider les autres à se réaliser.

- La réalisation de la mission personnelle n'est que l'un des éléments de l'unité. Il faudra être capable de faire des synthèses pour dégager des missions particulières : ce qu'elles peuvent avoir de **commun** pour bâtir une mission commune ; ce qu'elles ont de **différent** ou qui complète et donne une dimension plus grande à l'impact de la vie collective ; ce qu'elles ont de **divergent** pour s'affronter et essayer de profiter de ces différences et de ces divergences pour approfondir le sens de la mission commune.

- La réalisation de l'unité, si elle ne peut se construire sur des abandons, peut **se construire sur des dépassements**. L'expression et la participation qui font découvrir de nouvelles dimensions peuvent permettre à une personne de reconsidérer sa position pour rejoindre la position de l'ensemble, mais à la seule condition que ce soit par évolution interne, c'est-à-dire en ayant compris et accepté et non par lassitude, ou pour faire plaisir, ou par obéissance.

- L'unité c'est le résultat d'une évolution individuelle et collective qui demande du temps pour arriver à une acceptation d'autrui pour **travailler ensemble à un objectif commun déterminé ensemble**.

L'expression

Participation et coopération

Signification de la coopération

Coopérer. La coopération c'est l'action de participer à une œuvre commune. Nous aurions pu, tout simplement, parler de participation, mais ce terme recouvre une connotation de collaboration de sinistre mémoire ou même simplement de collaboration entre patronat et salariat. Le terme de coopération est lui aussi marqué par l'histoire pour son échec économique, mais il a conservé son sens de réalisation d'une œuvre commune. Enfin et surtout, la coopération se veut une démarche en rupture avec l'esprit de compétition où les plus forts, les plus riches, les plus diplômés détiennent le pouvoir. La coopération se veut la démarche de base pour toute vie de groupe, afin de permettre à chaque personne de participer activement à la vie de l'équipe, en apportant ce qu'elle est et en acceptant de recevoir ce que les autres sont.

Les racines de la coopération plongent loin dans l'histoire et ont des origines diversifiées. La coopération est animée par des valeurs, qui sont pour elle à la fois la condition de la réussite et la réponse à des aspirations qui répondent à des attentes des personnes pour leur vie sociale : respect de la personne humaine qui conduit au sens de l'égalité profonde des personnes, à l'opposé du paternalisme comme à la soumission de la loi de la jungle ; prise en charge de leur propre sort par les personnes concernées par un problème et sens de la responsabilité indispensable pour assumer les différentes fonctions au sein d'un groupe et d'une organisation ; action commune dans un but commun (chacun pour tous) et solidarité (tous pour un). Sa démarche est réaliste. Les faits engendrent les idées et les idées sont, elles, soumises, sitôt conçues, à l'épreuve des faits. La coopération c'est donc une expérimentation permanente de la participation personnelle de chaque membre à la réalisation collective d'une œuvre commune.

Les caractéristiques de la coopération qui organise les relations entre les personnes et détermine le fonctionnement du groupe.

1. ***Favoriser la liberté des personnes de s'associer*** pour travailler ensemble à la réalisation d'une œuvre qui a besoin, pour se réaliser, d'un espace de liberté. Les personnes se regroupent volontairement autour d'un objectif inséré dans un projet. L'organisation et le groupe naissent d'une volonté des personnes de régler elles-mêmes, de manière plus satisfaisante, leurs problèmes et d'assurer leur propre destin dans tous les domaines de leur vie personnelle et sociale.
2. ***Adopter un comportement émancipateur***. Cela correspond à une aspiration profonde (reflet des mentalités actuelles) à comprendre ce qui se passe, à participer aux décisions, à se dégager de tous les centralismes, de toutes les bureaucraties, de toutes les technocraties. Les groupes, aujourd'hui, ont comme mission de prouver qu'il est possible de concilier efficacité et moindre coût, rentabilité et action démocratique, imagination et militantisme, etc., nécessitant de mobiliser leurs forces et leurs énergies pour en populariser les voies originales et les possibilités dans une société à la recherche de son devenir.

3. ***Savoir utiliser la diversité, le pluralisme, les différences***. C'est la seule démarche qui respecte la liberté des personnes et des groupes. L'expression des personnes et la diversité des initiatives sont les conditions de l'épanouissement de la responsabilité. De même, la solidarité est le complément nécessaire de la responsabilité. Ainsi l'égalité des personnes peut se réaliser en utilisant les différences servant à l'enrichissement réciproque des personnes et des groupes. A l'exigence de liberté, la participation coopérative répond par l'initiative collective de femmes et d'hommes responsables. A l'exigence d'égalité, la participation coopérative répond par l'organisation de la solidarité entre forts et faibles, entre lents et rapides, entre diplômés et non-diplômés, etc. Ainsi s'établissent de nouveaux types de rapports dans les relations des personnes et des groupes fondés sur les notions de dignité, de liberté et de solidarité.

4. ***Développer les voies de l'innovation***. Les groupes et organisations qui choisissent la coopération s'efforcent, par la promotion de la recherche et l'expérimentation permanente dans tous les domaines de l'activité humaine, de participer au développement harmonieux de la société dans une perspective de promotion individuelle et collective. La plupart des acquis sociaux, des améliorations de la vie sociale, économique ou politique, ont à leur origine des regroupements d'hommes et de femmes qui se sont associés, soit pour faire reconnaître des droits et des besoins, soit pour créer les nouveaux services qui faisaient défaut. Ces regroupements ont toujours été porteurs d'innovation.

5. ***Favoriser l'apprentissage de la démocratie réelle à la base***. En effet, c'est dans tous les lieux de vie sociale que la démocratie devrait pouvoir se vivre : famille, école, entreprise, Eglise, syndicat, parti, association, vie culturelle, etc. L'organisation au sein de ces institutions débouchant sur la constitution de groupes, c'est à ce niveau que commence l'apprentissage car les groupes sont à taille humaine et toutes les personnes se connaissent. Cela nécessite de se rappeler en permanence pour les réaliser les principes qui régissent la coopération :
   1. Adhérer librement sans endoctrinement.
   2. Chaque membre est considéré comme "être" sans autre considération.
   3. Définir ensemble les objectifs, les projets et les itinéraires (stratégie).
   4. Chaque membre du groupe a une responsabilité.
   5. La participation à tous les niveaux est permanente jusqu'aux décisions.
   6. Les problèmes sont pris en charge par les personnes concernées.
   7. La formation sera assurée pour faciliter la prise de responsabilité.
   8. Dans toutes les actions, la primauté est donnée à la dignité de la personne.
   9. Réaliser l'apprentissage des décisions individuelles et collectives.
   10. Etablir des relations avec d'autres organisations complémentaires.

Mobilisant les énergies de chacun de ses membres, la vie en groupe, quand elle est fondée sur la participation, la coopération, s'appuie sur l'autonomie des personnes, la solidarité dans le groupe, la citoyenneté dans la société. Elle donne à l'action une direction, un sens, qui lui permet de répondre aux besoins des personnes en les associant à leur propre développement personnel et social.

Etre soi-même

Un groupe sera d'autant plus riche et efficace que chacun de ses membres pourra développer toutes ses virtualités [1], en donnant aux autres ce que l'on est et ce que l'on a, et en acceptant, en retour, de recevoir ce que les autres sont et ce qu'ils ont. Cela suppose :

- **Abandonner le paraître** pour assumer notre personnalité sans honte, sans complexe. Accepter de nous livrer tels que nous sommes aux autres, sans avoir peur des critiques, ni des jugements de valeurs. Avoir la simplicité de quitter le confort du rôle traditionnel que nous jouons comme père, comme chef, comme équipier. C'est en acceptant notre différence que nous pouvons développer ce qu'il y a de spécifique en nous, qui est irremplaçable et peut servir aux autres.
- **Assumer ses désirs** pour éviter le piège du devoir. Faire son devoir, c'est travailler au minimum. Un enfant qui a deux problèmes de maths a fait son devoir quand il les a résolus. Un adulte qui respecte son horaire de travail fait son devoir. C'est souvent cela la conscience professionnelle : faire ce que l'on attend de nous, dans les règles et les normes culturelles habituelles. On parlait même à une époque de devoir conjugal, comme si les relations sexuelles devaient répondre à un devoir plus qu'à un désir.

Généralement, quand j'assume mes désirs, je transcende les normes. Un enseignant qui a choisi son métier par désir et non par devoir sera à l'affût, en permanence, de tout ce qui pourra améliorer son travail, sans se préoccuper si sa pensée ou ses expériences sont enfermées dans un cadre horaire. S'il aime ce qu'il fait, il transmettra non un savoir, mais un amour de ce qu'il fait, et si le professeur aime les maths, il transmettra l'amour des maths et ce ne sont pas deux problèmes demandés (devoirs) qui seront faits, mais ce qui correspond au désir de l'élève, c'est-à-dire beaucoup plus.

Les limites de mon désir sont de deux ordres : d'une part les **désirs de l'autre**, si nos désirs se rencontrent nous pouvons les réaliser, s'ils sont opposés il faudra en tenir compte et s'affronter ; d'autre part, il conviendrait de s'habituer à se poser la question : "**La réalisation de mon désir gêne-t-il quelqu'un ?**". Si oui, il faut en tenir compte, sinon pourquoi ne pas le réaliser ?

Cet apprentissage peut commencer dès l'enfance. Au lieu de mettre des interdits au désir des enfants, il serait préférable de se poser les deux interrogations précédentes.

- **S'appuyer sur son expérience pour décider**. Quand je réfléchis à un problème pour prendre une décision, je recherche des points de référence qui puissent guider mes recherches, mais il y a plusieurs niveaux et plusieurs degrés de crédibilité.
  - Quand je lis un document, c'est généralement le fruit de l'expérience d'un autre. Cela m'apporte donc des éléments, mais son expérience n'est pas la mienne et sa façon de réagir à cette expérience non plus. Il convient donc d'utiliser l'apport des autres avec circonspection, car il représente une théorie pour moi, et ne l'utiliser pleinement que s'il correspond à ma demande, dans ce cas je me l'approprie et le fais mien.

(1) **Un lieu où renaître**, Bruno Bettelheim, Robert Laffont.

– Quand un autre me parle de son expérience passée, le niveau de crédibilité est plus élevé. Je peux discuter, échanger avec la personne qui a vécu l'expérience, et nous pouvons ainsi l'analyser avec plus de précisions, car des informations complémentaires me sont apportées si je le demande, ce que je ne peux avoir avec une lecture.

– Quand je réfléchis à mon expérience passée, je monte encore d'un cran dans la possibilité d'utiliser les éléments d'une expérience car, comme acteur, je peux encore cerner avec plus de précisions les éléments qui peuvent m'être nécessaires.

– Quand je vis une expérience et que j'acquiers la capacité d'analyser ce que je vis, alors l'enrichissement est encore plus grand, car je peux réfléchir et influer sur son déroulement.

• **Prendre en charge la complexité** de la vie, la sienne propre, la vie sociale, afin de ne pas être déboussolé devant un problème difficile. Rien n'est simple, car il y a compénétration des différents aspects d'un problème. Notre problème de santé est souvent lié à des aspects nutritionnels, relationnels, mais aussi physiques et affectifs. Au lieu de rester prisonnier de l'apparence, qui n'est souvent qu'un effet, apprendre à remonter aux causes souvent cachées et parfois difficiles à déceler. Il en est de même des problèmes sociaux. Pour cela, il est important de se donner des outils d'analyse suffisants pour, là aussi, dépasser le réel visible, qui n'est que l'apparence des choses, pour découvrir ce qui est caché derrière ce que nous voyons. Ce désir d'être nous-mêmes, entièrement, à chaque instant, avec toute notre richesse et notre complexité, sans rien nous cacher et sans rien craindre de nous-mêmes et des autres, est un objectif difficile à atteindre. Il nous servira de guide pour maîtriser progressivement la complexité.

• **Vers la confiance en soi** pour être capable d'oser avoir ses sentiments propres s'ils ne correspondent pas à ce que l'on attend de nous ; d'en vivre selon des valeurs que nous avons choisies et approfondies nous-mêmes (solidarité contre compétition, par exemple), car une valeur est vivante, elle dépend de la façon dont nous l'avons mûrie en nous, à travers nos actes quotidiens ; d'oser avoir une pratique sociale qui tend à construire des rapports sociaux tenant compte de nos options sans avoir peur d'être traité d'idéaliste par les uns, de révolutionnaire par les autres. Ce sont nos choix qui peuvent déterminer nos actes, surtout s'ils sont le résultat d'un affrontement au sein des groupes auxquels nous appartenons. Il s'agira d'essayer de les vivre, de les exprimer de façon unique et personnelle, en acceptant que les autres fassent de même.

Enrichissement du comportement

Les efforts que nous avons à faire dans un groupe, pour participer totalement à sa vie, réclament de notre part une remise en cause de notre moi, de notre être profond, afin de rester plus pleinement disponible à tous.

Responsable avec les autres

C'est un des points importants sur lesquels nous devons réfléchir. Nous avons plus souvent tendance à nous comporter en paternaliste et à nous sentir responsables des autres, alors qu'il faut être responsable avec les autres. Il faut faire confiance à chacun des membres du groupe. Chacun a des richesses, des capacités, des dons particuliers. Il convient donc dans un groupe que chaque participant mette au service de tous ce qu'il est et ce qu'il a reçu. C'est la seule attitude valable qui permette de travailler ensemble à égalité dans la diversité.

Disponible aux autres

C'est l'attitude complémentaire de la précédente. Elle est indispensable à chaque participant car elle rejoint l'attitude de vraie humilité, pas celle qui consiste à se rabaisser constamment, mais celle qui veut que l'on mette au service des autres ses propres capacités. C'est une exigence pour les participants d'accepter les responsabilités qui leur sont proposées. La vraie disponibilité exige que chacun soit au service de tous, en intervenant pour apporter ses propres idées, en préparant sa réunion pour que son intervention soit plus riche, en acceptant les tâches qui lui sont proposées au moment de la répartition des responsabilités. Sans cette disponibilité, pas de vie de groupe possible, tout repose sur la répartition des responsabilités. C'est la construction de la démocratie.

Le sens de l'effort

Une vie de groupe demande un effort de dépassement à chacun :
- effort pour préparer les réunions
- effort pour s'informer, se cultiver, devenir compétent
- effort pour intervenir malgré ses réticences
- effort pour être disponible à chacun
- effort pour accepter des responsabilités
- effort pour exécuter les tâches confiées dans le délai imparti
- effort pour être exact, pour être de parole, pour tenir ses engagements.

Sans effort de chacun, pas d'enrichissement pour les participants, ni pour le groupe.

Garder en permanence son équilibre

Equilibre physique : Trop souvent nous mésestimons notre corps. Quand nous n'avons pas assez dormi, nous sommes peu disponibles aux autres. Quand nous sommes fatigués, nos idées ne sont pas claires. Au-delà de nous, c'est le groupe qui en supporte les conséquences.

Equilibre affectif : Savons-nous dans quel état nous sommes mentalement au moment d'une réunion ? Est-ce que parfois notre caractère, nos humeurs ne viennent pas perturber la vie du groupe ? Est-ce que notre équilibre psychique nous préoccupe ? Que faisons-nous pour y remédier ?

Equilibre spirituel : Dans une société matérialiste où l'argent s'introduit partout, il est urgent que l'esprit reprenne sa place, que la pensée, la vie intellectuelle se développent afin que l'être humain puisse donner sens à ses réflexions et à ses actes.

Vivre avec sérénité

Cela peut être de prime abord paradoxal, vouloir faire des efforts, avoir de la volonté et, en même temps, être calme et serein.
Cependant, c'est une des conditions pour que la vie du groupe tende vers l'harmonie. Eviter d'être constamment tendu, crispé, accepter que nos idées soient discutées ou remises en cause, intervenir sans agressivité ni méchanceté; voilà une autre panoplie d'efforts à faire pour être un participant efficace.
La sérénité nous rend plus disponible aux autres et nous permet d'être mieux accepté.

Etre non-conformiste

C'est-à-dire : ne pas être indifférent à l'entourage, mais, au contraire, prêt à tenir compte, si nécessaire, de nouvelles situations, disponible à l'événement et à la transformation du milieu ambiant.
Le conformisme fige les attitudes par fidélité à un passé révolu ou par rapport à des normes communes (jeans déchirés). Le non-conformisme ne renie pas le passé, au contraire, il l'assume totalement en le situant dans le courant d'évolution de l'histoire pour être disponible au présent. Quant aux normes, il les établit en fonction de ses désirs.
Il peut y avoir des non-conformismes qui sont de nouveaux conformismes : sacrifier au goût du jour, à la mode, à tout ce qui est passager, afin d'être avec ceux que l'on considère comme à l'avant-garde. C'est un nouveau conformisme qui se cache sous un masque.
Le vrai non-conformiste est lui-même en toute circonstance. Il accepte de se remettre en cause si nécessaire. Il admet les changements qui sont utiles. Il est disponible aux autres et à l'événement sans se soucier des "qu'en dira-t-on".

Se cultiver en permanence

Le participant qui n'élargit pas sa culture, se condamne à la stérilité pour lui et à la stagnation pour le groupe. Plus la culture de chaque participant est grande, plus la vie du groupe est riche.
Plus les participants ont une culture profonde et étendue, plus les problèmes posés aux groupes sont assumés avec réalisme. Plus les décisions prises sont pertinentes et plus l'action envisagée est efficace.
Cette exigence de culture est posée à chaque participant, car dans un groupe où seulement une partie des participants est cultivée, ce sont eux qui monopolisent les responsabilités, par suite de leur compétence, créant une division dans le groupe, génératrice de tension.
Plus la culture de chacun est grande, plus les échanges sont riches. Plus le dialogue est réel et plus les changements d'attitudes sont enrichissants.

Sortir de soi

En général, pour chacun de nous, 90 % de nos pensées sont tournées vers nous-mêmes du fait de notre égocentrisme. Cette attitude est à l'origine de beaucoup d'incompréhension, de manque de disponibilité aux autres, de dialogues de sourds, etc.
Notre comportement de participant sera plus riche si, ne nous considérant plus comme le centre du monde, nous essayons de sortir de nous pour comprendre les autres, réfléchir avec eux, agir avec eux.
Attention cependant de ne pas tomber dans le paternalisme qui consiste à vouloir tout faire pour les autres parce que ce sera mieux fait. Notre disponibilité s'orientera vers l'action faite ensemble plutôt que vers l'action faite pour les autres.

Nos contradictions

Nous sommes tous déchirés entre ce que nous désirons faire et ce que nous faisons. Ce n'est pas un phénomène nouveau.

– Ovide (43 av. J.-C. - 17 ap. J.-C.) disait déjà : *"Je vois bien ce qui est le meilleur, je l'approuve, et c'est le pire qui m'entraîne."*

– Paul de Tarse, dit Saint Paul (mort en 67 ap. J.-C.) : *"Je ne fais pas le bien que je voudrais faire, je fais le mal que je ne voudrais pas faire."*

– Racine (1639-1699) :

"Mon Dieu ! Quelle guerre cruelle :
Je trouve deux hommes en moi...
Hélas en guerre avec moi-même,
Où pourrais-je trouver la paix ?
Je veux... et n'accomplis jamais !
Je veux mais, ô ! misère extrême,
Je ne fais pas le bien que j'aime
Et je fais le mal, que je hais !"

C'est dû à la contradiction raison/passion

Notre ambivalence fait cohabiter en nous des pulsions contraires : amour/haine, joie/peine, réalisme/idéalisme, raison/passion.

- ***La passion*** naît d'un sentiment, d'un désir devenu habitude que nous n'avons pas su arrêter à leur naissance. Ce désir peut prendre en nous un pouvoir tyrannique, qui nous aliène totalement. Il est souvent un moteur puissant pour l'action.
- ***La raison*** nous fait saisir l'origine de son aspect aliénation. Nous savons exactement comment il nous faudrait agir et, malgré notre lucidité, nous n'avons pas la volonté nécessaire pour canaliser ce désir, l'orienter dans une autre direction.

Même enceinte et sachant que les cigarettes qu'elle fume nuisent à l'enfant qu'elle porte, telle femme n'arrive pas à s'empêcher de fumer.
Même au chômage et sachant que l'alcool qu'il boit lui nuira lors de ses contacts pour trouver un emploi, tel homme n'arrive pas à s'empêcher de boire pour fuir son problème.

Comment y remédier

Si c'est un désir qui nous aliène, c'est à un autre désir qu'il faut faire appel pour gérer une substitution. Pour cela, si l'on veut créer une rupture, il faut le vouloir fortement, car sans volonté il est impossible de surmonter nos contradictions.

- ***Cet acte de volonté*** doit être issu d'un désir profond de surmonter une contradiction forte en nous. On ne peut surmonter toutes ses contradictions. Il convient donc d'en choisir une afin d'opérer comme les Horaces contre les Curiaces, les dissociant pour les vaincre l'un après l'autre. Parfois, face à des problèmes importants, la volonté ne suffit pas, il faut avoir la simplicité et la lucidité de se faire aider.

- ***Prendre conscience*** de notre aliénation sur certains points particuliers pour découvrir que nous sommes comme tous les autres êtres, un être de contradiction. Cette prise de conscience nous rendra réaliste et évacuera, si ce n'est déjà fait, notre idéalisme consistant à croire que nous ne faisons que ce que nous voulons.
- ***Choisir la contradiction*** qui nous semblera la plus facile à surmonter. En commençant par la plus simple, nous nous habituons à surmonter les difficultés, ce qui nous aide psychologiquement à nous préparer à surmonter des contradictions plus importantes. Ainsi sont mobilisées raison (démarche) et passion (désir canalisé).
- ***Analyser*** les causes de cette aliénation, de cette contradiction sur le point choisi. Souvent elles se situent dans notre prime enfance ou sont issues d'un événement qui nous a fortement interpellés. Cette remontée aux causes peut parfois suffire pour débloquer la situation. Sinon, continuons l'analyse en recherchant les conséquences de cette contradiction : si je fume, les répercussions sur l'entourage, sur le bébé, sur moi-même ; si je bois, les suites qui peuvent en résulter sur le travail, sur l'emploi, sur la famille (femme, enfants), sur les amis qui s'éloignent, etc. Cet appel à la raison peut parfois provoquer un choc suffisant pour amorcer un changement.
- ***Substituer*** un désir à un autre. Si la raison ne suffit pas, faire appel à ses passions. Découvrir celle qui peut remplacer celle qui nous aliène : la fierté de conserver sa propre estime et celle des autres ; avoir un projet qui nous tient à cœur depuis longtemps et que nous n'avons jamais osé réaliser ; faire une œuvre créatrice qui stimule toutes nos facultés, etc. Chacun choisira un désir latent qui sommeillait pour le mettre en œuvre.
- ***Recourir à des mécanismes de substitution*** en cas de difficulté trop forte à surmonter. Ils agiront à la place de la volonté aliénée : cure de désintoxication, timbre pour arrêter de fumer, fuite devant un amour que la raison refuse, absence en des lieux où la tentation est plus forte, etc.
- ***Retrouver*** surtout la fierté, l'estime et l'amour de soi, ce qui prend du temps. Ce sont les bases les plus solides de conscience morale. Retrouver notre identité afin de nous situer dans une relation aux autres qui leur permette aussi de retrouver leur identité.

Une lutte permanente

On ne peut surmonter une contradiction que si l'on est lucide. En le niant aucune évolution n'est possible. Surmonter une contradiction ce n'est pas régler le problème de nos contradictions. Elles font partie de l'être humain et, paradoxalement, ce sont ses contradictions qui fondent sa liberté. Les animaux ne sont pas ambivalents. Ils sont mus par leur instinct, donc pas de liberté. Ils ne choisissent pas la saison de leurs amours, ni leurs mécanismes d'agressivité situés sur un territoire précis.

Le tribut à payer à la liberté si l'on veut choisir, c'est l'ambivalence d'une part, les contradictions d'autre part, sachant que la lutte pour surmonter nos contradictions est un moyen essentiel pour construire notre personnalité. Chaque obstacle surmonté nous prépare à surmonter d'autres obstacles et nous permet ainsi de construire notre vie en décidant de sa substance, de son orientation, du sens à donner à notre participation à la vie sociale.

Toute relation est un mélange

Comme être de relation, nous ne pouvons échapper à un certain nombre de phénomènes. Il est préférable de les connaître pour déterminer la façon dont nous pourrons les utiliser[1].

L'empathie

- ***L'empathie est composée*** de différents facteurs sensoriels, intellectuels et émotifs, considérés comme la base de la conduite sociale dont ces facteurs sont en partie les produits. Il y a donc en permanence interaction entre la conduite sociale et ces facteurs constitutifs.
- ***L'empathie permet*** d'éprouver un certain état affectif dans la relation avec autrui. La mère peut connaître intuitivement les besoins de l'enfant, l'animateur ceux du groupe, et un participant ceux d'un autre membre. Elle permet, de ce fait, sur le plan intellectuel de connaître les autres dans leurs spécificités et leurs différences, de les comprendre dans leur expression, mais surtout de saisir le latent, le non-dit et ainsi de pouvoir les accepter plus facilement tels qu'ils sont. Elle permet, sur le plan sensoriel, de pouvoir utiliser toutes nos facultés pour communiquer en profondeur avec autrui.
- ***L'empathie peut se présenter*** sous trois aspects différents et complémentaires.
  - L'aptitude à se voir avec les yeux d'autrui (auto-empathie).
  - L'aptitude à voir les autres avec les yeux d'autrui (allopathie).
  - L'aptitude à regarder les autres avec leurs propres yeux (empathie).

Ces différentes attitudes inconscientes que nous possédons méritent que nous en prenions conscience. Ainsi, au lieu de les utiliser de façon empirique, nous pourrons nous en servir plus régulièrement dans l'intérêt de tous les autres membres du groupe.

La projection

- La projection est un mécanisme de défense consistant à attribuer à un autre ou aux autres nos propres désirs. L'exemple le plus classique est celui du père achetant un train électrique à son fils qui ne lui a rien demandé et ne l'utilisera pas. Cela correspond à un désir, refoulé depuis l'enfance, qui peut enfin s'exprimer, en se camouflant puisqu'il l'attribue à l'enfant alors que c'est le sien.
- C'est aussi attribuer aux autres nos propres besoins. Dire que l'on va servir à boire aux convives parce qu'ils ont soif, c'est se montrer ouvert à autrui, alors que l'on n'a pas osé dire que l'on avait soif. Ainsi il est possible de satisfaire notre besoin en l'attribuant aux autres.
- C'est encore attribuer aux autres nos propres conflits intérieurs. Lorsqu'un membre du groupe affirme que, dans l'équipe, personne n'aime ou que tout le monde aime l'animateur, c'est se défendre de ses propres sentiments en les attribuant aux autres.
- Ce phénomène de projection se réalise en permanence dans toute vie sociale. En prendre conscience peut éviter nombre d'erreurs de jugement en ne se fiant pas de façon trop précise aux discours énoncés. Découvrir le décalage entre les paroles et les intentions inconscientes permet de comprendre et beaucoup relativiser certains comportements gênants.

---

(1) **Fondement de la sociométrie**, J.-L. Moreno, PUF.

Le transfert

Etymologiquement **transfere**, porter au-delà, faire passer d'un lieu à un autre. Dans le langage courant, on lui attribue un sens voisin à celui de **transport** (transfert de prisonniers), ou un sens de **compensation** (un aveugle a tous ses autres sens plus développés), ou encore un sens de **généralisation** (aimer son chien peut faire aimer tous les chiens). On retrouve ces trois éléments dans le transfert **d'apprentissage**.

Les mécanismes internes du transfert

Le transfert a aussi un sens plus profond, c'est une actualisation du passé, avec déplacement sur une personne actuelle (1).

- *Actualisation du passé.* C'est la manifestation d'un désir inconscient révélateur d'investissement émotionnel oublié, en particulier un conflit infantile qui a été refoulé. C'est principalement notre relation aux figures parentales qui est revécue, désir d'amour, rejet d'autorité, qui est une quête permanente pour atteindre à l'autonomie et à la sociabilité bloquées et empêchées par les comportements parentaux ou familiaux (sœur, frère, oncle, tante, etc.).
- *Déplacement sur une personne actuelle* qui symbolise la personne ayant provoqué le conflit et son refoulement. Le transfert apparaît au moment où des contenus refoulés particulièrement importants risquent d'être dévoilés. Il apparaît comme une forme de résistance, en même temps qu'il signale la proximité du conflit inconscient.

Le transfert constitue pour le sujet, comme pour la personne qui le reçoit, une façon de saisir à chaud les éléments du conflit infantile, et ainsi devenir un instrument libératoire.

Ses formes d'expression

- Chacun de nous a eu l'expérience, à l'école, du transfert affectif de tel ou tel élève qui cherchait auprès de l'instituteur une affection particulière, pour la raison évidente qu'il ne trouvait pas dans sa famille la manifestation d'amour telle qu'il l'attendait. Nous avons tous observé, dans les équipes de travail, des collègues qui, en permanence, agressaient le chef pour s'affirmer. Cela signifie fréquemment que, n'ayant pu s'affirmer face à son père ou à sa mère, il a trouvé en la personne du chef un substitut parental qui lui permettra de se libérer de ce blocage infantile. En réfléchissant, chacun trouvera de multiples exemples de cette nature dans les différents groupes où il vit. C'est un phénomène de vie sociale. Ceux qui n'ont pu régler leurs problèmes infantiles cherchent à les régler tout au cours de leur vie, jusqu'à ce qu'ils trouvent une personne qui serve de substitut leur permettant ainsi de se libérer.

Le contre-transfert

- Le transfert et le contre-transfert ont des sources et des structures identiques. C'est simple affaire de convention que d'appeler transfert les réactions d'un participant, d'un analysé, et contre-transfert celles du chef, de l'animateur ou de l'analyste. La façon dont ces derniers réagissent peut bloquer ou libérer. C'est pourquoi il est important de maîtriser ses propres réactions et de s'informer et se former face à ce phénomène auquel aucun groupe ne peut échapper et, en particulier, ceux qui exercent des fonctions rappelant les situations de relations parentales.

Voyons à présent les étapes importantes de la coopération.

---

(1) **De l'angoisse à la méthode dans les sciences du comportement**, Georges Devereux, Flammarion.

Sa raison d'être

Nous sommes des êtres de relations. Le premier contact a une importance considérable pour la poursuite des relations. Nous nous en rendons compte quand nous cherchons un document dans une administration quelconque. Beaucoup sont devenues accueillantes, d'autres moins. Prenons exemple sur les premières toutes les fois que nous aurons un contact avec une personne ou un groupe.

- ***On pourrait définir l'accueil*** comme la capacité à recevoir autrui dans les milieux de vie où nous sommes, à tout instant, quelles que soient les circonstances ou la durée qui en découle. Cela nécessite de notre part d'avoir un comportement empreint de gentillesse, de simplicité, de discrétion et d'un sourire qui ne coûte rien et facilite le contact.

Ce comportement doit être le reflet de notre disponibilité, nous permettant de comprendre les attentes d'autrui et d'y répondre suivant ses besoins du moment.

Il est souhaitable que l'accueil se réalise dans un cadre agréable et confortable. A nous de l'aménager quand les locaux ne s'y prêtent pas. Le contact personnel restera toutefois primordial. Mieux vaut accueillir une personne avec le sourire dans un lieu sombre que l'accueillir dans un cadre agréable avec un visage tendu et préoccupé.

Tout cela contribuera à créer un climat de confiance et de sécurité facilitant la communication. Autrui se sentira à l'aise, éprouvera une sensation de sécurité, percevra intuitivement qu'il est reconnu. Il pourra alors s'exprimer pour s'assumer dans le présent et pour l'avenir en commençant à participer et à coopérer à la vie de l'équipe. Cela nous permettra de lui fournir les informations nécessaires dont il a besoin pour se situer dans la vie du groupe.

L'accueil est la porte d'entrée de la communication

- ***La nécessité de reconnaître l'autre***. Etre reconnu comme existant, être accueilli comme la personne que l'on est, un être humain à part entière. Ni un cas, ni un numéro, ni un objet, ni un sujet d'observation, mais un être vivant de sa vie propre, autonome, capable d'une pensée personnelle, ayant ses propres sentiments, connaissant mieux que personne ses besoins, ses aspirations. L'accueil c'est une attention privilégiée à un être unique dans l'instant qui favorise un échange de confiance.

- ***Ni jugé, ni jaugé***. Chacun de nous a besoin d'être reçu tout entier, tel qu'il est avec ses contradictions et son ambivalence. Nous perdons nos moyens, nous sommes troublés sous un regard critique qui soupèse, qui épie. Prêtons une attention particulière au regard qui crée le contact. Il peut bloquer ou établir la confiance pour participer activement à la vie du groupe.

- ***Mettre à l'aise***, c'est donner à celui ou à ceux qui viennent la possibilité d'être eux-mêmes et ce ne sera possible que s'ils se sentent à l'aise. Mettre à l'aise, ce n'est pas facile, car c'est permettre à l'autre de se comporter d'égal à égal, entraînant liberté d'expression et de mouvements. C'est créer une ambiance, un climat de détente, de sécurité, d'acceptation où chacun se sent accepté tel qu'il est, pour s'ajuster les uns aux autres en respectant les différences et en les utilisant au service de tous.

- ***Avoir un regard neuf en permanence***. C'est possible si l'on est conscient que chaque personne est chaque fois nouvelle à redécouvrir dans son actualité, dans ses aspirations approfondies, dans ses réactions enrichies par l'expérience. Réciproquement, entre deux rencontres, entre deux réunions, nous avons vécu et forcément évolué chacun de notre côté. Nous ne pouvons donc rencontrer l'autre selon un schéma fixé une fois pour toutes. Cela serait en décalage avec la réalité. Nous avons besoin d'être reconnus dans notre continuité, qui fait le spécifique de notre personnalité unique, et découverts dans notre évolution de personne enrichie par son environnement social.

- ***L'accueil prélude à l'écoute***. L'accueil n'est pas une fin en soi, mais le prélude à la communication par l'écoute. Le premier contact mobilise les facultés d'attention. Tout un mécanisme se met en marche qui crée une tension émotionnelle plus ou moins ressentie. L'accueil prépare donc l'échange en donnant le temps aux partenaires de maîtriser cette tension, de se connaître comme personnes appelées à donner et à recevoir mutuellement. Sur le plan plus matériel, il permet de s'habituer à l'apparence physique, voix, mimiques, gestes ; aux réactions affectives d'attirance, de rejet, de silence ou d'envahissement par la parole pour se sécuriser, etc. ; aux capacités intellectuelles, d'analyse, de synthèse, de perception, de conscience des phénomènes, etc. Cela exige une acceptation réaliste de l'autre pour travailler avec ce qu'il est, comme nous avons pris l'habitude de travailler avec ce que nous sommes.

Exigences de base

- La relation n'est possible que dans un climat de **liberté** où chacun se sente à l'aise pour s'exprimer sans contrainte.

- **L'authenticité** des partenaires, c'est-à-dire que chacun accepte d'être et de dire vrai, de vouloir ensemble progresser vers la vérité.

- Respecter **l'originalité** de l'autre, sa particularité qui le fait différent de son entourage, permettant de nous apporter du nouveau.

- Mais aussi notre propre **spécificité**, il n'est pas question de me taire ou de m'éteindre pour ne pas gêner ou heurter autrui.

- Le désir de **partage**, de mise en commun de nos pensées, de nos expériences, pour nous enrichir réciproquement.

- Il suscite le souci de **se faire comprendre**, de comprendre l'autre, en se mettant en état d'écoute, d'attention permanente.

Apprendre à écouter (Deuxième étape de la coopération)

Savoir parler n'est pas facile, mais savoir écouter est tout aussi difficile. Or nous passons près de la moitié de notre temps à écouter les autres. Un débat, une rencontre, seront d'autant plus riches que l'échange entre les partenaires résultera d'une écoute attentive de l'autre et donc d'une réponse à ses interrogations ou d'un approfondissement de sa réflexion sur son expérience [1].

La rencontre de l'autre

L'écoute nécessite un accueil de l'autre lui permettant, en se sentant accepté, de parler plus librement pour exprimer sa pensée personnelle spécifique. Il pourra plus facilement aborder les problèmes qui le préoccupent ou traiter les sujets qui ont été choisis pour les étudier en groupe. C'est le déclic nécessaire au départ.

Adopter une attitude active

Dans la rencontre, chacun apporte autant qu'il reçoit. Si nous sommes passifs ou neutres, il n'y aura pas de réciprocité, l'autre se repliera sur lui-même. Une attitude active nécessite de faire le vide en nous de façon à être disponible à l'autre, à son message, à sa personne, à ses problèmes. Accepter de laisser paraître nos réactions, nos sentiments, c'est une façon de nous impliquer qui renvoie à l'autre en miroir ce que provoquent ses paroles. En sortant de notre indifférence, il est plus facile de pénétrer le sujet abordé par celui qui intervient.

Ecouter avec tout soi-même

Il ne s'agit pas seulement d'enregistrer et de comprendre le sens immédiat des mots entendus. Pour aller au-delà des mots, il est nécessaire de nous entraîner à écouter avec tout notre corps, en mobilisant tous nos sens ; écouter avec tous nos sentiments pour sentir, derrière la banalité, la profondeur des attentes ; écouter avec tout notre esprit pour pénétrer la signification profonde de ce qui est dit, mais aussi de tout le non-dit, transparaissant au travers du comportement de l'autre. Ecoute avec tout notre être, mais aussi écoute de tout l'être de l'autre et pas seulement de ses paroles.

Regarder celui qui parle

L'attitude intérieure de disponibilité et de compréhension doit être complétée par notre comportement extérieur : détente du corps, sourire, attention. Cela nécessite parfois de régler certains petits détails matériels risquant de gêner notre écoute : position où l'on puisse voir chaque personne quand elle parle, éviter les bruits extérieurs (fermer les fenêtres et les portes) ou les bruits intérieurs (pieds remuants, apartés, sièges déplacés, etc.) qui cassent l'attention de l'écoutant et gênent celui qui parle.

---

(1) **Savoir écouter**, A. Conquet, Centurion.

Chercher à comprendre

Celui qui parle a un message spécifique à communiquer. Il a une expérience personnelle sur laquelle il a réfléchi. Ce serait dommage de ne pas s'enrichir à son contact. Pour cela, il est important d'avoir une démarche d'ouverture consistant à savoir apprécier l'apport spécifique, particulier, de celui qui parle ; d'apprendre à interpréter ce qui est dit en essayant d'être objectif ; et surtout d'écouter en évitant, dans la mesure du possible, de porter des jugements de valeur sur ce qui est dit. En proposant à l'autre notre interprétation, il peut réagir et nous permettre ainsi de nous comprendre réciproquement.

Avoir l'esprit de synthèse

Vouloir tout retenir quand il y a un flot de paroles, c'est se condamner à ne rien entendre. De même que vouloir tout dire, c'est se condamner à ne plus rien dire. Pour cela, entraînons-nous à avoir l'esprit de synthèse en dégageant deux choses de tout discours. Découvrir l'objectif, **l'intention** de celui qui parle, s'il l'exprime au départ ce sera plus clair, sinon essayer de déceler à quoi il veut aboutir par son intervention. Dégager **la structure** de son discours, ce sera facile si sa pensée suit un déroulement logique, sinon il faudra apprendre à dégager les idées forces, disséquer les parties et ainsi parvenir à l'essentiel de tout ce qui a été dit. Une écoute attentive facilite la prise de notes pour notre mémoire ou pour faire des comptes rendus.

Faire le deuil de tout savoir sur l'autre

Lorsque le message de l'autre nous apparaît plus clairement, la tentation est forte de vouloir questionner, approfondir, pour tout savoir sur l'autre, tout de suite. La liberté de l'autre est en œuvre en permanence dans nos relations, et si nous sentons que l'autre se replie sur lui-même à cause de questions qu'il juge indiscrètes, il est préférable de respecter son intimité. Il est des limites à ne pas franchir, même si l'on considère que ce serait profitable à lui comme à nous. La liberté passe avant tout.

Adopter une écoute lucide

S'il est indispensable d'être attentif à ce qui surgit en nous quand l'autre parle, il est indispensable aussi d'être vigilant à l'égard de certaines manipulations possibles dont le groupe ou nous pouvons être l'objet. Cette manipulation pourra avoir cours d'autant plus facilement que certains feront du chantage affectif, d'autres se plaindront de fatigue, de surcharge, pour s'excuser de ne pas avoir fait le travail décidé ensemble. Si la lucidité est nécessaire, elle ne règle pas pour autant le problème, car savoir qu'on est l'objet d'un chantage affectif ne permet pas de le supprimer. Mais, en manifestant que nous ne sommes pas dupes, nous arriverons progressivement à le surmonter.

Si chaque participant fait un minimum d'efforts pour écouter les autres, cela évitera à l'animateur d'être le seul à relancer le débat, à ainsi s'octroyer un pouvoir exclusif de régulation. Cela créera en outre un climat de spontanéité dans le groupe, car l'écoute provoque le débat et le nourrit, rendant ainsi le groupe vivant.

La connaissance (Troisième étape de la coopération)

Dans notre vie personnelle, comme pour notre vie sociale, la connaissance est à la base de nos choix, de nos orientations, de nos décisions. Cependant, pour clarifier, il est nécessaire de distinguer savoir et connaissance [1].

Le savoir [1]

- ***Le champ des savoirs***. Chaque personne, à travers ses actes, exprime des savoirs liés à sa pratique : **savoir-faire** trouvé pour se tirer d'affaire dans une situation particulière (habileté professionnelle) ; **savoir-être** favorisant certaines dispositions et attitudes nécessaires à la réalisation de certaines tâches (accueil, écoute) ; savoirs pratiques reliés à l'action et à son déroulement (analyse, synthèse). Ces savoirs constituent la trame à partir de laquelle les personnes peuvent penser et agir dans leur vie personnelle et sociale.
- ***Origine de ces savoirs***. Ils sont issus de plusieurs caractéristiques.
  - Ils émergent le plus souvent de l'expérience pratique.
  - Ils sont largement partagés au sein d'une communauté d'appartenance.
  - Ils sont sensibles au contexte local dans lequel se déroulent les activités pratiques, relationnelles ou de réflexion.
  - Ils sont de nature compréhensive. Ils permettent d'interpréter le sens et la portée d'une expression, d'une action, en fonction d'une situation spécifique.
- ***Le rôle des savoirs est multiple***
  - Les savoirs agissent comme des structures d'accueil qui facilitent la perception de nouvelles connaissances.
  - Les savoirs issus du monde vécu nous interpellent. Ils appellent l'accès à des connaissances théoriques au service de besoins concrets.
  - Les savoirs sont des processus de construction du réel qui s'appuient sur l'expérience et sur des connaissances antérieures.
  - Les savoirs agissent comme interfaces dans la pratique sociale entre la réalité à transformer et les connaissances nécessaires pour le faire.

La connaissance (naître avec)

- ***Le pôle connaissance*** c'est l'activité théorique de l'homme. Il précède la compréhension, la décision et l'action. Il se ramène à trois positions :
  - Toute connaissance vient du **sens**, c'est-à-dire du réel concret des objets matériels qui se manifestent à nous par notre perception sensorielle.
  - Toute connaissance vient de l'ordre de **la raison**, d'un sujet pensant qui lui seul peut donner une forme intelligible à cette matière brute : le réel.
  - Toute connaissance vient d'une construction **dialectique** d'un sujet (la personne) interagissant avec un objet (matériel ou d'étude).

  Les connaissances n'ont d'existence que dans le dialogue social qui permet d'introduire une souplesse théorique et pratique là où il y avait cloisonnement.
- ***La dynamique des connaissances***
  - La connaissance est le résultat d'une production sociale et, comme telle, sujette à des révisions pouvant mener parfois à des réfutations.

---

(1) **Le cercle des savoirs reconnus**, Claire et Marc Héber-Suffrin, Epi/Desclée de Brouwer.

– Une connaissance est valide par sa capacité à convaincre sans violence. C'est un phénomène intersubjectif en tant que rapport au monde.
– Une connaissance vaut par sa capacité de se maintenir dans un processus réflexif ouvert et indéfini. Une connaissance qui se ferme sur elle-même devient dogmatique et s'exclut d'un projet de rationalité.
– L'utilisation de nouvelles connaissances est un processus interactif dans lequel la personne utilise les connaissances en fonction de ses propres besoins. Les utilisateurs de nouvelles connaissances sont ceux qui ont une meilleure compréhension, qui se considèrent comme mis en cause par elles et se sentent responsables de leur donner suite, de les mettre en œuvre.
– L'ère des encyclopédistes est terminée devant l'ampleur des connaissances existantes et qui se développent. Une personne n'a pas à tout savoir, mais elle doit connaître ceux et celles qui ont des savoirs et des connaissances dont elle a besoin, ainsi que les lieux et les moyens d'accès à ces savoirs et connaissances (Banques de données, Centres ressources, etc.).

Distinction savoirs/connaissances

– La distinction réside dans le caractère pragmatique des savoirs. Ils apparaissent comme déterminés par la nature spécifique du problème à résoudre, par les possibilités d'initiatives de la personne affrontée à un problème spécifique hors normes traditionnelles.
– Elle réside aussi dans la capacité à résoudre certains problèmes ou à prendre en charge certaines situations qui, par leur répétition, font acquérir des savoir-faire et des savoir-être spécifiques.
– L'acquisition des connaissances est fonction : 1. des moyens intellectuels de la personne qui suivent un cheminement : sensation, perception, imagination, mémoire, concept, jugement, raisonnement ; 2. de sa personnalité (ouverture au monde, puissance de ses intérêts).
– Savoirs et connaissances sont nécessaires pour établir une cohérence interne pour interpréter le monde environnant, voire l'anticiper.

Ces savoirs et connaissances intériorisés permettent de penser et d'agir vis-à-vis des situations ou des problèmes nouveaux comme à l'égard de situations anciennes. Ils nous permettent de prendre en charge en toute lucidité nos problèmes et ceux de la société.

Dialectique savoirs/connaissances (1)

– Les savoirs peuvent être considérés comme des schémas d'interprétation pratiques. Ils permettent à ceux qui les partagent d'appréhender viablement leur monde familier.
– Les connaissances rencontrent toujours ces savoirs déjà là. Cela permet aux personnes possédant ces savoirs d'exercer sur les connaissances des transformations qui vont de la simple transposition à la réinvention en passant par la conversion, la transformation.
– A leur tour, les connaissances ont des effets sur les savoirs des personnes. Elles peuvent simplement s'additionner aux savoirs et, le plus souvent, provoquer des réorganisations parfois importantes des savoirs acquis.
– Les savoirs jouent un rôle incontournable dans la compréhension d'une nouvelle connaissance. Ce sont eux qui permettent de l'investir d'un sens, de la placer dans un tissu social.
– Cette interaction entre savoirs et connaissances est bénéfique aux deux. L'incorporation des connaissances dans des savoirs peut se faire de trois façons :
. en ajoutant les connaissances telles quelles aux savoirs ;
. en enrichissant les connaissances par les savoirs ;
. en enrichissant les savoirs par les connaissances.

(1) **Les arbres de connaissances**, Michel Authier, Pierre Lévy, La Découverte, 1992.

Participation et coopération

La compréhension (Quatrième étape de la coopération)

Savoirs et connaissances font accéder la personne à la compréhension qui est la forme la plus avancée de l'intelligence. Ils servent de médiation sociale nécessaire du fait qu'un individu seul ne peut parvenir à une pensée conceptuelle, clé de la compréhension, qui intègre des matériaux forgés par des siècles de recherche et d'expérimentation.

Les prémisses de la compréhension. La personne est son action. Or la condition de l'acte est la liberté. La liberté s'apprend par ses actes. La liberté c'est l'étoffe de l'être que l'on saisit à travers les actes d'une personne vivante, insérée dans le monde, engagée dans la société. C'est donc la personne qui donne sens à sa propre vie pour devenir un être responsable. Elle est ce qu'elle fait d'elle-même. La liberté se fait acte et elle est au fondement de toutes les essences, c'est-à-dire de l'ensemble des caractères constitutifs de la personne. La vie humaine n'est pas déterminée d'avance. Elle se crée perpétuellement au fur et à mesure de nos libres décisions volontaires.

Décrire. Puisque la liberté se fait acte, nous ne pouvons l'atteindre qu'à travers **l'acte** qu'elle organise, avec les motifs, les mobiles et les fins qu'il implique. Décrire ne signifie pas seulement représenter dans son ensemble. Cette description doit être signifiante. Elle doit permettre d'expliciter, de formuler, c'est-à-dire mettre en forme ce qui est caché, implicite, la partie invisible de l'iceberg. C'est donc un travail d'élaboration du sens ou encore de conception du sens.

Comprendre et non expliquer

- ***Il est vain d'expliquer la personne***. Ce serait vouloir, dans un même mouvement, expliquer sa liberté et la nier en intervenant. Expliquer revient à faire connaître la cause de quelque chose, d'un événement, d'une action. S'il existe un mécanisme causal, l'homme n'apparaît pas en tant qu'être libre, il devient le simple jouet d'un mécanisme naturel. L'explication du devenir de l'enfant par l'éducation familiale ou le milieu social seul en est un exemple. C'est réduire l'avenir de la personne à son passé. Chaque événement d'une vie d'artiste n'explique pas un moment de son œuvre, même si on en relève des traces.

- ***Comprendre est une démarche plus réaliste***. Il ne s'agit pas de renoncer à l'intelligibilité de la vie humaine, il s'agit de déchiffrer ce que la description classique ou empirique permet de repérer. C'est l'apprentissage du décodage des signes. Comprendre signifie "saisir ensemble, englober, embrasser en un tout" ou encore "concevoir", c'est-à-dire contenir entièrement comme l'on forme en soi un enfant. Ainsi la compréhension, le fait de prendre avec soi, désigne une action, celle de contenir : compréhension et conception sont du même ordre. Il s'agit de donner une forme, un sens qui organise ce qui est incompréhensible, c'est-à-dire justement ce que l'on ne peut expliquer. Le sens que l'on trouve embrasse la totalité de l'existence et non pas un moment donné. En quelque sorte, tout changement de sens altère l'ensemble de ce qui compose une existence et donne à chacun de ses éléments une nouvelle signification.

A la recherche du fondement du sens. Si la vie humaine était le fruit du hasard ou d'un projet d'une puissance supérieure, la vie n'aurait aucun sens. Ses actes lui seraient imposés et l'obligeraient à accomplir un dessein qui n'est pas le sien.

La personne est liberté. C'est dire qu'elle choisit ce qu'elle est, et ce choix marque tous ses actes, transparaît dans tous ses actes. C'est sa liberté qui donne sens à ce qu'elle est. Un être humain n'est jamais un individu. il a une double dimension : **universelle** par l'universalité singulière de l'histoire humaine ; **singulière** par la singularité universalisante de ses projets. Il réclame d'être compris simultanément par ces deux aspects.

L'acte est déterminé par un projet. Ce n'est pas le passé d'une personne qui la détermine le plus, mais son futur, sous la forme des projets qu'elle se donne. Tout acte est un phénomène compréhensible, mais au lieu de le comprendre seulement à partir du passé, il faut concevoir l'acte compréhensible comme un retour du futur vers le présent. Le **futur** constitue le sens de mon projet comme possibilité d'exercer ma liberté sur mon destin.

Les étapes de la compréhension

- ***Découvrir ce qu'on a fait d'une personne***. La compréhension consiste à remonter d'un acte considéré d'une personne jusqu'à son possible ultime. Comme si, marchant à reculons, on pouvait décrire ce que l'on voit à mesure de notre recul. On commence par la fin en remontant le cours du temps. Cette procédure implique que c'est le futur qui donne sens au passé et au présent. C'est à la lumière de l'avenir d'une personne que nous pouvons découvrir la prise de conscience réfléchie de ce qu'elle a perçu de son existence.
- ***Savoir ce qu'une personne a fait de ce qu'on a fait d'elle***. Ce deuxième temps est le plus important, c'est par lui que nous atteignons le sens et la forme d'une existence. Nous découvrons une histoire personnelle unique. Nous atteignons la manière dont telle personne a interprété chaque événement de sa vie et lui a donné sens. C'est pourquoi la connaissance de l'histoire d'une personne (enfance, milieu social, éducation) est importante à connaître car elle délimite en quelque sorte le champ d'exercice de la liberté, à condition de le référer à son futur, à son projet conscient ou inconscient décodé par ses actes.

  Régresser retient l'idée qu'au bout du travail de compréhension, ce qu'il va dévoiler est lié à la compréhension de ce qu'est l'enfance. Nous retrouvons là l'impact central du futur qui contient ce que je peux faire de ce que l'on a fait de moi ou de ce que j'ai effectivement fait.
- ***Percevoir comment on naît du sens***. La compréhension d'une action humaine, c'est rechercher la signification que la personne donne au fait de naître. La naissance est une action signifiante, elle est engagement dans le monde. Ce qu'il est nécessaire de comprendre, c'est justement la manière dont je suis né, au sens de se faire naître. Le déchiffrage va se faire par comparaison. Chaque conduite symbolise à sa manière le choix fondamental tout en le masquant sous son caractère occasionnel. C'est par comparaison de ces conduites que nous faisons jaillir la révélation unique qu'elles expriment toutes de manière différente.

C'est en procédant de cette façon que l'on peut comprendre comment un niais devient un génie.

Participation et coopération

Les rôles sociaux

Leur place dans la vie sociale

Le rôle correspond à la conduite attendue d'une personne dont on connaît le statut. C'est une position sociale reconnue qui peut être transformée par l'action de la personne.

Le rôle unit les notions d'attitude et de comportement situés dans une stratégie d'action dans une situation donnée.

- Les rôles peuvent être formels. Ils correspondent alors à une définition de fonction déterminant les actions confiées à une personne dans le cadre des objectifs du groupe.
- Les rôles peuvent être informels. Ils correspondent alors aux actes posés par chaque personne en fonction des représentations qu'elle veut donner d'elle-même, consciemment ou inconsciemment.

Nous agissons selon notre personnalité à l'intérieur de situations sociales précises. Un rôle imposé, s'il est estimé et va dans le sens de nos motivations, peut enrichir notre personnalité. A l'inverse, un rôle imposé qui ne correspondrait pas à nos aspirations profondes conduit soit à l'abstention, à la passivité, soit à la révolte. De toute façon, que l'on y adhère ou pas, tous nos rôles nous marquent et nous ne pouvons y échapper car la vie sociale est tissée de rôles divers.

Leurs caractéristiques

Les différents rôles possibles

- *Les rôles biologiques* : Ils correspondent à l'expression de la nature suivant l'âge, le sexe, la santé, l'ethnie, etc., insérée dans une culture donnée, rôle de la femme, de l'enfant, du malade, de l'étranger, etc.
- *Les rôles institutionnels* sont dominants car ils sous-tendent la trame de la vie sociale, dans la famille : rôle des parents, des enfants ; dans l'économie : rôle de travail ; dans la cité : rôle de citoyen.
- *Les rôles relationnels* que nous avons forcément à l'occasion de toute vie sociale : l'ami, le copain dont on attend compréhension et sympathie ; le commerçant dont on attend affabilité, etc.

Marqués par les institutions

- *Le groupe d'appartenance* (intérieur) : C'est celui où tout le monde vit et se connaît : famille, école, atelier, etc. Il détermine des normes internes qui influenceront le comportement de chacun (exactitude, expression de tous ou des responsables, etc.).
- *Le groupe de référence* (extérieur) : C'est celui auquel le groupe d'appartenance fait référence lorsqu'il veut assumer sa vie : religion, syndicat, parti, etc. Suivant notre niveau de responsabilité nous sommes conduits à jouer des rôles fonctionnels : rôle de trésorier, d'animateur, de secrétaire, etc.
- *Les groupes informels* (spontanés) qui commencent à se répandre en réaction contre les institutions considérées comme trop aliénantes. Ils conduisent à jouer des rôles en opposition avec ceux reconnus comme normaux (grèves sauvages, grandes familles, presse de quartier, etc.).

Le champ des rôles

Parmi tous les rôles que nous jouons, certains sont :

- *imposés* : être élève est obligatoire. Nous n'avons pas choisi de naître dans telle famille ou de faire tel métier choisi soit par obligation du père, soit par manque de débouché, soit par échec ou réussite scolaire, etc.
- *acquis* : rôle du mari lorsqu'il s'est marié librement, du cadre lorsque c'est le résultat de sa formation, de son travail ou du piston, etc.
- *symboliques* : chaque groupe formel ou informel a besoin de rôles variés pour assumer sa cohésion, le chic type, le bouc émissaire, le râleur, le conseiller, etc.

Quels qu'ils soient, ils nous marquent ou sont le résultat de ce que nous sommes.

Coexistence des rôles

Chacun de nous assure, au cours d'une même journée, une multitude de rôles (travailleur, père de famille, copain, militant, etc.) et notre comportement peut être différent suivant les rôles.

- ***En fonction du milieu*** : On verra des personnes jouer leur rôle de père de famille avec un comportement compréhensif alors qu'elles joueront leur rôle de chef de façon autoritaire et leur rôle de copain de façon généreuse.
- ***En fonction des personnes*** : Il ne sera pas surprenant non plus que notre rôle varie suivant que nous sommes avec des égaux, des supérieurs ou des subordonnés.
- ***En fonction de notre personnalité*** : Face à ces diverses situations, notre note personnelle peut jouer, face à des subordonnés nous pouvons être méprisant ou amical, avec des supérieurs nous pouvons être soumis, arrogant ou nous-même.

Ce qui détermine souvent notre jeu de rôle c'est notre appartenance sociale, que l'on accepte ou pas, dont on est conscient ou pas. Cela conduit ainsi à des rôles sociaux, soit de conformisme, soit de luttes pour transformer les relations de dépendance.

Evolution de la notion de rôle

- ***Etre conscient des rôles joués*** : Cela n'est pas facile car nous reproduisons souvent ce qui nous a été appris. Nous nous adaptons à la réalité pour éviter les ennuis. Il faut arriver à découvrir qu'il existe beaucoup de rôles où nous pouvons être libres de créer, si nous décidons de le faire.
- ***Participer aux définitions des fonctions qui nous concernent*** : Le groupe exprime les besoins qu'il a. Nous devons aussi exprimer nos désirs en rapport avec ces besoins afin de prendre des responsabilités correspondant à nos aspirations.
- ***Rendre adéquats comportement/attitude et rôle*** : Si nous voulons arriver à être nous-mêmes, ne pas nous camoufler derrière des apparences, être une personne et non un personnage, il est préférable que notre attitude profonde se traduise par notre comportement et que ce comportement exprime les rôles sociaux conscients que nous avons définis en accord avec tous ceux qui œuvrent avec nous.
- ***Etre*** : Cette rupture avec le conformisme ne sera possible que si nous agissons avec d'autres au niveau de notre pratique sociale quotidienne, en conformité avec nos choix et nos projets.

La non-participation

Les causes de non-participation peuvent être nombreuses et variées. En les regroupant sous quatre rubriques, cela peut nous aider à analyser celles que nous vivons et, éventuellement, en trouver d'autres. [1]

Les raisons inhérentes au participant

1. La peur d'être jugé et évalué par un autre membre.
2. D'autres, plus vifs et rapides, ne nous laissent pas le temps de parler.
3. Peur de ne pas savoir s'exprimer clairement et de ne pas être compris.
4. Etre bloqué par un problème personnel important.
5. Ne pas se sentir concerné par le sujet.
6. S'estimer incompétent sur le problème.
7. Etre distrait par des préoccupations personnelles.
8. Sentiment d'être rejeté par les autres.
9. Silence pour marquer son opposition à ce qui est dit.
10. Ne pas avoir une expérience personnelle sur le sujet.
11. Ne pas avoir une opinion assez claire sur le problème.
12. Le niveau du débat est trop élevé.
13. C'est une tactique pour attendre le moment favorable.
14. Anxiété, manque d'assurance, timidité.
15. Peur, en intervenant, de trop prolonger le débat.
16. Attendre le moment opportun, mais on a changé de sujet.
17. Etre présent par obligation.
18. Le problème est délicat, on ne veut pas s'impliquer.
19. Fatigue après une journée de travail.
20. Un autre a dit avant nous ce que nous voulions apporter.

Les raisons provenant de l'animateur

1. La peur d'être jugé et évalué par l'animateur.
2. L'animateur ne voit pas que je veux parler.
3. Il s'adresse toujours aux mêmes personnes, il a des préférés.
4. Il laisse couper la parole et cela me fait réagir intérieurement.
5. Il impose son point de vue et je n'aime pas ça.
6. L'animateur est suffisant et cela me bloque.
7. Il est incompétent sur le sujet.
8. Il ne maîtrise pas le déroulement de la réunion.
9. Il intervient sans cesse sur tout.
10. Il coupe la parole à ceux qui ne pensent pas comme lui.
11. Il se prend au sérieux et utilise un jargon trop difficile.
12. Il joue les non-directifs tout en manœuvrant le groupe.
13. Il est distant et se croit supérieur.
14. Il incarne l'institution contre laquelle je suis en réaction.
15. Il défend des valeurs à mon sens périmées.
16. Il est nouveau et ne sait comment s'y prendre avec nous.
17. Il ne s'implique pas, on ne sait pas ce qu'il pense.
18. Il n'a pas préparé sa réunion et cela part dans tous les sens.
19. Il se laisse influencer par d'autres leaders.
20. Il manque d'assurance pour animer.

---

(1) **Les problèmes humains dans les groupes**, Edouard Limbos, Entreprise Moderne d'Editions.

Les raisons venant du groupe

1. Le groupe est subjugué par l'animateur et dépend de lui.
2. Des clans se sont formés et bloquent le travail.
3. Accord tacite du groupe pour ne pas aborder les problèmes délicats.
4. Le groupe subit l'ascendant de deux ou trois ténors.
5. Etant nouveau, je ne suis pas accueilli par le groupe.
6. Présence dans le groupe d'un supérieur hiérarchique.
7. Crainte d'être rejeté par le groupe.
8. Peur d'être jugé et évalué par le groupe.
9. Peur d'être agressé si je ne suis pas dans la ligne du groupe.
10. Climat tendu au sein du groupe.
11. Rythme trop rapide, valorise l'intervention des primaires.
12. Des tensions idéologiques existent au sein du groupe.
13. Chacun parle pour soi sans écouter les autres.
14. On ne s'affronte pas, on s'oppose.
15. Le groupe est dur et utilise trop d'ironie.
16. Le groupe aborde un problème qui ne le concerne pas.
17. Le groupe préfère les débats théoriques à l'action.
18. Le groupe évite d'aborder les problèmes délicats.
19. Le groupe pas encore cohérent, chacun est centré sur ses propres problèmes.
20. Le groupe ronronne et n'aborde que des problèmes internes.

Les raisons concernant les techniques

1. Il n'y a pas d'auto-discipline dans le groupe.
2. Il n'y a pas de procédure, on ne sait quand intervenir.
3. La dimension de la salle ne favorise par l'ambiance.
4. La disposition des tables ne permet pas de voir tout le monde.
5. Le nombre des participants est trop élevé.
6. Faute de tableau, je ne sais plus où on en est.
7. Aucune méthode de travail n'est proposée, ni utilisée.
8. L'objectif et le programme ne sont pas perçus clairement.
9. Pas reçu la convocation pour connaître l'objectif de la réunion.
10. Convocation trop succincte, ne permet pas de préparer la réunion.
11. Aucun minutage de l'ordre du jour pour avancer.
12. La durée de la réunion est trop longue.
13. Le plan de la réunion n'est pas logique.
14. Il n'y a pas de programme de travail proposé.
15. Présence d'observateur étranger, sans accord du groupe, gênante.
16. Mal placé pour être vu et entendu.
17. Le compte rendu est sélectif.
18. Au lieu de s'impliquer, on parle des autres.
19. Les décisions sont prises sans consensus de tous.
20. Il n'y a pas d'autocritique pour s'améliorer.

Si nous voulons sélectionner quelques points sur lesquels faire effort, il faudrait choisir en priorité : 1. Ne pas porter de jugement de valeur ; 2. Que l'animateur favorise l'expression de tous ; 3. Mettre au point des méthodes de travail utilisant les capacités de chacun ; 4. Que le groupe crée un climat permissif où chacun se sente à l'aise pour s'exprimer.

Les rôles régulateurs des participants

Pour dynamiser la vie du groupe

Dans un groupe, tous les membres sont complémentaires. Aussi, suivant son charisme, sa carrière, sa compétence, chacun peut intervenir pour :
– aider le groupe à prendre conscience de lui-même, de ses possibilités ;
– concilier les diverses tendances qui existent ;
– éviter les déviations qui risquent d'ébranler la vie du groupe.
Les interventions se situeront donc de façon à consolider le groupe, en l'aidant à développer ses propres réactions et en essayant de limiter les risques d'éclatement.

Pour permettre la production du groupe

Chaque groupe est attelé à une tâche précise. Il a besoin de toute l'énergie de ses membres pour progresser et être efficace. Nous aurons ainsi :
– celui qui va stimuler les autres à apporter leur contribution à la tâche ;
– l'organisateur pour éviter la dispersion des efforts
– le simplificateur qui va permettre à chacun de savoir ce qu'il a à faire ;
– celui qui va faire le point de la progression pour voir les étapes parcourues et les étapes restant à faire.
Ainsi, chacun à sa place, sans aucunement remplacer l'animateur, apportera sa contribution à l'ensemble.

Pour faciliter la vie du groupe

A l'intérieur du groupe, pour faciliter la régulation et la production, les participants peuvent se spécialiser et avoir une dominante dans leurs interventions.
– Il peut y avoir le spécialiste compétent pour une tâche précise, pouvant changer suivant les différentes tâches.
– Celui qui a les contacts faciles avec tous les membres du groupe et qui arrive ainsi à créer un climat amical dans le groupe.
– Celui qui a le souci de l'efficacité et qui recherche les moyens les plus adaptés à son groupe.
Chacun de ces spécialistes a un certain leadership sur les autres et la façon dont il l'a obtenu peut modifier la vie du groupe, comme nous le verrons dans le chapitre sur le groupe, car il peut soit créer un état de dépendance vis-à-vis de lui-même, soit un état d'hostilité ou d'indépendance suivant son comportement.

Pour aider à la transformation du groupe (1)

Un groupe est vivant par nature. Il se transforme en permanence. Sa personnalité collective, qui n'est pas la somme des personnalités individuelles, est cependant marquée par le caractère de chacun des participants et, de ce fait même, par le changement de chacun de ses membres :
– dans l'attention aux apports des autres,
– dans la coopération, dans l'élaboration,
– dans les réactions violentes de défense,
– dans l'incompréhension mutuelle.
A cause de ces phénomènes, une mutation va s'opérer qui aura des répercussions non seulement sur l'ensemble de la vie du groupe, mais aussi sur le comportement du groupe vis-à-vis de son expansion ainsi que sur le comportement de chaque membre du groupe à l'extérieur.

---

(1) Ardoino, **L'intervention institutionnelle**, Petite Bibliothèque Payot, p.112.

Pour régulariser la vie des participants

C'est l'aspect complémentaire de la régulation de la vie du groupe. Dans le premier cas c'était le comportement collectif de chaque membre, ici c'est le comportement individuel de chacun. Il faudra veiller à ce qu'aucun membre

– ne monopolise la discussion,
– ne distraie les autres membres,
– ne contredise en permanence,
– ne porte de jugement de valeur sur les autres,

mais au contraire essaie d'avoir une attitude constructive

– chacun apporte sa contribution à la tâche,
– chacun essaie de comprendre les autres,
– chacun se sent solidaire des autres.

Pour permettre la production de chaque participant

Ce rôle ne s'enferme pas dans le moment de la réunion car il nécessite une disponibilité assez grande à la vie du groupe, tant avant que pendant et après la réunion. Il convient donc que chaque participant

– prépare ses interventions,
– rassemble sa propre information qui enrichira celle du groupe,
– traite l'information recueillie pour en apporter ce qui est utile au groupe,
– intervienne à son tour, apporter sa contribution,
– participe à la décision avec les autres,
– accepte une responsabilité dans la répartition des tâches dans le cadre de la décision.

Le groupe s'enrichit de l'effort de chacun.

Pour faciliter l'expression des participants

Les spécialistes participent totalement à la vie du groupe en évitant de tomber dans certains dangers dus à leur spécialisation :

– ne pas se tenir à l'écart de la discussion quand ce n'est plus de leur spécialité,
– ne pas vouloir monopoliser les secteurs de leur compétence, ce qui empêcherait les autres de s'exprimer sur tout,
– ne pas se vexer si un jour on trouve une personne plus compétente sur un point particulier, mais au contraire lui être reconnaissant de son apport.

Pour aider à la transformation des participants

Le groupe moyen peut faciliter grandement l'amélioration des personnes, pour peu que chaque participant accepte de faire les efforts nécessaires :

– pour devenir compétent en développant sa culture,
– pour s'intéresser au sujet que le groupe a pris en charge,
– pour faire partager son expérience aux autres,
– pour apprendre à mieux se connaître en demandant l'avis des autres,
– pour mieux connaître les autres en étant attentif à leurs expressions,

Chaque participant a un rôle irremplaçable dans le groupe. De son rôle, de sa place dépendent la vie du groupe. La compétence de l'animateur n'exclut en aucune façon la compétence de chaque participant, elles sont complémentaires.

Les responsabilités des participants

Nous pouvons avoir des raisons très diverses qui motivent notre participation à la vie du groupe ou à une réunion, mais le seul fait que nous ayons fait l'effort de venir à cette réunion nous oblige à assumer notre responsabilité de participant, à jouer et à respecter la règle du jeu.

Fournir un effort coopératif

Chaque participant doit faire l'effort de compréhension nécessaire pour qu'une collaboration étroite se dégage de la vie du groupe.

Ce doit être une recherche menée en commun, en vue d'atteindre les objectifs que le groupe s'est fixés.

Il faut avoir le désir de tirer parti de chacun en ce qu'il a de mieux, quitte à reconnaître avec lucidité son faible apport personnel, ou à s'effacer si nécessaire dans certains cas.

C'est un état d'esprit à acquérir, en étant persuadé qu'à plusieurs on a une vue plus équilibrée des choses, et que tout échange est riche d'enseignement pour chacun si tous coopèrent en participant pleinement.

Respecter les membres du groupe

Percevoir et considérer chaque participant comme une personne et non comme un pion sur un échiquier, cela va exiger de chacun de nous une disponibilité qui nous incite à comprendre et à écouter. Cela nécessite :

- d'être attentif à ce qui est dit par chacun, en ayant une largeur de vue suffisante pour pénétrer le sens des interventions ;
- d'avoir un comportement qui montre à celui qui parle qu'on l'écoute : pour cela il faut le regarder, ne pas être avachi sur la table ou être distrait ;
- d'écouter de la même façon tous ceux qui interviennent, même si on a des a priori sur tel ou tel participant ; cela peut faciliter l'expression de ceux qui sont plus timides ou qui s'expriment difficilement ; faire plus spécialement attention aux nouveaux ;
- d'analyser ce qui vient d'être dit en fonction :
  . des buts que le groupe s'est fixés,
  . des intérêts de celui qui a parlé,
  . de notre propre point de vue

  et tout cela dans le contexte général de la discussion en cours afin de dégager les synthèses successives qui permettront au groupe de progresser ;
- de prendre des notes sur ce qui est dit afin que les interventions tiennent compte de ce qui a déjà été exprimé par d'autres.

Cette gymnastique n'est certes pas facile : seul l'entraînement peut nous permettre d'y parvenir. Elle devient une grande richesse pour tous.

Ce respect des autres est riche car il permet à chacun l'expression libre de ses sentiments et la recherche collective d'une solution qui intègre tous les points de vue.

S'intégrer totalement à la vie du groupe

Cela nécessite, de la part de chaque participant, de coopérer activement dès le départ à la définition des buts à atteindre, puis à l'élaboration du plan au cours duquel seront recherchées des solutions et dégagées des décisions.

Tout cela suppose qu'on s'en tienne strictement au plan qui a été proposé par l'animateur et qui a été complété éventuellement par le groupe dans les deux premières phases de la réunion.

Chaque participant doit respecter le plan qui a été accepté par le groupe, et se soumettre volontairement au rappel de l'animateur qui coordonne.

Le temps de parole de chacun doit être court, ce qui nécessite d'avoir préparé au préalable ses interventions pour être clair, concis, et éviter de faire perdre du temps à tous.

Chaque participant doit avoir le souci de synthèse qui permet au groupe de progresser. Chacun doit être capable de faire cet effort nécessaire pour tous.

La progression par synthèses successives doit se faire sans jamais perdre de vue les objectifs qu'on s'est fixés. Il s'agit d'arriver à des solutions applicables en tenant compte des possibilités de chacun, des moyens dont on dispose et du temps nécessaire à la réalisation.

Sans perdre sa personnalité ni son originalité

La vie du groupe sera plus riche si chacun y apporte sa contribution en mettant au service de tous sa compétence, ses qualités, ses moyens.

Pour cela il faut éviter de se prendre pour un "caïd" et de réserver ses interventions ou sa participation pour la fin, afin de dégager les orientations souhaitables.

Il faut jouer le jeu dès le début, c'est primordial, sinon les autres participants, soit se sentiront gênés d'intervenir, soit vous mettront de côté, ce qui risque de dissocier le groupe.

Apporter tout ce que l'on connaît du problème traité.

Dialoguer avec tous, questionner si nécessaire, faire répéter si l'on n'a pas compris ; d'autres, dans le même cas, seront contents, ils n'auraient pas osé le faire.

Les interventions doivent permettre la progression. Si vous sentez qu'un point a été épuisé, passez au suivant, l'animateur vous en sera reconnaissant.

Si vous voyez que des temps morts se prolongent, ou vous intervenez, ou vous relancez la discussion par une question à un autre participant qui connaît le point soulevé.

La discussion est un raisonnement à plusieurs. Le participant doit faire l'effort de disponibilité au groupe en restant lui-même, mais aussi en essayant de comprendre chacun des autres membres.

Cf. **Comment participer à une réunion**, A. Conquet, Centurion.

La dialectique de la pensée et de l'action

Sa nécessité

Cette dialectique pensée/action, que certains appellent praxis, est devenue une nécessité dans la vie des groupes. Il est urgent d'établir un lien entre le vécu et la connaissance théorique, entre l'éducation et la vie. Il est indispensable que ceux qui agissent ne deviennent pas prisonniers de l'action qui risquerait de se transformer en activisme. Ceux qui agissent doivent aussi apprendre à penser leur action et les résultats de leur action. Il est tout à fait indispensable que ceux qui pensent ne s'emprisonnent pas dans leur théorie, ce qui risquerait de faire dévier la pensée vers des spéculations abstraites coupées de la vie. Ceux qui pensent doivent aussi apprendre à agir, pour appliquer leur pensée à la réalité et en découvrir les limites grâce à leur expérience pratique.

- La connaissance abstraite et théorique ne peut que s'appuyer sur le vécu, la pratique, mais pour les dépasser et donner sens à ce vécu. L'Indien connaît le fleuve et sait l'utiliser car il a acquis du savoir par l'expérience, mais il n'a pas une vue d'ensemble de ce fleuve. Il ne peut le changer localement (crue) parce qu'il ne le **connaît** pas globalement (parcours).
- L'action ne peut être fondée que par une pratique qui, en retour, informe et transforme la théorie.

Distinctions à faire

La démarche dialectique pensée/action (praxis) a besoin d'être distinguée tant du matérialisme que de l'idéalisme.

- ***Du matérialisme*** qui ne considère la réalité que sous forme d'objet et ignore par là la réalité objective de l'activité humaine concrète qui transforme le monde, même au niveau de la perception sensible. Cette sensibilité qui, au-delà de l'intuition, donne sens à l'activité de l'homme grâce à sa réflexion qu'elle nourrit.
- ***De l'idéalisme*** qui a certes saisi le côté actif de la perception et de la connaissance, mais qui l'a développé de façon abstraite coupée du réel en dépouillant l'activité de tous ses aspects sensibles et pratiques.

Dans les deux cas, il y a méconnaissance d'un fait primordial, à savoir que la personne est un être social et historique, que la connaissance est un processus collectif, que la pratique humaine est créatrice de la société, ce qui conditionne tous les rapports des personnes entre elles et avec le monde.

La personne et son œuvre

L'œuvre est le résultat d'un travail, d'une action dont l'origine est dans la capacité d'une personne de réaliser quelque chose de spécifique, de particulier (le chef d'œuvre d'un compagnon) ou la réalisation d'un ouvrage créatif né du désir de s'exprimer d'un artiste (œuvre d'un peintre, d'un architecte, etc.). Il en est de même pour toutes les personnes qui ne veulent pas simplement être des exécutants. Elles veulent que leur travail, leur responsabilité, leurs tâches surgissent de leur imagination, de leur initiative, de leur créativité, pour rendre une œuvre originale au travers des activités quotidiennes. C'est donner un sens à ses actes en leur conférant une marque personnelle, unique. Seule la démarche est universelle puisque proposée à chacun.

La création est une activité qui demande en permanence de surmonter nos contradictions pour réaliser une œuvre : passivité de l'imagination, activité de la réalisation ; puissance de l'esprit et impuissance à maîtriser la matière ; patience pour arriver au terme et impatience d'avoir terminé l'œuvre. Le créateur d'une œuvre est à lui-même une tâche, celle de surmonter toutes ses contradictions pour se créer lui-même, de faire de lui une personne grâce à ses œuvres.

Les exigences de l'agir

La personne risque son être dans l'aventure de la création de l'œuvre. D'une part, en tant que son œuvre se crée en lui, elle le crée par là même et enrichit le contenu de sa personnalité en dévoilant des possibilités qu'il n'aurait pas soupçonnées en lui autrement. Mais, d'autre part, en tant qu'il surmonte la contradiction entre l'agir et la pensée, il se crée lui-même comme un être un et libre et fait naître, dans l'individualité qu'il est, la personne qu'il a à devenir.

Si l'homme se fait en faisant, cela exige d'agir sur les choses, car la construction de l'être ne s'opère qu'à travers l'engagement, dans des actions concrètes, déterminées dans et sur le monde. A ces actions il convient de donner un sens en choisissant les valeurs qui nous serviront de guide : l'amour, la justice, la solidarité, la liberté, etc. et non le jugement de valeur : faire cela est bien ou mal. C'est la visée de la valeur qui, comme Platon, Malebranche ou Kant parmi d'autres l'ont répété, empêche l'action de se réaliser à son seul profit, empêche la personne de retomber dans la contemplation de son moi individuel. Cette tension se dépasse dans la joie car, disait Bergson : “Partout où il y a joie, il y a création.”

Les exigences de la pensée

La pensée c'est ce faire dans lequel l'autre ou les autres sont visés comme êtres autonomes et considérés comme agents essentiels du développement de leur propre autonomie, de leur propre socialisation. Elle s'appuie sur un savoir, mais celui-ci est toujours fragmentaire et provisoire. Il est fragmentaire, car il ne peut y avoir de théorie exhaustive de l'homme et de l'histoire. Il est provisoire, car la pensée elle-même fait surgir constamment un nouveau savoir, car elle fait parler le monde dans un langage à la fois singulier et universel.

L'objet même de la pensée c'est le nouveau, ce qui ne se laisse pas réduire au simple décalque matérialisé d'un ordre rationnel préconstitué. En d'autres termes, le réel même et non les idées spéculatives ou les démarches dogmatiques.

La dialectique pensée/action

Cette lucidité relative, face à ces deux composantes d'une démarche de changement, correspond également à un autre aspect. C'est que la personne qui pense son action et fait agir sa pensée est constamment transformée à partir de cette expérience où elle est engagée et qu'elle fait, mais qui la fait aussi. Une citoyenneté adulte et responsable passe obligatoirement par la réappropriation de nos particularités et la critique constructive de la société qui nous fait découvrir les problèmes auxquels seront confrontés nos pensées et nos actes.

Exercie n° 4

Relations entre participants

Type Entraînement en groupe

Objectif Analyser (1.Action), lors de la prochaine réunion de votre groupe (4.Délai), le comportement de chaque participant (2. Personnes et groupes concernés) afin de dégager la façon de s'exprimer de chacun, le type de relations qui s'établit, pour l'améliorer (3. Problème à régler).

Déroulement A la fin de la réunion, prenez 15 minutes pour étudier ensemble les relations entre participants. 1. Remplissez rapidement la fiche individuelle. 2. Débattez des points ou les Non apparaissent. 3. Proposez des remèdes pour la prochaine réunion.

		OUI	NON
Expression	– Chacun est concerné par l'objectif		
	– Chacun s'est exprimé		
	– On parle des problèmes concernant les présents		
	– Chacun dit "je" en parlant de ses problèmes		
	– Apporte des faits		
	– Émet des opinions		
	– Les faits cités concernent celui qui les cite		
	– Chacun prend le temps d'expliquer sa pensée		
	– Encourage l'expression des autres		
Ecoute	– Est attentif à chacun		
	– Regarde celui qui parle		
	– Ne fait pas d'apartés		
	– Ne coupe pas la parole		
	– Interroge pour approfondir		
	– Crée un climat d'écoute réciproque		
	– Ramène sur le sujet		
Compréhension	– Ne porte pas de jugement de valeur		
	– Comprend ce qui est dit		
	– Tient compte des précisions apportées		
	– Essaie de comprendre au-delà des mots		
	– Communique ce qu'il a compris		
	– S'appuie sur les interventions des autres		
Affrontement	– Affirme sa pensée		
	– Accepte la pensée de l'autre		
	– Recherche les points de convergence		
	– Débat sur la divergence		
	– Evolution de sa position de départ		
	– Participe à la décision collective		
Unité	– Participe à la synthèse finale		
	– Est conscient des avancées du groupe		
	– Accepte de vivre avec des divergences		

Les lignes comportant un NON sont à reprendre pour analyser les causes et trouver des remèdes.

Analyse
- Que vous a apporté personnellement cette fiche d'analyse ?
- Qu'a-t-elle apporté au groupe ?
- Quelles sont les améliorations décidées ?

Amélioration
- Repérez les points qui ne correspondent pas à votre groupe.
- Remplacez-les par de plus pertinents
- Ajoutez-en qui vous semblent importants.

Eléments de réponse p. 291

Repérer les modes de fonctionnement du cerveau

Type Prise de conscience

Objectif Identifier, au travers de notre comportement, les modes de fonctionnement de notre cerveau pour apprendre à utiliser toutes nos ressources.

Déroulement Cet exercice doit être fait individuellement ou en groupe.

- ***Individuellement*** : Mettre une croix dans la colonne correspondante

ND : Néocortex Droit NG : Néocortex Gauche
AD : Archéocortex Droit AG : Archéocortex Gauche

- ***En groupe*** : Débattre en prenant chaque terme et en confrontant les réponses individuelles. Arriver à un accord après avoir argumenté sur chaque divergence.

Tendances	NG	ND	AG	AD	Tendances	NG	ND	AG	AD
1. Détails					31. Fond				
2. Ensemble					32. Synthétique				
3. Objectif					33. Logique				
4. Conscience					34. Pragmatique				
5. Morcellement					35. Emotion				
6. Visuel					36. Auditive				
7. Acquis					37. Forme				
8. Latent					38. Subjectif				
9. Manger/boire					39. Pensée conceptuelle				
10. Passion					40. Raison				
11. Raisonnement					41. Esprit				
12. Conceptualisation					42. Action				
13. Fonctions techniques					43. Inné				
14. Volonté					44. Manifeste				
15. Organisation					45. Mémoire				
16. Rationalisation					46. Contenu				
17. Matérialité					47. Lettre				
18. Fonctionnement					48. Fonctions humaines				
19. Se défendre					49. Relations				
20. Langage					50. Gestion				
21. Abstrait					51. Analytique				
22. Concret					52. Association				
23. Concentration					53. Intuitions				
24. Animation					54. Désirs				
25. Administration					55. Expression				
26. Technique					56. Création				
27. Imagination					57. Façon de dire				
28. Spiritualité					58. Démarche				
29. Inconscient					59. Instinct				
30. Décision					60. Procédure				

Analyse Le travail individuel a-t-il été facteur de prise de conscience ? Le travail en groupe a-t-il été clarificateur ?

Amélioration Pour continuer, débattre en groupe de nos points faibles pour rechercher ensemble comment les améliorer.

Eléments de réponse p. 292

Ballade des menus propos

Je connais bien mouches en lait,
Je connais à la robe l'homme,
Je connais le beau temps du laid,
Je connais au pommier la pomme,
Je connais l'arbre à voir la gomme,
Je connais quand tout est de même,
Je connais qui besogne ou chôme
Je connais tout, fors que moi-même.

Je connais pourpoint au collet,
Je connais le moine à la gonne,
Je connais le maître au valet,
Je connais au voile la nonne,
Je connais quand pipeur jargonne,
Je connais fols nourris de crèmes,
Je connais le vin à la tonne,
Je connais tout, fors que moi-même.

Je connais cheval et mulet,
Je connais leur charge et leur somme,
Je connais Bietris et Belet,
Je connais guet qui nombre et somme,
Je connais vision et somme,
Je connais la faute des Boesmes,
Je connais le pouvoir de Rome,
Je connais tout, fors que moi-même.

Prince, je connais tout en somme,
Je connais colorés et blêmes,
Je connais Mort qui tout consomme,
Je connais tout, fors que moi-même.

François Villon

Poètes d'hier et d'aujourd'hui, N°2
Editeur Pierre Seghers

4. Le groupe

"Il y a deux sortes d'efficacité, celle du typhon et celle de la sève."

Albert Camus (1913-1960), *Noces*

Le groupe

Les groupes différenciés

La diversité des groupes

Quand on observe la vie sociale, on découvre rapidement des entités qui ont des caractéristiques communes : les ruraux, les citadins, les employés, les cadres, les immigrés, les jeunes, les exclus, les chômeurs, les musulmans, les catholiques, etc. La liste des groupes sociaux dans la société actuelle est immense. Nous ne disposons pas d'une grille unique d'interprétation. Tentons une synthèse de différentes approches.

Classement de Ch. Cooley (1909)

Groupe primaire [(1)]. Le sociologue américain a introduit une première approche devenue classique par la suite. Le groupe primaire est le groupe restreint et stable caractérisé par une vie commune, des relations personnelles et intimes entre les personnes. Les membres ont une conscience élevée des buts et les actions communes sont importantes, spontanées et novatrices (la famille).

Groupe secondaire. C'est un groupe dans lequel les liens entre les individus sont contractuels et motivés par un objectif déterminé. Les relations y sont formelles et fonctionnelles. La structuration y est très élevée. Sa durée de vie est variable de plusieurs mois à plusieurs années, voire décennies. La conscience des buts évolue avec la durée de la vie de groupe. Elle passe d'une adhésion affective à une adhésion raisonnée. Arrivée à ce niveau, l'efficacité du groupe est plus importante dans les actions communes réalisées (entreprise, association, administration, etc.).

Classement de Hyman (1942)

Groupe d'appartenance. C'est aussi une autre distinction proposée. C'est celui dont fait partie effectivement une personne. Le groupe familial organise notre tissu affectif et relationnel. Le groupe socio-économique avec ses catégories sociales : classes moyennes, bourgeoisie, ses catégories socio-professionnelles : ouvriers, employés, cadres, techniciens, etc. Les groupes ethniques : Basques, Bretons, Occitans. Les groupes locaux : quartier, village, ville, etc. Les groupes amicaux : la classe d'âge, les beloteurs, les joueurs de boules, etc. Ils nous font participer à une collectivité qui favorise notre socialisation.

Groupe de référence. C'est celui qui fournit à l'individu ses valeurs, ses normes et ses modèles d'attitudes, d'opinion. On constate que le statut subjectif d'une personne ne correspond pas nécessairement à son statut socio-économique tel qu'on peut l'établir en fonction de facteurs objectifs, comme le revenu ou le niveau d'éducation. Une personne ne se situe pas seulement à partir du groupe social auquel elle appartient (groupe d'appartenance), mais elle peut se situer à partir d'un groupe social dont elle n'est pas membre et qui néanmoins lui sert de cadre de référence. Cette notion a été approfondie par Robert Merton en montrant qu'une personne peut utiliser tour à tour plusieurs groupes comme cadres de référence. La position du groupe de référence dans la hiérarchie sociale détermine le niveau d'aspiration de celui qui s'identifie à lui. L'assimilation des valeurs du groupe choisi peut préparer et faciliter le changement réel de statut qu'implique l'ascension sociale. Ce phénomène est appelé socialisation anticipatrice. Ce peut être une religion, un parti, une catégorie sociale, etc.

---

(1) **Sciences humaines**, n°48, mars 1995, p. 20.

Rencontre de deux traditions dans l'analyse

- ***Tradition externe***. On considère que les groupes valent la peine d'être étudiés parce qu'ils sont pour ainsi dire les éléments ou matériaux de construction de **la société globale** qui est la principale cellule de l'organisation sociale. Sa dominante est **sociologique**. Ainsi sont analysés les rapports du groupe à l'organisation, à l'institution, à la civilisation. Dans l'analyse institutionnelle sont étudiés les groupes de pression, les organisations, les groupements professionnels, les foules, les sectes, les communautés, etc.
- ***Tradition interne***. C'est l'examen interne des groupes comme société. C'est une tradition plus récente d'esprit expérimental qui est davantage centrée sur **la personne**, ses réactions, ses comportements, ses attitudes au sein des groupes. Sa dominante est **psychologique**. On considère que les groupes doivent être étudiés parce qu'ils constituent le milieu qui influence le comportement individuel. On peut y observer l'interaction sociale et le rôle qu'y joue l'individu. Certains s'intéressent à la personnalité des membres comme la dynamique de groupe (Lewin), la sociométrie (Moreno) ou les groupes de base associatifs.

Une réflexion nécessaire

Elle est rendue possible aujourd'hui par l'utilisation de la compréhension des systèmes avec l'interaction, l'approche de la complexité, où tout est en tout et réciproquement, et le mouvement dialectique qui permet de rechercher les contradictions pour les surmonter.

La personne est influencée par le groupe. Il lui procure son identité sociale. Pierre Bourdieu propose la notion d'**habitus** pour rendre compte de ce "système de dispositions durables et transposables qui, intégrant toutes les expériences passées, fonctionne à chaque moment comme une matrice de perception, d'appréciation et d'actions." Cet habitus est commun aux membres d'un groupe.

Le groupe est influencé par la personne. S'il y a socialisation de la personne, il y a aussi l'expression de la spécificité de chaque membre du groupe. La personne agit au sein du groupe en fonction de ses besoins personnels et de ses projets sur son entourage social. Le sujet tend à défendre son existence et sa visibilité sociale comme être particulier et unique. Il utilise son intégration à la communauté en même temps qu'il se valorise et recherche sa propre cohérence.

Le groupe est influencé par la société. Il est inséré dans un réseau de relations, dans le tissu de la vie sociale. Un groupe (classe d'école) est rattaché à une organisation (établissement scolaire) qui fait partie d'une institution (l'Education nationale), laquelle est insérée dans une civilisation (occidentale) faisant partie de la société (à un moment de son histoire). Cette transversalité marque chaque groupe et les personnes qui le composent.

La société est influencée par le groupe. Les changements sociaux ne tombent pas du ciel. Ils sont le résultat d'actes de personnes et d'actions de groupes qui ont des projets de transformation. A cette action volontaire s'ajoute la transformation involontaire et inconsciente née de processus d'actes quotidiens dont les répercussions dépassent ce qui avait été prévu à l'origine. Le développement de la téléinformatique est le résultat des découvertes successives, depuis l'électronique il y a près d'un siècle jusqu'aux multimédias actuels, sans que les découvreurs aient toujours vu l'impact de leurs travaux. Ces interpellations peuvent nous aider à nous situer dans une société en mouvement que les humains ont réalisée.

Les éléments constitutifs d'un groupe

Plusieurs personnes forment un groupe.
Nous avons vu que la personne n'est pas l'individu. C'est un être de relation qui établit des rapports sociaux vécus à la base dans des groupes.
Ainsi plusieurs personnes réunies forment un groupe informel si la rencontre n'est pas volontaire, ni organisée. Elles forment un groupe formel si la rencontre est volontaire et organisée.

Le groupe est une unité collective

Chaque groupe formel ou informel correspond à une unité de base. C'est la première cellule de vie sociale qui nous met en relation avec les autres, lesquels sont des miroirs qui nous renvoient à nous-mêmes, car nous sommes indépendants.
Notre relation à la nature se fait par le travail et c'est en faisant que l'on se fait.
Notre relation aux autres se fait à plusieurs niveaux :
- au niveau de la **famille**, c'est la première rencontre avec autrui, le lieu qui nous fabrique et nous marque : parents/enfants, frères/sœurs, etc.
- au niveau du **travail** où se réalisent les rapports sociaux de production et se détermine notre appartenance sociale : riche/pauvre, travailleur, exclu, etc.
- au niveau **ethnique** qui nous situe dans un pays, dans une région et nous enracine dans le temps et dans l'espace : un territoire, des racines ;
- au niveau **sexuel** car nous sommes marqués par notre appartenance au sexe féminin ou au sexe masculin, et notre relation avec l'autre sexe va déterminer nos comportements dans la vie sociale, dans le couple, les associations, etc.

Ces diverses formes de relation ont une double répercussion :
- sur notre personnalité individuelle, marquant notre manière personnelle d'assumer notre milieu, de le rejeter ou de le promouvoir ;
- sur notre personnalité sociale, nous situant dans un réseau d'influences auxquelles on peut soit se soumettre en s'adaptant, soit agir pour le transformer avec les autres en apprenant à anticiper nos décisions.

Le groupe possède des objectifs

Les groupes informels : ce sont des groupes issus de la vie sociale qui se constituent en fonction des besoins individuels (amis de travail, transports, etc.). Cependant, ils ont des objectifs concrets, même s'ils sont inconscients. Les personnes qui attendent le métro ont le même objectif : se déplacer au moyen de transports collectifs pour aller au travail ou faire des achats.
Les groupes formels ont des objectifs précis. Les personnes qui les composent ont des buts communs. Parfois il arrive que les objectifs individuels ne correspondent pas aux objectifs du groupe. Suivant la façon dont le groupe fonctionne, on aura soit des conflits, soit une cohésion plus forte.
- Ainsi un groupe qui accepte que les objectifs soient déterminés par ses membres à mesure de leur évolution et de leur renouvellement facilitera la corrélation entre objectifs individuels et objectifs collectifs.
- Au contraire, un groupe qui conserve les objectifs de sa création et les impose de façon absolue à tous ses membres empêche leur évolution et oblige les nouveaux à ne rien apporter d'eux-mêmes. Ce groupe aura à coup sûr des conflits important et, pour les éviter, croyant résoudre le problème, il mettra en place des structures rigides auxquelles chacun des membres du groupe devra se soumettre.

Il répond aux besoins des gens qui le composent

Chaque personne a des besoins individuels de nature très différente.

- Cela peut correspondre à des besoins matériels : se défendre contre les aliénations et contre l'exploitation subies en tant que consommateurs ou producteurs. Dans ces cas, on choisit des groupes de défense de ses intérêts particuliers. Agir avec d'autres, c'est la façon la plus efficace de résoudre ses problèmes.
- Cela peut correspondre aussi à des besoins psychologiques. En particulier, se défendre contre l'angoisse de la relation en recherchant la chaleur affective des autres, dans un équilibre parfois difficile à atteindre.
- Cela peut correspondre à des besoins intellectuels, pour échanger, débattre avec d'autres de ses problèmes, les étudier et décider d'agir.

Ainsi chaque groupe répond à plusieurs nécessités pour chacun de ses membres.

Il nécessite la recherche d'une certaine unité des personnes

Lorsque nous prenons conscience que nous vivons tous en groupe, il devient évident qu'il est souhaitable d'arriver a avoir des attitudes profondes communes. Ainsi un groupe syndical ayant un objectif de promotion collective du milieu devrait tendre à ce que chacun de ses membres ait la même attitude contre tout ce qui développe l'individualisme.

Cette attitude commune n'implique pas que chacun fasse abstraction de sa sensibilité, de ses sentiments. Au contraire, l'accord sur l'objectif permet à chacun d'avoir droit à ses sentiments personnels, à les vivre à sa façon. L'unité se réalise en avançant ensemble vers l'objectif et en respectant la spécificité de chacun. Le dépassement de l'individualisme par exemple se fera en conjuguant les différentes façons de réagir de chacun des membres.

Il permet d'acquérir une pensée collective pour agir socialement

Le fait de travailler ensemble, de réfléchir ensemble, d'agir ensemble, permet d'arriver à ce que les membres du groupe acquièrent une pensée collective favorisant la cohésion et l'efficacité.

La vie du groupe permet le dépassement de l'individualisme, mais il peut nous faire tomber dans le piège de l'individualisme collectif. Pour éviter cela, chaque groupe doit se situer dans la vie sociale, affronté aux problèmes de la cité, affronté aux autres groupes sociaux.

De cette façon, le groupe devient agent de socialisation des individus, leur permettant de situer leur vie dans le réseau complexe des rapports sociaux.

Il a besoin de structures pour être efficace

Une vie de groupe sans structures, c'est un peu un être humain sans squelette. C'est l'ossature qui permet à la vie de surgir et de se réaliser. C'est un ensemble coordonné où chaque partie existe et agit en fonction du tout. Cet ensemble nécessite des moyens matériels, un système de pouvoir, pour faire respecter les normes établies.

La vie du groupe sera très différente suivant que le pouvoir sera octroyé à un seul, à un petit groupe, à une minorité, ou s'il est partagé entre tous, par l'intermédiaire d'une responsabilité par personne.

Ainsi aucune structure n'est neutre. Elle porte en elle un sens qu'il est utile et nécessaire de connaître et de comprendre.

Le champ de forces dans un groupe

La vie secrète en permanence du mouvement, des interpellations, provoqués par le seul fait d'exister et d'être en relations au sein de la vie sociale [1].

La notion de champ

Le champ correspond à l'ensemble des faits ayant une liaison entre eux et s'influençant réciproquement. La notion de champ permet de saisir l'étendue, le cadre d'un phénomène pour en découvrir les composantes.

- ***Le champ psychologique***, ce sont tous les faits psychiques, physiques, intellectuels, existant à un moment donné qui, par leur interaction, déterminent le comportement et les attitudes d'une personne.

- ***Le champ social***, c'est l'ensemble des rapports sociaux existant entre les membres d'un groupe. Ce sont tous les faits économiques (rapport au travail et à l'argent), les faits politiques (rapport au pouvoir), les fait idéologiques (rapport au savoir et au sens) qui, étant en interaction à un moment donné, déterminent les rôles, les fonctions, les relations collectives au sein d'un groupe. Il est situé dans un système social dont il reçoit l'influence, consciemment ou non, et qu'il influence à son tour. Le chômage, par exemple, exacerbe le racisme envers les immigrés qui, dit-on, nous prennent du travail. Cette notion de champ permet de nous aider à saisir la complexité des phénomènes qui déterminent nos comportements individuels et collectifs, dans les groupes.

La notion de forces

C'est l'ensemble des énergies existantes ou mises en œuvre pour mettre en mouvement, dans une direction déterminée ou non, des objets, des personnes ou des événements. La force est un pouvoir d'action. Elle existe en toute personne, en tout fait social. La conduite d'un individu est la résultante des forces internes et externes qui s'exercent sur lui. En élargissant son champ de conscience, il est possible de déceler ces forces en œuvre en nous et de les canaliser pour qu'elles deviennent de la violence surmontée et utilisée dans une direction constructive. Il en est de même du comportement collectif au sein d'un groupe, résultant de l'interaction des forces multiples qui le traversent :
- forces de progression qui impulsent l'action dans une direction,
- forces de contrainte qui freinent les forces de progression et dépendent à la fois des obstacles physiques ou sociaux et des capacités individuelles,
- forces induites, indépendantes des personnes du groupe mais correspondant aux désirs d'une autre personne (le directeur, les parents, le prêtre, etc.) ou d'un groupe social (les paysans, les salariés, les classes moyennes, etc.).

Toutes ces forces intervenant dans un champ individuel et social contribuent à modifier le comportement et les attitudes des personnes et à déterminer les normes, les statuts, les fonctions, les rôles au sein d'un groupe.

(1) **La psychologie dynamique**, K. Lewin, PUF.

Les composantes d'un champ de forces

Le champ des forces qui influencent la vie personnelle et sociale comporte quatre variables complémentaires et en interaction.

L'existence des faits

- Un fait est la réalité sociale vécue en tenant compte de tous les facteurs qui interviennent, directement ou indirectement, dans les relations sociales.
- Tout fait s'inscrit dans un champ où trois mondes sont en interaction :
  - Le monde des objets et des états physiques recouvrant l'ensemble du monde matériel (la matière, l'énergie du cosmos, les structures des êtres vivants, les objets fabriqués : machines, livres, œuvres d'art, dans leur matérialité, etc.).
  - Le monde des expériences conscientes, des perceptions immédiates, comme les expériences visuelles, tactiles, auditives, joies, peines, etc., mais aussi nos représentations mentales, nos souvenirs, nos pensées, nos projets, etc.
  - Le monde de la connaissance objective, qui est le monde de la culture avec tous les systèmes théoriques, les problèmes, les argumentations puisés dans notre héritage culturel : philosophie, histoire, littérature, arts, technologie, etc.
- Tout fait est la résultante de forces en œuvre dans le champ social :
  - Expérience vivante variant avec l'histoire de chaque personne, de chaque groupe, de chaque société.
  - Expérience impliquante où l'observateur est de même nature que l'observé et donc soumis à la même observation.
  - Expérience dialectique visant à conjuguer l'objectivité souhaitable de l'analyse et la subjectivité des acteurs faisant l'analyse.
- Qu'un individu ou un groupe perçoive ou non un fait, en ait conscience ou non, ce fait a une incidence sur le comportement individuel et collectif, il nous marque et nous détermine. Il est préférable d'accéder à la conscience si nous voulons infléchir les faits dans la direction que nous avons choisie.

L'interdépendance entre personne et environnement

On peut dire que la structure de l'espace de vie personnelle et sociale se résume dans la structure des relations existant entre personnes et environnement. Ainsi la personne est une fonction de l'environnement et, réciproquement, l'environnement est une fonction de la personne, les deux sont interdépendants. Un ensemble ne peut être étudié et défini que sur l'interdépendance des parties qu'il comprend, sachant que cet ensemble a des répercussions sur les parties et sur le tout.

L'enracinement historique

Si, en première analyse, tout comportement dépend du champ de forces à un instant donné, il convient de ne pas oublier les effets des situations antérieures sur le comportement actuel. Mais ils n'existent que dans la mesure où, dans l'actualité, une personne, un objet, un fait, nous relient à cette situation antérieure (transfert).

Les rapports des personnes avec le milieu

On ne peut enfreindre impunément les lois biologiques (l'homme ne peut voler), physiques (la pesanteur) ou sociales (leadership). L'univers nous impose des cadres limitatifs à l'intérieur desquels il nous est possible de nous mouvoir. La connaissance de ces limites, de ces lois, nous permet de les utiliser judicieusement. Connaître la loi de la pesanteur permet de faire voler le plus lourd que l'air ; connaître les lois qui régissent la vie des groupes permet de s'en servir au lieu de s'y soumettre.

La vie d'équipe

Nous allons voir à présent les caractéristiques de quelques types de groupes. Nous les envisagerons les plus variés possible pour permettre d'avoir une vision large des différents fonctionnements du groupe.

La notion d'équipe (1)

Une équipe est un rassemblement de personnes peu nombreuses ayant une œuvre à accomplir ensemble. Elle se traduit par un but commun clairement identifié pour l'atteindre ensemble avec efficacité. Elle est fondée sur l'engagement personnel et chacun de ses membres apporte sa science, sa compétence, son expérience, sa technique, mais aussi sa spécificité pour faire jouer sa complémentarité. C'est une totalité et non une addition d'individus et les relations interhumaines forment la trame de la vie de l'équipe où chaque personne, unie aux autres, se trouve en s'oubliant. S'il est nécessaire qu'un animateur existe, il n'est pas hiérarchique. Il favorise un double dynamisme venant de son animation et de chacun des membres. C'est un esprit commun qui naît et s'infuse au sein de l'équipe.

Différents types d'équipes

Les équipes de prévention sont composées de plusieurs éducateurs, dont chacun se spécialise pour accomplir son travail social. Il consiste à proposer des activités aux enfants et adolescents socialement en difficulté et livrés aux dangers de la rue. Elles ont pour but de tenter leur réinsertion en milieu ouvert et de préparer leur participation à la vie sociale et professionnelle.

Les équipes d'organisation. Qu'elles soient syndicales, politiques, familiales, caritatives, les organisations existent de par la multitude des équipes de base qui les composent. Equipes locales, départementales, régionales, nationale, voire internationale, ces équipes sont le sang, la vie de l'organisation pour prendre en charge, selon les choix faits au départ, la défense des intérêts des salariés, l'organisation de la cité, la prise en charge des problèmes des familles par les familles, l'organisation de la solidarité, etc. Sans elles pas de changement social car elles viennent compléter le travail fait par d'autres équipes.

Les équipes pédagogiques rassemblent les enseignants d'un établissement qui désirent élaborer et mettre en œuvre un projet pédagogique favorisant la réussite scolaire et le développement de la personnalité des élèves.

Les équipes sportives (foot, rugby, basket, etc.) sont constituées d'un nombre précis de joueurs déterminé par la règle du jeu. Chacun d'eux occupe une place spécifique sous l'égide du Capitaine de l'équipe. L'objectif étant de gagner le match, l'efficacité dépendra du jeu de chaque membre à sa place et de la cohésion de l'équipe favorisant le jeu individuel et les aides réciproques.

De nombreuses autres formes d'équipes existent dans le domaine du service social, de l'enseignement, de la formation, de la thérapie, du travail professionnel, etc. Derrière leur diversité apparente, elles possèdent les mêmes caractéristiques : un objectif clair, pour réaliser une œuvre commune fondée sur un engagement personnel dans le cadre d'une totalité en interaction, ainsi que des modalités de relations et d'organisation.

---

(1) **Vocabulaire de psychopédagogie**, Robert Lafon, PUF.

La fonction de l'équipe

Identifier le problème auquel l'équipe est affrontée, pour que chaque membre soit lucide par rapport aux engagements qu'il va prendre pour le résoudre.

Favoriser l'expression de chaque membre de façon à rassembler les différentes perceptions du problème et les différentes réactions à son égard. Cela permet de rassembler les matériaux nécessaires pour organiser le travail.

Se concerter en débattant de l'interprétation des faits, en organisant l'analyse avec des outils pertinents, en élaborant des propositions qui permettent de résoudre le problème dans le sens des objectifs généraux que s'est fixés l'équipe.

Etre en relation avec d'autres équipes prenant en charge les problèmes similaires de façon à confronter les perceptions, les réactions et les propositions. Cela permet, sur un même problème, d'élaborer une politique plus large, plutôt qu'une résolution individuelle, contribuant à une prise en charge sociale d'un problème personnel qui a une dimension collective.

Les composantes du travail d'équipe

1. ***L'objectif*** doit être clair et précis. Se rappeler les quatre paramètres qui le constituent : 1. le problème à régler ; 2. Les personnes et groupes concernés ; 3. L'action à réaliser ; 4. Les délais de réalisation. Situer l'objectif dans le cadre d'une finalité et d'une politique.
2. ***Compréhension de l'objectif par tous***. S'il y avait des interprétations différentes, l'objectif ne serait jamais atteint. La meilleure méthode pour arriver à un accord de tous sur l'objectif c'est qu'il soit élaboré par les membres de l'équipe et que l'on prenne le temps d'en débattre pour y arriver.
3. ***Choisir un animateur***. Sa fonction est simple : faire respecter l'objectif en évitant les déviances ; favoriser l'expression de chaque participant en veillant à ce qu'il dise “je” ; faire la synthèse des “je” pour arriver au “nous” ; faire respecter les méthodes de travail choisies.
4. ***Désigner un secrétaire***. Il sera chargé de conserver la mémoire du travail de l'équipe grâce à ses comptes rendus. Pour être un outil de travail utile, ils devraient comporter : l'analyse des problèmes, la synthèse des débats (points d'accord et de désaccord), les décisions prises et le bilan des réalisations entre deux rencontres, plus un bilan final.
5. ***Choisir une méthode de travail***. Réaliser un projet d'année découpé en autant d'aspects du problèmes qu'il y aura de réunions dans l'année, avoir un plan de travail pour chaque réunion, organiser l'information rassemblée par chaque membre de l'équipe, l'analyser, faire des synthèses, décider et organiser l'action.
6. ***Bilan***. Faire régulièrement le point de l'action pour percevoir si l'équipe avance vers l'objectif ou si elle dévie ; dans ce cas, prendre des mesures correctrices sans attendre la fin de l'action. A son terme, mesurer l'écart soit pour compléter, soit pour aller plus loin si l'objectif a été atteint.

Auto-analyse de l'équipe

L'équipe est le groupe de base par excellence. C'est à partir d'elle que s'amorce la transformation sociale, par la prise en charge des problèmes en fonction de la particularité de chaque organisation. Des déviances sont possibles. Penser davantage au fonctionnement et à l'organisation plutôt qu'aux objectifs est une dérive fréquente. Il est nécessaire que régulièrement, au moins une fois par an, soit programmée une séance d'auto-analyse pour réfléchir en équipe sur le sens de son action.

La dynamique de groupe

C'est un genre qui est parfois appelé de façons différentes : groupe de diagnostic, training group, dynamique de groupe, etc. Peu importe le terme, il s'agit simplement de situer ce qu'est cette démarche, qu'il ne faut pas confondre avec la dynamique du groupe que l'on retrouve dans toute organisation.

Ici et maintenant

La dynamique de groupe se veut sans technique. Les participants sont libres de parler ou de se taire, de s'organiser ou non, de se choisir un animateur ou de le rejeter. C'est la liberté totale sans structure.

La seule contrainte que l'on exige c'est de respecter, dans le débat, l'unité de lieu ici et l'unité de temps maintenant, c'est-à-dire que les participants à l'expérience ne peuvent parler que de leur vécu pendant le temps où ils sont ensemble.

Les conditions posées généralement en psychothérapie

1. ***Etre volontaire*** : Ce qui se comprend, car une personne envoyée sur commande, ce qui est parfois le cas en formation pour certains cadres d'entreprises ou certains travailleurs sociaux, risque d'être bloquée psychologiquement, même si on ne le perçoit pas.
2. ***Ne pas se connaître*** : Se justifie aussi, car l'on s'est rendu compte que nous jouons tous des rôles dans la vie sociale. Si une autre personne nous connaît, nous risquons de continuer à jouer notre rôle, ce qui nous empêchera d'être nous-mêmes, ou tout simplement autre.
3. ***Ne pas avoir la même profession*** : On s'est rendu compte que des avocats, des médecins, des assistants, des cadres étaient plus centrés sur les problèmes professionnels lorsqu'ils étaient entre eux, au lieu d'être centrés sur le groupe "ici-maintenant".
4. ***Pas de programme*** pour la même raison. Il ne faut pas pouvoir se cacher derrière des problèmes. Cela évite de voir ce que l'on est. On peut paraître en traitant de sujets connus. Alors il faut apprendre à être sans support pour se camoufler.
5. ***Pas d'animateur*** de façon à ce que le groupe atteigne son autonomie seul, sans aide, et trouve en lui les ressources nécessaires à sa progression et à sa structuration s'il le juge nécessaire.
6. ***Durée 40 heures*** en souhaitant que ce soit à la suite, de façon à ce que la vie du groupe évolue de la naissance, en passant par sa crise, pour mourir consciemment à la fin de la session. L'expérience prouve que ce temps est nécessaire pour avoir tous les matériaux d'analyse.
7. ***Nombre 8-15*** en sachant que le chiffre optimum est 10 pour que les phénomènes de groupe surgissent et se développent pour chacun des participants. Au-delà de 15, il vaut mieux faire deux groupes;
8. ***Tutoiement*** : Il a été introduit en France pour accélérer le phénomène de maturation du groupe. On va ainsi plus vite à l'essentiel.

A quoi sert la dynamique de groupe ?

Mais, va-t-on dire, “Pourquoi faire ce genre de choses, s’il faut prendre tant de précautions ? Il n’y a qu’à faire autre chose.”

Il ne faut pas minimiser l’importance d’une expérience de ce genre, au contraire. Voici les objectifs que l’on peut atteindre, d’après Michel Cornaton, dans son livre **Groupes et sociétés** (Ed.Privat).

1. Une meilleure compréhension de ce qui se passe dans un groupe, afin de prendre les décisions opportunes.
2. L’acquisition d’un certain savoir-faire technique destiné à faciliter les échanges nécessaires entre les membres du groupe pour que les décisions soient comprises et acceptées.
3. Le développement de l’attention aux autres et de la tolérance aux sentiments, qui est le fait d’accepter que des sentiments divers puissent être exprimés à propos d’une même situation.
4. L’apprentissage à la découverte et à l’acceptation totale de soi-même, en acceptant plus particulièrement ses propres sentiments négatifs.
5. Faciliter la prise d’initiatives personnelles, permettre à des participants de prendre davantage leurs responsabilités sans se référer constamment à une autorité pour tout régler.
6. Déterminer son action non en fonction d’idées préconçues, mais en fonction de la réalité observée dans un groupe de travail.
7. Découvrir comment on est perçu par chacune des autres personnes et par l’ensemble du groupe.

Un enrichissement certain

Nous pensons que c’est une expérience nécessaire à vivre pour tous ceux qui ont des responsabilités dans un groupe, car ils ne trouveront nulle part ailleurs l’occasion d’être remis en cause et de se remettre en cause eux-mêmes, s’ils sont à la recherche de la vérité.

Notre société conformiste ne permet pas encore que l’on se dise simplement ses vérités dans la vie courante. C’est donc un temps fort privilégié où l’on ne peut se camoufler

- ni derrière les problèmes extérieurs, car il n’y en a pas à régler : il faut prendre la matière objective du vécu “ici et maintenant” ;
- ni derrière l’animateur qui n’intervient pas ou peu, pour ne pas empêcher le groupe de prendre en main son autonomie ; un animateur qui aiderait trop souvent rendrait le groupe dépendant de lui ;
- ni derrière d’autres participants, car l’interaction est telle qu’il est difficilement accepté des relations privilégiées permanentes.

Cela permet d’apprendre à être, de trouver en soi et dans le groupe les éléments nécessaires à une autonomie personelle et à celle du groupe.

Les sectes [1]

Dans une période où l'extension des sectes est un signe de recherche de sens par de nombreuses personnes qui ne le trouvent pas dans leurs organisations habituelles ou dans leurs Eglises, il est peut-être utile d'en déchiffrer le fonctionnement.

Leur objet. Du latin **secta** ; de **sequi**, suivre. Réunion de personnes qui professent une même doctrine en suivant un guide, un gourou.

Leurs caractéristiques. C'est l'analyse du contexte culturel et politique et plus seulement religieux qui permet d'en percevoir les caractéristiques. Elles se caractérisent par leur **anti-intellectualisme** extrême. Elles refusent la science dominante et insistent sur l'affectivité, sur l'expérience intérieure, sur l'admiration inconditionnée pour le leader charismatique, son enseignement, ses révélations ; par leur **refus du politique**, ce qui ne les empêche pas de posséder une interprétation de l'histoire et un décodage particulier des conflits du monde dans cette perspective. Elles placent le **perfectionnement individuel** au-dessus de l'action collective et de l'action de type profane. Elles tiennent la conversion comme seule capable de régler les problèmes des hommes. Elles prônent le **prosélytisme** pour permettre à toute l'humanité d'être sauvée par le message qu'elles apportent. Elles possèdent une **organisation pyramidale** mettant une distance entre les dirigeants et les simples adhérents ou fidèles. Il y a une distribution très hiérarchique du pouvoir, des savoirs et des avoirs, selon un règlement très strict. Elles fondent la valeur personnelle et la cohésion du groupe sur une **ascèse** qui englobe l'ensemble de la vie personnelle et sociale : temps de sommeil réduit, nourriture particulière, obéissance stricte, rupture avec la famille, abandon des activités extérieures, insistance sur l'**activité ininterrompue** et le travail au bénéfice exclusif de la secte lorsque celle-ci adopte la formule de la vie communautaire.

Les sectes, suivant leur nature, sont censées permettre à leurs adeptes de :
- être sauvés par Dieu (sectes religieuses, etc.)
- obtenir des pouvoirs supra-naturels, magiques (sectes ésotériques transmettant un enseignement "secret", etc.)
- sauver sa santé et son équilibre physique (sectes diététiques, etc.)
- sauver le monde de sa destruction (sectes spirituelles, etc.)
- obtenir la réussite matérielle (emploi élevé, fortune), intellectuelle (maîtrise des connaissances), affective (maîtrise de soi et de ses relations aux autres).

Toutes promettent la réussite dans un domaine, recrutant ainsi leurs adeptes en fonction des aspirations de ceux-ci, correspondant à la recherche de sécurité dans un des domaines où leur personnalité a besoin d'être renforcée.

Réponse à un besoin individuel, mais aussi réponse à un besoin social de sublimation, de révolte collective face à des situations d'injustice collective (chômage, exclusion) afin de rechercher une qualité de vie que la société leur paraît incapable de leur procurer.

---

(1) Max Bouderlique : **Sectes. Les manipulations mentales**, 3e éd. ; **Comprendre l'action des sectes, Ré-agir face aux sectes**, 2e éd., Chronique Sociale.

Ce qui séduit

Toute personne peut devenir sensible au discours d'une secte dès qu'elle s'angoisse sur ses problèmes personnels ou sur sa situation sociale, sur son manque de pouvoir, de savoir ou d'avoir : Je ne pourrai jamais... Je ne saurai jamais ... Je n'aurai jamais...

Ce sont des positions dépressives auxquelles elles seront d'autant plus exposées que leurs idéaux ou leurs aspirations sont plus élevés. Ce sont souvent les plus sensibles, les plus généreux qui tombent dans le piège des sectes. Les sectes prétendent toutes détenir et communiquer à leurs adeptes des pouvoirs et des savoirs exclusifs, ce qui d'un coup peut résoudre (en apparence) la dépression et l'angoisse. Rien n'est plus tentant que d'essayer. Cet essai ne réclame "pour être concluant" que la mise entre parenthèses pendant sa durée de tout esprit critique, l'acceptation de toutes les contraintes qui sont présentées comme nécessaires.

Ce qui est dangereux

La manipulation, car il s'agit de déstabiliser et de déstructurer la nouvelle recrue en lui faisant perdre toutes ses valeurs et tous ses repères habituels par de multiples procédés conjugués comme : changement radical de milieu social, de secteur géographique, de cadre de vie, de modalités et de rituels de vie (sommeil, nourriture, hygiène, travail, promiscuité, etc.).

En même temps, la secte la conforme à ses propres normes, tant par son enseignement et ses pratiques que par des méthodes à fondement largement hypnotique (cérémonies rituelles longues, incantations répétitives, lectures imposées, répétition de formules, musiques envoûtantes, injonctions paradoxales, etc.). La pensée de l'adepte est enfermée dans la langue de bois propre à la secte qui lui permet difficilement de communiquer avec le monde extérieur, et de penser autrement que la secte. C'est une démission de soi-même au profit d'un autre.

Comment en sortir

Prendre conscience des problèmes affectifs et sociaux qui ont amené à chercher ce refuge. Ce ne peut être ni des arguments rationnels, ni une démonstration des abus de la secte. Il faut arriver à être convaincu qu'il existe d'autres solutions.

Se déculpabiliser. En prenant conscience, le danger de se sentir coupable existe. Or il n'y a pas à se condamner, à se replier sur soi. Au contraire, ayant pris connaissance des mécanismes des sectes, on peut mieux se comprendre pour utiliser ses potentialités pour faciliter sa marche vers l'autonomie retrouvée et la socialisation dans des groupes ou équipes plus tolérantes et plus démocratiques.

Etre accueillant, c'est la démarche nécessaire pour l'entourage, ne pas emprisonner l'autre dans son passé, au contraire lui faire utiliser ce passé comme moyen de se libérer de ses fantasmes et assumer une nouvelle vie plus équilibrante. L'amour familial devra rester intact. Les amitiés vraies pourront se manifester. C'est en ne se sentant pas jugée ni enfermée que la personne pourra trouver en elle les ressources nécessaires à son propre épanouissement.

Les groupes de pression [1]

Caractéristiques

Les sociétés industrielles voient se développer en leur sein des groupes qui se donnent pour but d'infléchir la politique des gouvernements, des organismes internationaux, ou d'influencer l'opinion publique en faveur d'intérêts particuliers.

Des sociologues y incluent les syndicats, les cartels d'entreprises, les associations de consommateurs, de locataires, de parents d'élèves, les sociétés religieuses, etc., mais non les partis politiques puisque ceux-ci cherchent non à infléchir le pouvoir, mais à le prendre.

Leurs modes d'intervention sont variés. Souvent, ils s'en tiennent à une action discrète en faisant jouer leur réseau de relations amicales, scolaires ou d'affaires, voire même par l'intermédiaire de financements d'activités. Certains sont représentés en tant que tels dans les instances officielles et jouent le jeu de la représentation. D'autres enfin utilisent la lutte sous ses formes diverses : grève des médecins ou des avocats, manifestation dans la rue, etc.

La diversité des groupes de pression

Les groupes d'affaires réunissent les entreprises d'une même branche industrielle ou commerciale (métallurgie, chimie, textile, etc.). Au nom de l'intérêt de la profession et de la nation, ils font pression sur les gouvernements pour faire adopter leur politique économique. L'Etat devient alors un moyen entre leurs mains. Le pouvoir économique influence le pouvoir politique dans le sens de ses opinions et de ses choix.

Les groupes socio-économiques traduisent les intérêts de catégories spécifiques : céréaliers, betteraviers, écrivains, psychologues, enseignants, sidérurgistes, mineurs, musiciens, bateliers, etc. Leur action est plus directe et souvent ils prennent l'opinion publique à témoin de leurs difficultés. Ainsi, par une action psychologique, complémentaire d'une action sur le terrain, ils arrivent à infléchir la politique gouvernementale (tout en ayant, pour certains, l'inconscience de dire qu'ils ne font pas de politique).

Les groupes de promotion se constituent pour la défense des causes morales (contre le racisme), philanthropiques (aide à l'enfance) ou idéologiques (coopératives, mutuelles). Ils se mobilisent pour faire adopter certaines lois (avortement, objection de conscience) ou pour en faire supprimer certaines (enseignement, service militaire). Ce sont souvent des groupes composés de personnes qui trouvent que les grandes organisations auxquelles elles appartiennent (syndicats, partis, associations), trop centrées sur la défense de leurs intérêts généraux ne prennent pas suffisamment en charge les problèmes de défense de la personne dans ses particularités. C'est une des raisons de la prolifération de groupes de promotion au travers de la vie associative et des coordinations (rurale, infirmière).

Il existe une multitude d'autres groupes de pression, de toutes natures, pour la défense d'intérêts particuliers (proxénètes) ou la promotion de personnes rejetées (prostituées, buveurs). Ces groupes ne désirent pas le pouvoir, ils veulent seulement l'influencer sur des problèmes particuliers ou des problèmes plus généraux.

(1) **Les groupes de pression**, Jean Meynaud, Que sais-je ? N°895.

Leurs fonctions dans la vie sociale

La catégorie "groupe de pression" a été forgée pour rendre compte de la vie politique dans les sociétés industrialisées de type occidental. Leurs fonctions sont multiples.

Fourniture d'informations. Elle est complète et circonstanciée concernant la situation qu'ils défendent. Faute d'une documentation appropriée, les responsables des services administratifs sont susceptibles de commettre des erreurs graves sur le sens et le contenu des mesures à prendre ou des rectifications à apporter en cours d'exécution. Les responsables des groupes de pression sont souvent le mieux placés pour procurer ces données sur les problèmes qui les concernent.

Obtention de l'acquiescement de leurs membres aux mesures envisagées. Les dirigeants exposent l'action entreprise à leurs adhérents et les résultats obtenus et leur en recommandent l'exacte application. Cette coopération comporte des dangers car l'information fournie et les demandes faites ne vont pas toujours dans le sens de l'intérêt général, au contraire elles renforcent le poids des intérêts particuliers.

Canalisation et rationalisation des aspirations. Sans ces groupes, les réactions et mouvements prendraient souvent une forme désordonnée et violente aux conséquences imprévisibles. Les agitateurs extrémistes pourraient utiliser ces situations à des fins personnelles ou idéologiques.

La défense des intérêts particuliers, fortement organisée, renforce certes leur capacité de pression, mais en même temps elle la canalise.

Leur impact dans la société

Profitant de leur force politique, divers groupes parviennent à bénéficier de situations abusives dont le bilan cumulé sur les finances publiques est souvent lourd.

Ils exercent une action appréciable sur le fonctionnement de l'activité gouvernementale, généralement pour protéger l'ordre de choses existant. Pourtant, cette influence, variable selon les secteurs, n'est jamais totale. Elle se trouve remise en question par d'autres groupes de pression. Il est à remarquer que les groupes de pression des milieux aisés et riches recourent davantage à l'influence de leur réseau de relations pour infléchir la politique gouvernementale dans le sens de leurs intérêts, alors que les groupes de pression des milieux populaires, plus pauvres et sans relations avec ceux qui détiennent le pouvoir, sont presque toujours obligés de recourir à l'action pour que des négociations aient lieu et obtiennent en partie satisfaction.

Ils concourent à la formation générale de l'opinion et de l'orientation politique avec une intensité qui dépend des circonstances et des problèmes. Elle est généralement fonction de l'audience et de l'appui qu'ils obtiennent des divers services de la machine gouvernementale (administration, armée) ; de l'audience et de l'appui des médias qui parlent, divulguent, informent ou taisent les problèmes soulevés concernant certaines catégories sociales.

Ils contribuent enfin au démantèlement de la notion d'intérêt public général qu'il serait temps de retrouver en revalorisant et mettant en œuvre une véritable justice sociale.

Les réseaux [1]

Réseau, du latin **retialus**, filet. Ensemble de lignes entrelacées. Ensemble de points communiquant entre eux. Ensemble de personnes qui sont en liaison les unes avec les autres. La notion de réseau a donc une double signification : réseaux techniques avec les multimédias, les autoroutes de l'information et la téléinformatique que certains appellent le cyberpsace (William Gibson) et réseaux sociaux tissant des rapports entre des personnes ou des associations. Les deux aujourd'hui se conjuguent pour que s'établissent des communications sur des espaces restreints ou larges, à l'échelle de la planète.

Les réseaux sociaux

Il y a des réseaux associatifs, des réseaux de chercheurs, des réseaux d'entreprises, des réseaux politiques, des réseaux de résistance. On distingue :

Les réseaux formels. Ceux que constituaient la famille, le quartier laissent progessivement la place aux réseaux professionnels, d'entreprises, d'associations, de groupements politiques, syndicaux, culturels, sportifs, etc. avec des branchements sur les réseaux permanents de la famille, des amis, des voisins, des collègues de travail, etc. Les relations tendent paradoxalement à se multiplier.

Les réseaux informels. Il s'agit d'asseoir et d'entretenir des relations personnelles avec d'autres personnes, ces relations passant par des nœuds presque obligés : cantines d'entreprises, place du village, conversations de couloirs, au marché, dans une file d'attente, à la bibliothèque municipale, etc. A partir de là peuvent se mettre en place des rencontres tout aussi informelles, où une personne servant de catalyseur fixe un jour et un lieu pour se retrouver où peuvent se voir librement, sans programme, avec expression libre, les personnes qui le désirent, avec simplicité de l'accueil des personnes, ouverture à leurs problèmes si elles désirent en parler et souplesse dans le fonctionnement pour que chacun puisse accueillir et être accueilli, rencontrer des personnes différentes et partager ce que chacun a envie de dire et de dévoiler.

A la limite on peut considérer que chaque individu est le centre d'un territoire en réseau très particulier, unique et à nul autre pareil : réseau fait de l'ensemble de ses relations familiales, professionnelles, amicales, associatives. Relations choisies ou subies, gratifiantes ou conflictuelles, larges et éclatées ou restreintes, ayant une grande permanence ou une faible durée.

La multiplication des réseaux est le prolongement d'un phénomène historique. Il n'existe pas d'organisation humaine (circulation, échange) ou physique (irrigation, eau) ou technique (circulation de l'information, communicatiion interactive) sans réseaux. Le devenir du monde actuel semble devoir être fortement influencé par la circulation des flux immatériels. A travers l'innovation commerciale et organisationnelle, c'est une véritable révolution silencieuse qui est en train de s'opérer.

Les réseaux techniques

Les réseaux géants d'informations abolissent le temps et l'espace. Ils se moquent des frontières et promettent le meilleur des mondes : accès de tous à l'information, destruction des hiérarchies, convivialité des échanges, débats sur Internet, etc. Mais ils risquent de faciliter l'évasion fiscale, l'espionnage, le terrorisme, la criminalité organisée, les atteintes à la vie privée, et de mettre en péril les fondements de la démocratie.

---

(1) **Les réseaux et leurs enjeux sociaux**, Henri Bakis, Que sais-je ? N°2801, 1993.

Les composants de ces nouveaux outils sont nombreux et variés

L'informatique, grâce à la numérisation, nous permet de rentrer dans l'ère du multimédia en traitant le texte, le son, l'image fixe et animée. Grâce à ses performances et à l'abaissement de ses coûts, l'informatique devient accessible à tous les particuliers qui peuvent se procurer ordinateur, logiciels et périphériques. Son adoption et son utilisation est un phénomène culturel plus que financier. En effet, son prix est nettement inférieur à celui d'une voiture, qui est aujourd'hui entrée dans les mœurs, et correspond davantage au coût d'un téléviseur ou d'un caméscope. Il ne faut pas plus de temps pour apprendre à s'en servir que de leçons de conduite automobile, et son entretien est moins onéreux que celui d'une voiture. Le problème est que le public adulte n'est pas encore prêt à s'équiper de cet outil incontournable.

Les autoroutes de l'information sont les réseaux maillés et interactifs qui relient tous les usagers entre eux et permettent, grâce aux fibres optiques, de faire circuler l'information numérisée sur l'ensemble du globe pour peu que l'on soit équipé, soit d'un téléviseur raccordé, soit d'un ordinateur muni d'un Modem (il permet la transmission des données sur le réseau téléphonique). Elles permettent la transmission simultanée de 4 000 copies du texte intégral de Don Quichotte en une seconde à 13 000 km de distance. Elles favorisent l'accès à une multitude de sources d'informations : supermarché (catalogue audiovisuel, prise de commande), dialogue (courrier électronique, forum de discussion sur tous les sujets), sciences (échange de travaux), enseignement (toutes matières, tous pays), bibliothèques (Congrès américain, Londres, Paris), banques de données (industrielles, services publiques), organismes internationaux (ONU, UNESCO, etc.), jeux (programmes), images, sons (banques d'images et de sons), etc.

Les deux problèmes importants sont l'accès de tous à la possession et à l'utilisation de ces outils, d'où formation nécessaire, et le prix d'utilisation de certaines sources d'information, d'où la nécessité d'un revenu correct pour éviter une société à deux vitesses d'info riches et d'info pauvres.

Dialectique des réseaux sociaux et des réseaux techniques

Cette évolution étant incontournable, ou nous la rejetons, mais elle se fera quand même sans nous, voire contre nous, ou nous essayons de la prendre en charge afin que les humains restent maîtres de leur destin et organisent librement leurs relations, hors des murs traditionnels d'un local. Cela nous oblige à penser une autre forme de solidarité planétaire, pour éviter que des réseaux fascistes, racistes, de trafic d'organes, terroristes, etc. sachent mieux les utiliser que les honnêtes gens.

Si nous ne prenons pas en charge ces réseaux maillés, le fossé va croître entre les "infos riches" et les "infos pauvres", au cas où la solidarité ne jouerait pas son rôle et où l'Etat cautionnerait les lois du profit contre celles du partage. Nous sommes tous conviés à devenir compétents en ce domaine, à nous former à la maîtrise de ces techniques, et surtout à être capables d'innover et d'inventer des réseaux de convivialité où chacun mettra sa compétence au service de tous pour gérer l'information, car l'information c'est la matière première de la décision, et la décision c'est la clé du pouvoir.

Devant le danger et les abus d'utilisation qui peuvent être faits, il est important et urgent de se forger une éthique qui éclaire notre conscience morale, afin de pouvoir utiliser ces outils de façon constructive et épanouissante pour chaque personne et chaque organisation. La réalisation d'un code de déontologie rendrait de grands services à la société.

Les groupes multidisciplinaires

Multidisciplinarité, multi du latin **multus** : beaucoup, nombreux.

Elle concerne plusieurs disciplines ou spécialités. Elle a pour fonction :

- La coordination des rôles et la répartition des tâches en fonction de la planification d'un programme élaboré par le groupe.
- L'action concertée en vue d'un objectif concret pour répondre à un problème de société important.

La multidisciplinarité implique l'utilisation des savoirs et des savoir-faire complémentaires des différents membres du groupe, permettant à chaque discipline de conserver et de développer sa propre spécificité en la mettant au service du groupe, en s'enrichissant de l'apport des autres disciplines tout en les enrichissant à son tour.

Le principe de complexité

La personne est un être complexe (physique, affectif, intellectuel). Les problèmes de son insertion sociale sont complexes (travail, relations, décisions) d'où la nécessité de faire appel à plusieurs disciplines pour comprendre les phénomènes en tenant compte de trois éléments :

- L'être humain est une entité caractérisée par trois niveaux de fonctionnement personnel : biologique, psychologique, philosophique, et trois niveaux de fonctionnement social : économique, politique, idéologique.
- Seul un fonctionnement en travail de collaboration multidisciplinaire peut appréhender toutes ces dimensions.

La personne est un être en constante évolution et son développement touche chacun de ces niveaux et leur interaction.

Le principe de totalité

Quatre éléments indissociables et en interaction interviennent :

Une philosophie commune. Notre pratique ne peut être détachée d'un regard sur l'être humain et d'une conscience des motivations personnelles pour faire le type de travail choisi. Les philosophies des membres peuvent être différentes mais il doit exister une plate-forme idéologique minimale commune. Cette base doit être formulée le plus explicitement possible. C'est elle qui détermine le sens de l'action, l'efficacité du travail et le respect des différences. Cette plate-forme doit être vivante, en constante évolution grâce à une réflexion critique permanente dans la pratique quotidienne.

Un objectif commun. La définition d'un objectif commun joue un rôle primordial. C'est l'idée qui doit guider et cadrer le travail de l'équipe multidisciplinaire. C'est le principe organisateur qui permet l'articulation et la coordination des différentes disciplines. Le but commun doit prendre naissance au sein de l'équipe. Il ne peut être imposé de l'extérieur. Sa définition résulte d'une réflexion collective et fait l'objet d'un consensus de tous les membres.

Une méthode commune. Elle découle de l'objectif commun. Elle consiste dans l'organisation et l'articulation des moyens permettant d'atteindre cet objectif. Elle fournit une grille de réflexion et de mise en ordre qui garantit la continuité et l'adéquation de l'action. Elle n'est pas figée. Elle est objet de négociation et de conflit tout au long de l'histoire du groupe.

La spécificité de chaque discipline. Cette spécificité doit être définie le plus précisément possible. Coopérer, étymologiquement, c'est travailler avec. C'est la mise en évidence de la richesse contenue dans les différences de chacun pour les mettre au service de l'objectif commun. Cela ne signifie pas que chacun est interchangeable et que tout le monde fait la même chose. La spécificité est une discipline comportant trois pôles complémentaires, en interaction, qui s'articulent avec le projet multidisciplinaire : l'identité professionnelle, la fonction (compétence) et le rôle. Toute affirmation, approfondissement de la spécificité est favorable au projet, comme toute ouverture aux autres disciplines enrichit la spécificité.

Le principe de communication

Pour collaborer et coopérer, il faut pouvoir dialoguer (voir p.146 à 149). Il faut qu'il y ait parole.

- Il faut parler en son nom propre, parler de son vécu, de ses perceptions, de ses interprétations, s'impliquer et s'engager dans sa parole.
- Il y a parole lorsque le discours s'offre à l'épreuve de la réalité. Elle dérive dans l'interprétation lorsque les concepts utilisés ne sont pas adaptés à l'analyse de la réalité, ne collent pas aux faits.
- Il y a parole lorsque les mots ne sont pas des outils de pouvoir, mais des ponts jetés vers les autres disciplines. Les paroles doivent tendre à relier les approches différentes. Aucune discipline ne doit envahir le groupe sous peine d'éclatement.
- Il y a parole lorsque celle-ci est entendue. Il n'y a pas de parole sans écoute (voir p.164)
- Il n'y a pas de parole sans un minimum de continuité. Les équipes évoluent, de nouveaux membres peuvent arriver, d'autres s'en aller. Chaque personne nouvelle se doit d'accepter au départ la plate forme qui garantit la continuité.
- L'exercice de la communication requiert de chaque personne un esprit d'ouverture à l'autre, une curiosité face à l'inconnu, une capacité d'auto-évaluation, une confiance en soi et en l'autre, un sens des limites, une disponibilité, une attitude de recherche qui devraient être intégrés dans toute démarche d'action, dans toute notre pratique sociale.

Ces qualités sont rarement réunies chez une seule personne. C'est ce qui fait la richesse d'une équipe pluridisciplinaire où chacun reconnaît les apports des autres.

Le principe d'organisation

Ce processus permet au groupe de devenir autonome, interactif et productif. Il passe ainsi du savoir-faire au savoir-être.

- Ce groupe a besoin d'exister comme groupe avant d'aborder la multidisciplinarité.
- Cette constitution demande du temps pour arriver à une acceptation réciproque.
- Le consensus sur l'objectif prend aussi du temps.
- L'évolution se fait grâce aux différences acceptées et à l'affrontement maîtrisé.
- Le groupe a besoin d'espace, d'un lieu, d'un territoire propre, de parole et d'écoute.
- Chaque spécialiste présente son approche spécifique.
- Le groupe a ses propres règles de fonctionnement et de travail.
  Il définit les rôles et les fonctions de chacun
- Choisit un animateur qui fasse respecter objectif, règles et décisions.
- Contre l'utopie, accepte le principe de réalité canalisé par les objectifs, compte tenu de la plate-forme philosophique acceptée. Cela conduit à prendre en charge en permanence la dialectique pensée/action, l'une éclairant l'autre et se nourrissant d'elle, et réciproquement.

La multidisciplinarité se construit dans un processus continu, qui implique la coordination des fonctions et des spécialités, l'intégration des savoir-faire multiples, la planification des compétences complémentaires et la coopération fonctionnelle centrée sur l'objectif.

Les groupes

Les coordinations [1]

Ayant pris conscience qu'un problème, pour être traité sérieusement, nécessitait l'intervention, non seulement de plusieurs spécialistes comme dans le groupe multidisciplinaire, mais de plusieurs organisations différentes et complémentaires, il devient de plus en plus indispensable de mettre en place des équipes de coordination.

Les coordinations

C'est une fonction générale propre à toute action, dans la mesure où celle-ci nécessite l'intervention de plusieurs organismes ou organisations. C'est la mise en ordre, l'agencement et l'articulation de représentants de ces diverses organisations en vue d'atteindre un objectif commun. C'est par la mise en commun de la perception des problèmes, de leur analyse, de leur prise en charge, que les membres d'une équipe de coordination parviennent à un certain degré d'objectivation de la réalité et d'organisation des actions nécessaires pour la prendre en charge.

Co signé avec sous-tend l'idée de lien, d'union. Ordonner à deux significations : mettre en ordre, organiser et prescrire, agir. Coordonner c'est donc une action simultanée d'agencement des éléments pour leur donner une cohérence. C'est aussi les décisions d'action exercées conjointement par plusieurs personnes ayant pouvoir et autorité pour représenter leur organisation.

La coordination a également comme corollaire le dialogue. Les problèmes de notre société ne peuvent se résoudre que par l'avènement d'une forme d'existence fondée sur la communication vraie et sur la reconnaissance réciproque des personnes et des organisations qu'elles représentent. L'accroissement de la liberté suppose le remplacement des relations autoritaires de subordination et d'exploitation par des relations de réciprocité et de responsabilité.

Les acteurs de la coordination

Toute prise en charge sérieuse d'un problème nécessite l'intervention et donc la coordination d'acteurs multiples concernés.

Les fournisseurs de ressources regroupent les personnes physiques ou morales qui procurent des financements, des moyens, des informations, mais aussi confèrent la légitimité. Ce sont les élus, les représentants des collectivités locales ou de l'Etat, les regroupements professionnels, etc.

Les transformateurs de ressources. Les directeurs d'organismes, d'organisations, d'institutions, responsables locaux du réseau institutionnel, responsables des équipements collectifs et des services qui assurent et organisent la cohérence interne de l'action des organisations au service d'une catégorie sociale (personnes âgées, jeunes, handicapés, sportifs, etc.) pour prendre en charge les problèmes auxquels elle est affrontée.

Les producteurs de service. Ce sont les professionnels de ces organisations diverses chargés de promouvoir les prestations correspondant aux besoins individuels et aux problèmes collectifs de la catégorie sociale prise en charge. Ce sont, par exemple, les travailleurs sociaux, les médecins, les infirmières, les agents de tutelle, les agents communaux, les personnels de service, etc.

Les utilisateurs de service regroupent les destinataires du service : clients, usagers bénéficiaires, individus ou groupes. Il peut s'agir de clients payant tout ou partie du service, de bénéficiaires non payants, de cotisants, d'ayant-droits, etc. Ils sont souvent représentés par leur organisation, qu'il faudrait créer là où elle n'existe pas encore.

---

(1) **La coordination gérontologique**, Martine Tanguy-Mauffret, Chronique Sociale, 1994.

Les obstacles à surmonter

Les projets au sein des coordinations provoquent les jeux stratégiques des acteurs, la mise en œuvre de leurs pouvoirs et leurs alliances. Ces acteurs développent des rationalités partielles ou limitées : dans les jeux de pouvoir chaque acteur a sa propre logique qui tient compte des contraintes de l'environnement, des missions qui lui sont confiées et des stratégies des autres acteurs.

Nous rencontrons plusieurs logiques d'intérêts qui produisent différentes rationalités :

- Une rationalité de marché représentée par les promoteurs et les financeurs.
- Une rationalité de profit à court terme existant chez certains directeurs de structures et certains professionnels pour des profits économiques, du prestige ou une carrière.
- Une rationalité de l'individualisme des acteurs en général : il s'agit de la responsabilité individuelle, récompensée au profit individuel du supérieur hiérarchique.
- Une rationalité de l'élu tenant compte d'une logique électoraliste s'appuyant sur des réalisations visibles, d'une logique de concurrence à l'égard d'autres communes quant à la localisation de certaines structures, etc.

Un projet de coordination locale doit donc envisager des actions qui tiennent compte de ces rationalités d'acteurs, ce qui rend la tâche difficile et exige beaucoup de temps et de salive pour convaincre de la nécessité du projet.

Les trois principes fondamentaux de la coordination

Une politique (particulière à la population prise en charge) basée sur le croisement actif entre recherche et action de terrain : développement d'une collaboration permanente entre théoriciens, professionnels et bénévoles de terrain proches des personnes concernées.

Une mise en cohérence des diverses politiques locales en faveur des personnes ou catégories prises en charge pour arriver à un véritable schéma : local, départemental, régional ou national suivant le niveau des problèmes à prendre en charge.

Une reconnaissance du particularisme des problèmes des personnes ou catégories prises en charge pour que les acteurs prennent conscience de leur appartenance à une même identité. Elle se développera autour de projets communs qui permettront une connaissance réciproque, prémisses pour une reconnaissance extérieure.

Le projet de l'équipe de coordination

Le projet est une conduite d'anticipation, à côté de la prévision, de la planification ou de la prospective. Il s'inscrit dans un souci d'une meilleure maîtrise des intentions, avantages pour les personnes et pour les groupes. Il se veut une dialectique entre théorie et pratique.

Elaborer un projet de coordination ne consiste pas seulement à définir un programme d'action, mais à produire de nouvelles façons de penser et à élaborer de nouveaux principes de référence dont les projets ne sont que l'émergence concrète.

Contenu du projet. Comme nous l'avons déjà vu, il est nécessaire de

- repérer les besoins de la population concernée et ses problèmes,
- déterminer finalité, politique et objectifs,
- définir un territoire d'action opérationnel,
- repérer les acteurs, les logiques, les réseaux,
- prévoir les étapes de progression à partir de micro-projets,
- rechercher les moyens et les financeurs,
- proposer des indicateurs pour un bilan qualitatif.

Le groupe de coordination est difficile à mettre en œuvre, mais c'est une nécessité incontournable. Les pionniers tracent le chemin qui semblera banal dans quelques années.

Les groupes communautaires

Médecine de groupe, avocats de groupe, boutiques de sciences, etc. de nombreux groupes aspirent à changer les relations sociales en commençant dans leur sein. Souvent ils se recommandent de nouvelles bases qu'ils expérimentent.

Le climat : l'amour

Pour construire une communauté humaine, il faut disposer de certains matériaux, mais ces matériaux sans lien n'auraient pas de sens. Il leur faut un ciment qui les unisse.

Dans la communauté humaine, ce lien c'est l'amour, non pas l'amour égocentrique du tête-à-tête ou du petit ghetto de la communauté qui se croit parfaite, mais l'amour qui me fait percevoir dans autrui un être semblable à moi-même, digne de respect, de confiance. J'aspire à recevoir des marques de considération qui me montrent que je suis aimé. Suis-je capable de cette réciprocité avec tous, de donner des marques de considération montrant à autrui qu'il est aimé tel qu'il est ?

Sans l'amour, les personnes ne parviennent pas à être elles-mêmes. Une mère ou un père qui aime son enfant l'accepte tel qu'il est et ne dose pas son amour à son intelligence ou à sa beauté. Certes, il y a les dangers du paternalisme qui est une inversion de l'amour, car ce n'est pas l'autre que l'on aime, mais soi faisant plaisir à l'autre.

Les matériaux

Il n'y a de communauté qu'entre membres distincts

Chaque personne est unique, la communauté ne peut naître de l'effacement d'une personne, mais de son accomplissement.

La diversité enrichit, car elle n'additionne pas les richesses singulières de chacun, elle les multiplie.

Il n'y a de communauté qu'entre membres égaux

L'égalité n'est pas l'identité. Le conformisme de la société environnante a cru résoudre l'égalité par le costume, la maison identique, cela camouflait les inégalités réelles.

L'égalité c'est permettre à chacun de développer au maximum toutes ses virtualités. Elles seront différentes et il convient de respecter cette différence. L'égalité dans la famille consiste à accepter que le père soit totalement lui-même, mais aussi que la mère ou le fils ou la fille soit aussi totalement eux-mêmes. De même, à l'école, que le professeur puisse être lui-même, mais qu'il accepte que l'élève puisse aussi être totalement lui-même. C'est cela la véritable égalité des êtres.

Il n'y a de communauté qu'entre membres vivants

Le conformisme stérilise, le traditionalisme aussi. Le monde change, évolue, vit. Si les personnes ne sont pas vivantes, un écart se creusera entre l'évolution du monde et des personnes.

Or, une communauté est une réalité vivante qui doit non seulement évoluer avec le monde, mais évoluer plus vite que lui si elle veut lui donner un sens.

Cela suppose des personnes qui acceptent leur propre changement, qui entraînera le changement dans les groupes, les organisations, permettant de maîtriser le changement dans la société.

Toute personne, toute communauté qui s'arrête de progresser, de s'enrichir, est vouée à la stagnation, puis à la destruction. Elle ne peut répondre à sa vocation universelle.

Il est donc important d'apprendre à anticiper pour prendre des décisions qui permettent de canaliser les mutations de la société.

Il n'y a de communauté qu'entre personnes libres

Non pas la liberté caprice, faire ce que je veux sans tenir compte de la liberté d'autrui.

Mais la liberté choix qui me permet de déterminer ma vie, mes actions, cette liberté s'affrontant à la liberté des autres. Elle permet de choisir avec les autres les orientations et les actions nécessaires à la vie commune.

C'est le passage nécessaire pour atteindre une liberté créatrice qui permet sans cesse d'assumer en toute disponibilité les problèmes qui surgissent et d'intégrer les contraintes de la vie dans le champ de sa liberté pour les transcender au lieu de les nier (Michel Ange et le plafond de la Chapelle Sixtine).

Il n'y a de communauté qu'entre membres qui s'acceptent inconditionnellement

Chacun faisant l'effort de découvrir les richesses de l'autre, encore faut-il croire que, dans tout être, il y a des richesses sinon on ne cherche pas, donc on ne trouvera pas.

La mise en commun de ces richesses favorise non seulement notre propre progression, mais amorce une transformation profonde de notre être.

Si je tiens à tout prix à ce que l'autre change, c'est que je ne l'accepte pas comme il est. Il mettra en œuvre des mécanismes de défense contre mes projets sur lui. C'est dans la mesure où j'accepte autrui inconditionnellement qu'il peut commencer de changer. Car, alors, ses mécanismes de défense tombent, il est prêt à changer librement, d'autant plus que mes actes l'auront interpellé plus que mes paroles.

Il n'y a de communauté qu'entre personnes ayant atteint leur équilibre

Equilibre physique, pour que la santé soit au service de tout l'être en se rappelant que des santés délicates ont une grande résistance.

Equilibre psychique pour être capable de maîtriser ses désirs, ses instincts, son agressivité et les utiliser de façon consciente au service de ses objectifs.

Equilibre affectif permettant de résister aux perturbations des relations occasionnées par les affrontements nécessaires à la vie commune.

Equilibre de la passion facilitant la mise en œuvre des valeurs retenues par la communauté.

Equilibre de la raison susceptible de développer la capacité à avoir une pensée personnelle, etc.

Ces équilibres multiples concourent tous à l'équilibre de l'Etre permettant, en particulier, de comprendre et d'accepter les personnes ne l'ayant pas encore atteint, de façon à rester à leur disposition.

En chacun de nous manque un aspect particulier de l'équilibre que les autres membres de la communauté peuvent nous aider à acquérir sur notre demande ou grâce à l'échange. En avons-nous conscience ?

Il n'y a de communauté que dans le partage

Partage matériel des biens nécessitant une entente sur les modalités d'utilisation.

Partage des richesses de l'être personnel où les plus habiles aident les moins habiles, les plus rapides aident les plus lents, etc. mais toujours dans le respect de la liberté et dans la participation aux décisions concernant la communauté.

Partager même s'il n'y a pas réciprocité, cela gêne certes la vie communautaire mais il est nécessaire que les plus lucides commencent et donnent l'exemple. Pour construire un édifice il faut savoir être réaliste. Une communauté se construit avec le temps. Elle est, elle aussi, en évolution permanente.

Les phénomènes de groupe

La variété des groupes est importante. Cependant, en analysant leur vie, on découvre des caractéristiques communes, conscientes ou non, volontaires ou non. En les rendant conscientes et volontaires, on donne une maîtrise plus grande aux personnes sur leur vie sociale.

Voyons à présent les caractéristiques.

Orientation. Cet ensemble de personnes a un **objectif** commun conscient ou non, doté d'une certaine permanence, assumé de façon collective et répondant généralement aux besoins de ses membres. C'est dire qu'il est affronté à un problème à résoudre. L'objectif à atteindre sera d'autant plus pertinent qu'il sera situé par rapport à une finalité (conception de la personne et de la société), une politique (application à un secteur de vie particulier : santé, enseignement, entraide, etc.) et précisera les caractéristiques de ce que devra être l'objectif final décomposé en objectifs intermédiaires pour avancer par étapes progressives.

Progression. Le groupe prend conscience de sa réalité par la production d'un **résultat**. Ce résultat est le fruit de son action pour progresser vers ses objectifs, dans le cadre d'un projet cohérent, ayant mis en œuvre une stratégie (itinéraire) qui lui permet d'avancer en tenant compte de ses forces, de celles de ses partenaires, de celles de ses adversaires, des obstacles qu'il rencontrera dans sa progression et de la tactique nécessaire pour les surmonter. Seul un bilan en cours de route et en fin de parcours permettra d'analyser les résultats.

Cohésion. Elle sera d'autant plus forte que les objectifs sont élevés (jeux de boule différent de défense des droits de l'homme) entraînant à un **esprit d'équipe** fort, un moral élevé. Cela sera acquis si chacun est reconnu dans sa double identité : en tant que personne avec sa particularité, ses compétences, sa zone de responsabilités, ce qui le fait reconnaître comme différent des autres ; en tant que membre du groupe à travers ce qu'il partage avec les autres, un enjeu commun, des règles communes, des valeurs communes. C'est répondre au besoin de **reconnaissance**.

Communication. Elle se distingue de l'information parce qu'elle prend en compte l'interaction des personnes. L'information a besoin comme médium du verbe d'action **expliquer**. La communication va plus loin, elle a besoin du verbe d'action **comprendre**. Le groupe est donc à considérer comme un système complexe dont tous les éléments interviennent pour caractériser sa vie et son fonctionnement. Cette approche stimule à la fois une nouvelle approche de la réalité et un décodage plus précis des groupes aussi variés que la famille, l'entreprise, l'école, etc. Ces différents domaines nous déterminent autant que nous cherchons à les organiser.

Interaction. Elle résulte de la vie même du groupe, des rencontres des personnes, de la cohabitation des fonctions. Les relations interpersonnelles prennent en compte les différences des personnes et les rendent complémentaires. Il en est de même des fonctions de chaque personne qui délimitent les responsabilités de chacun dans leur spécificité et leur complémentarité de façon à favoriser leur **synergie** (action d'éléments différents qui concourent au même résultat en se renforçant les uns les autres). Elle nécessite une coordination permanente des actes de chacun.

Socialisation. Elle se réalise grâce à deux phénomènes complémentaires.

Le leadership qui correspond aux charismes que possède chaque personne. Ce sont ses points forts **non institués**, correspondant à son autorité personnelle. Au lieu de les bloquer, il est préférable de savoir s'en servir au service de tous en les recherchant en chaque membre du groupe pour les utiliser.

La responsabilité. C'est une fonction **instituée**, résultat d'un partage du pouvoir au travers d'une définition de fonction qui permet à chaque membre du groupe de décider dans son domaine limité, tout en participant aux décisions collectives lorsque les problèmes concernent l'ensemble du groupe.

Tensions. Une vie de groupe sans problèmes n'existe pas. Au lieu de les fuir, il est préférable de les voir et de les prendre en charge. Que ce soient les problèmes des **difficiles** : dans tout groupe il y a des personnes à problème ; au lieu de les éliminer, chercher à les comprendre pour que, prenant en charge leurs difficultés relationnelles, ils puissent progresser. Ce peut être des **minorités** organisées en tendances. Si ce phénomène est acceptable, car il correspond à un pluralisme interne, il est nécessaire de le gérer pour éviter des scissions, qui affaibliraient le groupe, ou encore des **conflits**. Dans 90 % des cas les conflits sont des conflits de pouvoirs. Ils seraient moins nombreux si les définitions de fonction étaient plus précises dans la délimitation des territoires et les champs de décision.

Organisation. Elle peut être informelle et tacite en pensée en tenant compte qu'une **structure** n'est jamais neutre. Une structure pyramidale sécrète des hiérarchies, des dépendances et aliène souvent l'initiative. Compte tenu du niveau plus élevé d'instruction, il est possible, dans de nombreux cas, de favoriser la structure plus biologique que minérale d'organisation cellulaire permettant à tout membre du groupe d'avoir une **responsabilité** concrète et précise en participant activement à l'élaboration du projet, à sa réalisation et à sa continuation. Cela suppose élaboration de règles, de normes, de langages, mais aussi d'outils, organigrammes, plannings, etc.

Evolution. Un groupe est vivant. Il naît, se développe, progresse vers plus de maturité. Il passe d'une situation de dépendance à l'égard de l'animateur, ou du chef ou des anciens, à un état d'indépendance (grâce à l'œdipe) qui lui permet d'accéder à l'interdépendance des membres pour construire leur complémentarité sur la solidarité. Cette **évolution interne** est complétée par une **croissance externe** conduisant le groupe à étendre son influence, en attirant des adhérents nouveaux qui constitueront d'autres groupes pour former une organisation. La croissance est le signe de santé d'un groupe.

Innovation. Au sein du groupe la **résistance au changement** est un phénomène auquel il est difficile d'échapper, tant la mentalité des personnes recherche la sécurité dans la reproduction. Ce phénomène de résistance individuelle au changement est accentué dans le groupe où se conjugue la résistance individuelle. C'est dû trop souvent à une habitude culturelle d'adaptation aux situations. En introduisant une neutralité anticipatrice, on habitue les personnes et les groupes à percevoir les mutations de société qui permettent de pouvoir prendre des décisions anticipatrices pour que l'homme reste maître de son destin. Ainsi l'innovation remplacera progressivement le conformisme pour que les humains donnent un sens à leur histoire.

Reprenons plus en détail tous ces éléments.

1. Orientation du groupe

La quête du sens

Un groupe ne se constitue pas à partir de rien pour aller nulle part. Il existe toujours soit un objectif conscient, soit un objectif inconscient. La société n'existe pas comme un absolu éthéré. Elle est construite par des personnes qui l'habitent et lui donnent sa signification (une création de sens).

Est-ce la société qui fait l'individu ou l'individu qui fait la société ? Si l'on estime que la société est première, car le monde a préexisté à l'homme, le danger sera de verser dans le collectivisme ou le matérialisme. Si, au contraire, on affirme la primauté de l'homme sur la matière, le monde et la société, parce que c'est lui qui les a construits par son travail, le danger opposé serait de s'enfermer dans l'individualisme. D'où l'intérêt de percevoir qu'il existe un mouvement dialectique personne/société ; que la personne est un être unique et, en même temps, un être de relation qui ne fait pas seul son travail mais avec d'autres. Certes, c'est lui qui donne sens à ses actes, mais ses actes étant des actes sociaux pour construire la société, il est obligé d'en ternir compte pour déterminer le sens de son action. On ne peut concevoir un homme isolé de ses semblables, pas plus qu'on ne peut imaginer la société sans la prise en compte des hommes qui l'ont créée. Il s'agit là d'une unité dialectique. Notre réflexion ne peut se cantonner à l'explication, à rassembler l'information pour expliquer par la **connaissance** le **comment** des réactions individuelles et des mécanismes sociaux. Elle doit plutôt traiter cette information par la communication avec d'autres pour rechercher ensemble, grâce au dialogue, le **pourquoi** afin de **comprendre** le sens que l'humanité veut donner à ses actes.

Les déterminants de l'orientation

Ils sont nombreux et complémentaires.

Les besoins. Nous le verrons plus loin, ils sont étendus sur une vaste échelle, depuis nos besoins fondamentaux (manger, boire, dormir) jusqu'aux besoins de reconnaissance et de dépassement. Encore est-il nécessaire d'en prendre conscience. Trop nombreux sont ceux qui vivent sans percevoir leurs propres problèmes et encore moins ceux de leurs collègues et ceux du monde dans lequel ils sont insérés. Sans cette prise de conscience préalable, pas d'action de changement possible, pas de recherche pour se retrouver avec d'autres personnes concernées par le même problème.

Les désirs. La prise de conscience fait apparaître le désir que tout être possède au fond de lui-même, le désir d'être totalement lui-même, le désir d'avoir une vie décente pour lui et sa famille, le désir de contribuer à la réalisation d'une société plus juste et plus solidaire. Le désir devient alors le moteur de l'action. C'est lui qui renverse les montagnes, c'est-à-dire les obstacles à la réalisation de nos désirs.

Les valeurs. Ce désir profond, si on ne veut pas qu'il nous conduise à faire n'importe quoi, a besoin d'être canalisé, orienté par des valeurs. C'est un choix important pour toute personne de se donner un référentiel qui, en préparant l'action et au cours de son déroulement, donnera un sens à nos actes et évitera les déviations possibles. Ce sont les valeurs qui nous canalisent pour agir dans la direction choisie.

Les frustrations. Les valeurs nous permettront de faire face et d'analyser nos frustrations, sans haine, sans rancœur, mais avec la ferme conviction et la passion nécessaires pour les dépasser. Les frustrations naissent de la prise de conscience que nous sommes **aliénés**, nos pensées sont manipulées et orientées ; que nous sommes **exploités** en ayant des revenus qui permettent difficilement de faire vivre notre famille quand d'autres ont des revenus cent fois supérieurs ; que nous sommes **dominés** dans nos rapports sociaux, le pouvoir étant monopolisé par des minorités. La frustration suscite agressivité, recherche de compensation, fuite dans l'imaginaire, et nous fait dévier des orientations choisies. A nous d'utiliser la conscience de nos frustrations comme moyen de stimuler notre engagement.

La motivation. Conscients de nos frustrations, nous pouvons orienter nos désirs pour satisfaire nos besoins dans le sens des valeurs choisies. C'est à la capacité de dire non à ces frustrations que le groupe naît. C'est à la capacité de dire oui à des objectifs choisis que le groupe agit de façon plus efficace. C'est par la motivation que nos tensions internes deviennent le moteur de nos conduites. Elles ne peuvent exister qu'en ayant échappé au conditionnement environnant et en se fondant sur notre lucidité née de notre prise de conscience.

L'élaboration. Nous sommes prêts à présent à passer au stade de la préparation de nos actions. Comme on ne peut agir sans donner un sens à l'action, il nous faudra déterminer :

- Nos finalités : les valeurs qui guident nos actions.
- Nos politiques : ces valeurs appliquées au problème particulier pris en charge par notre groupe, notre organisation (santé, travail, enseignement, etc.).
- Nos objectifs : la concrétisation en termes d'action de ce que nous devons réaliser à court terme.
- Notre projet : ces orientations ont besoins, pour se concrétiser, d'être insérées dans un projet qui détermine les étapes, les moyens, les méthodes, les responsabilités, pour donner cohérence à l'action.

L'orientation est un phénomène de groupe important. Elle demande de passer de l'inconscient au conscient pour ceux qui croiraient ne pas être guidés dans leurs actes par un objectif, une idéologie. Pour les plus conscients, c'est le point de départ qui va donner sens à toutes leurs démarches, à toutes leurs actions.

2. Progression du groupe vers ses objectifs

Un groupe ne progresse réellement vers ses propres objectifs que si ceux-ci ont été déterminés d'une façon claire. Cela permet à chaque participant de voir s'il y a corrélation entre ses objectifs personnels et ceux de son groupe, base de la cohésion.

Les objectifs individuels

Avant d'aborder les objectifs du groupe, il convient d'abord d'analyser ce que doivent être les objectifs de chaque participant.

Lorsqu'une personne entre dans un groupe, ses motivations de départ sont très souvent affectives : c'est soit parce qu'un ami l'a amenée, soit que l'étiquette du groupe lui plaît, soit parce qu'une publication de l'organisation l'a intéressée, etc.

Comme c'est le cas du plus grand nombre, nous nous arrêterons un instant pour préciser que si chaque participant s'en tenait aux motivations de départ de son insertion dans le groupe, ce serait insuffisant. Il convient donc que progressivement, à travers la vie du groupe, chaque participant précise ses propres objectifs, pour passer d'une adhésion affective ou matérielle à une adhésion raisonnée.

Ce n'est qu'à ce moment que peut se faire l'ajustement des objectifs individuels aux objectifs du groupe.

Cela ne signifie pas que chaque participant annihile ses objectifs dans ceux du groupe. Sa participation active à la vie du groupe va permettre d'une part d'affirmer ses objectifs par l'échange avec les autres participants et, d'autre part, d'affiner aussi les objectifs du groupe en fonction de ceux des participants.

Les objectifs du groupe

Les objectifs du groupe ont souvent des antécédents, parce qu'ils n'ont pas été forgés de toutes pièces par les participants actuels.

Par exemple, un parti, un syndicat existent depuis des dizaines d'années et, au cours de ce laps de temps, les objectifs se sont progressivement précisés.

Les participants actuels avancent vers d'autres buts et ceci pour deux raisons :

1. La société dans laquelle nous sommes évolue. Sans changer les objectifs, il convient pourtant de tenir compte de la réalité actuelle.

2. Les mentalités aussi changent et il est possible que des objectifs, très valables à une époque, doivent être modifiés pour tenir compte de ces mutations.

Pour préciser les objectifs, il convient de distinguer, là encore, deux niveaux différents : d'une part l'objectif final situé par rapport à la finalité et aux politiques ; d'autre part, comme un objectif ne peut être atteint en une seule fois, les objectifs intermédiaires servent d'étapes progressives vers le but à atteindre.

La rédaction des objectifs est très importante car elle permet à chaque membre du groupe d'avoir un référentiel auquel se reporter en cas de besoin. Ne pas expliciter les objectifs du groupe, c'est laisser dériver le groupe vers la réalisation des objectifs individuels, comme ils sont parfois différents, c'est l'éclatement du groupe à terme. La précision de l'objectif permet une éducation des membres du groupe qui apprennent ainsi à agir dans une direction donnée, qu'ils auront choisie, les entraînant à expérimenter une démarche utile tant dans la vie familiale que professionnelle ou politique.

Situer nos objectifs dans une vision globale de changement

Face aux inquiétudes, il est nécessaire de faire prévaloir une vision dynamique et constructive de l'avenir. Nos sociétés sont en effet riches de potentiels de changement et d'innovation. Il serait judicieux de les fédérer autour des valeurs de liberté, de justice et de solidarité. Pour que le choix de nos objectifs se situe comme des choix de société, pour que ces choix deviennent des enjeux concrets aux yeux de tous, pour que ces enjeux garantissent l'implication de chacun, il est nécessaire que chaque membre du groupe :

- participe au débat sur les objectifs ;
- contribue à l'élaboration de la stratégie à mettre en œuvre pour les atteindre ;
- sensibilise les personnes de son entourage à prendre conscience des problèmes qui les concernent ;
- entraîne toutes les personnes concernées à agir ensemble pour être efficaces.

Il est nécessaire que le groupe, avec d'autres groupes de la même organisation, lutte pour un nouveau contrat social qui vise :

- la recherche de nouveaux équilibres fondés sur l'égalité, la justice et la solidarité ;
- l'organisation du partage des revenus réduisant les inégalités criantes ;
- le développement des potentialités de chaque personne, garantie du développement de la société ;
- le partage du travail car il demeure le vecteur de l'autonomie des personnes les faisant échapper à l'assistance, du sentiment d'utilité sociale et de la reconnaissance de la dignité de la personne humaine.

Toutes les organisations, quelle qu'en soit la nature, peuvent conserver en toile de fond cette démarche générale et y apporter leur contribution par l'intermédiaire de leurs objectifs particuliers. Dans ce cas, cette démarche devient une politique.

Pour être efficace, la progression doit se fonder sur la solidarité

L'action solidaire implique la persévérance. L'action sur les causes demande du temps. Il est donc nécessaire d'être lucide et de s'engager sur la durée. L'action pour changer la société est une tâche toujours inachevée car de nouveaux problèmes surgissent sans cesse. Il nous faut donc agir en permanence comme le disait Brecht : "Changer le monde... et puis changer le monde changé".

L'action solidaire suppose la coopération afin d'établir une relation égalitaire entre les personnes concernées. Toutes les personnes concernées par un problème doivent pouvoir se prendre en charge elles-mêmes pour éviter d'être assistées par les autres. La coopération va permettre d'agir avec elles en étant tous partenaires à part entière.

L'action solidaire exige rigueur. Il s'agit de procéder à des analyses sérieuses des situations, d'en rechercher les causes et de percevoir les conséquences, afin de commencer à s'attaquer à elles pour amorcer des changements en remontant jusqu'à l'origine des causes qui peuvent être multiples.

L'action solidaire nécessite l'ouverture à l'ensemble des personnes concernées, car l'action ne doit pas être réservée à un petit nombre ou à une élite, mais rassembler l'ensemble de la population touchée par un problème ; à l'ensemble des groupes et organisations qui ont pour mission la prise en charge de ces problèmes de façon à réaliser l'unité d'action en évitant le danger des territoires réservés. Sans solidarité entre organisations, il sera difficile de la réaliser avec la population. La cohérence de l'ensemble se réalise grâce à l'élaboration d'un projet (voir Chap.2, 2e volume, **Les techniques d'animation**).

Les phénomènes de groupe

3. Cohésion du groupe

La cohésion du groupe sera d'autant plus forte que, dans un mouvement dialectique, le groupe pourra répondre aux besoins individuels de ses membres et que chaque membre répondra aux besoins du groupe.

3.1. Réponse du groupe aux besoins individuels

Nature des besoins

Les besoins ressentis par les individus peuvent être de nature très différente :

– besoin d'affiliation	– besoin de connaissance intellectuelle
– besoin de prestige	– besoin de relation
– besoin de pouvoir	– besoin de soutien
– besoin d'échange	– besoin de sécurité
– besoin d'action	– besoin de valorisation.

Le groupe, en répondant à ces besoins individuels, entraîne une satisfaction en éliminant l'angoisse, le doute sur ses propres capacités. Si le groupe est capable d'utiliser ces besoins pour favoriser l'épanouissement des personnes, celles-ci s'identifieront plus facilement au groupe et donneront toute leur mesure.

Le choix des besoins

Le choix que fait chaque individu dépend d'un certain nombre de critères, dont voici quelques exemples :

– des normes et valeurs culturelles du milieu auquel il appartient ;
– de sa physiologie – un faible ou un fort ne font pas les mêmes choix ;
– de son expérience – un jeune ou un aîné n'ont pas les mêmes raisons de choisir un objectif ;
– de sa catégorie sociale – un ouvrier ou un cadre ont des motivations différentes qui entraînent des choix différents.

Malgré ces dissemblances apparentes, chacun est à la recherche de son identité. Aussi le groupe qui favorisera la réponse à cette quête de l'être aura en retour une adhésion qui renforcera la cohésion de l'ensemble. La méthode est simple, elle consiste à répartir des responsabilités concrètes à chaque membre en fonction de ses attentes, après en avoir débattu ensemble dans le groupe.

Nature de la réponse possible

Un groupe existe pour répondre aux différents besoins de ses membres.

Le groupe peut répondre aux besoins de certains de ses membres et ne pas satisfaire pleinement les autres.

Un groupe peut satisfaire tel genre de besoins aujourd'hui et en satisfaire d'autres demain. Les réponses sont diversifiées et étalées dans le temps.

Degré de satisfaction

Le degré de satisfaction va dépendre de certains facteurs :

– la nature de l'adhésion au groupe, si elle a été spontanée ou forcée ;
– le degré de participation aux décisions ; plus les membres participent aux décisions, plus leur degré de satisfaction est grand ;
– le rapport individuel entre besoin de pouvoir et responsabilité ; plus le besoin de pouvoir est grand et plus le nombre de participants partageant ce besoin est important ; plus il est nécessaire de mettre en place une organisation qui favorise le partage du pouvoir par l'intermédiaire de la répartition des responsabilités entre chaque membre du groupe. La définition de fonction écrite concrétise la réponse à ce besoin.

Appartenance à des groupes divers

Un groupe arrive à satisfaire un certain nombre de besoins individuels et collectifs, mais il ne peut à lui seul répondre à tous les besoins d'un individu.
C'est pour cela qu'habituellement chacun de nous appartient à plusieurs groupes différents, destinés à satisfaire une partie de nos besoins compte tenu de la fonction dominante qu'ils se sont assignée comme objectif.

Diminution du sentiment d'appartenance

Malgré l'appartenance à un groupe depuis un certain temps, il peut se produire des phénomènes qui diminuent le sentiment d'appartenance des individus. Cela peut être dû :
- aux forces extérieures incitant l'individu à quitter le groupe lorsqu'elles sont plus fortes que celles tendant à le retenir ;
- à la stagnation, les membres du groupe n'ont aucune raison de le quitter, leurs besoins sont inexistants, c'est le règne du conformisme ;
- à l'exigence trop forte du groupe vis-à-vis de certains participants qui n'acceptent pas une progression ;
- à des dissensions importantes entre les membres du groupe ;
- à de mauvaises communications dans le groupe ;
- à des jugements extérieurs défavorables sur le groupe ;
- à un groupe rival qui propose des objectifs correspondant mieux à ceux des participants.

Ces différents phénomènes peuvent d'ailleurs se conjuguer. La vigilance du groupe face à la satisfaction des besoins de ses membres doit être permanente s'il veut conserver sa cohésion et son efficacité.

Les raisons du maintien dans le groupe

Un groupe atteint une certaine stabilité lorsque ses membres partagent ensemble des connaissances, des idées, des valeurs qui se rapportent à leurs objectifs communs. C'est ce qui détermine l'idéologie du groupe dans laquelle s'inscrivent ces objectifs.
L'appartenance au groupe est renforcée par :
- La mise en commun des efforts pour satisfaire des besoins communs.
- La participation de chacun à organiser un groupe qui soit capable de répondre aux besoins des individus qui le composent.
- Le fait que la vie du groupe a mis en place des structures qui demandent une participation active de chacun par une répartition des diverses tâches pouvant servir à tous.
- L'utilisation des techniques appropriées qui renforcent l'efficacité du groupe.

Parfois, suivant leurs motivations, des participants peuvent rester dans un groupe par le seul fait qu'ils y trouvent une certaine sécurité, une autorité qui leur évite de prendre des responsabilités, une information qui les dispense de chercher ailleurs, des objectifs auxquels ils sont tout heureux d'adhérer.
Nous voyons qu'il y a deux sortes de raisons pour rester dans un groupe :
- Celles qui facilitent l'autonomie des individus pour les rendre plus aptes à participer pleinement à la vie des groupes. Ce genre de raisons forme les groupes solides, où les départs sont rares.
- Celles qui ne demandent aucun effort aux individus, les responsables se chargeant de tout. Ce genre de raisons ne peut satisfaire les individus sur une longue période. Au fur et à mesure que le groupe progresse, cela entraîne la prise de conscience de ses membres, même les plus amorphes, provoquant à la longue des tensions qui, si elles ne sont pas assumées par le groupe, peuvent amener le départ de certains membres.

3.2. Réponse des personnes aux besoins du groupe

Si chacun de nous a besoin d'un groupe pour répondre à ses attentes personnelles, l'ensemble des membres du groupe attend aussi que chaque membre apporte sa contribution à la vie collective pour répondre aux besoins collectifs.

Niveau des besoins collectifs

Une enquête psychosociale d'Abraham Maslow a fait ressortir que nos besoins se situent sur une échelle évolutive et qu'il était difficile d'accéder à un autre niveau si l'on n'a pas satisfait les niveaux précédents. Chaque fois nous sommes conduits à passer d'un niveau de conscience individuelle à un niveau de conscience collective.

1. Besoins organiques

Ce sont tous ceux qui satisfont les besoins élémentaires de survie et de vie : respirer, manger, boire, dormir, s'habiller, se loger, etc. Nous pourrions penser que ce niveau de besoins est réglé aujourd'hui. C'est inexact car, si l'on additionne les chômeurs, les malades, les smicards, les vieillards, etc. le champ de l'exclusion s'étend. Leurs besoins n'étant pas satisfaits, ils ne peuvent accéder à d'autres aspirations.
Que dire des pays en voie de développement quand on sait que, d'ici la fin du siècle, des centaines de millions d'êtres humains sont condamnés à mourir. Les pays du Tiers-Monde eux-mêmes ont dépensé 1 000 milliards pour l'armement. Le dixième de cette somme énorme, utilisé pour le développement, changerait l'avenir des hommes.
De nombreux engagements de personnes et de groupes se réalisent pour satisfaire ce niveau (Restos du cœur).

2. Besoins de sécurité

Lorsqu'on a résolu les problèmes vitaux, on peut se préoccuper de sa sécurité. En France, la Sécurité Sociale arrive à couvrir une multitude de besoins (maladie, accident, vieillesse, etc.). Certes, il faut encore, dans beaucoup de cas, des mutuelles, des caisses complémentaires pour la chirurgie, la vieillesse, ou prendre des assurances individuelles pour la voiture, le vol, etc. Que faisons-nous où nous sommes pour répondre à ce deuxième niveau ? Ne parlons pas des pays en voie de développement tant que les besoins vitaux ne sont pas satisfaits ; le reste est illusoire ou s'adresse à la minorité des nantis et pourtant c'est un besoin nécessaire.
D'autres engagements se situent pour consoider les acquis sociaux ; mais chaque personne, chaque groupe a besoin de sécurité pour lui-même.

3. Besoins d'appartenance

Nous ne pouvons vivre seuls et chacun de nous appartient à une multitude de groupes pour satisfaire ses besoins individuels. Mais nous attendons plus encore : sentir la solidarité qui nous lie aux autres, pouvoir échanger, nous exprimer sur nos problèmes, ce qui suppose réciprocité d'expression, d'écoute. C'est atteindre un niveau de sécurité affective, ne plus se sentir isolé. On peut alors agir avec d'autres à la réalisation d'objectifs plus élevés. Mais tant que les besoins précédents ne sont pas satisfaits, il est difficile de vouloir consciemment appartenir à un groupe. Ce qui est paradoxal puisqu'on ne peut s'en sortir qu'ensemble. Or, le taux de syndicalisation dans la chimie (salaire élevé) est plus fort que dans le textile (salaire bas). Les minorités agissantes viennent le plus souvent des professions nécessitant une certaine culture. Les réseaux de relations se multiplient. Il faudrait pouvoir leur donner un sens de l'ouverture aux autres sans exclusive.

4. Besoins d'estime

C'est seulement après son insertion dans le groupe, après qu'ait été satisfait le besoin de solidarité, qu'enfin sécurisée, la personne émerge et peut revendiquer d'être estimée, reconnue pour ce qu'elle est, pour sa spécificité, pour sa contribution particulière à la vie collective.

C'est à partir de ce moment que peut se créer la communauté qui est la structure de groupe, où la cohésion du groupe est la plus forte car elle permet à chacun d'être reconnu, estimé, tel qu'il est. Chacun peut ainsi contribuer de façon spontanée à la reconstruction du groupe et à l'efficacité de son action.

5. Besoins de dépassement

On devient à ce niveau capable de dépasser nos réactions individuelles et nos réactions de petit groupe ayant résolu ses problèmes personnels et ceux de la vie d'équipe pour atteindre une conscience politique au niveau de la prise en charge de la cité.

Non seulement on atteint un niveau de conscience politique mais, dans cette conscience politique, on se situe à son niveau d'appartenance de classe sociale. C'est une solidarité, non seulement avec les proches (groupe, organisation), mais une solidarité institutionnelle qui donne un sens profond à notre action.

Il devient à présent possible de devenir créatif, de sortir des normes bureaucratiques du groupe et de l'organisation. On peut alors inventer des structures nouvelles, des modalités d'action inédites.

Certains pensent qu'il est possible d'accéder au niveau politique sans être passé par les autres niveaux. Apparemment cela semble vrai, mais analysons combien de personnes ont eu un comportement politique apparemment du niveau 5, qui correspondait en fait à une attitude profonde du niveau 3 ou 4 et qui, ce besoin satisfait, ont disparu de l'action militante.

Les éléments pour les satisfaire dans le groupe

Besoins de conscience : Chaque niveau est ambivalent. Il correspond à des besoins personnels et à des besoins collectifs, du local au mondial, les deux étant indissociables.

Besoins d'information : Chaque membre du groupe attend des autres qu'il lui apporte les informations qu'il possède. Cette mise en commun permet des analyses et des décisions collectives plus judicieuses.

Besoins émotionnels : Droit pour chacun à avoir ses propres sentiments et à les exprimer sans que le groupe les censure. La conscience de ses sentiments personnels et de ceux d'autrui favorise la liberté de vivre en groupe.

Besoins de soutien : Le groupe soutient chaque personne dans son combat fondamental avec elle-même, afin que, libérée, elle puisse participer activement à la vie collective.

Besoins d'ambivalence assumée : Au lieu de vouloir des comportements uniformes, accepter l'existence d'attirances et de rejets, d'estime et d'hostilité, car c'est la vie. Seul l'idéalisme refuse cette ambivalence qui, ne pouvant s'exprimer, crée des blocages collectifs.

Ainsi chacun apportant sa contribution à la vie collective favorisera l'insertion de chacun et la cohésion de l'ensemble.

4. Communication

4.1. Essai de contenu [1]

Le terme communication est proche du latin **communicare** : mettre en commun, **communion**, partager. Il a aussi le sens de **transmettre**, c'est-à-dire le moyen de faire passer un message d'un émetteur à un récepteur. Aujourd'hui, sa signification s'est encore élargie et diversifiée. On entend par communication :

1. L'acte de partage = communier : communiquer avec ses voisins.
2. L'objet mis en commun : communiquer des informations.
3. Le moyen de mettre en commun : le réseau de communication routier.
4. Les procédés de diffusion de l'information dans le grand public (presse, affiche, radio, cinéma, télévision, autoroutes de l'information) : les moyens de communication de masse ou mass-média.
5. Les relations dynamiques qui interviennent dans un fonctionnement : théorie des communications.
6. Phénomène social : toute notre vie sociale est un phénomène de communication. Nous communiquons à tout instant avec tous nos sens, consciemment ou non, avec nos paroles comme avec nos silences, avec nos gestes comme avec notre rigidité.

Evolution de la perception de ce contenu

1re étape : La communication linéaire (Shannon)
Cette première perception de la communication s'intéresse surtout à **l'acte verbal** conscient et volontaire. Elle est centrée sur **l'analyse de contenu** du message afin qu'il arrive à destination sans déformation majeure. Le schéma en est simple.

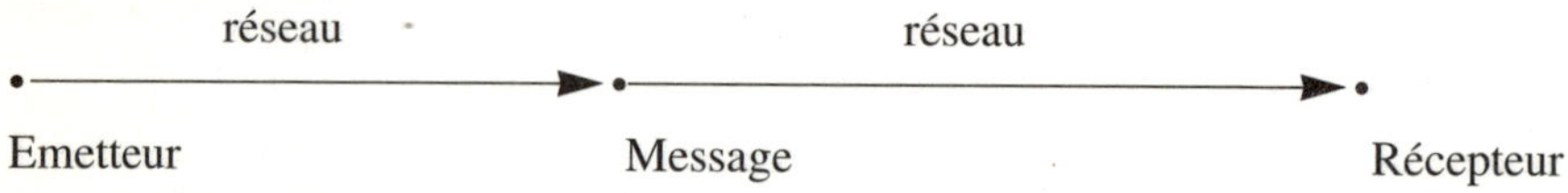

C'est l'ère où seule l'efficacité technique, pour transmettre l'information, compte et où l'on croit que donner un ordre, clairement avec concision, est suffisant pour être efficace sans trop se préoccuper du contexte idéologique ou social des personnes en présence et de leurs réactions aux techniques.

2e étape : La communication circulaire (Wiener), la cybernétique
En analysant la communication linéaire, on découvre, qu'en utilisant un processus connu depuis longtemps, le feed-back ou **rétroaction**, on décuple l'efficacité de la communication. L'utilisation généralisée de ce phénomène va en faire la clef de voûte de la cybernétique (ou science du pilotage). Ainsi se met en place un processus circulaire où des informations sur l'action en cours nourrissent en retour (feed-back) le système et lui permettent les corrections nécessaires pour atteindre son but. On découvre que tout "effet" rétroagit sur sa "cause" et qu'il est indispensable d'en tenir compte. **L'analyse du feed-back** permet de déterminer l'efficacité de la communication.

(1) **La nouvelle communication**, Collectif, Seuil.

Nous avons donc le schéma suivant.

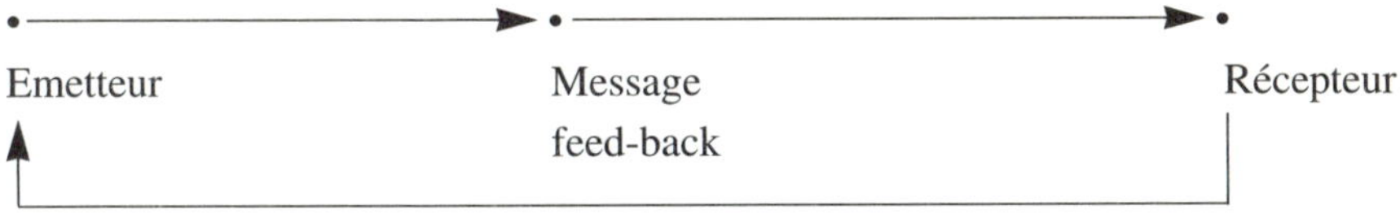

3e étape : La communication systémique (Ludwig von Bertallanffy)

A l'approche cybernétique vont bientôt s'ajouter toutes les recherches faites dans le domaine des systèmes, le système étant défini comme "un ensemble d'éléments en interaction dynamique, organisés en fonction d'un but [1]."
Dans cette approche, le feed-back n'est plus le seul élément déterminant, mais chaque élément est en interaction avec les autres, l'un modifiant l'autre ou les autres, et se trouvant modifié en retour. Le schéma se complique.

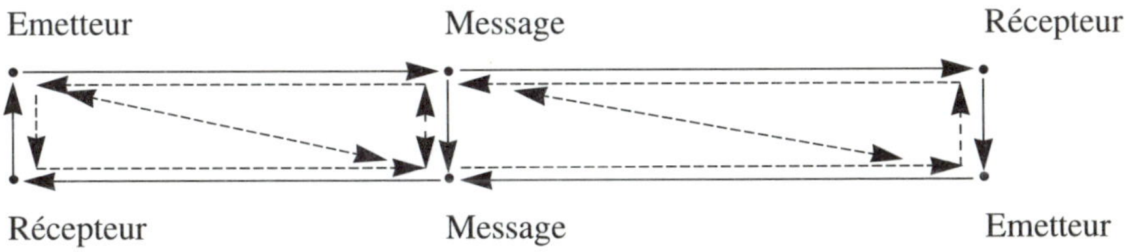

Par l'analyse des interactions, on cerne partiellement l'efficacité de la communication.

4e étape : La communication est un processus social (Bateson, Birdwhistell, Goffman, etc.)

La communication est conçue comme un système à multiples canaux auquel l'acteur participe à tout instant, qu'il le veuille ou non, consciemment ou pas, par l'intermédiaire de ses divers modes de comportements (parole, geste, regard, mimique, espace), utilisant un ou plusieurs de ses sens.
Ces comportements sont la manifestation de rituels, règles ou codes sociaux, expression d'une culture particulière se manifestant au travers de règles de politesse, règles de formation du langage, règles d'utilisation du langage suivant les circonstances, règles des places à table, règles des cuisines, règles de jeux de société, règles de comportements sociaux en couple ou en famille, etc. Cela nous conduit à nous interroger : "Parmi les milliers de comportements possibles, quels sont ceux retenus par la culture pour constituer un ensemble significatif ?"
La communication est un tout en mouvement dont il est important de percevoir la complexité, car on ne peut isoler chaque composante : langage parlé, langage du corps, langage des gestes, etc. De cet ensemble émergent des significations. Le silencieux comme le bavard nous communiquent plus que leur parole ou leur silence, cela nous renvoie au contexte dans lequel se passent ces phénomènes. Ce contexte multiple où chaque personne vit dans un groupe lui-même inséré dans une organisation, une institution et une civilisation, nous permet de découvrir la réalité du tissu social.
"*La communication est la matrice dans laquelle sont enchâssées toutes les actions humaines* [2]."

(1) **Le macroscope**, Joël de Rosnay, Seuil.
(2) **Vivre la communication**, Colette Bizouard, 6e éd. Chronique Sociale.

4.2. Les principes de base de toute communication

Sortir de sa tour d'ivoire

Chacun de nous a réfléchi. Nous avons tous une expérience vécue qui nous est particulière. Celui qui s'enferme dans sa tour d'ivoire, en voulant conserver pour lui seul son monde intérieur ou le résultat de ses réflexions, se condamne lui-même à la stagnation.

Sortir de soi est l'élément de départ de toute communication.

Avoir quelque chose à dire

Cela semble une lapalissade, mais combien de personnes parlent pour ne rien dire ou pour émettre des lieux communs connus de tous.

Si la discussion de cette nature est utile pour entretenir la relation, elle n'est pas suffisante pour établir une communication profonde car la communication vise **la compréhension** des autres et du monde.

Il est souhaitable que notre message soit porteur d'un certain contenu, d'une certaine densité :

- ***une information***, car c'est livrer ce que l'on possède pour accéder à la connaissance, alors qu'une rétention d'information brise la communication ;
- ***une pensée personnelle***, résultat de notre réflexion individuelle ou collective ;
- ***le résultat d'une expérience***, car, lorsqu'on parle de choses concrètes, on suscite toujours l'intérêt.

Accepter que le plus important ce soit le récepteur

C'est une affirmation qui est souvent peu comprise par manque d'analyse.

Si le plus important était **l'émetteur**, pour qu'une communication passe, il y aurait peu de problèmes. Or, que constatons-nous ? Que nous avons beaucoup d'émetteurs compétents dans nos Universités, nos usines, nos familles, et cependant la communication ne passe pas.

Il en est de même du **message** si c'était le plus important. Les beaux messages sont nombreux (sermons, discours, livres, etc.). Or, là aussi, nous constatons que beaucoup ne sont pas compris. C'est donc que le problème est ailleurs.

Il est dans le fait que nous ne donnons pas la primauté au **récepteur**.

C'est lui qui doit déterminer **le message** car on ne dit pas la même chose de la même façon à un enfant ou à un adulte, à un homme ou à une femme, à un ouvrier spécialisé (OS) ou à un cadre, à un Français ou à un étranger.

C'est lui qui doit déterminer le travail de **l'émetteur**. La préparation de celui-ci doit être fonction des personnes qu'il aura en face de lui. Il ne peut partir de son niveau à lui, de son image à lui, de ses perceptions à lui. Il lui faut faire effort pour se mettre au niveau du récepteur, alors la communication passera.

Lorsque quelqu'un ne comprend pas, ce n'est jamais de sa faute, mais celle de l'émetteur qui n'a pas su tenir compte de lui en parlant dans son langage.

Lorsqu'un message est considéré comme difficile, ce n'est pas dû à la matière, mais au manque de préparation, car il est toujours possible d'expliquer de façon simple les choses compliquées sans les dévaloriser. Nous en avons des exemples dans toutes les disciplines sans exception.

Chaque communication est unique

Nous savons tous, intellectuellement, que chaque personne est différente, que chaque catégorie sociale a son langage, sa culture. Il suffirait d'en tenir compte pour rendre la communication plus efficace.
Nous savons aussi que les situations changent dans le temps. Ce qui était valable à une époque, ne l'est plus à une autre. Que toutes les matières s'enrichissent au cours de l'histoire, et qu'il est aussi absurde aujourd'hui de donner le même cours qu'il y a 20 ans que si nous acceptions le même salaire qu'il y a 20 ans.
Enfin, la perception des problèmes est différente. Les problèmes eux-mêmes changent du fait des mutations dans la société. La sensibilité collective évolue, ne pas en tenir compte serait se condamner à l'échec.

S'impliquer

On a trop longtemps prêché la neutralité avant de découvrir qu'elle n'existait pas et que, derrière nos comportements, transparaissaient nos pensées. Ainsi, reprocher à des juges d'être partisans lorsqu'ils condamnent un patron à la détention préventive pour récidive à un accident de travail mortel et croire que l'on est neutre lorsqu'on condamne un travailleur algérien à la détention préventive parce que sa carte de séjour n'est pas à jour, c'est de l'inconscience.
Mieux vaut être conscient que chacun de nos actes, chacune de nos pensées, nous situent socialement. L'implication est signe, d'une part, de lucidité et, d'autre part, de vérité. Elle favorise la communication sur des bases saines.

Tendre à l'objectivité

Ceci est une gageure car l'objectivité absolue n'existe pas. Nous pouvons seulement l'approcher. Lorsque plusieurs témoins ont assisté à une scène, ils la perçoivent à travers leur personnalité, leur expérience, leur caractère, leurs antécédents, leur classe sociale, leur métier, etc. C'est pour cela qu'il est rare de trouver une unanimité des témoins.
La seule démarche possible c'est d'accepter sa subjectivité, d'accepter de la communiquer aux autres pour qu'ils perçoivent ce que nous sommes. Comme l'objectivité c'est la somme des subjectivités, en permettant à chacun d'exprimer sa subjectivité, la synthèse des perceptions nous permet d'approcher de l'objectivité. Ce n'est valable d'ailleurs que pour **notre groupe**, car un autre groupe, partant de subjectivités différentes, pourra avoir une perception différente de la réalité. Ce n'est valable aussi que pour le moment présent car la collecte d'autres informations, à d'autres moments, peut modifier ce que nous avons acquis.
Tout cela permet de comprendre pourquoi, dans une même organisation ayant le même objectif, les réactions, les orientations peuvent cependant être légèrement différentes.

Provoquer la réciprocité

Communiquer ce que l'on est, ce que l'on pense, serait insuffisant si nous n'acceptions pas la réaction en retour (le récepteur devient alors émetteur). **Sans feed-back**, une communication est bloquée car on ne peut pas savoir comment a été reçu et perçu notre message.
Aujourd'hui ne pas accepter, ne pas faciliter, ne pas permettre les réactions en retour, c'est se condamner à l'inefficacité, c'est rester dans la tour d'ivoire de ses certitudes. Seul l'échange peut être facteur de progrès pour tous.

4.3. Les barrières à la communication

Les jugements de valeur sur les personnes

Nous ne nous satisfaisons pas d'un jugement de réalité se dégageant d'une analyse objective des comportements. Nous jouons trop souvent au "moraliste"(c'est bien, c'est mal) et nous avons tendance à juger les actes et les paroles des autres participants en fonction de certains préjugés.

Le repli sur soi-même pour affirmer sa différence

Chaque personne est spécifique. Elle a son originalité, ses réactions propres. Elle s'est formée, a été marquée par des réalités différentes : milieu familial, milieu scolaire, milieu de travail, ouverture d'esprit, culture, etc.
Au cours de la discussion, chacun interviendra en fonction de son expérience, de ses connaissances, de ses perspectives. Voulant faire prévaloir son point de vue sans écouter les autres, il argumentera pour convaincre le groupe ou celui qui lui tient tête.
Il arrive aussi qu'ayant une idée ou une position à faire passer, on ne perçoive plus ce que disent les autres. On se préoccupe seulement de la façon dont on fera passer ce que l'on veut défendre. Alors que l'ouverture aux autres rend la différence complémentaire.

Etre réfractaire au changement

Lorsqu'un participant nous fournit des éléments intéressants remettant au cause notre propre position, même si ces éléments nous paraissent devoir être retenus, nous arrivons difficilement à accepter le changement. Nous avons peur que notre personnalité se transforme. Nous tenons à nos petites habitudes et nous avons tendance à rejeter toute initiative et toute innovation.

Ne pas être disponible aux autres participants

Il arrive, lorsqu'une personne du groupe intervient, que nous ayons la réaction psychologique spontanée de réfuter son argumentation. Cela peut provenir de raisons très diverses :
- nos caractères sont opposés ;
- la façon d'aborder le problème est différente de la nôtre ;
- nous n'avons pas compris ou avons interprété de façon erronée l'intervention.

Cette attitude de blocage provient en définitive du fait que nous ne sommes pas sur la même longueur d'onde que celui qui vient d'intervenir.

Ne pas synchroniser son débit de parole à la rapidité d'écoute des autres

Si notre débit est trop lent, la réceptivité de l'auditeur qui est plus rapide, risque de provoquer une évasion chez beaucoup de participants. Inversement, si notre débit de parole est trop rapide, il n'y aura pas dispersion de l'auditoire au début, mais ce sera au prix d'une fatigue plus grande qui provoquera la dispersion par la suite.

Avoir un langage qui n'est pas adapté aux participants

Notre manière de nous exprimer, notre langage, peuvent être des obstacles à la communication dans le groupe. Parler d'un ton monotone, sans conviction, n'incite pas les autres participants à écouter. Utiliser des mots considérés par certains comme compliqués peut établir un barrage à la compréhension. Dans tous les cas, il faut savoir se mettre à la place de celui qui écoute. C'est la règle de base pour établir les communications dans le groupe.

Comment surmonter les obstacles

Si nous ne parvenons pas à surmonter les obstacles qui gênent la communication entre les personnes, nous n'aurons jamais de groupes homogènes capables de progresser vers les objectifs qu'ils se sont assignés. Il nous faut donc trouver les moyens de surmonter ces difficultés.

En avoir le désir

C'est l'élément déclencheur. L'animateur aidera les participants à prendre conscience des blocages pour qu'ensemble soit recherché un moyen de surmonter les difficultés de communication. Si ce désir n'est pas partagé par chaque membre du groupe, les obstacles seront plus difficiles à surmonter.

Dans un groupe, chacun est dépendant des autres

L'un des plus gros obstacles au dialogue est la tendance de chacun à se suffire à soi-même, sans se rendre compte qu'il est lié aux autres par des liens de dépendance objectifs, que ce soit pour sa vie matérielle, pour sa vie intellectuelle ou pour sa vie affective. Seul, il ne peut rien faire. Il faut d'abord être persuadé de cela.

Sur chaque problème il n'y a pas qu'un seul point de vue de valable

Nous vérifions ce phénomène tous les jours. A côté de notre point de vue personnel, il y en a d'autres différents qui sont tout aussi valables. C'est ce qui fait la richesse d'un groupe : être le creuset d'une multitude d'idées personnelles qui s'additionnent pour enrichir tous les membres du groupe. Après l'analyse d'un problème c'est un excellent exercice de synthèse.

Notre point de vue n'est pas forcément juste

De l'échange avec d'autres participants, doit pouvoir naître en nous une approche de la vérité. Cela va demander à chacun une remise en cause de ses propres idées. Il n'y a pas de dialogue possible si nous ne sommes pas prêts à accepter la part de vérité que possèdent les autres et accepter que notre point de vue soit modifié ou transformé par les autres.

Cela nécessite que nous apprenions à nous connaître

La lucidité est la qualité majeure du participant. Pour cela, il est indispensable que chacun apprenne à se connaître s'il veut arriver à améliorer son comportement dans le groupe. Se connaître est difficile, car il est fréquent que même nos défauts nous soient chers et nous ne tenons pas toujours à nous remettre en cause. D'autres fois, nous trouvons des justifications valables pour expliquer notre comportement. Il faut être capable d'enlever nos masques pour voir notre propre réalité, sans illusion, avec vérité, pour permettre notre coopération dans le groupe.

Créer une atmosphère de compréhension

Si nous arrivons à savoir écouter les autres, si nous parvenons à nous remettre en cause, progressivement une nouvelle atmosphère se créera dans le groupe. Chacun sera plus disponible à tous, une chaleur humaine se dégagera, faite de compréhension et de sympathie, favorisant le dialogue dans la vérité, dans la liberté et dans la solidarité.

44. La communication en groupe

1. Les objectifs

On ne peut communiquer que si l'on a quelque chose à dire ou si l'on nous a demandé une intervention. Cette lapalissade nous conduit cependant à prendre conscience qu'il peut y avoir des buts de niveaux différents. Ce peut être pour commander, pour manipuler, pour informer, pour instruire, pour discuter, pour échanger, pour dialoguer, pour agir. La nature de l'objectif va conditionner toute la communication tant sur le contenu du message que sur la façon de le transmettre, voire même le ton, le regard, l'intonation. Dès le départ, le but poursuivi va donner la tournure de la communication.

2. Les sources d'information

Avant de communiquer, il est nécessaire de rassembler les matériaux du message, de les organiser. Encore faut-il savoir où les prendre. Cela dépendra de la nature de la communication. La source peut être en nous, lorsque c'est pour exprimer une idée personnelle, fruit de notre réflexion. Elle peut être en autrui si c'est pour utiliser son expérience. Elle peut se trouver dans des documents.

3. L'émetteur

C'est la personne qui amorce la communication. Cela suppose qu'elle soit compétente pour transmettre clairement le message. "Ce qui se conçoit bien s'énonce clairement." Cependant, la personnalité de l'émetteur va jouer un rôle important ainsi que sa fonction et son attitude profonde. C'est lui qui tient la clef de la relation, s'il tient compte en premier lieu du récepteur et s'il accepte d'écouter la réponse. Cela exige ouverture, disponibilité et aussi authenticité.

4. La structure

Toute structure suppose un ensemble de moyens diversifiés dans lesquels il est possible de puiser.

- ***Les signes*** sont les éléments de base indispensables. Ce sont l'alphabet pour l'écriture, les notes pour la musique, les couleurs pour la peinture, etc.
- ***Les codes*** : c'est l'organisation des signes. Avec l'alphabet on fait des mots, des phrases pour le langage écrit ou parlé ; avec les notes on réalise de la musique classique, moderne, des chansons à la mode ou engagées, etc. Ils permettent la réalisation des messages.
- ***Les canaux*** sont les moyens qui constituent le système matériel de passage :

– *les canaux physiologiques* : ce sont nos sens (la vue, l'ouïe, l'odorat, le toucher, le goût) ;
– *les canaux techniques* : ce sont les appareils qui "portent" nos sens (le téléphone, la télévision, les haut-parleurs, les lettres, les ordinateurs, etc.).

- Les réseaux rassemblent l'ensemble des canaux d'une même nature : la Poste pour le courrier, les librairies pour l'édition, etc.

Ces réseaux peuvent être :
– *formels*, c'est-à-dire organisés et structurés par un organigramme, dans un cadre hiérarchique ou maillé pour un réseau informatique ;
– *informels*, c'est-à-dire spontanés en fonction des besoins.

Mais ces réseaux constituent des voies de transmission qui, suivant leur organisation, déterminent la nature de la relation et affectent le comportement des participants :
– réseau en étoile : haute centralité, faible participation ;
– réseau en chaîne : participation plus grande, temps plus élevé ;
– réseau en cercle : faible centralité, participation forte ;
– réseau maillé : participation permanente de tous les membres.

5. Le message

C'est lui qui va créer le lien entre les personnes. Aussi faut-il le concevoir de façon à faciliter la relation en faisant attention

- *au contenu explicite* : c'est ce qui est dit. Cela doit être simple, clair, direct, accessible immédiatement au récepteur. Rien ne sert de communiquer un message d'une grande densité et d'un très beau style. Si le récepteur ne le comprend pas, c'est comme s'il n'y avait pas eu communication ;
- *au contenu implicite* : qui laisse transparaître ce que nous sommes (croyance, valeurs, préjugés, opinions). Cela peut aussi faciliter ou déformer le message. Il faut y faire attention.

6. Les déviances

Ce qui empêche la relation de s'établir c'est fréquemment un certain nombre d'éléments qui détournent du message du fait des réactions subjectives des parties en présence.

Du côté de l'émetteur

- être obnubilé par le contenu du message plus que par la personne,
- enfermer l'autre dans l'idée que l'on se fait de lui,
- ne pas trouver la distance spécifique à chaque relation,
- ne s'adresser qu'au cœur ou à l'esprit et non à l'être total.

Du côté du récepteur

- avoir des a priori et des préjugés contre l'émetteur,
- ne pas être disponible et ne pas écouter ce qui est dit,
- ne pas faire l'effort de comprendre,
- porter un jugement de valeur sur le message ou sur l'émetteur.

7. Le récepteur

Tout converge vers lui. Il est l'élément fondamental de toute communication. A quoi sert un beau message, un émetteur très compétent, si le récepteur ne comprend pas ? Chaque récepteur est unique, cela conduit à ce que chaque rencontre soit nouvelle, différente, spécifique.

En contrepartie de l'effort de l'émetteur pour être accessible, celui qui reçoit devra fait effort pour écouter et comprendre, de façon à pouvoir réagir et répondre.

8. Le retour (feed-back)

Une communication sans réponse serait inefficace. Le retour accroît la certitude de la perception et de la compréhension du message.

Il augmente la densité de la relation et permet une évolution des parties en présence. Certes, cela prend plus de temps qu'un ordre impératif, mais cela crée un climat favorisant la coopération de chaque membre.

9. Le bilan

Il permet de mesurer l'efficacité de la communication en comparant les résultats atteints avec les objectifs que l'on s'était assignés.

Cela suppose authenticité réciproque des parties en présence pour que chacun ait le courage de s'affronter pour exprimer sa pensée en acceptant l'expression de la pensée de l'autre. Sans analyse, il est plus difficile de savoir si la communication atteint son objectif.

4.5. Les perspectives de l'école de Palo Alto sur la communication

"La communication est insertion d'un sujet complexe dans un environnement lui-même complexe. Le sujet fait partie de l'environnement et l'environnement fait partie du sujet." **Lucien Sfez**

L'école de Palo Alto s'inspire de Bateson et de von Fœrster. Elle regroupe intellectuellement : Watzlawick, Hall, Birdwhistell, Goffman, Beavin, Jackson et d'autres. Elle propose une nouvelle façon de comprendre la communication.

1. La communication est inévitable dans n'importe quelle situation sociale

Dès que nous sommes quelque part où d'autres personnes sont présentes, des communications s'établissent. Verbales quand nous connaissons des personnes, avec des niveaux différents suivant le degré d'intimité que nous avons avec les unes et les autres. Non-verbales, sous des formes très diverses, sourire à une jolie femme, regard réprobateur à un bavard, geste d'encouragement à une personne qui n'ose pas nous aborder, etc.

2. Tous les partenaires sont à la fois émetteur et récepteur

Chacun émet et reçoit en même temps dans un processus continu. Chacun ajuste en permanence sa communication à celle des autres. L'émetteur sera sensible et réceptif aux messages de ses partenaires ; messages verbaux : interrogations, réponses, compléments, contradictions, etc. ; messages non-verbaux : somnolence, esprit absent, attention, sourire, moue, etc. Ce qui lui permettra d'ajuster son message. Le récepteur, lui, sera souvent au diapason de l'émetteur. S'il est intéressant, il sera attentif. S'il est ennuyeux, il le manifestera parfois inconsciemment par un bâillement, un hochement de tête, etc. Quand il répondra, il sera à son tour émetteur et les mêmes phénomènes se produiront.

3. La communication passe simultanément par plusieurs canaux

L'expression verbale n'est qu'un des multiples canaux que nous utilisons. Le regard, l'expression du visage ou du corps, le ton de la voix, la distance entre soi et les autres, les vêtements portés, etc. sont autant de canaux qui parlent autant que la parole. Cet ensemble de messages est indissociable et la signification de la communication nécessite, pour la comprendre, de prendre en compte l'ensemble intégré de ces canaux.

4. La communication se situe dans un contexte donné

Elle ne peut s'analyser en dehors des relations particulières entre les personnes situées dans leur contexte historique, leur environnement géographique, leur approche idéologique ou philosophique, leur insertion sociale, leur niveau culturel. Le même message, émis dans un autre contexte ou avec d'autres personnes, prendra des significations très différentes.

5. Chaque message comporte plusieurs couches de sens

On ne peut jamais affirmer quel est le sens absolu d'un message, ni les mobiles profonds de sa formulation. L'ambiguïté, l'ambivalence, l'équivoque, l'insondable sont des parties intégrantes et irréductibles de la communication, mais sont, en même temps, sources de malentendus et de richesses. Elles peuvent provoquer des effets dévastateurs si les réactions ou les réponses du récepteur sont déplaisantes pour l'émetteur. Elles peuvent aussi conduire à des rapprochements si les réponses correspondent aux attentes.

6. La communication se passe dans les effets et non dans l'intention

L'émetteur peut avoir l'intention d'être agréable au récepteur, mais celui-ci peut, pour des raisons diverses, ressentir le message comme une agression. Ce qui compte c'est l'effet produit, non l'intention. En étant conscient de ce phénomène on peut en rechercher les causes en soi, dans l'autre, dans le cadre, dans le contexte culturel, etc. Cette approche réaliste, pragmatique, montre la priorité à donner au récepteur, à son ressenti, aux effets produits, plutôt qu'aux intentions de l'émetteur.

7. La communication est un processus symbolique

Le symbole étant pris comme un ensemble de représentations concrètes, d'une notion abstraite, propres à une culture, à un milieu, à un groupe. Chaque spécialiste appartient à un corps (psychologue, médecin, syndicaliste, catholique, etc.) qui a son vocabulaire propre. Les symboles n'ont pas de sens en eux-mêmes. La signification réside dans les personnes qui utilisent ces symboles. C'est donc en partageant des expériences communes que l'on donne le même sens aux mêmes mots. C'est pour cela que la compréhension des autres est difficile. Plus le niveau culturel est élevé, plus la communication est difficile car le champ symbolique particulier est plus étendu. Mais, en même temps, il devient possible, avec le temps, de surmonter ce handicap car, en discutant, en échangeant, on finit par s'entendre.

8. La communication nous dévoile dans une relation

A un premier niveau, la communication est située dans une relation qui s'établit entre partenaires. Elle peut prendre deux formes :

- Une relation complémentaire fondée sur la différenciation des rôles. Un parent ne peut être parent sans enfants. Il arrive souvent que ces relations deviennent des relations de dépendance et il faudra une réaction du dépendant pour que des relations plus égalitaires se réalisent. Celui qui s'exprime comme émetteur ou comme récepteur dévoile la place qu'il occupe et le système de relations établi.
- Une relation symétrique fondée sur la similarité des rôles qui conduit à adopter la même position et à adhérer aux mêmes normes. Les différences tendent à la longue à se réduire. Mais lorsque la performance, la compétition constituent la norme du groupe, une situation de rivalité se développe entraînant une surenchère. On assiste à une escalade qui dégrade les relations.

9. La communication conduit à un échange d'informations

A un second niveau un message contient une information qui dévoile aussi le sujet, par le choix de l'information, son contenu, sa densité, sa clarté, sa pertinence par rapport aux récepteurs. Tout cela permet de savoir si l'émetteur communique pour lui, pour libérer sa parole, ou s'il communique en fonction des besoins, des appels, des désirs des récepteurs.

10. La communication est un processus continu

Nous communiquons en permanence : en dormant, avec nos rêves, en nous levant, avec notre entourage, avec nous-même, en écoutant les nouvelles à la radio ou à la télé, en prenant l'ascenseur, en allant faire nos achats, au travail, etc. Toute notre vie est communication. Elle nécessite d'être capable de ponctuer nos communications pour nous situer dans nos relations (nature, genre, profondeur), en voir les conséquences (bénéfiques, neutres, destructrices) tant pour nous que pour les autres. Sachant que toute interprétation ne peut être que personnelle, donc subjective. Il en est de même pour les autres.

5. Interaction (le processus d'action réciproque)

Les divers phénomènes de la vie des individus et de la vie en groupe sont dépendants les uns des autres et se conditionnent réciproquement. L'individu, d'une part subit une double influence, celle des autres personnes du groupe et celle du groupe en tant que tel. D'autre part, il influence lui-même par ce qu'il "est", par son comportement, sa culture, sa personnalité, les autres membres du groupe en tant qu'individu, et le groupe lui-même. Chaque personne dans le groupe reçoit et donne aux autres et contribue à façonner la personnalité du groupe.
Un certain nombre de facteurs importants sont à l'origine des interactions dans un groupe. Essayons d'en préciser quelques-uns.

Les rapports des individus entre eux

Ces rapports de natures diverses s'inscrivent entre deux attitudes extrêmes, allant d'une étroite solidarité à un antagonisme déclaré. Ils marquent profondément les individus comme le groupe.
Plus les relations interpersonnelles sont proches de la solidarité et de l'amitié, plus la cohésion du groupe est grande, plus son efficacité pour atteindre les objectifs qu'il s'est fixés est certaine. Cela ne signifie pas que, dans les relations amicales entre les membres d'un groupe, les tensions soient exclues. Elles sont la base d'un vrai dialogue, d'autant mieux accepté que l'amitié et la solidarité permettent de les affronter en toute lucidité. Il n'est pas question, sous prétexte d'amitié, de supprimer les tensions. L'amitié, au contraire, permet de les humaniser, elles deviennent source de progrès pour tous et d'enrichissement.
Si les relations interpersonnelles sont plus proches de l'antagonisme, la cohésion du groupe et son efficacité s'en ressentiront. Il se pourra d'ailleurs que les participants, ressentant ces antagonismes, ne posent pas les vrais problèmes que le groupe doit affronter pour éviter les tensions qui risqueraient de provoquer son éclatement.
Ainsi le comportement des individus influe sur leur rapport entre eux et provoque des attitudes qui peuvent illusionner un spectateur extérieur au groupe. L'absence de tension n'est pas forcément signe de cohésion. Les réseaux d'attraction ne se traduisent pas forcément non plus par une harmonie extérieure parfaite. L'harmonie est dans la confiance réciproque, base de l'amitié et de la solidarité.

Les fonctions exercées par les individus dans le groupe

Dans un groupe, un certain nombre de fonctions ou de responsabilités ont été réparties. Le nombre de ces responsabilités et leur nature vont marquer profondément les influences réciproques des individus entre eux. Il convient donc de préciser ces différents aspects.

- ***La définition de fonction***. Il est très important pour la vie du groupe que chaque fonction soit définie clairement. Celui qui l'assume doit en connaître les limites et l'étendue : les tâches à réaliser, les décisions individuelles ou la participation aux décisions collectives.
- ***Le nombre de fonctions***. Les rapports et les interactions seront différents si le nombre des responsabilités dans le groupe est restreint, si certains de ses membres cumulent plusieurs responsabilités ou si, au contraire, les responsabilités ont été réparties pour permettre à chaque membre de remplir une fonction précise (si petite soit-elle).

- ***La nature des fonctions***. Il est certain que dans un groupe, toutes les fonctions ne peuvent être de même nature. Il ne faut qu'un animateur. Il faut éviter la hiérarchie des fonctions. Il faut tendre à accroître la capacité des membres du groupe pour qu'ils soient à même d'assumer à leur tour chaque fonction dans le groupe. En approfondissant la compétence de chacun, on facilite la rotation des fonctions.
- ***La durée des fonctions***. C'est un facteur qui, jusqu'à présent, n'avait pas été assez pris en considération. Les interactions dans le groupe sont de nature différente si les fonctions sont assumées pendant un temps estimé très long par les participants ou, au contraire, si le renouvellement de ces fonctions a lieu régulièrement. Tout individu prenant de nouvelles fonctions donne le maximum de lui-même, ce qui est profitable aux autres membres du groupe et au groupe lui-même. Le phénomène d'interaction est constructif pour tous.

Les normes collectives érigées par le groupe

Chaque groupe érige, consciemment ou inconsciemment, des normes auxquelles chaque membre se soumet. Ces normes mettent en évidence un ensemble de valeurs et de règles propres au groupe. Fréquemment ces règles tacites ne sont pas perçues clairement par tous, même si tous s'y soumettent inconsciemment.

Il se peut que certaines normes informelles aient intérêt à se traduire en règles formelles élaborées et acceptées par tous. L'interaction qui est ainsi à l'origine d'une norme permet au groupe de se structurer d'une façon harmonieuse.

Il n'en reste pas moins qu'il y aura toujours des normes collectives non structurées, fruit de l'interaction dans le groupe, que chaque membre devra percevoir pour en utiliser la richesse.

L'ensemble de ces normes collectives aboutit à des modèles de comportement qui différencient les groupes et participent ainsi à la formation de la personnalité du groupe, ainsi qu'à celle des participants.

La recherche commune

Elle est le fruit de l'échange, de l'interaction des membres du groupe entre eux. Elle vise à réduire l'écart entre situation présente et objectifs à atteindre.

Cette recherche et cette interaction réciproques conduisent les individus et le groupe à modifier comportement ou jugement à la faveur de l'échange et des rapports qui résultent de la réflexion et de l'action.

Il est difficile à une personne de prétendre qu'elle élabore seule une position. Sa pensée, sa réflexion ont été marquées consciemment ou inconsciemment par les contacts de la vie en groupe. Il ne faut pas négliger l'importance du phénomène d'interaction, il peut avoir des répercussions soit constructives, soit destructrices.

Le processus d'action réciproque tend à créer une solidarité plus étroite entre les participants, souvent à leur insu. Elle peut favoriser la cohésion du groupe et l'efficacité de sa progression vers l'objectif, si l'interaction est utilisée de façon constructive.

L'action commune

L'action est une activité humaine intentionnelle visant à modifier une situation si elle est orientée par les valeurs choisies par le groupe, si elle est organisée par l'ensemble des membres du groupe. Elle devient la manifestation de la cohésion du groupe réalisée grâce aux interactions permanentes vécues en son sein, car c'est au pied du mur que l'on reconnaît le maçon.

6. Socialisation par le leadership

Le rôle directeur ou leadership est généralement envisagé comme une relation d'influence d'un individu sur un groupe dans une situation déterminée. Il guide le groupe vers la réalisation de ses objectifs, dans un effort organisé.

Distinction nécessaire

Il faut distinguer deux types de rôle directeur :

– Le "rôle directeur" formel

C'est une relation entre des personnes qui ont des responsabilités précises et institutionnelles dans le groupe.

C'est ce qu'on retrouve dans toute structure hiérarchique avec des attributions précises à chaque niveau.

– Le "rôle directeur" informel

Dans ce cas, un individu exerce spontanément une influence directrice sur les autres en vertu d'une acceptation implicite.

C'est tout le jeu des influences qui peuvent être dues à une forte personnalité capable de catalyser les aspirations profondes des membres du groupe.

Ces "rôles directeurs informels" peuvent être tenus par des personnes différentes, suivant les activités du groupe.

Types de commandement (leader formel)

Il ressort de certaines expériences, qu'il est possible de distinguer trois types de commandement qui donnent à la vie d'un groupe son "atmosphère" spécifique.

– Commandement autocratique

L'autorité est extérieure au groupe. Elle est entre les mains du chef, de l'animateur ou du responsable.

C'est lui qui inspire les décisions.

Cela conduit à une apathie sans agressivité marquée, elle se développe s'il vient à s'absenter.

– Commandement laisser-faire

Chaque individu dispose de l'autorité, le chef ou l'animateur n'existe pas.

Les comportements agressifs sont fréquents et nuisent à la cohésion et à la productivité du groupe.

– Commandement démocratique

Le responsable, l'animateur participe étroitement à la vie du groupe. Les décisions sont prises à l'unanimité ou à une majorité qualifiée, à la suite d'une discussion collective, sous sa conduite.

Il permet à chacun, selon ses aptitudes, d'être leader à un moment, sur l'aspect où il est le plus compétent.

C'est le mode qui se révèle le plus efficace dans une société démocratique.
De ces expériences, les conclusions tirées démontrent que l'efficacité, la cohésion sont proportionnelles à la vie démocratique du groupe.

Un choix à faire : tous leaders (leader informel)

Certains groupes refusent tout leader et le rôle de l'animateur est d'empêcher que quelqu'un vienne empiéter sur son autorité.

Il est impossible d'empêcher le phénomène de leadership d'avoir lieu car, si on l'élimine aujourd'hui, il resurgira demain à propos de n'importe quelle occasion (besoin d'un chic type, besoin de synthèse, etc.). Or une seule personne, l'animateur, ne peut tout faire.

Aussi la méthode la plus simple consiste à ce que l'animateur s'habitue, au lieu d'éliminer les leaders, à favoriser au contraire le leadership pour que chacun des participants puisse être leader à un moment sur un point. L'animateur joue alors le rôle de chef d'orchestre permettant à chacun d'apporter au groupe ce qu'il a et ce qu'il est. Au lieu de faire la synthèse, l'animateur, par exemple, la fait faire par celui qui a l'esprit de synthèse, etc. Ainsi les personnes, se sentant reconnues et utilisées selon leur capacité, participent de façon plus efficace à la vie du groupe.

Le rôle des leaders

Un animateur qui a le souci de rechercher en chaque personne ses points forts, ses charismes, son champ de compétence, atteindra une triple efficacité.

- Sur **la tâche** par l'utilisation judicieuse des habiletés différentes et complémentaires de chacun.
- Sur **la personnalité** des membres : en favorisant l'expression de leurs expériences, de leurs pensées, de leurs sentiments, il permet l'épanouissement de leurs virtualités.
- Sur **les relations** : l'apport de chacun profitant aux autres, une réciprocité se développe permettant à des relations plus fraternelles de s'instaurer, chacun sachant qu'il peut compter sur les autres en cas de besoin.

Mais l'utilisation du phénomène de leadership comme facteur d'enrichissement ne dépend pas que de l'animateur. L'ambiance sera plus favorable si elle est créée par celui qui a les contacts spontanés plus faciles. L'animateur devient un peu comme le chef d'orchestre. Il permet à chacun des membres d'intervenir au moment opportun dans les domaines de sa compétence car un leader ne l'est pas tout le temps, ne l'est pas sur tout, ne l'est pas tout seul.

Les dangers du leadership

Quand une personne est perçue comme leader formel ou informel, le danger est de laisser croire qu'il domine toutes les situations et de cristalliser autour de lui l'attention du groupe. Ceci risque d'appauvrir les réactions et la participation des autres membres du groupe.

Une des dimensions du leadership : se préoccuper vraiment de la vie du groupe, des motivations de ses membres, des objectifs et de leur harmonisation, elle est surtout orientée vers la socialisation maximum des membres du groupe.

7. Tensions et conflits

7.1. Les formes de tensions internes

Le groupe étant composé d'individus de tempéraments divers, il est normal et naturel que la vie de groupe provoque des conflits. Ces conflits peuvent revêtir des formes diverses.

- Opposition **individu-individu** pouvant provenir, soit des oppositions de caractère, de sexe, de niveau social, de culture, etc.
- Opposition **individu-groupe** pouvant résulter du fait qu'un individu ne se sent pas à l'aise dans le groupe, soit d'une façon permanente, ce qui peut provoquer son départ, soit d'une façon occasionnelle, à propos d'un problème précis. Le dialogue est le seul moyen de surmonter la difficulté.
- Opposition **individu-animateur** : cela peut provenir, soit de l'animateur s'il est directif ou pas assez coopératif, soit de l'individu, par suite d'une opposition passagère ou permanente. Il faut étudier chaque cas d'espèce.
- Opposition **groupe-groupe** : ce sont souvent les oppositions les plus fortes, entraînant le plus de conséquences, pouvant aller jusqu'à l'éclatement du groupe. L'organisation de sous-groupes qui se battent pour avoir la prépondérance, rejoint le problème de l'organisation des minorités qui peut être partiellement réglé par le dialogue et par un statut de la minorité.

Conflits dus aux personnes

Les origines des conflits sont dues à plusieurs facteurs différents qui souvent se conjuguent. Elles peuvent tenir au **caractère** de chacun. Deux caractères opposés peuvent s'affronter souvent, mais peuvent être complémentaires s'il y a effort réciproque. Par contre, deux caractères identiques s'affrontent sur des causes différentes, par exemple divergence de vue sur les objectifs ou sur les méthodes, etc. Elles proviennent de la **formation** reçue. Sous ce vocable, nous entendons l'instruction et l'éducation, ces deux facteurs s'ajoutant compliquent parfois les relations entre personnes. Les origines des conflits sont dues à des **motivations différentes** qui se traduisent par une conception divergente de la personne et de la société. C'est souvent à l'origine de la création de sous-groupes dans le groupe, où des personnes ayant des motivations proches s'organisent en minorité pour les faire avancer dans le groupe. Elles viennent de la **rétention de l'information** que certains possèdent et ne veulent pas communiquer au groupe. C'est un des moyens courant de conserver un certain pouvoir sur ceux qui ne possèdent pas d'information. Beaucoup d'autres éléments interviennent comme le sexe, l'âge, l'origine sociale, l'ethnie, etc.

Les conflits proviennent toujours d'une **insuffisance de compréhension** réciproque et du fait que chacun arrive difficilement à accepter l'autre ou les autres, différents de lui-même, au lieu d'accepter la richesse de la diversité qui peut conduire à la complémentarité.

Conflits dont l'origine est dans le groupe

Nous avons vu l'importance de l'objectif dans la vie des groupes.

L'imprécision des objectifs est une source fréquente de conflits car chacun perçoit des objectifs différents sous un même vocabulaire.

La structure et l'organisation du groupe sont à l'origine de nombreux conflits. Par exemple, si la structure du groupe est informelle, si chaque adhérent ne sait pas exactement ce que l'on attend de lui, s'il y a monopole des responsabilités par quelqu'un, etc. Ce sont autant de points d'accrochage possibles. Ceux-ci peuvent être résorbés par une organisation de groupe à laquelle tous les membres participent.

La répartition du pouvoir est une des causes essentielles des conflits. A mesure que le groupe évolue, il souhaite passer d'un statut de passivité et de soumission au pouvoir d'un seul, à l'accès à une autonomie qui ne pourra se réaliser que par un partage du pouvoir, par la répartition de responsabilités à chacun. Mais nous ne sommes pas encore prêts à accepter ce constat et surtout à en tenir compte dans nos structures.

S'il y a des causes internes, il peut aussi y avoir des **causes externes** qui ont pour origine :
- soit les rapports du groupe avec d'autres groupes de la même organisation (un syndicat avec un autre syndicat) ;
- soit ses rapports avec des groupes de même nature, mais d'organisation différente (une association familiale ouvrière avec une association à dominante bourgeoise) ;
- soit ses rapports avec des groupes d'autres organisations de nature différente (relation d'un syndicat avec un parti ou une organisation culturelle) ;
- ces tensions de groupes vont provoquer des conflits à l'intérieur du groupe du fait des divergences de position sur l'attitude à tenir.

Le rôle des conflits : moyens de progression

Une attitude spontanée consiste à vouloir supprimer tout conflit dans les relations de personnes ou de groupes. Dès le départ, il convient d'être clair. Nous pensons que les conflits n'ont pas à être supprimés, mais atténués, mais humanisés et utilisés pour progresser à travers les affrontements.

- ***Les conflits permettent de prendre conscience d'une réalité***. Dans les groupes où tout le monde est du même avis, c'est la stagnation, la sclérose de la pensée et de l'action, la dépersonnalisation des individus. C'est croire que dans un groupe, tout le monde peut être du même avis. C'est oublier que chacun est une personne et non un robot et que, si l'on arrive à un accord, c'est après un échange assez long où les conflits ont été les éléments moteurs de la progression du dialogue.
- ***Supprimer les conflits, c'est supprimer la démocratie***. Dans les pays où l'on a voulu supprimer tout conflit, c'est le règne de l'uniformité, de la dépersonnalisation, de la dictature. Des régimes de nature différente sont tombés dans ce travers.

Le totalitarisme est un exemple limite ; pas de conflits : tous ceux qui risquent d'en provoquer sont en prison.

Le fascisme suivait un chemin parallèle sous une étiquette différente. Pour supprimer les conflits, pour que règne l'harmonie, on met en prison les étudiants, les intellectuels, les ouvriers qui sont en désaccord et que l'on baptise d'ailleurs, pour la circonstance, "communistes", même lorsque ce sont des membres connus de l'Eglise catholique.

Des pays nouvellement démocratisés utilisent les méthodes que les responsables actuels ont pourtant subies eux-mêmes dans leur chair. Et l'on pourrait multiplier les exemples pour montrer que c'est un danger permanent.

Le sens à leur donner

Le problème n'est donc pas de supprimer les conflits, mais de les utiliser comme moyens de progresser vers l'unité.

Les conflits sont à la base de l'échange, à condition qu'il y ait respect de la pensée de l'autre, compréhension des problèmes posés et recherche commune.

7.2. Le problème des minorités

1. La théorie des minorités agissantes

Certains peuvent se demander si, dans le groupe, tout le monde a la capacité de leader aujourd'hui. A cela, l'analyse de la réalité montre qu'il n'en est rien et qu'effectivement, dans le groupe comme dans la société, seule une minorité, **au départ**, a la capacité de leader.

C'est ici qu'intervient la conception que l'on se fait du leader et qui dépend de la conception de la personne que nous avons.

Si nous croyons qu'il y a des personnes supérieures à d'autres, en les jugeant d'après un barème établi (test d'intelligence par exemple), nous rejoignons la conception hiérarchique structurant un groupe autocratique.

Si nous croyons, au contraire, que chaque personne peut apporter quelque chose au groupe et à la société, mais qu'il faut, au préalable, développer toutes ses facultés que la société actuelle n'a pas permis d'épanouir, cela nous conduit à un leadership démocratique qui permet à chacun de s'exprimer.

Les analyses des groupes dynamiques nous montrent que dans tout groupement humain, dans l'immédiat, seule une minorité est consciente des problèmes, a des perspectives et agit pour atteindre les objectifs qu'elle s'est fixés. Mais elle peut se mettre au service des autres pour les aider à progresser.

2. Rôle des minorités agissantes

Partant de cette constatation, on pourrait être tenté de vouloir former cette minorité pour qu'elle soit capable de conduire les populations. Cela peut se justifier en montrant que dans le passé, comme aujourd'hui, le fait s'est toujours produit, et qu'il n'y a aucune raison pour que demain il ne se renouvelle pas.

Mais on peut aussi penser que les populations ont des possibilités d'évolution et de prise de conscience que, si on les conduit toujours, on risque d'empêcher leur évolution. Le rôle des minorités agissantes peut alors d'être "l'élément catalyseur" qui, au sein de la population et non devant elle, favorise sa progression vers l'autonomie.

Du choix que nous ferons dépendra l'attitude que nous aurons dans les groupes et dans nos fonctions.

3. Surmonter nos contradictions internes

Dans toute organisation, le mythe de l'unité conduit la majorité à demander à la minorité de se soumettre, au nom de la démocratie, à la loi du nombre. De même, une minorité dynamique, lorsqu'elle a pris le pouvoir, a tendance à le récupérer pour elle et à reproduire le modèle majoritaire.

Ne pourrait-on penser une organisation favorisant l'affrontement majorité/minorité, **au grand jour**, pour éviter les travaux de couloir, et conduisant à des décisions unanimes (accord de tous), mais pas uniformes (la minorité faisant sa propre expérience pendant que la majorité réalise la sienne) de façon à ce que l'analyse de l'expérience permette d'avoir des éléments pour faire la synthèse.

4. Vers des organisations de masse

Ce choix implique pour nous l'ouverture de l'organisation dont notre groupe fait partie, à tous, sans exception. Ceci est beaucoup plus exigeant que de se limiter à une organisation qui sélectionne, car il faut chercher les moyens, trouver les structures et former les hommes capables de réaliser une organisation ouverte à tous pour favoriser l'épanouissement de chacun.

7.3. Le problème des difficiles

Le cas particulier des difficiles

Il arrive parfois que, dans certains groupes, une personne n'arrive pas à être assimilée par suite de son comportement asocial (buveur, baratineur, vantard, menteur, etc.). La réaction du groupe, pour conserver sa cohésion serait de rejeter cet empêcheur de tourner en rond, qui provoque des tensions assez fortes dans le groupe et entrave la cohésion.

Cependant, avant de prendre une décision, il convient de réfléchir aux conséquences du rejet de cette personne hors du groupe.

- Si on l'élimine même avec des raisons valables, est-ce que le comportement de cette personne sera modifié ? Certainement pas.
- Si elle va dans un autre groupe, est-ce que le même phénomène ne va pas se reproduire ? Rejet pour les mêmes raisons.

Ainsi notre décision peut entraîner cette personne à se retrouver en marge de la société, rejetée successivement par tous les groupes.

Il faut prendre conscience que si notre groupe n'est pas capable d'assumer des personnes difficiles, il y a peu de chance qu'un autre groupe le puisse.

Le choix douloureux consistera donc à ce que la cohésion du groupe se resserre pour aider cette personne à s'améliorer afin qu'elle soit capable de participer à la vie du groupe.

C'est la position souhaitable dans la mesure où tout le groupe est conscient de sa responsabilité. Il faudra tendre à ce qu'il puisse le devenir.

Il faut cependant être réaliste

Ces "difficiles", nous en trouvons dans tous les groupes et nous en trouverons certainement toujours. La meilleure solution consiste à être capable de les assimiler en obligeant le groupe à prendre ses responsabilités plutôt que de choisir la solution de facilité : éliminer le gêneur. Il est cependant des cas où il faut étudier la chose de plus près.

Si le groupe n'est pas encore assez mûr pour assimiler les "difficiles", il doit lucidement chercher une solution qui permette à la personne jugée inassimilable, de ne pas être rejetée partout.

Pour cela il faudra :

1. Aider le "difficile" à prendre conscience des problèmes qu'il pose au groupe. Assimilation ou rejet, tout doit se faire clairement de part et d'autre, afin d'éviter les mêmes résultats lorsque de nouveaux cas se produiront. Donc, double prise de conscience des causes de la situation présente, tant de la part du groupe que de la part du "difficile".
2. Aider le "difficile" ayant pris conscience de sa propre réalité et des faiblesses des groupes, à chercher ensemble le groupe dans lequel il se sentira plus à l'aise, soit parce que les objectifs de celui-ci correspondront mieux aux siens, soit que la structure du groupe ou les personnes qui le composent sont estimées plus aptes à l'intégrer.

Chacun doit prendre conscience que la solution du rejet est le germe d'une hypocrisie de groupe qui aura tendance à ne pas vouloir accepter son échec à intégrer un "difficile", en le rendant seul responsable de cet échec.

7.4. Résolution traditionnelle des conflits

Raisons des conflits

Si nous avons énuméré un grand nombre de causes de conflits, dans la réalité, la majorité sont, en fait, des conflits de pouvoir. Chacun prétend posséder la vérité entière et veut l'imposer aux autres. Cet impérialisme n'est hélas ! pas conscient, car ceux qui le pratiquent prétendent toujours agir dans l'intérêt des autres. Ils masquent, sans le savoir, leur propre angoisse devant une éventuelle remise en cause de leurs certitudes.

Modes de résolution

On peut les regrouper en trois catégories.

Par la force

- Dans l'Antiquité, c'était **la force pure**. Le plus fort avait raison et s'imposait à tous, devenait le chef, puis le roi, et légiférait en fonction de son bon vouloir, jusqu'à ce qu'un plus fort le renverse. Toutes les guerres actuelles sont encore le reflet de ce mode de résolution.
- Devenus "civilisés", nous sommes habitués à substituer à la force pure, **la force du nombre**. On l'a baptisée "démocratie" : elle a ainsi permis de régler de nombreux conflits par le vote. "On n'est pas d'accord, il n'y a qu'à voter." Comme si le nombre donnait la vérité. Mais il a fallu l'expérience de plus d'un siècle de pratique pour en prendre conscience. La difficulté réside dans la recherche d'une nouvelle formule à inventer pour remplacer celle-ci au niveau des grands ensembles.
- Une autre forme de résolution par la force, ce sont **les alliances** que l'on est conduit à réaliser pour se faire respecter, parce que, seul ou trop petit, malgré toutes les théories sur la liberté et l'égalité, on ne peut se faire entendre.

Par la manipulation

- *La persuasion* est une arme que l'on développe pour amener les opposants sur ses positions. On argumente en n'utilisant que ce qui peut servir à notre thèse, passant sous silence ce qui pourrait la gêner.
- *Le marchandage* consiste à céder du terrain sur un point pour en gagner sur un autre.

Par la conciliation

- *L'arbitrage*, c'est remettre la décision à une tierce personne ou à un organisme considéré comme neutre et le charger de trancher en faveur de la vérité au nom de la justice.
- *Le compromis* est une opération à laquelle on est obligé de se rallier lorsqu'on est à peu près certain, soit de perdre, soit de ne pas obtenir totalement gain de cause. On transige en lâchant sur certains points pour se maintenir sur ceux qui nous semblent essentiels.
- *La commission d'études* permet de remettre à plus tard la résolution du conflit et, pendant qu'elle travaille, les tensions peuvent disparaître et le problème se trouver résolu sans avoir à trancher, ce qui est rarement le cas.

Tous ces modes de résolution ont permis à la société d'évoluer et au groupe de vivre et d'avancer. Mais les problèmes ne sont pas résolus pour autant et, si la paix est revenue, ce n'est que provisoire car le fond du conflit n'est pas réglé. On a résolu le problème à court terme et laissé en germe d'autres conflits qui vont surgir.

Résolution par la négociation [1]

Trois constats peuvent nous guider dans la prise en charge des conflits internes au groupe.

1. Un conflit est un signe de malaise dans la vie du groupe. Sa manifestation nous alerte et nous permet de chercher à comprendre ce qui se passe au-delà des apparences. Ce que l'on voit ou perçoit est le révélateur de problèmes généralement plus profonds. D'où l'importance d'apprendre à décoder les signes.

2. On n'a jamais vu un problème se régler sans en parler. Plus on l'aborde tôt, moins il a le temps de prendre de l'ampleur qui gêne souvent son règlement.

3. La grande majorité des conflits sont des conflits de pouvoir.

Les moyens

Pour régler les conflits, nous disposons d'un certain nombre de moyens humains.
1. La parole : elle est la base indispensable (voir p.132).
2. L'écoute : elle n'est pas facile, mais cela s'apprend (voir p.164).
3. La compréhension suppose une démarche pour sortir de soi (voir p.168).
4. L'affrontement nécessite que chaque partenaire accepte son propre changement provoqué par l'autre et réciproquement (voir p.142).

La méthode : la réunion de négociation interne

Comment se servir de ces moyens pour être efficace ? Une multitude de méthodes existent. En voici une que vous pouvez améliorer par votre pratique.
1. Choix du problème à régler, accepté par tous.
2. Choix de la méthode de travail et de la procédure.
3. Recherche de solutions possibles.
4. Affrontement pour choisir les solutions adéquates.
5. Recherche des critères pour décider du choix.
6. Sélection des solutions à la lumière des critères.
7. Décision collective acceptée par tous.

Si nous savons utiliser les conflits, ils peuvent être occasion de progrès personnel et collectif en favorisant l'évolution du groupe vers sa cohésion.

Les phénomènes de groupe

(1) **Des réunions plus efficaces**, Charles Maccio, Chronique Sociale, 2e éd.

8. Organisation du groupe

Nous arrivons dans une période d'évolution de la société où les personnes ont acquis, par l'éducation, la formation, les médias, une ouverture au monde et sont devenues capables de percevoir, d'analyser et de débattre les problèmes qui les concernent. On ne peut aujourd'hui commander à ces personnes comme on le faisait pour leurs parents ou grands-parents. Cela suppose la mise en place d'une organisation correspondant aux aspirations des nouvelles générations. Cela permet d'amorcer des changements à froid, raisonnés, négociés, plutôt que d'attendre d'être obligé de le faire sous la pression des conflits locaux ou sociaux.
Voyons comment un groupe peut s'organiser de trois points de vue différents mais complémentaires.

8.1. Organisation technique

Pour être capable de prendre en charge les problèmes de la cité, il faut posséder une organisation solide et rationnelle. Pour cela, il convient de faire un travail de clarification dans deux domaines précis.

Implantation

Dans chaque groupe, chaque personne a une place particulière dans la cité. La démarche à faire est donc :

Etablir la carte de son champ d'activité

Prendre une carte ou faire un schéma : cette démarche est facile, encore faut-il la faire. Ensuite, situer chaque membre du groupe sur la carte : lieu d'habitation, lieu de travail, lieu de loisir, etc. On a ainsi, d'un seul coup d'œil, l'emplacement de chaque personne dans la cité.

Etablir la carte de relations

Une fois connue la situation de chaque personne, il faut aller un peu plus loin et situer toutes les personnes avec qui chaque membre du groupe est en relation, dans et par sa famille, dans son quartier, son école, son entreprise. Cela permet de voir rapidement le champ d'influence de chaque personne et celui de l'ensemble du groupe.

Etablir la carte de situation

Il faut situer son influence dans son contexte. Ainsi, après avoir placé les personnes dans l'usine ou le quartier, il est utile au groupe de connaître l'importance totale de l'usine ou du quartier, de façon à déterminer si son implantation est dense, légère ou inexistante.
Pour être efficace, il faut commencer par agir où l'on est présent. Il ne sert à rien de vouloir faire quelque chose dans un lieu où le groupe n'a personne.

Déterminer les problèmes posés

Après avoir situé les personnes sur la carte, il faut situer les problèmes. Ce sera d'autant plus facile que chaque membre du groupe apportera ce qu'il a découvert, ou les réactions des personnes avec qui il est en contact. Cela permettra de situer exactement les problèmes et leur nature : transports, logement, distance, argent, etc.

De façon à être réaliste, il faudra être précis, chiffrer si possible l'importance des problèmes, déterminer ensuite leur relation entre eux, dégager ceux qui seraient les plus urgents – pas forcément les plus importants – et les classer par priorité.
Un groupe capable d'avoir une vision claire de son implantation, une connaissance précise de son champ d'influence et des problèmes concrets auxquels il doit répondre, sera un groupe efficace et réaliste qui ne passera pas son temps à spéculer sur les idées, qui sera capable d'assumer le réel tel qu'il se présente.

Structuration

Répartition

L'important étant la prise en charge des problèmes pour lesquels le groupe et l'organisation ont été fondés, après les avoir situés et fait les choix d'action prioritaire, il est nécessaire d'avoir une structure efficace comme moyen de réaliser les actions à conduire. En s'inspirant de la structure proposée avec ses exigences, il est nécessaire de la traduire dans un organigramme pour que chacun connaisse sa place dans le groupe et la place du groupe au sein de l'organisation. Devront donc apparaître :
- la composition de l'équipe de base avec les responsabilités de chacun de ses membres ;
- les différentes commissions de travail fonctionnelles et politiques auxquelles participe chaque responsable, quel que soit le champ territorial, afin que cette stratégie au grand jour permette à chacun de savoir où il est et où se trouvent les autres ;
- les réunions et leurs dates inscrites dans un planning afin que, dans l'organisation des activités, on tienne compte des contraintes de chacun (1).

Liaisons

Une organisation seule est souvent inefficace. Il est donc important de connaître et d'établir des contacts avec d'autres organisations :
- *de même nature*. Par exemple dans le domaine des problèmes de la famille, il existe une multitude d'organisations. Les unes divergent pour des raisons idéologiques, d'autres préfèrent se spécialiser pour prendre en charge un problème qui leur semble fondamental. Mais, derrière les divergences de finalité et parfois de stratégie, l'unité d'action sur des problèmes précis, dans un temps limité, favoriserait certainement leur règlement de façon plus efficace.
- *de nature différente* : un problème n'est jamais isolé, il est en rapport avec d'autres problèmes et dépend d'eux ou les influence. C'est être réaliste qu'en être conscient. Les problèmes familiaux touchent à des problèmes économiques (revenu des familles), à des problèmes politiques (droit des enfants), à des problèmes sociaux (éducation), etc. Travailler avec d'autres groupes qui prennent en charge d'autres aspects des problèmes peut encore ajouter à l'efficacité de l'action.

Projet

Nous avons vu au Chapitre 3 la notion de projet. C'est par lui que le groupe vit et devient efficace. C'est le document élaboré en début d'année. Il permet d'assurer la continuité de l'action, la cohérence des objectifs et l'utilisation des moyens et des ressources en fonction des besoins de l'action. Il fait pour l'année la synthèse du travail à réaliser en déterminant ceux qui le feront, la façon de le faire et les outils nécessaires.

---

(1) **Les organisations**, J. G. March, H. A. Simon, Dunod.

8.2. Organisation structurelle (cellulaire)

La cellule de base (7 à 8 personnes avec un animateur)

La cellule de base devrait être composée de 7 à 8 personnes pour faciliter l'expression de tous, la prise de décision et la répartition des responsabilités fonctionnelles et politiques, afin de commencer l'expérience du partage du pouvoir à la base.

L'unité de coordination (7 cellules de base avec un coordinateur)

Chaque membre du groupe fait partie de droit (plus d'élection) de l'équipe de coordination correspondant à ses responsabilités :`

- ***coordination fonctionnelle*** de tous les animateurs, de tous les trésoriers, de tous les responsables de relations extérieures, etc.
- ***coordination politique*** de tous les responsables rémunération, éducation, santé, etc. suivant le type d'organisation.

L'unité de coordination n'est pas limitée à un territoire administratif comme la ville, le département ou la région. Elle est déterminée par le nombre. Il s'agit de regrouper 7/8 cellules de base, afin que chaque équipe de coordination ne comporte que 7/8 personnes. Suivant la densité de l'implantation de l'organisation, cette unité pourra être la commune, le canton, le département ou plusieurs communes, plusieurs cantons ou départements, en tenant compte des facilités de communication.

Sa fonction est de faire la synthèse des problèmes particuliers qu'elle a en charge (trésorerie ou revenus) venant des cellules de base ; d'analyser les modalités d'action possibles à chaque niveau et de faire circuler les problèmes, les suggestions, jusqu'au niveau de coordination plus large.`

Dans ces équipes de coordination, où chaque membre est présent à cause de sa responsabilité dans une cellule de base, cette responsabilité devient politique au niveau de la coordination. Par exemple, la responsabilité de trésorier, qui est fonctionnelle dans la cellule de base, devient politique au niveau de la coordination, car il s'agit d'élaborer la politique financière de ce niveau de l'organisation. Il restera à se répartir alors les responsabilités fonctionnelles classiques d'animateur, de secrétaire, etc. pour que cet échelon fonctionne correctement.

Ainsi les unités de coordination rassemblent environ 7/8 cellules de base avec 7/8 personnes chacune. Cela fait environ une cinquantaine de personnes organisées.

L'unité centrale (7 unités de coordination avec un centralisateur)

L'unité centrale est composé de l'ensemble des unités de coordination. Pour travailler efficacement, il ne devrait pas y avoir plus de 6 à 8 unités. Ainsi le nombre maximum des personnes organisées sur l'ensemble serait d'environ 300 personnes.

Elle serait composée de tous les responsables de même nature, qui sont au niveau des coordinations, et avec, là encore, une répartition des responsabilités entre les membres.

Le même processus se poursuit par unité de 7 jusqu'au plan national. Cela permet d'avoir des personnes qui sont enracinées à la base, à partir d'une responsabilité précise. Cela provoque une addition de responsabilités pour ces dernières, il est donc souhaitable d'éviter le cumul dans plusieurs organisations.

Structure cellulaire

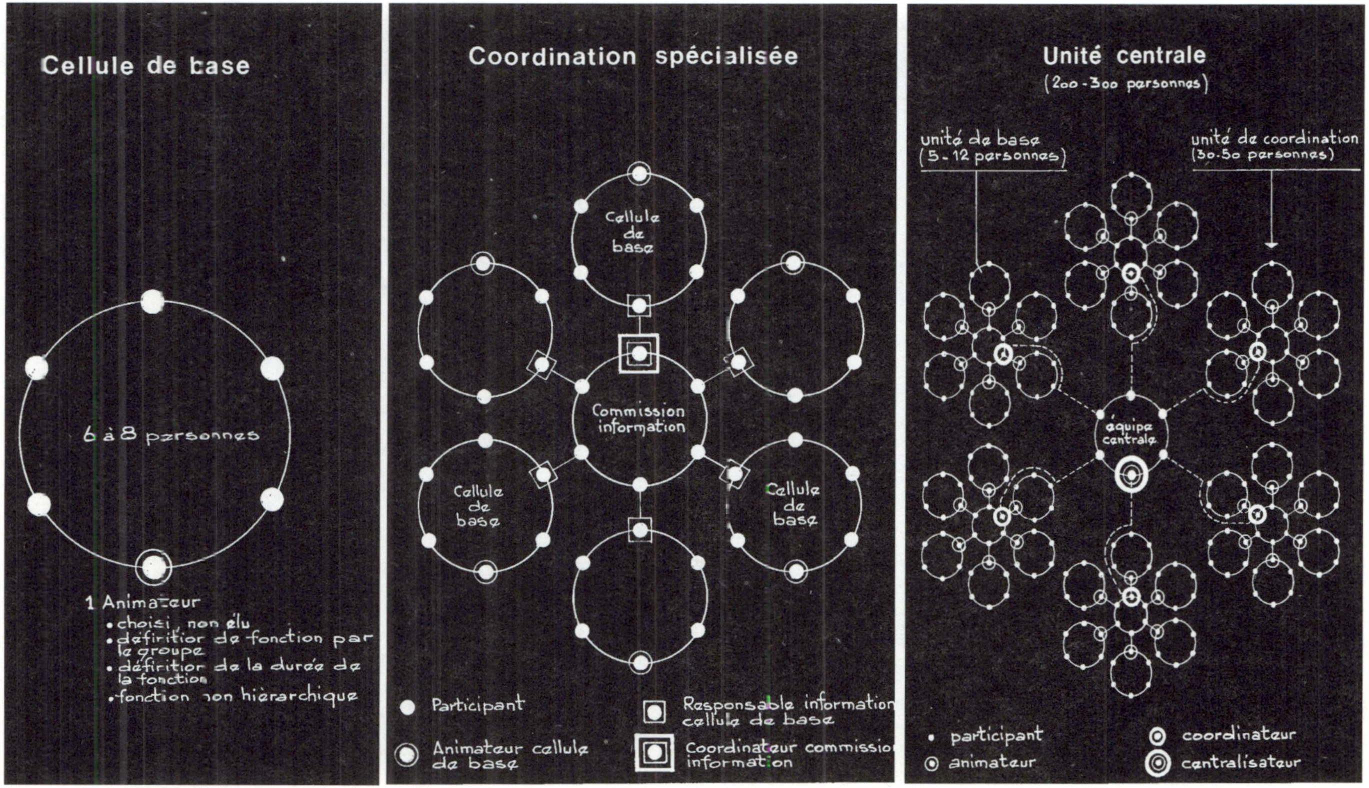

8.3. Organisation politique

C'est elle qui peut donner un sens au changement social.

Les conditions tenant aux personnes

1. Avoir un groupe à taille humaine (7 à 15 personnes)

– Il favorise l'expression de chaque membre
– Le dialogue organise les actions nécessaires pour résoudre les problèmes.

2. Chaque personne accepte une double responsabilité

– Une, fonctionnelle qui permet à l'organisation de fonctionner. Ce sont les responsabilités classiques : animateur, trésorier, secrétaire, formation, etc.
– Une, politique permettant de progresser vers les objectifs spécifiques à l'organisation : pour une association familiale par exemple, éducation des enfants, problèmes du couple, budget, santé, scolarité, etc.

3. Répartir les responsabilités en fonction de deux critères complémentaires

– Les désirs des personnes, car on assume plus correctement les responsabilités qui correspondent à ce que l'on a envie de faire.
– Les besoins du groupe, ils servent de régulateur aux choix et font prendre en compte la réalité collective du groupe et de l'organisation.

4. Assumer une double dimension

– Individuelle, car si la responsabilité n'est pas assumée par la personne qui en a la charge, elle ne se réalisera pas, d'où inefficacité du groupe.
– Collective, dans la mesure où le responsable d'un secteur particulier (l'accueil par exemple) rappelle à chacun qu'il a à accueillir.

5. Eviter le cumul des fonctions

– Cumul interne de responsabilités au sein du groupe ce qui, souvent, empêche d'autres personnes d'en avoir une.
– Cumul externe dans plusieurs organisations. Cela conduit parfois à l'inefficacité car on ne peut sérieusement remplir plusieurs tâches à la fois.

6. Fixer une durée à la fonction

– Ni trop courte : changer d'animateur à chaque réunion empêche la maîtrise de la fonction car le changement empêche d'effectuer les amélioration perçues comme nécessaires.
– Ni trop longue : les animateurs, les trésoriers à vie bloquent toute évolution.

7. Ecrire une définition de fonction qui précise

– Les tâches à réaliser, avec les moyens et les relations à établir.
– Le champ de pouvoir pour déterminer les décisions individuelles à prendre pour éviter la réunionite et le domaine de participation aux décisions collectives.

8. Développer la compétence de chacun

– Dans le domaine de la particularité de sa fonction.
– Dans l'ouverture aux autres responsabilités pour avoir un minimum de connaissances si l'on veut pouvoir débattre des problèmes pris en charge.

9. Ne pas attacher de valeur aux fonctions

– La hiérarchie au sein du groupe empêche celui-ci de progresser vers sa cohésion.
– Attacher une valeur aux personnes plutôt qu'aux fonctions.

10. Accepter l'affrontement pour dépasser les conflits

– Exprimer sa pensée et accepter que chacun puisse exprimer la sienne.
– Rechercher la part de vérité que détiennent les autres.

---

(1) **Les sciences humaines en mouvement**, Charles Maccio, p.152/153, Chronique Sociale.

Les conditions tenant aux structures

1. Appartenir à un groupe de base de son choix

– *Groupe de vie* : familial, de quartier d'amis, de travail, etc.

– *Groupe citoyen* : association familiale, sportive, parti, syndicat, Eglise, etc.

pour prendre en charge sa vie et lui donner un sens.

2. Au sein du groupe répartir les responsabilités à chaque personne

– *Une, fonctionnelle* pour permettre au groupe de prendre en charge les problèmes de fonctionnement, avec le danger d'acquérir un esprit boutique.

– *Une, politique* pour prendre en charge un problème de société sous un angle particulier, avec le danger d'être prisonnier d'une idéologie.

3. Faire rencontrer les personnes ayant la même responsabilité (disciplinaire)

– *Même responsabilité fonctionnelle* : tous les animateurs des groupes de l'organisation, tous les trésoriers pour élaborer la coordination financière, etc.

– *Même responsabilité politique* : tous les responsables santé de chaque groupe de l'organisation, tous les responsables budget, salaire, éducation, etc.

4. Mettre en place des groupes de coordination pluridisciplinaire

– *Rencontre des coordinateurs des groupes disciplinaires* : du groupe animateurs, du groupe trésoriers, etc. pour étudier les problèmes de fonctionnement.

– *Rencontre des coordinateurs des groupes politiques* : du groupe santé, éducation, scolaire, etc. pour étudier sous ces aspects le problème de société pris en charge.

5. Organiser une structure cellulaire à la place d'une structure pyramidale

– *La cellule de base* composée de 7 à 15 personnes dans laquelle chaque personne prend une responsabilité fonctionnelle et une politique.

– *Chaque responsable se retrouve avec les mêmes responsables* des autres groupes de l'organisation, du local au national.

6. Favoriser l'expression de toutes les tendances grâce à l'affrontement

– *La tendance majoritaire* exprimant et argumentant son point de vue et le défendant pour en faire comprendre les enjeux.

– *La tendance minoritaire* exprimant et argumentant sur sa position et la défendant pour en faire comprendre les enjeux.

7. Faire l'apprentissage des décisions unanimes non uniformes

– *Unanimes* : être tous d'accord pour l'expression de toutes les thèses.

– *Non uniformes* : chaque tendance expérimente sa proposition.

– Accepter de s'affronter sur les pratiques différentes.

8. Développer l'apprentissage des décisions

– *Les décisions individuelles* dans le cadre de sa responsabilité.

– *Les décisions collectives* toutes les fois que le problème est politique et concerne l'ensemble des membres du groupe.

9. Choisir le travail comme critère de participation aux décisions

– *Eliminer les pots de fleurs* qui ne font rien entre deux réunions.

– *Faire décider ceux qui donnent de leur temps*, que ce soit sur des tâches banales ou importantes, le critère c'est le travail bénévole ou salarié.

10. Gérer les finances pour être libre et indépendant

– *L'argent des subventions* doit progressivement disparaître pour une rémunération en fonction du travail réalisé.

– *Les subventions* étant réservées aux services d'utilité publique : travailleuses familiales, formation des jeunes ou des adultes, etc.

Cette démarche redonne la primauté au travail (personne) sur l'argent (matière).

9. Evolution du groupe

Un groupe évolue dans deux directions complémentaires :

- Vers son autonomie : elle lui permet de s'affirmer dans sa spécificité et de trouver son unité.
- Vers sa socialisation : par son expansion, sa croissance, il attire de nouvelles personnes et élargit ainsi son audience.

9.1. Vers son autonomie

Un groupe c'est un peu comme une personne : il naît, grandit, évolue et peut mourir.

Pour rendre compte de cette évolution dans le temps, nous avons choisi le schéma freudien, mais d'autres schémas existent. Il suffit de choisir celui qui peut le mieux rendre compte d'une évolution collective.

Cette prise de conscience favorise la compréhension des phénomènes et permet d'accepter plus facilement sa propre évolution car, comment rester statique dans un groupe qui évolue ? Ce serait se couper progressivement des autres et créer des malaises dans le groupe.

Les différentes étapes (1)

1. Stage prénatal "racines"
Chaque personne, avant sa naissance, est marquée par l'hérédité de la famille dont elle est issue, ainsi que par la période de grossesse de sa mère. Il en est de même pour le groupe qui rassemble au départ des gens qui ont déjà vécu, ont une certaine expérience, des habitudes, des pratiques, qui viendront marquer la vie du groupe.

2. Stade oral "recherche"
Lors des premières rencontres, le groupe se découvre, un peu comme l'enfant qui vient de naître. Chacun recherche une chaleur humaine. Chacun considère le groupe comme la mère nourricière qui va lui procurer ce qu'il est venu chercher. L'animateur est perçu au départ comme le père qui peut être disponible ou autoritaire. C'est le stade de recherche d'une sécurité physique, affective, intellectuelle, à travers l'angoisse de l'inconnu.

3. Stade anal "on"
Progressivement, le groupe se structure. Un travail commun commence à créer des liens très fragiles, mais déjà une solidarité des membres se fait jour qui leur permet de dire "on" en parlant du groupe. "On pourrait aborder tel sujet." "On a mal été compris dans notre action", etc. C'est le début d'une prise de conscience, d'une unité qui continue de se chercher. Cette phrase n'exclut nullement l'ambivalence des comportements. Certains auront tendance à se replier sur eux-mêmes par peur de s'affirmer ou parce qu'ils ont été jugés. D'autres voudront s'imposer pour orienter le groupe dans le sens de leur pensée ou pour influencer, voire prendre la place de l'animateur. C'est la période où surgissent toutes les difficultés (la merde) pour faire l'apprentissage de l'affirmation de la personnalité de l'enfant.

---

(1) **Le groupe de diagnostic instrument de formation**, J. Ardoino, p. 68, Ed. Institut d'Administration des Entreprises, Université de Bordeaux.

4. Stade phallique "Œdipe" (recherche équilibre, amour, autorité)
Dans le groupe, comme chez toute personne, pour accéder à l'autonomie, il faut franchir "l'œdipe" qui est le meurtre du père et le mariage avec la mère. Cette phase est capitale. Si elle n'a pas lieu, l'autonomie du groupe ne sera jamais atteinte[1]. Le meurtre du père c'est, non la suppression de l'animateur, mais son passage d'un statut imposé de l'extérieur à un statut déterminé par le groupe. C'est encore le passage demandé par le groupe d'une attitude directive à une attitude non-directive. Le "meurtre du père" c'est la disparition du père autoritaire pour faire place au père égalitaire (être totalement père et non paternaliste, pour que le fils soit totalement fils). Même démarche pour l'animateur qui est toujours nécessaire dans un groupe, mais par "le meurtre du père" on passe à un type de relations égalitaires, dans la différence et la distinction des fonctions qui sont précisées et définies par le groupe.
Le mariage avec la mère, c'est la prise de conscience de la valeur du groupe, de ce qu'il apporte. Et l'on accepte alors librement d'en faire partie totalement et pas seulement comme simple adhérent, spectateur. Veiller cependant au piège du groupe fusionnel risquant de s'enfermer dans sa tour d'ivoire.

5. Stade de latence : "nous inconscient"
C'est une période riche en recherche, en interrogations, que ce soit par rapport à chacun de ses membres, que ce soit par rapport à ses objectifs, à ses méthodes de travail, etc. Le "on" impersonnel ne satisfait plus, mais on n'a pas encore atteint une conscience claire de ce que l'on est.
Inconsciemment, on aspire à l'unité, à des objectifs élevés. Mais on ne sait pas encore comment traduire ces aspirations en éléments concrets.
Cette période de recherche de la personnalité du groupe peut être longue.

6. Stade génital : "nous conscient"
Le groupe arrive à maturité. Mais il ne peut l'atteindre sans passer par une crise d'adolescence. La recherche de sa personnalité ne va pas aboutir à un accord de tous sans qu'il y ait des oppositions, des conflits. Cela permet d'apprendre à les surmonter.
L'animateur ne devra pas s'effrayer de cette agressivité qui peut être tournée contre lui ou contre un autre membre du groupe ou une minorité qui sert de bouc émissaire. Cette crise nécessaire sera l'épreuve de clarification qui permettra enfin au groupe de trouver sa personnalité, son originalité, son équilibre.

Tous les problèmes ne sont pas réglés

Comme une personne adulte lutte toute sa vie en permanence, le groupe est aussi affronté à de multiples problèmes d'ordre interne ou externe. Il sera d'autant plus capable de les surmonter qu'il aura atteint son autonomie, c'est-à-dire franchi le cap de l'œdipe et fait l'apprentissage de la résolution des conflits.
Le processus que nous avons indiqué se déroule sur une période relativement longue. Chaque stade peut durer des mois ou des années suivant les groupes. On peut même dire que peu de groupes ont franchi le stade de l'œdipe car il fait peur : à l'animateur qui n'accepte pas de changer de statut ou alors démissionne en "se suicidant" (non-directivité mal comprise) ; aux participants qui trouvent une certaine sécurité à avoir un père ou qui, à l'opposé le rejettent, ce qui ne résout rien.

---

(1) **Œdipe moyen de libération**, Charles Maccio, Chronique Sociale, 2e éd.

9.2. Vers sa socialisation par la croissance

A la croissance du groupe on mesure son impact, son influence dans la cité. Le groupe qui stagne finit par mourir. Celui qui, en permanence, entraîne de nouveaux adhérents à une vie dynamique accroît son audience et son efficacité pour répondre aux problèmes qu'il a pris en charge. Cependant rappelons-nous la structure cellulaire. A mesure que sa taille augmente, il génère d'autres groupes accroissant la taille de l'organisation à laquelle il appartient.

Homogénéité du groupe

Avant d'aborder le phénomène de croissance, il convient de rappeler que cela n'est possible d'une façon efficace que si le groupe au départ a une personnalité réelle.

Cette personnalité va se forger, comme nous venons de le voir, par étapes successives, sans qu'il y ait de hiérarchie, d'ailleurs, dans ces étapes. Elles aboutissent et favorisent :

Cohésion. Il convient de souligner que cette cohésion doit avoir pour base de solidité, l'amitié, afin que les échanges internes aient lieu dans la simplicité et la vérité, seuls facteurs de dépassement des tensions, et dynamiseurs des progrès.

Conscience collective. La cohésion doit conduire à un ajustement des objectifs individuels en fonction des besoins du groupe, ce qui favorise la conscience collective, élément important de la croissance pour accueillir de nouveaux membres.

Structuration. Un groupe non structuré ou insuffisamment structuré sera moins efficace pour s'accroître ou avoir une influence dans la cité. La dispersion, source d'anarchie, voue le groupe à l'éparpillement interne et externe.

Ouverture. Le groupe qui a tendance à se replier sur lui, qui se satisfait de sa cohésion interne, qui prend des habitudes d'autosatisfaction, ne peut être disponible aux problèmes des citoyens dans la cité. Ce dernier point étant fondamental pour la croissance du groupe.

La double insertion de chaque groupe

Le phénomène de croissance, pour être abordé dans toute son ampleur, doit tenir compte de deux aspects : le problème de la croissance interne et le problème de la croissance externe. Pour cela il convient de voir clairement la double insertion de chaque groupe.

Insertion dans une organisation

Chaque groupe a un réseau de relations avec d'autres groupes de la même organisation politique, syndicale, familiale, culturelle, religieuse, etc.

Cette insertion dans une organisation plus large repose, d'une part sur l'identité des objectifs communs à tous les groupes de la même organisation et, d'autre part, sur la place de chaque groupe dans la structure d'ensemble de l'organisation.

L'identité des objectifs conduit chaque groupe à vouloir croître pour qu'un nombre plus grand de personnes vienne se joindre au groupe pour atteindre plus facilement l'objectif choisi. C'est le problème de la **croissance interne** qui n'est limité que par le nombre. Lorsqu'un groupe atteint une certaine taille – de 15 à 20 personnes – il doit se scinder en deux, sinon, malgré des structures adaptées, chaque personne ne pourra participer pleinement, le nombre étant l'ennemi de la participation active de chacun.

Le fait de se scinder en deux touche au problème de la **croissance externe**, mais n'en est pas le seul aspect. Un groupe constitué peut aider la création d'autres groupes à côté de lui ou dans des quartiers, localités, villes ou région voisines. Cependant, là encore, pour que cela puisse se faire facilement, l'organisation doit avoir des structures qui le permettent.

Insertion dans la cité

Chaque groupe fait partie d'une organisation, mais cette organisation n'est pas seule dans la cité, d'autres organisations existent qui ont :

- *Soit des objectifs identiques*. Il y a plusieurs organisations syndicales, politiques, familiales ou culturelles. Ainsi des problèmes sont posés aux organisations syndicales, par exemple, dans leur rapport entre elles. Il en est de même pour chacune des autres.

Le problème de croissance pour une organisation peut consister à essayer, dans le cadre de l'unité d'action, d'amener les adhérents de l'organisation adverse dans sa propre organisation. On peut ainsi, dans des contacts plus profonds, arriver à des regroupements qui diminueront le nombre des organisations existantes.

Outre ces deux aspects de croissance, par attirance des adhérents ou par fusion, un autre aspect plus important est d'amener la masse des inorganisés, qui se trouvent en dehors de toute organisation, à se joindre à ceux qui sont déjà adhérents.

- *Soit des objectifs complémentaires*. En effet, s'il y a des problèmes entre organisations de même nature, il y en a aussi dans les rapports des organisations de nature différente, par exemple entre syndicats, partis politiques, associations familiales ou culturelles.

Dans une période où l'on s'est rendu compte de l'inter-relation des faits sociaux, économiques, politiques et culturels, le problème des relations des organisations entre elles se pose.

C'est un nouveau phénomène dont il faut tenir compte. Il a des répercussions sur la croissance des groupes, car certaines personnes sont opposées à ce que les plans soient mélangés alors que d'autres estiment que c'est non seulement nécessaire, mais indispensable de coopérer pour être complémentaire.

Les sources de la croissance

Deux conceptions de la vie des organisations s'opposent encore. Les partisans d'organisations d'élites et les partisans d'organisations des citoyens.

- ***Les partisans d'organisation des purs*** s'appuient sur le fait que, dans toute société, seule une minorité est consciente des problèmes. C'est cette minorité agissante qui doit conduire les citoyens vers leur libération. Les partisans de cette théorie des minorités agissantes (qui est juste sociologiquement) ne veulent, dans leurs organisations, que des purs, des vrais militants. On ne prend pas n'importe qui et l'on ne veut que des adhérents conscients et actifs.
- ***Les partisans d'organisations citoyennes*** tirent des conclusions différentes d'une même analyse. En effet, ils sont d'accord sur la réalité des minorités agissantes, mais ils estiment que ces minorités ne doivent pas être devant les citoyens pour les conduire, mais à l'intérieur pour être le levain dans la pâte, base de la promotion collective.

Ils estiment d'autre part qu'il est difficile d'attendre que la population ou du moins les citoyens qui la composent soient formés avant d'adhérer. Pour eux, la prise de conscience est plus facile à faire au sein des organisations par l'action qu'à l'extérieur, ce qui permet de passer de l'adhésion affective de départ à une adhésion raisonnée quand la prise de conscience est suffisante.

C'est se comporter d'une façon paternaliste que d'agir **pour** les autres. Il est préférable d'agir **avec**, et plus les organisations seront puissantes, plus les citoyens accéderont aux responsabilités.

Le problème de la croissance est un problème complexe qui mérite réflexion. Cela demande une certaine lucidité quant à ses propres capacités, mais aussi une vision claire des objectifs à atteindre et des moyens à employer pour y arriver.

Les phénomènes de groupe

10. L'innovation comme moteur de changement

La caractéristique principale des sociétés modernes est qu'un changement accéléré affecte leurs structures de base : de l'organisation de la production à l'évolution des groupes sociaux, des institutions, de la famille, des valeurs, etc. Si les personnes désirent rester maîtresses de leur destin, c'est au travers de leur appartenance à leur groupe de vie que doit s'amorcer la réflexion et la réalisation de l'action de transformation, en essayant de donner un sens à ces changements.

Pour cela, il nous faudra voir deux aspects complémentaires du phénomène : 1. la résistance au changement ; 2. les facteurs du changement social.

10.1. La résistance au changement

Constatation

"Tout système organisé tend à se maintenir en équilibre à l'intérieur d'une certaine marge de voisinage. Il faut une force extérieure plus grande que la moyenne des forces qui agissent sur le système pour le faire s'ajuster et se stabiliser en dehors de cette marge de voisinage et ainsi provoquer un changement notable." **Lewin**

Les causes de la résistance au changement

Au niveau collectif

• La façon dont le changement est présenté
– si elle est autoritaire, la résistance sera grande ;
– si elle est libérale, la résistance tendra à disparaître ;
– si le changement vient de l'initiative du groupe, il n'y aura pas de résistance.

• Suivant la personne qui le présente
– si elle a un statut ou un pouvoir particulier, la résistance dépendra du type de relations instituées et vécues ;
– si la personnalité entre aussi en ligne de compte, si elle est perçue avec sympathie ou antipathie, la résistance sera plus ou moins grande.

• Suivant le niveau où il s'opère
– La nature du changement peut s'adresser au plus haut niveau en touchant aux valeurs, et au plus bas niveau en ne touchant que l'aspect superficiel des choses ;
– la résistance au changement est proportionnelle à l'élévation du niveau.

Au niveau des personnes

Toute personne recherche la sécurité. C'est d'ailleurs sur ce besoin que jouent toutes les études de motivation et le contenu de pas mal de publicités. Toutes les fois que l'on touchera à cette sécurité, on déclenchera un phénomène d'angoisse générateur de résistance aux changements.
Cependant, il existe un seuil de tolérance qui est fonction des capacités de l'individu (âge, personnalité, culture) et dépend aussi de l'ampleur du changement à effectuer. Mais, chez les plus pauvres, se manifeste une ambivalence qui est surmontée différemment par les uns ou les autres. **Résister** au changement car on connaît ce que l'on a, on a peur que ce soit pire. **Accepter** car on n'a rien à perdre et cela ne peut être pire.

Plus la personne est insécurisée, plus elle est vulnérable aux pressions du groupe, ce qui l'incite à se conformer aux normes établies.
Plus le groupe est cohérent, quelle que soit l'origine de sa cohésion, plus il résiste aux changements. Il se resserre contre ce qu'il croit être un danger extérieur. Il élabore alors des normes qu'il observe pour sauvegarder sa sécurité. Ce comportement collectif rejaillit sur le comportement individuel. Même lorsque la personne n'est plus dans le groupe, celui-ci lui a donné une marque dont lui sera difficile de se libérer.

Ce qui favorise le changement personnel

Etre conscient : Nous vivons dans une société en mutation. Si nous avons conscience que c'est aux personnes à donner un sens à ce changement, nous éviterons de nous adapter pour nous couler dans le moule de ce qui se fait, pour rechrecher avec les autres ce qu'il faut faire.
Participer activement à la recherche : Cela peut se faire par l'analyse des bouleversements que nous percevons dans notre propre vie, dans celle de notre entourage. Cela nous permet d'en débattre avec les autres membres du groupe, afin de déterminer avec eux les grands secteurs sur lesquels intervenir, les orientations à donner au changement et l'action à conduire.
S'engager dans la démarche de changement : Une recherche qui ne débouche pas sur l'action peut satisfaire intellectuellement, mais elle ne provoque pas le changement. Seule l'action conjuguée des personnes dans leur vie individuelle et des groupes dans leur lieu d'implantation va créer une dynamique de changement dans le sens que nous aurons choisi.

Ce qui favorise le changement collectif

Augmenter les pressions : Dans un cadre autoritaire, il suffit de donner des ordres, de prévoir des sanctions pour opérer un changement. Or, l'expérience prouve que, souvent, les changements ne sont qu'apparents pour éviter les sanctions et, si le comportement extérieur a changé, l'attitude profonde s'est modifiée en sens inverse, c'est-à-dire en rancœur. Ce genre de méthodes n'est guère efficace à long terme.
Diminuer les sujets de résistance : Par une analyse sérieuse, on peut découvrir les causes précises de résistance pour un groupe déterminé. En s'attaquant aux causes, on diminue la résistance au changement. Mais, là encore, c'est une démarche unilatérale qui débloque un problème, mais ne transforme pas la mentalité profonde. Il faudra toujours recommencer pour chaque problème, mais il y aura moins de blocage intérieur qu'avec la méthode précédente.
Faire prendre en charge le changement par tous les membres du groupe : C'est en fait la seule façon efficace. Ce qui était vrai pour le changement personnel, est vrai aussi pour un changement social, avec l'avantage que l'interaction des personnes entre elles favorise l'évolution d'ensemble, du fait que ceux qui sont le plus prêts à changer s'affrontent à ceux qui résistent, ce qui est occasion de progrès. Cependant, comme ce n'est pas encore une habitude ancienne, que l'on en est encore plus aux expériences qu'aux démarches institutionnalisées, il faut compter avec le temps qui favorisera sur une longue période l'évolution des mentalités, des habitudes et des structures.
Dans un monde qui évolue en permanence, il n'est pas suffisant que l'homme accepte de changer au même rythme que le monde. S'il veut le changer, il serait souhaitable qu'il évolue plus vite et qu'il prenne l'habitude d'anticiper pour décider, source d'enrichissement de l'être pour qu'il donne sens aux changements.

10.2. Le groupe facteur de changement social

Ce qu'est le changement social [1]

La société évolue sans cesse sous l'effet d'une multitude de changements partiels. Mais on ne peut parler de changement social que lorsque les changements affectent, collectivement, les valeurs, les structures d'une société ou d'un groupe social, provoquant une modification en profondeur des pratiques sociales.

Lorsqu'un ouvrier devient patron, cela ne change pas la société capitaliste. Quand une femme entre à Polytechnique, cela ne change pas le statut des femmes. Quand un ancien malade devient conseiller du ministre de la Santé, cela ne change pas la relation malades/soignants, etc. Un fait isolé, s'il peut avoir valeur de témoignage, n'a pas de signification au niveau du changement social, mais il est déjà un **signe précurseur**.

Pour cela il faudrait que la probabilité pour un ouvrier de participer directement aux décisions dans les domaines qui le concernent soit égale à celle d'un cadre supérieur. Que la probabilité pour toutes les femmes d'entrer dans une grande école soit égale à celle des hommes. Que la probabilité pour un malade d'être écouté et entendu par un médecin soit égale à celle d'une personnalité connue, etc.

Nos possibilités à la base

Un groupe fonctionnant de façon différente, en rupture avec les habitudes culturelles, interpelle son entourage. Quand ce sont tous les groupes d'une association, l'impact est encore plus grand. Mais si c'étaient tous les groupes de toutes les organistions qui vivent et expérimentent le partage du pouvoir par le partage des responsabilités, une dynamique de changement social se mettrait en route.

Essayons de voir ce qu'il est possible de réaliser sans efforts particuliers.

Par les nouveaux : L'habitude consiste souvent à leur indiquer ce qui se pratique pour qu'ils puissent s'adapter plus rapidement. Si l'on inversait le processus, on demanderait aux nouveaux d'observer ce qui se passe dans le groupe avant d'être marqués par l'habitude. On sera surpris du nombre de remarques pertinentes que peuvent faire les nouveaux pas encore déformés par les habitudes.

Par la diversité : Nous avons coutume, pour avoir des groupes unis et sans histoire, de rechercher des partenaires proches de nous. Les expériences en créativité ont montré la richesse née de l'affrontement de la diversité, des âges, des sexes, des qualifications, etc. C'est possible car il y a tolérance, non jugement de valeur, et recherche de ce que l'autre peut apporter par sa différence.

Par l'affrontement des pratiques différentes, résultat de la décision unanime non uniforme : Si nous acceptions, au lieu de nous battre sur des idées, de nous affronter sur nos pratiques en toute simplicité, il y aurait une source d'enrichissement mutuel interne incontestable.

---

(1) **Le changement social**, T.3, Guy Rocher, Coll. Points, Seuil.

Maîtrise collective du changement par l'innovation

Il faudrait que l'on cesse de penser que l'innovation ne peut venir que de spécialistes ou de chercheurs. Dans tous les groupes, il faudrait que chacun soit interpellé et dispose de l'espace d'autonomie suffisant pour exercer son esprit d'initiative et d'innovation qui sommeille au fond de lui. En mettant en commun ces propositions, on crée une dynamique de changement partant de l'apport des membres du groupe. Il restera alors à réfléchir sur le sens à donner à ces changements et aux valeurs qui serviront de guide à l'action. La démarche d'innovation repose sur plusieurs éléments :

Etre conscient de l'interaction des phénomènes entre eux (politique, économique, sociologique, culturel) face à un même problème et de l'interdépendance des personnes qui agissent pour la prise en charge de ce même problème.

Remettre à plat le groupe, son fonctionnement, ses objectifs, son organisation, ses méthodes de travail, son système de relations. Il s'agit de la remise en question des habitudes de base des groupes et des organisations qui les coordonnent.

Inventer de nouveaux outils pour de nouvelles situations. Il arrive encore très souvent d'inventer de nouveaux outils, mais nous les avons plaqués sur les organisations d'hier. Il nous faut repartir à zéro avec une feuille blanche, oublier ce que nous savons sur la façon dont doit marcher un groupe, pour adopter une autre logique.

Adopter une logique transversale qui se substitue à la logique linéaire, pyramidale. Cette nouvelle logique repose sur :

- Les regroupements et la coopération entre les fonctions dont la complémentarité sera perçue et remplacera l'ancien moteur de la concurrence pour prendre la place de l'autre, comme cela se passait trop souvent dans les structures hiérarchiques traditionnelles.

- La responsabilité pleine et entière des personnes dans le cadre de leur définition de fonction et des équipes dans le cadre de leur projet, avec des bilans réguliers faits par les intéressés.

- La focalisation de tout le groupe sur les objectifs qu'il se sera fixés dans le cadre du projet global de l'organisation.

Promouvoir le partenariat qui suppose la coopération interne des membres du groupe, mais s'élargit aux populations concernées par le problème pris en charge par le groupe, aux organisations de même nature pour arriver à une certaine unité d'action, aux organisations de nature différente qui sont complémentaires et fournissent la prise en charge des problèmes dans leur globalité.

Cette démarche suppose une capacité d'instruction et d'imagination pour envisager des organisations possibles, un pouvoir de conviction pour surmonter les résistances au changement. Et surtout du courage pour casser les structures stagnantes ou périmées et le poids des mentalités et des habitudes. Il faut le courage des ruptures, une vision claire des enjeux et un approfondissement des valeurs que l'on a choisies comme guide afin de pouvoir donner un sens à ce changement.

La vie de groupe

La décision comme facteur de changement

Lorsque nous parlons de la décision comme facteur de changement, il faut l'entendre sous ces deux aspects : changement d'attitude des personnes dans la mesure de leur participation effective et changement du groupe suivant la façon dont les décisions sont prises.

Les différents niveaux de la participation

Sans vouloir établir un ordre chronologique rigoureux, nous pouvons considérer les différents niveaux suivants :

La prévision. En fonction de ses objectifs, chaque groupe doit déterminer comment il va franchir la distance entre la réalité actuelle et l'objectif à atteindre. Pour cela, il va prévoir les étapes nécessaires pour progresser vers l'objectif.

L'information. Cependant, cette prévision n'est qu'indicative et montre seulement une orientation de recherche. Pour pouvoir élaborer des étapes claires et précises, il faut rassembler de l'information, la plus vaste et variée possible, et ensuite la traiter pour faire des synthèses successives.

L'élaboration. Traiter l'information, c'est élaborer des propositions de solutions possibles. Plus l'élaboration est précise, plus la prise de décision est facilitée.

La décision. C'est le moment le plus important de la vie des groupes. Des décisions prises dépend l'orientation de l'action. La façon dont elles sont prises illustre la réalité des structures du groupe. Ce point détermine si le groupe est démocratique ou autoritaire, si l'animateur est directif ou non.

L'exécution. Une fois la décision prise, c'est le départ de l'action. Les tâches sont réparties. De la précision des tâches, des responsabilités, des moyens, dépendra l'efficacité du groupe.

Le bilan des résultats atteints après décision du groupe. Il convient de faire le point pour savoir s'il n'est pas utile d'ajuster les objectifs d'action à la réalité à laquelle on s'est heurté. Sans bilan, pas de possibilité de modification des prévisions en cas de nécessité, ce qui est grave. C'est le moyen de se donner de nouvelles perspectives.

Les choix à faire

Après avoir vu les différents niveaux, il convient de regarder à présent à quel stade intervient chaque participant.

Le nombre des niveaux (aspect quantitatif)

- Chaque personne du groupe est concernée par chaque niveau et l'on peut dire que les changements d'attitude chez une personne sont proportionnels au nombre de niveaux où elle est sollicitée.
- Si elle est sollicitée pour fournir seulement de **l'information**, cela n'aura que peu de répercussion sur elle.
- Si, en plus, après avoir fourni l'information, on lui demande de participer à **l'élaboration**, elle se sentira plus concernée.
- En outre, s'il lui est demandé de participer seulement à **l'exécution**, son comportement sera certainement différent.

La qualité des niveaux

- Chaque niveau n'a pas la même importance. Celui qui est déterminant pour provoquer des changements profonds dans la vie des individus et des groupes, c'est **la décision**.

- Il est relativement facile de participer aux autres niveaux et il est un niveau où l'on retrouve toujours les participants, celui de **l'exécution**. Il ne faut pas s'étonner, dans ce cas, des tensions qui peuvent exister dans le groupe.
- Chez une personne qui a constamment l'impression d'être un pion sur un échiquier, manœuvrée par d'autres sans avoir la possibilité de dire ce qu'elle pense, naît un sentiment de frustration, qui se développe et peut conduire jusqu'au départ du groupe.
- Si la décision est le point capital, c'est aussi le plus exigeant, car il demande à chacun de ceux qui y prennent part d'en avoir la capacité.

La capacité de prendre des décisions

Cette capacité n'est pas innée. Il faut la forger. Or, la société actuelle ne prépare pas les personnes à la prise des décisions.

C'est un problème de culture qui nous est posé. L'enseignement actuel développe beaucoup plus les connaissances que la personnalité. Nous avons ainsi des individus qui possèdent un savoir important, mais qui sont souvent incapables de prendre une décision, car on ne leur a pas appris à faire des choix, à avoir une pensée personnelle.

Il nous faut donc les aider à acquérir ces qualités que sont le savoir, la compréhension et une pensée personnelle, en agissant en même temps :

- face aux jeunes qui arrivent, afin de les préparer à leur rôle de demain ;
- face aux adultes actuels, pour les aider à combler les lacunes de leur formation antérieure.

Les exigences de la démocratie

Faire participer tout le monde aux décisions, c'est vouloir construire des groupes démocratiques dans une société démocratique. Il faut cependant savoir que ce n'est pas facile, car il faut mener une action sur deux fronts : les structures et les personnes.

Dans un groupe autoritaire, pour qu'il fonctionne, il suffit de penser des structures adaptées aux objectifs à atteindre. Peu importe les personnes dans le groupe, il leur est seulement demandé d'obéir, de suivre les consignes. A partir de là, à quoi bon chercher à accroître leur personnalité, cela ne sert à rien au groupe. Ce qu'il faut, c'est étudier leur comportement pour éviter les conflits, mettre au point des méthodes qui détournent leur agressivité. C'est fréquemment le rôle attribué aux "ressources humaines" dans l'entreprise.

Dans un groupe démocratique, le problème est plus complexe car, là aussi, il faut des structures, mais pas n'importe quelles structures, des structures qui permettent aux personnes de s'exprimer, de participer à tous les niveaux, y compris celui de la décision. Mais le problème des structures n'est pas suffisant, car elles n'ont de valeur que par les personnes qui les utilisent. Or, pour vivre la démocratie dans des structures adaptées, il faut des personnes capables de faire les efforts nécessaires pour ne pas abuser de la liberté instaurée. Combien de fois de timides essais de démocratie ont été tentés. Assez rapidement, il a fallu les arrêter, car certains en abusaient. Cela demande une auto-discipline très ferme, appuyée sur une personnalité solide.

Dans une vie de groupe démocratique, il faut modifier les structures, mais aussi aider les personnes à avoir la capacité de vivre la démocratie. Ce sera long, car nous sommes tributaires d'une société qui nous a marqués par ses structures hiérarchiques autoritaires et il faudra du temps pour changer les habitudes, les comportements, les mentalités et les schémas culturels.

Le rôle de la décision

C'est la phase finale d'un processus de réflexion personnelle ou de travail collectif déterminant les actions à engager pour atteindre les objectifs que l'on s'est assignés ou que l'on nous a donnés. Elle va entraîner la mise en œuvre d'une démarche qui aura des répercussions d'abord sur les personnes concernées par son champ d'application et ensuite sur la vie sociale, puisque l'action qui en découlera voudrait provoquer des changements de la réalité existante. Décider c'est opter, faire un choix, en mettant en œuvre la plupart de ses facultés. C'est un événement social car toute décision, même personnelle, a des répercussions sur notre entourage [1].

Qui décide ?

Traditionnellement, l'acte de décision était réservé aux supérieurs hiérarchiques, aux élites en tout genre, surtout sur les problèmes importants. L'idéologie dominante nous faisait croire que seule une minorité était capable de faire des choix judicieux, parce qu'elle était compétente et intelligente. La génération actuelle n'accepte plus ces affirmations et souhaite avoir son mot à dire dans tous les domaines qui la concernent et, en particulier, travailler autrement, non seulement dans l'entreprise, mais dans tous les secteurs de la vie, y compris dans la vie associative, donc dans tous les groupes où elle est insérée. Nous sommes donc devant un choix : ou accepter de repenser nos structures pour que les décisions individuelles et collectives puissent se prendre, ou crier à l'utopie pour conserver ce qui existe. Dans ce cas, des signes assez nombreux montrent que la génération actuelle ne revendiquera pas le pouvoir, elle le prendra en commençant là où elle vit. Les nombreuses expérimentations actuelles le prouvent amplement.

Le fondement de la décision

Jusqu'à présent, la décision appartient soit au détenteur de capitaux majoritaire (entreprise), soit au plus fort (bandes), soit à l'élu (démocratie), etc. mais rarement à l'ensemble des personnes vivant dans un secteur donné. Pour remplacer l'argent, la force ou le nombre, il est nécessaire de trouver des éléments qui peuvent se retrouver dans toutes les circonstances.

Etre concerné directement par un problème. Souvent, tous ceux qui sont concernés n'ont pas forcément la parole. Par exemple, à l'hôpital seul le médecin décide, du fait de sa formation attestée par un diplôme. Mais sont concernés les infirmières (qui ont de l'expérience au contact quotidien des malades), les malades (qui subissent ou bénéficient des décisions). Au nom de quels principes peut-on justifier de ne pas demander l'avis de ces personnes et de bien d'autres ? Il en est de même à l'école où le directeur ou l'Académie tranche. Or les parents d'élèves sont concernés, comme les élèves, et ce ne sont pas les simulacres actuels de participation qui peuvent illusionner.

---

(1) Collectif, **Pratique d'un pouvoir plus collectif aujourd'hui**, Sociopsychanalyse, Petite Bibliothèque Payot.

Faire le travail. Ceux qui font un travail, comme bénévoles ou comme salariés, ont droit à la parole. Leur travail leur donne compétence pour parler de ce qu'ils font. Dans la vie du groupe, est considéré comme travail tout ce qui est fruit d'une participation active au changement social se traduisant par une responsabilité concrète, politique ou fonctionnelle. Mais ne peuvent être considérés comme faisant un travail ceux dont la seule activité est une présence à des réunions de conseil, de bureau, sans responsabilités concrètes, et sans activités hors de la réunion. Les groupes n'ont plus besoin de pots de fleurs.

Ce qui conditionne les décisions

Une décision ne peut se prendre sans tenir compte d'un certain nombre de données.

Les fins poursuivies. Une décision est toujours prise en fonction d'un objectif précis à atteindre, consciemment ou non. Nous serions plus efficaces si cet objectif était situé dans le cadre d'une politique et d'une finalité. Ainsi chaque décision, si minime soit-elle, serait un facteur de changement.

Les choix à faire. Etant sollicités par une multitude de problèmes à régler, il ne nous est pas possible de les prendre tous en compte. Il est donc nécessaire de faire des choix en permanence. Pour cela nous pouvons tenir compte de trois éléments complémentaires.

1. Commencer par le plus facile : de cette façon nous sommes sûrs de passer à l'acte, et quand les choses deviendront plus difficiles nous serons mieux armés pour y faire face.

2. Correspondant à nos désirs, car on réalise plus correctement ce qu'on a envie de faire.

3. En tenant compte des besoins des autres. Ainsi nos désirs peuvent trouver à se satisfaire en œuvrant dans une direction qui puisse, en réglant nos problèmes, résoudre ceux des autres en coopérant avec eux.

L'information. Sans elle, pas de décision possible, la rassembler, l'organiser, la classer en fonction des problèmes à régler.

Les critères. Ce sont les éléments permettant de sélectionner les solutions correspondant à nos objectifs. Par exemple, pour les survivants de l'accident d'avion dans la Cordillère des Andes, pour s'en sortir, il fallait déterminer les critères par ordre de priorité décroissante. **1. Vivre**, donc chercher les moyens de boire d'abord (fondre la neige), de manger (après avoir épuisé les provisions, ils décidèrent de manger les cadavres, décision qui ne fut certainement pas facile à prendre). **2. S'orienter** pour quitter les lieux, d'abord se situer puis déterminer la direction à prendre. **3. Communiquer** pour faciliter les recherches éventuelles. **4. Se déplacer** en utilisant les moyens les plus pratiques et les moins fatigants.

Pour chaque cas des critères existent, à nous de les choisir. Si j'achète une voiture, quels critères prendre : le prestige, la puissance, l'économie ?

Les moyens. Il nous arrive parfois de décider sans savoir si nous avons les moyens à notre disposition, c'est alors l'échec à coup sûr.

Les mécanismes de la décision

Les types de décisions

Nous ne voyons pas toujours que le terme de décision recouvre des réalités différentes, car la vie d'un groupe nécessite la mise en œuvre de plusieurs formules complémentaires.

Les décisions individuelles sont nécessaires à une vie de groupe. Elles correspondent au territoire de responsabilité de chacun des membres. On ne peut être responsable si l'on n'a aucun pouvoir. La définition de fonction ayant précisé les limites de ce pouvoir, il y a peu de risques d'abus. Mais, surtout, en faisant confiance à chacun, on évite d'encombrer les réunions d'une multitude de détails qui peuvent être réglés par celui qui détient la responsabilité.

Les critères délimitant les décisions individuelles sont :
– tout ce qui concerne directement ma responsabilité
– sur un territoire délimité clairement
– dans le cadre des objectifs du groupe
– avec les moyens nécessaires pour l'exercer.

Les décisions collectives doivent être sélectives. Tout le monde ne peut décider de tout sur tout. Si l'on ne veut pas dévaloriser le partage du pouvoir résultant des décisions collectives, il est important d'en limiter l'usage aux problèmes fondamentaux.

Les critères délimitant les décisions collectives sont :
– tout ce qui touche aux responsabilités collectives du groupe : procédures, méthode, etc.
– détermination des objectifs d'action collective immédiate, choix du sens de l'action,
– tout ce qui touche au chevauchement des responsabilités
– les problèmes financiers pour le fonctionnement de la vie du groupe.

Les décisions de fonctionnement concernent toute la vie interne du groupe, favorisant la prise en charge des tâches à réaliser. Elles vont permettre de faire fonctionner le groupe en coordonnant toutes les responsabilités fonctionnelles, en les impulsant et en les rendant opérationnelles. Les critères délimitant les décisions de fonctionnement sont :
– tout ce qui est nécessaire pour appliquer les décisions politiques
– respecte les objectifs du groupe
– concerne les responsabilités fonctionnelles
– détermine les moyens nécessaires pour fonctionner.

Les décisions politiques sont celles qui fondent le changement social. Les trois formes précédentes permettent une préparation aux décisions politiques qui sont le véritable partage du pouvoir.

Les critères délimitant les décisions politiques sont :
– quand tout le monde est concerné par le problème, qu'il soit politique ou fonctionnel
– quand le problème touche à l'orientation du groupe, à ses politiques, à ses finalités
– quand c'est l'avenir du groupe qui est en jeu
– quand l'équilibre financier peut entraîner des changements importants.

Il arrive souvent que les décisions individuelles soient des décisions de fonctionnement et que les décisions collectives soient politiques, mais il y a nombre d'exceptions dont il convient de tenir compte dans la vie du groupe.

---

(1) **Autorité, pouvoir, responsabilité**, Charles Maccio, 3e éd. Chronique Sociale.

L'organisation de l'action

Après la prise de décision, pour que l'action puisse se réaliser concrètement, il est nécessaire de prévoir la démarche opérationnelle. Sans elle, les décisions restent lettre morte.

1. ***Les objectifs***. A préciser, pour que chaque membre du groupe soit conscient de l'enjeu et perçoive clairement ce qu'il a à faire par rapport à ce que les autres font.
   - *Les objectifs d'action* issus de la décision sont la mise en œuvre du projet. Ils doivent donc être situés par rapport à
   - *L'objectif final*, c'est-à-dire l'objectif que l'on aura déterminé comme devant être atteint au terme du travail d'une année. Il sera décomposé en *objectifs intermédiaires* comme étant des étapes dans la progression, l'objectif d'action étant la décomposition de cet objectif intermédiaire en applications pratiques et immédiates.
2. ***Les priorités***. On ne peut réaliser toutes les actions à la fois. Il faudra donc énumérer les actions à faire pour atteindre l'objectif et les organiser par ordre d'urgence pour établir une progression.

L'ordre des priorités n'est pas forcément logique. Il faudra tenir compte pour l'établir de la capacité de mobilisation des membres du groupe. Il sera plus efficace de prendre en compte le ressenti – l'action se réalisera plus facilement – que de prendre un ordre logique qui ne serait pas accepté.

3. ***Les responsabilités***. Ayant organisé les différentes actions nécessaires pour atteindre l'objectif, il serait judicieux que chaque action soit attribuée à une personne différente. Ainsi, en répartissant les tâches et les responsabilités entre les membres du groupe, la charge étant plus légère chacun sait et sent qu'il peut la réaliser facilement. C'est ainsi au quotidien que l'on commence le partage du pouvoir par le partage des responsabilités.
4. ***Les échéances***. Une fois que chacun connaît sa part de responsabilité, il ne pourra la mettre en œuvre que si l'on a précisé en équipe à quel moment l'action doit être réalisée, quand elle commence, quand elle finit. Cela nécessite d'avoir un planning que tout le monde connaît permettant à chacun de savoir qui fait quoi, à quel moment.
5. ***Les moyens***. Pour agir, il est nécessaire d'avoir les moyens de la mise en œuvre des décisions : moyens techniques : réunions, documentation, informations, tracts, salles de rencontres, etc. ; coopération humaine : personnes compétentes, population, membres de l'équipe, relations, etc. Le choix des moyens n'est pas neutre. Pour certains la fin justifie les moyens. Il y a alors déviance éthique car il faut se rappeler la parole de Gandhi : "La fin est déjà dans les moyens", ou les deux impératifs de Kant : 1. considérer la personne toujours comme une fin et jamais comme un moyen ; 2. réaliser des actes particuliers universalisables.
6. ***Les finances***. Toute action entraîne des dépenses. Les moyens ont un coût. L'ignorer c'est se condamner à la stagnation, à l'inaction ou à la régression, voire la disparition. Il faudra les chiffrer afin de savoir si le groupe dispose des sommes nécessaires à la réalisation de l'action, sinon deux hypothèses se présentent :
   - soit on limite son action aux disponibilités financières, attitude passive ;
   - soit on recherche les moyens d'avoir les sommes nécessaires, attitude dynamique.

C'est progresser vers l'autonomie du groupe que lui apprendre à gérer ses actions, en lui affectant une enveloppe budgétaire pour réaliser ses objectifs.

Les processus de la décision individuelle

Prendre conscience d'un problème

C'et le point de départ de tout désir de changement. Sans conscience du problème, aucune velléité de passage à l'acte ne peut exister. La nécessité d'une décision individuelle apparaîtra à deux conditions :
– si le problème est situé dans notre champ de responsabilité (définition de fonction) ;
– si le problème nous concerne directement.

Déterminer un objectif à atteindre

Cet objectif particulier pourra être déterminé, soit en fonction de l'objectif global du groupe, si le problème est du ressort de notre responsabilité, soit en fonction de nos désirs, s'ils correspondent à un problème personnel.

Etudier le problème

- Pour cela rassembler le maximum d'informations sur le problème.
- Traiter cette information en distinguant :
  – les faits sur lesquels il est possible de s'appuyer ;
  – les opinions beaucoup plus subjectives sont à utiliser avec prudence, mais il est nécessaire d'en tenir compte.
- Analyser les contraintes en dégageant nos limites entre
  – le souhaitable en fonction de l'objectif ;
  – le possible en fonction de nos moyens et des pressions internes ou externes.
- Le situer dans le temps
  – Si, précédemment, les mêmes causes ont produit les mêmes effets, la notion de temps devient maîtrisable.
  – Mais si, précédemment, de mêmes causes ont produit des effets différents, des modifications peuvent surgir à tout instant dont il faut prévoir et maîtriser les effets.

La prise de décision

Décision générale

– Elle devra distinguer ce qui est **réalisable** (car les moyens sont à notre disposition et le temps nous est favorable), mais n'est pas **acceptable** car les mentalités ne sont pas prêtes à assumer le changement susceptible d'être provoqué par la décision. Au préalable, il conviendra dans ce cas d'agir sur les personnes.
– Parfois l'inverse sera vrai. La décision serait **acceptable**, car l'environnement est prêt à accepter le changement, mais ce n'est pas **réalisable** faute de moyens ou de temps. Dans ce cas, il faudrait agir d'abord sur les structures.

Décisions de détail

Il conviendra ensuite d'entrer dans le détail de façon à être suffisamment précis pour prévoir toutes les caractéristiques de la décision globale, décomposée en éléments simples.

Conséquences

- Il est important d'apprendre à prévoir les conséquences de nos décisions.
- Avoir un outil pour mesurer les résultats obtenus.
- Prévoir les changements de valeurs susceptibles d'intervenir du fait de l'action.
- Dégager les influences possibles sur les comportements individuels et collectifs de notre entourage.

Conditions d'efficacité pour prendre les décisions collectives

Les décisions collectives nécessitent de la part de chaque personne un effort permanent pour :

- ***s'exprimer personnellement*** après avoir mûrement réfléchi aux problèmes à résoudre afin d'apporter sa contribution spécifique ;
- ***favoriser l'expression de tous*** afin d'utiliser au maximum les ressources différentes de chaque personne ;
- ***développer l'écoute*** réciproque afin de pouvoir comprendre les positions de chacun ;
- ***apprendre à affronter*** nos arguments à ceux des autres afin de contribuer à résoudre le problème de façon créative ;
- ***étudier ensemble*** chacune des positions et des propositions afin de dégager clairement les points d'accord et de désaccord ;
- ***éviter de porter des jugements de valeur*** : ils provoquent des réactions de défense et empêchent l'établissement d'un climat de confiance réciproque nécessaire à la prise de toute décision collective ;
- ***accepter les divergences*** comme source d'enrichissement mutuel en évitant de penser en termes de vainqueur et de vaincu ;
- ***s'entraîner à porter des jugements de réalité*** permettant de saisir le plus objectivement possible l'apport de chacun ;
- ***s'engager dans la décision prise*** et tenir parole quand on a accepté une tâche à réaliser, cela permet à chacun, lorsque les tâches ont été distribuées, d'avoir la certitude de pouvoir compter sur les engagements pris ;
- ***apprendre à s'accepter différents*** de façon à vivre et à agir avec les autres en respectant leur spécificité et en donnant la possibilité à chaque tendance d'expérimenter et de vivre sa différence ;
- ***faire le bilan de nos activités*** individuelles et collectives en acceptant de se rencontrer régulièrement en équipe. Une critique constructive permettra d'utiliser l'échec éventuel comme tremplin pour une action plus efficace.

Comme on le voit, la prise de décision collective nécessite un long apprentissage. C'est une raison supplémentaire pour commencer à le vivre sans tarder.

Mettre en place des structures adéquates

Toute décision collective, pour être efficace, doit être le résultat d'un long travail préparatoire.

- Étudier le problème, traiter l'information nécessaire, la transmettre aux personnes concernées, favoriser l'expression individuelle et collective sur ce problème, établir les liaisons nécessaires pour connaître les positions en présence, les enjeux et les conséquences des choix à faire, etc.
- Tout cela ne peut se faire de façon empirique. Cela doit se situer dans un ensemble facilitateur. Il nous faudra donc inventer des structures capables de favoriser la mise en œuvre permanente des décisions collectives.

Des décisions unanimes non uniformes

Une autre approche

Notre monde en mutation nous oblige à repenser toutes nos méthodes de travail, compte tenu de l'évolution des mentalités et de l'accroissement du niveau culturel moyen de la population. Jusqu'à ce jour, une décision collective ne pouvait qu'être unanime et uniforme pour tous. Or, nous constatons que, s'il y a unanimité sur l'objectif, il y a souvent divergence sur les moyens et les méthodes. Nous avons pris l'habitude de trancher en liant les deux choses, d'où de nombreux dysfonctionnements dans l'application des décisions. Car si, formellement, ceux qui sont en désaccord se rallient à la loi de majorité ou au détenteur du pouvoir qui tranche, ce n'est pas pour autant qu'il y a accord. L'exécution s'en ressent.

Plus de réalisme

Nous prêchons l'unicité de la personne et nous pratiquons le nivellement des comportements au nom de l'efficacité venant de l'unité uniformité. S'il est nécessaire d'être d'accord sur l'objectif, nous pourrions accepter des différences de méthode pour l'atteindre. Au lieu de nous battre sur des idées pour savoir qui a raison, en acceptant des pratiques différentes nous pourrions provoquer des affrontements, à partir de ces pratiques différentes, pour voir celles qui font progresser plus efficacement vers l'objectif. Cette démarche intègre la pratique de la dialectique, dans la mesure où thèse et antithèse peuvent expérimenter sur le terrain leurs conceptions, mais à la condition expresse et impérative de se retrouver pour en parler, pour confronter les pratiques et, par une synthèse judicieuse, faire avancer les deux parties en présence, au lieu de soutenir la thèse ou l'antithèse exclusivement.

Un changement de mentalité

Comprendre le mécanisme est simple. L'application est difficile car elle se heurte aux mentalités qui résistent au changement et pourtant c'est possible. Prenons deux expériences qui ont été réalisées.

- Un club de personnes âgées perdait beaucoup de temps pour décider le lieu d'un voyage trimestriel pour les 200 membres du club. La décision suscite beaucoup de cancans, car tous n'avaient pas le même désir (décision unanime uniforme pour aller tous au même endroit). En acceptent de prendre conscience que les 200 membres n'étaient pas dans le même cas, ni à la même table au repas, il a été possible de faire 4 cars de 50 avec 4 directions différentes, ce qui répondait davantage à l'attente des personnes (décision unanime non uniforme). L'unité était retrouvée, car chaque groupe de 50 présentait lors d'une soirée les découvertes faites.
- Dans un lycée, des enseignants souhaitaient innover en pédagogie. Or le vote étant minoritaire, ils étaient toujours battus (décision unanime uniforme). En acceptant que le groupe majoritaire continue à utiliser la pédagogie traditionnelle, mais que le groupe minoritaire puisse expérimenter sa pédagogie, on est arrivé à une décision unanime (tous d'accord) non uniforme (pour avoir des pratiques différentes). La condition fut de se rencontrer régulièrement pour confronter les pratiques. Ainsi, au lieu de se battre sur des théories, on s'affrontait sur des expériences, ce qui a été source de progrès pour les parties en présence. Les majoritaires profitaient des expériences de la minorité. La minorité tenait compte des réactions de la majorité.

Certes, toutes les décisions ne peuvent être prises de cette façon, mais au moins interrogeons-nous chaque fois pour savoir si cela ne favoriserait pas l'unité du groupe d'avoir des décisions unanimes (tous d'accord) non uniformes (applications différentes).

Règles à observer

Attitude de chacun

- Présenter son point de vue de façon aussi claire que possible en développant surtout des arguments logiques.
- Eviter d'imposer son point de vue, mais défendre ce que l'on croit.
- Accepter que chacun, à tour de rôle, fasse la même démarche :
  - présenter son point de vue en ayant le temps de l'argumenter ;
  - sans l'imposer aux autres.
- Nécessité que chacun écoute attentivement les arguments des autres et fasse effort pour les comprendre, même s'il est en désaccord.
- Ne réagir qu'après avoir compris, sinon faire répéter si l'on n'a pas compris.

Débat

- Ne pas se rallier à une position pour la seule raison d'éviter un conflit et de sauvegarder un climat harmonieux.
- Avoir le courage de s'affronter, c'est-à-dire :
  - accepter qu'il y ait des divergences :
  - s'efforcer d'analyser ces divergences ;
  - accepter d'évoluer si les arguments présentés sont convaincants et portent sur des raisons fondamentales ;
  - trouver des arguments plus forts si l'on n'est pas convaincu, de façon à ce que, de part et d'autre, il y ait progression.
- Pour cela, éviter tout jugement de valeur qui ferait raisonner en termes de vainqueur et de vaincu.
- Les affrontements, nés des divergences, sont sources de créativité car il n'y a pas seulement évolution quantitative ajoutant les positions en présence, mais évolution qualitative par le dépassement de la position de départ de chaque partie en présence.

Méthode

- Lorsque chaque personne ou chaque tendance a exposé ses arguments, thèse et antithèse, faire une synthèse qui fasse apparaître :
  - les points convergents sur lesquels on peut agir ensemble ;
  - les points différents, certains abordés par une tendance, certains autres abordés par une autre tendance, et auxquels l'autre partie n'avait pas pensé. On s'affronte pour que certains points aillent rejoindre les points convergents et d'autres les points divergents.
  - Les points divergents sont les aspects sur lesquels on n'a pas pu arriver à un accord. A cet effet, deux attitudes complémentaires sont nécessaires. Prendre l'habitude de vivre au sein du groupe avec des divergences au grand jour connues et acceptées par tous. Cela favorise l'unité dans la différence par la tolérance. **Aboutir à des décisions unanimes non uniformes en acceptant que les minoritaires puissent expérimenter leurs propositions**.
- Des conditions sont cependant requises pour que cette approche fonctionne.
  - Etre d'accord unanimement sur l'objectif mais diverger sur la façon de l'atteindre. Se retrouver régulièrement pour confronter les expériences, la majorité pouvant s'enrichir de la pratique minoritaire, la minorité pouvant prendre en compte les réactions de la majorité. Sans la rencontre le groupe éclate et va à la scission. C'est donc important.
  - Etre conscient que les différences, au lieu de nuire à l'unité du groupe, la favorisent si l'on est assez tolérant pour s'enrichir réciproquement des différences.

Bilan ou évaluation ?

Le problème du terme “évaluation”. C’est un terme utilisé de plus en plus fréquemment dans tous les domaines : évaluation scolaire, évaluation en formation d’adultes, évaluatiion médicale, évaluation des projets, évaluation des réunions, etc. Ce concept envahit notre univers à tel point qu’il devient difficile de s’interroger à son propos. Pourtant le terme d’évaluation est le résultat d’une évolution historique. Il y a quelques décennies, on parlait plus volontiers de **notation** : des élèves, des salariés, etc. Grâce à la docimologie, on s’est aperçu que la notation n’était pas très objective. On a substitué aux chiffres de 1 à 20, une notation par lettres A – B – C – D – E, etc. ce qui ne changeait pas grand-chose à la démarche. Avec **le contrôle** ponctuel puis continu, on avait pris l’habitude de faire le point de la situation, mais toujours avec des insatisfactions dans plusieurs domaines : l’objectivité, la suspicion engendrée, la difficulté à être précis. Aujourd’hui, l’évaluation voudrait résoudre la quadrature du cercle.

Ambivalence du terme. Il est ambivalent d’ailleurs, comme tous les autres mots.

- ***Apprécier*** un poids, une distance, c’est indiquer approximativement ce poids ou cette distance. C’est une démarche qui se veut objective. Lorsque la loi a défini la matière imposable, il incombe à l’administration de la découvrir et de l’évaluer pour fixer le montant de l’imposition de chaque contribuable.
- ***De l’ancien français value, concerne la valeur*** et conduit souvent à porter des jugements de valeur sur les personnes, sur leurs attitudes, leur comportement. Evaluer dans ce second sens, c’est attribuer une valeur à un acte, à une personne, à un résultat, en utilisant les vocables de bien, de mal, de juste, de faux, etc.
- ***La linguistique*** nous apprend que le choix et l’utilisation d’un mot ne sont jamais neutres. Ils dévoilent nos intentions au plan symbolique. Or, dans évaluation, il y a valeur qui conduit à porter des jugements de valeur (bien, mal) plutôt que des jugements de réalité.
- ***Notre éducation***, réalisée dans une civilisation judéo-chrétienne ou plutôt gréco-latine, car les concepts de bien/mal, juste/faux, bon/mauvais, beau/laid, sont issus de la pensée d’Aristote, nous a imprégnés. Au retour d’un voyage, nous avons tendance à demander : “Alors, c’était bien ?” (jugement de valeur), au lieu de demander : “Est-ce que ce voyage t’a plu ?”, jugement de réalité permettant de préciser en quoi il a pu plaire et laissant la liberté à d’autres personnes de penser différemment. Il en est de même quand on parle d’un “bon étudiant”. Il serait préférable de préciser : “C’est un étudiant studieux”, “attentif”, “serviable”, de façon à éviter l’imprécision de “bon” qui est un jugement de valeur trop vague (voir p.52).
- ***Une façon astucieuse*** de détourner le problème consiste à accoler au concept d’évaluation un adjectif pour atténuer sa connotation de jugement de valeur et lui assigner un sens plus précis.
  - *Evaluation normative*. Elle juge les personnes par rapport à une norme élaborée, l’enseignant, le chef, le supérieur, l’institution.
  - *Evaluation sommative*. Elle porte au terme d’une étape sur un ensemble de savoirs, de savoir-faire assez importants.
  - *Evaluation formative*. Elle juge la personne par rapport à elle-même. Elle peut juger sa démarche, mais aussi le cadre et faire un diagnostic pour prendre conscience des efforts qu’il reste à faire pour atteindre l’objectif fixé.

Prendre conscience des enjeux

• ***Le jugement de valeur enferme***

Il est paradoxal que notre civilisation gréco-latine ait choisi l'approche d'Aristote (384-322 av. J.-C.) (bien/mal, etc.). Alors que, précédemment, Héraclite (580-480 av. J.-C.) nous disait que rien n'est définitif sauf le changement, qu'il est donc difficile d'établir des normes car elles varient avec les époques, les lieux, les cultures, les religions. Ce que semblent confirmer les savants de notre époque : Einstein et la théorie de la relativité, Heisenberg et le principe d'incertitude, etc. Si nous arrivons à substituer aux jugements de valeur l'expression de notre perception des choses, nous deviendrons plus précis car les termes bien ou mal, juste ou faux, bon ou mauvais, beau ou laid, sont trop généraux pour être significatifs. Dire ce tableau est "beau" ne veut rien dire car d'autres peuvent ne pas le trouver beau. Ce tableau me plaît pour son équilibre de couleurs, par exemple. Cette subjectivité est plus objective.

• ***Le jugement de réalité interpelle***

Il permet de mieux saisir la réalité perçue par celui qui l'énonce. Un jugement de valeur provoque souvent des mécanismes de repli ou d'enfermement car personne n'aime être jaugé, jugé. Le jugement de réalité libère, car la personne qui parle s'implique. On sait ce qu'elle pense et elle l'exprime sans étiqueter personne. Certes, le jugement de réalité est un jugement subjectif puisqu'il exprime le ressenti d'une personne. Mais ce ressenti est objectif et permet une prise de conscience dans la relation. Dire à un participant : "Tu as coupé la parole à trois personnes, elles n'ont pu s'exprimer totalement", si le jugement est amical, ce jugement de réalité sera plus facteur de prise de conscience que si on lui a dit : "C'est mal de toujours couper la parole". Si la subjectivité est la seule objectivité, la somme des subjectivités permet d'approcher encore plus de l'objectivité par la quantité d'informations différentes qu'elle apporte. Si chaque membre du groupe indique son salaire, on aura une vision d'ensemble des revenus dans le groupe, alors qu'avec une information sur les bas salaires, par exemple, si on généralise à partir d'un fait réel, on déforme la réalité.

• ***Le jugement de réalité éclairé par des valeurs donne sens***

Un jugement de réalité sur les salaires est intéressant, mais il ne donne pas de sens à nos jugements. Ce sens sera donné si nous ajoutons au jugement de réalité la valeur qui donne sens à notre jugement. La difficulté c'est que le mot valeur, comme celui d'évaluation, est ambivalent. Le mot valeur dans jugement de valeur (bien/mal, etc.) a une connotation d'étiquetage imprécis (bon élève). C'est un raccourci qui généralise (il y a des bons et des mauvais élèves), alors que chaque élève a sa particularité (travailleur, assidu, studieux, etc.). Le mot valeur correspond aussi à une référence à des valeurs éthiques qui donnent sens à nos actes (solidarité, justice, paix, etc.) Ainsi à la sortie d'un film, je peux dire : "Ce film ne m'a pas plu" (jugement de réalité qui ne généralise pas) "parce qu'il y a trop de violence qui banalise le meurtre" (éclairé par une valeur, la paix), au lieu de dire "Ce film est mauvais" (jugement de valeur). Ou encore je peux dire : "Le revenu touché par mon voisin est très bas. Il correspond à la moitié du SMIG" (jugement de réalité), "C'est une atteinte à la dignité humaine et une injustice car son revenu ne lui permet pas de nourrir sa famille" (éclairé par la valeur de dignité humaine et de justice). Cette démarche est exigeante mais c'est la seule qui permette de donner un sens à nos actions.

Le choix d'un terme : le bilan

Un choix large. Si nous voulons éliminer toute connotation de "jugement de valeur" à évaluation, il est souhaitable de le remplacer par un terme plus adéquat, qui soit seulement un outil auquel nous ajouterons consciemment notre jugement de réalité éclairé par les valeurs que nous aurons choisies. Il ne semble pas utile que ce soit le concept qui soit porteur des deux éléments "évaluation" car les déviations vers le jugement de valeur seront nombreuses. Si, au contraire, nous recherchons un terme qui fait un constat comme le jugement de réalité, il nous sera nécessaire de lui adjoindre dans l'analyse la référence à des valeurs choisies et précisées dans le projet sous forme de finalité et de politique, voire d'un code de déontologie. Le choix est large.

Notation du latin **notatio**, action et manière de noter. C'est l'action de donner une note chiffrée à un élève, à un fonctionnaire, à un sportif, accompagnée généralement d'une appréciation générale. Le résultat de cette action : la notation d'un élève le situe dans un classement entre le premier et le dernier... ce qui correspond à un jugement de valeur implicite compte tenu des recherches en docimologie. La notation d'un fonctionnaire est prise en considération pour l'avancement. Quand on sait que cette notation est faite par les chefs, elle conduit au conformisme le plus absolu. C'est une formule périmée qui continue, hélas ! à servir.

Contrôle, à l'origine contraction de **contre** et **rôle**. (Rôle = état nominatif des personnes qui appartiennent à un corps.) C'était une vérification administrative. Le contrôle sanitaire aux frontières est chargé de lutter contre l'introduction des épidémies. Il y a donc un référentiel et le contrôle sert à comparer l'état de santé des personnes qui entrent dans un pays et l'état de santé décrit dans le référentiel. Il en est de même du contrôle scolaire, du contrôle des dépenses, du contrôle qualité des pièces dans la fabrication, du contrôle des naissances, du contrôle technique des voitures. Dans la mesure où le contrôle repose sur un référentiel connu, sur un référentiel élaboré par les personnes concernées, l'auto-contrôle est possible. Il est moins aliénant que l'évaluation. Cela permet à l'élève, par exemple, de prendre en charge sa propre progression, en élaborant avec lui les outils de contrôle et l'état final à atteindre.

Appréciation, du latin **appretiare**, de **pretium**, prix. Déterminer une valeur matérielle et la traduire en chiffres (valeur d'un meuble). Déterminer la valeur intellectuelle ou morale (apprécier l'attitude d'une personne). Terme qui peut créer l'ambiguïté puisque s'y mêlent les deux termes de l'ambivalence : valeur d'un objet, valeur d'une personne, qui peut nous faire glisser inconsciemment vers le jugement de valeur.

Vérification, du latin **verificare**, de **verus** vrai, **facere** faire. C'est l'action de s'assurer de l'exactitude de quelque chose : vérification d'un fait, vérification des comptes, vérification des hypothèses, vérification des pouvoirs, examen par une assemblée élective de la validité de l'élection. Nous retrouvons la même démarche que dans le contrôle, un référentiel, et la vérification porte sur l'adéquation entre ce qui est fait et le référentiel pour s'assurer de la conformité.

Bilan, de l'italien **bilancio**, de **bilanciare** balancer. Le terme de bilan est utilisé dans un ensemble de démarches fort variées. Il signifie toujours un état comparatif. Comme tous les mots, il est aussi ambivalent. Le bilan est un outil de gestion, il n'est pas la gestion. Il s'applique à deux formes d'organisation de l'information.

Deux approches distinctes mais complémentaires

• ***Un état comparatif s'appuyant sur des données objectives***

– *Le bilan comptable* en est l'exemple le plus courant. Il se présente sous forme d'un tableau représentant à gauche les postes formant son **actif** (les biens corporels et incorporels possédés par l'entreprise) et, à droite, les postes formant son **passif** (ce qu'elle doit aux tiers, son capital et ses réserves). Les divers éléments composant l'actif et le passif sont généralement groupés par nature de valeurs et sont présentés dans l'ordre croissant de liquidité. Il est présenté de manière uniforme pour toutes les entreprises.

– *Le bilan nutritif* : bilan des **entrées** et des **sorties** permettant de déterminer l'état de nutrition d'un organisme humain. Il sert de base à l'établissement des rations alimentaires suivant l'âge, le sexe, le travail, le climat, etc. Il porte sur les aliments, mais aussi sur les déchets éliminés. Quand les entrées l'emportent sur les sorties, le corps augmente de poids ; dans le cas contraire il y a malnutrition ou dénutrition.

– Dans cette catégorie on pourrait parler du bilan préopératoire, du bilan de l'économie nationale ou internationale, du bilan thermique, etc.

• ***Un état comparatif fondé sur des données en partie subjectives***

Tout vouloir ramener au mesurable, c'est se vouer à réaliser un outil ne prenant en compte que la partie visible de l'iceberg. Mesurer un comportement est possible, mesurer une attitude n'est pas possible. Or il est important aussi de faire des bilans prenant en compte la totalité de la personne, sans jugements de valeur, ou la totalité d'un projet, d'un apprentissage, de la vie d'un groupe, pour progresser et maîtriser les changements nécessaires.

– *Le bilan social*. Il s'agit d'un **inventaire** assez large de l'état d'une entreprise à travers des indications chiffrées. Il permet d'apprécier la situation de l'entreprise dans le domaine social, d'enregistrer les réalisations effectuées et de mesurer les changements intervenus au cours de l'année écoulée et des deux années précédentes (emploi, rémunérations, charges accessoires, conditions d'hygiène et de sécurité, conditions de travail, formation, relations professionnelles, conditions de vie des salariés et de leurs familles dans la mesure où ces conditions dépendent de l'entreprise). Si le bilan financier a une unité de mesure (le franc), le bilan de santé également (la calorie), le bilan social n'en a pas. L'interprétation des données est aussi subjective que peut l'être l'interprétation de la tension artérielle, le taux d'urée et les autres mesures d'un **bilan de santé**, ou l'interprétation des motivations, des intérêts professionnels, des besoins d'un salarié dans un **bilan de compétence**.

– *L'un et l'autre état* sont le résumé d'une situation, des outils de changement, des points de repère. Le bilan n'est pas à lui seul un diagnostic, encore moins une thérapeutique. Pour cela il faut apprendre à se servir de ces outils comme des données pour la **gestion**.

Une caisse à outils pour gérer

L'évaluation risque d'être perçue comme un outil englobant, comme une démarche globale de compréhension de phénomènes. En se réduisant trop souvent au mesurable, elle a tendance à oublier la gestion de l'ensemble et le sens donné à cette gestion. Le bilan, reconnaissant dans son expression même ses limites, est un outil incomplet s'il n'est pas suivi d'une analyse en fonction d'un projet qui détermine le sens donné à l'action et les valeurs sur lesquelles se fonde le projet. C'est cela la gestion.

La gestion, nous l'avons vu, consiste à assurer le fonctionnement du groupe, de l'organisation, afin d'en garantir la pérennité et d'en favoriser le développement dans une direction donnée grâce au choix de décisions pertinentes. Le bilan est seulement l'outil qui donnera aux gestionnaires les éléments pour faire leur choix. Dans la mesure où la gestion est porteuse de sens fondé sur des valeurs choisies, elle a besoin d'un outil, le bilan, qui ne soit porteur d'aucun jugement de valeur implicite ou explicite. Dans la mesure où la gestion concerne l'ensemble des secteurs en interaction du groupe ou de l'organisation : gestion financière, gestion du personnel, gestion administrative, il lui faudra des bilans correspondant à chacun de ces domaines de gestion. La gestion, pour être efficace, a besoin d'avoir dans sa caisse à outils des bilans. C'est vrai en tout domaine : l'entreprise, l'association, le syndicat, le parti, le club sportif, la formation, l'éducation, etc. Il nous faut donc apprendre à fabriquer les outils que sont les bilans et, ensuite, apprendre à les utiliser pour une gestion correcte de notre groupe ou organisation.

Le bilan au service de l'organisation

Il permet de guider sa gestion pour l'analyse de ses moyens et de ses ressources matérielles et humaines. Il en résulte deux conséquences : une grande importance est attribuée à la mesure des résultats ; la description de la situation est faite dans un esprit nouveau, il s'agit de mesurer l'aptitude à obtenir un résultat des actions et d'anticiper sur ce résultat en le situant dans une démarche évolutive.

Ainsi les biens de l'organisation, ses moyens, ses ressources ne sont pas des fins en soi. Ils sont pour elle le moyen d'exercer une activité, une action, et d'obtenir un résultat. Le bilan, pour être un outil pertinent, doit être périodique, annuel si possible. En le comparant au bilan des dernières années, il indique une direction : progression, stagnation, recul. C'est à partir de ces données que des choix pourront être faits. Et si les bilans sont réalisés pour chaque domaine, il sera plus facile de voir quel est le domaine qui progresse et celui qui recule, facilitant la prise de décision. Cependant, un secteur peut progresser, mais cette progression n'est pas située dans la direction choisie par le projet. C'est là que les gestionnaires lucides ont à faire des choix, priorité à la progression, priorité au sens, attitude stratégique d'attente de consolidation pour modifier les données, etc. C'est toujours la gestion qui prend les décisions en fonction de l'orientation.

Les fonctions du bilan

Elles sont nombreuses et complémentaires.

- ***Informative***. La fonction informative est évidente. Elle consiste à fournir les donnée utiles à l'analyse du secteur ou du domaine pris en compte. Elle procure les rétro-actions nécessaires pour avoir une vision d'ensemble du processus étudié.
- ***Spécialisée***. La fonction spécialisée consiste à faire connaître davantage les moyens et les fins d'un projet ou d'un aspect du projet, à démontrer l'efficacité ou l'échec de l'organisation et des stratégies (itinéraires) utilisées, à suggérer des actions correctives. Elle fait ressortir les dysfonctionnements, mais aussi les atouts et qualités du déroulement du projet.
- ***Organisationnelle***. Cette fonction aide les groupes et organisations à entreprendre une rénovation organisationnelle en les forçant à procéder à un examen de leur politique et de leurs objectifs, en décelant les phénomènes bureaucratiques et en clarifiant les procédures opérationnelles courantes enfouies sous les routines quotidiennes.
- ***Politique***. Elle comprend l'établissement d'un calendrier et l'organisation d'un débat sur les questions essentielles. Elle permet de promouvoir la participation de tous les membres et la répartition des responsabilités à chaque membre. Elle permet de faire le point sur les intérêts de la population concernée, sur l'élévation de son niveau de conscience et sur sa capacité à prendre en main ses propres problèmes.
- ***Sociale***. Elle donne des éléments pour l'analyse de la démarche collective à l'égard des problèmes du milieu. Face aux problèmes, le groupe ou l'organisation a-t-il tendance à choisir des solutions relativement simples et mobilisatrices pour toutes les personnes concernées ou, au contraire, à prendre des solutions qui ne peuvent permettre la participation que des publics très compétents et conscients ?
- ***Historique***. Noter, rassembler les documents, faire des comptes rendus des actions, des événements, des résultats qui, sinon, risqueraient d'être perdus pour la mémoire collective. Comparer la situation présente aux situations passées des dernières années pour voir quelle direction ont prise la progression ou le changement.
- ***Orientation***. Procurer à ceux qui vont faire l'analyse et assurer la gestion, les éléments nécessaires pour déterminer si les moyens utilisés correspondent aux fins choisies, car la fin est déjà dans les moyens. Faire ressortir le sens qui se dégage des actions afin de vérifier que tous les acteurs et les personnes concernés perçoivent clairement les valeurs que l'on veut promouvoir.

L'ensemble de ces fonctions peut permettre aux membres des groupes ou des organisations d'ajouter, au bilan comme outil d'analyse pour la gestion, sa nécessité pour favoriser la théorisation de sa pratique, afin que tout acteur puisse devenir un praticien-chercheur, que ce ne soit plus réservé à une minorité, mais que, dans l'action quotidienne, chaque personne devienne capable d'être un agent de son propre développement et du développement social.

Le bilan participatif

Un choix à faire

De nombreuses recherches ont été faites pour faire participer tous les acteurs au bilan de leur situation et de leurs actions [1]. En s'inspirant de Paulo Freire, de nombreuses expériences ont eu lieu. Le bilan participatif n'est pas la tâche scientifique de professionnels, mais l'examen approfondi d'une expérience réalisée par toutes les parties intéressées, en commun et en collaboration. La population fait le bilan. Les responsables et l'organisation font le bilan. Chacun participe aux décisions relatives aux orientations, aux objectifs, aux instruments du bilan. Chacun apporte ses données personnelles et collectives, celles qui seront nécessaires pour avoir tous les matériaux d'analyse. L'analyse des données est réalisée collectivement par les auteurs et tous les acteurs.

La démarche peut être la suivante

1. Les équipes, avant de s'attaquer au bilan, doivent s'informer de toutes les recherches ou bilans déjà effectués au préalable. Peu importe les méthodes qui ont été utilisées pour ce faire.
2. Les équipes doivent délimiter le champ d'action géographique, les secteurs à analyser, les domaines sur lesquels porteront les bilans depuis le plus petit (méthode de réunion par exemple) jusqu'au plus grand (l'ensemble du projet).
3. Les équipes doivent identifier les institutions formelles avec lesquelles la population et les membres de l'organisation ont eu à travailler ou ont eu des contacts pour amorcer des changements.
4. Les équipes doivent dire aux responsables de ces institutions, en toute honnêteté, qu'elles sont venues discuter avec elles de la possibilité qu'ont toutes les personnes concernées d'assister aux débats et de travailler ensemble.
5. Si les responsables des institutions sont d'accord, les équipes de bilan tiendront des réunions, non seulement avec les responsables des diverses institutions, mais aussi avec toutes les personnes impliquées d'une manière ou d'une autre.
6. Les équipes de bilan doivent alors organiser des réunions au cours desquelles seront rassemblées les personnes concernées par les divers domaines ou secteurs à analyser. L'ensemble de ces réunions devrait pouvoir réunir presque toutes les personnes concernées (population, membres des associations ayant agi, institutions contactées, etc.), de façon à avoir une vision d'ensemble des réactions des personnes et des groupes ayant contribué à l'action.
7. On peut discuter de tous les problèmes rencontrés au cours de la réalisation du projet. Aucun sujet n'est tabou car ce sont les réactions des acteurs qui sont déterminantes. La seule condition en est l'expression de chaque personne présente, que les problèmes soient examinés en fonction de ces personnes ou présentés dans le contexte des réalités concrètes.

---

(1) **Evaluation des projets programmés et campagne d'alphabétisation pour le développement**, H. S. Bhola, Institut de l'Unesco pour l'Education, Fondation allemande pour le développement international, 1992.

8. Lorsque chaque équipe pense avoir épuisé tous les aspects du bilan, les équipes doivent noter leurs résultats par écrit dans le cadre de la grille de bilan qu'elles auront élaborée elles-mêmes, avec l'aide de spécialistes si elles le demandent. Une rencontre générale de toutes les équipes pourra alors avoir lieu, au cours de laquelle les rapporteurs seront choisis parmi les membres des équipes et non parmi des spécialistes. Les membres de la population doivent apprendre à penser par eux-mêmes, devenir des intellectuels analysant leur pratique, devenir gestionnaires en se forgeant leurs outils d'analyse.
9. Une équipe de synthèse, composée des rapporteurs de chaque équipe, doit à présent procéder à l'étude critique des matériaux rassemblés : informations issues des réactions des personnes, informations rassemblées sur les fiches réalisées par les équipes, informations reçues par les rapporteurs. Ce travail d'analyse interdisciplinaire, portant sur les différents aspects du déroulement du projet, devra être rédigé par écrit pour que tous ceux qui le désirent puissent le posséder et l'utiliser.
10. C'est avec les personnes concernées que l'équipe de synthèse doit à présent esquisser le nouveau projet. Ce nouveau projet ne doit pas être élaboré **pour** les personnes mais **avec** elles.

Le bilan devient un système d'informations pour la gestion (SIG). Il ne peut y avoir de modèle type. Il doit être élaboré par les personnes concernées en prenant en compte tous les éléments du projet.

Proposition de définition. A présent, on peut mieux saisir les différents aspects du bilan.

- Un bilan est pertinent à partir du moment où un écart éventuel est constaté entre objectif attendu et résultat constaté, en utilisant de préférence la méthode participative et un système d'information pour la gestion.
- Ce constat va permettre d'analyser les causes de l'écart par tous les acteurs concernés pour rechercher la part de responsabilité de chacun, tant dans la démarche relationnelle que dans les outils proposés et utilisés.
- Cette analyse critique fournit ainsi les informations nécessaires à la gestion du groupe ou de l'organisation afin de prendre en compte :
  - les différences individuelles dans le processus du projet,
  - les différences sociales venant de notre insertion dans un milieu donné.
- Cette analyse permet de situer la démarche du projet dans un processus de changement intégrant la durée pour que :
  - l'organisation mesure son évaluation par rapport aux autres groupes et aux autres organisations de même nature et de nature différente,
  - l'organisation situe l'évolution du problème pris en charge par rapport aux objectifs précis et aux valeurs choisies.
- Cette démarche quant à la méthode sera en même temps
  - ponctuelle et continue,
  - rétroactive et interactive

  de façon à ce que les acteurs en présence, toutes les personnes concernées possèdent tous les éléments d'information nécessaires pour gérer et décider ensemble des modifications à apporter au projet, pour réduire l'écart entre objectifs et réalisation ou pour élaborer un nouveau projet qui continue le précédent.

Démarche méthodologique du bilan

Une démarche de bilan, pour être structurante, doit permettre à la fois d'identifier les facteurs de réussite et d'échec d'un projet ou de la vie d'un groupe, d'une organisation ou d'une institution, de mobiliser l'ensemble des acteurs autour de l'élaboration, de la réalisation et de la démultiplication des projets dont on fait le bilan. Le travail suppose l'animation d'un réseau des personnes concernées indispensable à la réussite du bilan participatif. L'association des personnes à tous les stades du processus, de l'élaboration à la réalisation et à l'analyse, a un effet mobilisateur qui conditionne souvent le succès de l'opération.

Cette démarche se propose comme un instrument de repérage permettant de distinguer les diverses fonctions, opérations et répercussions d'un bilan, d'en articuler les étapes et d'en percevoir les interactions, tant dans la progression qu'entre les éléments de la démarche : fonction, opération, répercussion (1).

Fonctions	**Opérations**	**Répercussions**
1. Préparation de l'action		
• ***Débat dans l'organisation*** – sur la finalité – les politiques – l'objectif final	• ***Réunions*** – d'information – de réflexion – de décision	• ***Cohésion des acteurs*** – cohérence autour du projet – adhésion des acteurs – proposition des membres
• ***Diagnostic*** – identification d'une situation – comprendre la situation – repérer les personnes concernées	• ***Observation*** – perception – écoute – connaissance	• ***Identification*** – des problèmes – des personnes – produire des hypothèses
• ***Projet*** – estimer les chances de réussite – en définir les conditions – déceler les obstacles	• ***Analyse interne*** – recenser ses forces – repérer ses faiblesses – connaître les niveaux de conscience des acteurs, des partenaires	• ***Valorisation*** – le potentiel humain – le potentiel technique – formation, information
• ***Stratégie*** – décomposer en objectifs intermédiaires – planning des opérations – choix des moyens	• ***Analyse externe*** – situer le problème dans son contexte – identifier les menaces – repérer les alliances possibles	• ***Clarification*** – cohérence des objectifs entre eux – cohérence objectifs/moyens – implication des partenaires dans la définition des objectifs – implication dans les critères du bilan
• ***Définition des objectifs opérationnels*** – le problème à régler – les personnes et groupes concernés – l'action à réaliser – les délais à respecter	• ***Prévisions*** – conditions de réalisation – performances attendues – tableau de bord – observabilité des résultats	• ***Anticipation*** – sortir des sentiers battus – développer un réseau d'alliances – aide à la décision
• ***Estimation des coûts*** – réduire l'action à ses moyens actuels – rechercher les moyens pour réalisation de l'action	• ***Budgétisation*** – prévision recettes – prévision dépenses – actions pour équilibrer	• ***Maîtrise des coûts*** – étude des moyens mis en œuvre – inventaire des outils et équipement – investissement – amortissement

(1) Inspiré de "Evaluation et travail social. Typologie opérationnelle", de Guy Cautil, directeur du CIRESE, dans **Vie sociale**, n°9/10, 1990.

Fonctions	Opérations	Répercussions
2. Déroulement de l'action		
• ***Contrôle de progression***	• ***Tableau de marché***	• ***Instruments de pilotage***
– priorités respectées	– planning	– respecter les décisions
– échéances observées	– plan de travail	– rectifier le tir
– responsabilités tenues	– définition de fonction	– relancer les partenaires
– moyens utilisés	– caisse à outils	– redéployer les moyens
• ***Régulation des interactions***	• ***Approche systémique***	• ***Négociation, repérage***
– personnes/personnes	– ambivalence/contradiction	– référents personnels
– personnes/groupe	– agressivité/Œdipe	– repérage intérêts en présence
– groupe/organisation	– transfert/contre-transfert	– coopération des alliés
– organisation/institution	– affrontement/cohésion	– négociation avec adversaires
• ***Régulation des dysfonctionnements***	• ***Approche institutionnelle***	• ***Capacité d'innovation***
– transgression	– légalité/légitimité	– nouvelles règles
– thèses – antithèses	– mouvement dialectique	– synthèse
– les conflits de pouvoir	– les centres de pouvoir	– répartition des responsabilités
• ***Amélioration des relations***	• ***Etapes de progression***	• ***Démarche d'évolution***
– ancien/nouveau	– accueil des personnes	– expression de tous
– prise en charge collective	– connaissance élargie	– communication facilitée
– unité collective	– compréhension en profondeur	– cohésion renforcée
	• ***Animation coordonnée***	• ***Dynamisation***
	– des responsabilités	– des personnes
	– des décisions	– du groupe
	– des actions	– de l'organisation
3. Suivi de l'action		
• ***Changements opérés***	• ***Nouvel état des lieux***	• ***Prise de conscience élargie***
– sur le problème	– problèmes réglés	– des membres de l'organisation
– sur les personnes	– problèmes en suspens	– des partenaires
– sur le groupe	– problèmes à prendre en charge	– de la population
• ***Contrôle de réalisation***	• ***Mesure des écarts***	• ***Améliorations***
– mobilisation des personnes	– objectifs/réalisation	– des problèmes
– ouverture à des partenaires	– repérage des causes	– des méthodes de prise en charge
– choix des moyens	– analyse des blocages	– de mobilisation de la population
• ***Mesure efforts et résultats***	• ***Grilles d'observation***	• ***Argumentation***
– justesse de l'analyse préalable	– des personnes	– pour de nouveaux projets
– choix des objectifs	– des groupes	– prolongement de l'action
– stratégie correcte	– des problèmes	– pour mobiliser de nouveau
• ***Bilan des coûts***	• ***Analyse de gestion***	• ***Rationalisation des choix budgétaires (RCB)***
– coût/efficacité	– budget global	– coûts/objectifs
– coût/avantages	– budget de chaque opération	– moyens/objectifs
– analyse de l'écart	– budget de chaque équipe	– programme alternatif
• ***Contacts avec les partenaires***	• ***Diffusion***	• ***Gestion de la diffusion***
– membres de l'organisation	– rapport de synthèse	– image de l'organisation
– d'autres organisation	– communication interne	– auprès des partenaires
– la population	– communication externe	– auprès de la population
– les financeurs	– archivage en mémoire	– auprès des financeurs

Cette démarche qui semble complexe permet en fait de situer chaque élément d'un bilan par rapport à une démarche soit globale, soit particulière. Elle peut servir de référentiel typologique.

Un régulateur : le code de déontologie

Sa raison d'être

Le monde évolue sans cesse et de nouveaux problèmes surgissent qui viennent s'ajouter aux problèmes anciens.

- En matière économique, est-il supportable que les grandes entreprises fassent chaque année des bénéfices importants pendant que les salaires stagnent et que le chômage s'étend ?
- Dans le domaine biologique, il y a la procréation médicale assistée (PMA), les manipulations génétiques, l'intervention sur l'être humain depuis les gènes, l'embryon jusqu'à l'utilisation des corps des mourants ou des morts, etc.
- En écologie, comment réglementer la polarité environnement/développement, réalité fort proche de la polarité Nord/Sud, riches/pauvres ? Les données ne sont pas les mêmes. De même à l'égard de la croissance démographique.
- Face à la politique, les nombreux scandales dans les divers pays nous rappellent constamment que l'affairisme, la prévarication, la primauté de l'intérêt individuel sur l'intérêt général est une donnée constante.
- Les religions n'échappent pas aux interrogations, quand on perçoit le développement des sectes, la montée des intégrismes et des sectarismes aliénant la liberté des croyants au lieu de la promouvoir.
- Dans nos groupes et nos organisations, il existe une tendance à monopoliser le pouvoir par une minorité qui demeure en place pendant des décennies empêchant la répartition des responsabilités entre tous les membres.
- Avec la téléinformatique le danger nous guette de voir le réseau multimédia, utilisant les autoroutes de l'information, être dévié de son objet, qui est la facilité de communication entre toutes les personnes et les institutions sur l'ensemble de la planète et être utilisé en priorité pour des besoins commerciaux ou être dévoyé au service des intérêts particuliers, par l'exploitation des fichiers, par l'utilisation des réseaux pour la prostitution, pour le blanchiment de l'argent de la drogue, etc.
- Chacun peut compléter la liste en fonction de sa propre expérience, de son insertion sociale, de son appartenance à un corps social.

Des interpellations incontournables

- Comment ne pas se sentir écartelé entre les intérêts de la collectivité générale, ceux de l'organisation particulière dans laquelle nous travaillons ou agissons et ceux du respect de la personne humaine ?
- Comment respecter le secret professionnel en cas d'intérêts estimables mais néanmoins contradictoires ?
- Comment respecter le secret des confidences alors que le partage des informations entre services permet une collaboration assurant la plupart du temps une meilleure efficacité dans le soutien ?
- Comment se servir d'un ordinateur qui recueille des données accessibles à un grand nombre de personnes concernées, livrant la vie personnelle à de nombreux spécialistes ? Comment faire pour que les équipes pluridisciplinaires utilisent ces données dans l'intérêt exclusif des personnes concernées, quelles que soient leur profession, leur place dans le réseau ou les situations relationnelles ?

Un choix à faire

Il est donc nécessaire qu'existe un moyen qui rappelle à la conscience tous ceux qui auraient tendance à abuser de leur fonction, de leur savoir, de leur pouvoir. Pour cela, il est nécessaire de posséder un code rappelant, à temps et à contretemps, les droits et les devoirs de chacun à l'égard de soi-même, des autres avec qui on est en relation et de la société.

Le code de déontologie, s'appliquant aux activités pratiquées par chacun, semble être le moyen de plus adéquat car il renvoie aux actes quotidiens que nous posons comme individus, mais aussi comme appartenant à un corps social ayant une fonction particulière dans la société.

Avant d'aborder le code de déontologie, précisons quelques termes qui peuvent clarifier le débat.

- ***L'éthique*** est la science des principes de la morale. "C'est la partie de la philosophie qui traite de problèmes fondamentaux de la morale (fin de vie, fondement de l'obligation, nature du bien)" nous dit Paul Foulquié. C'est une réflexion théorique sur les sources, les valeurs, les fins de l'action. Elle scrute les valeurs : amour, justice, liberté, dignité, etc. En cherchant des fondements aux actions humaines, elle dégage des principes qui éclairent et donnent sens à l'action.
- ***La morale*** désigne plus particulièrement l'application des principes de l'éthique dans les actes particuliers de la vie. Elle se présente comme un art de vivre précisant les règles de l'action humaine dans les différents domaines de la vie : économie, politique, sciences, droit, etc. Elle regarde la pratique, énonce des lois, des règles, des conseils. Elle s'enracine cependant dans une culture avec ses normes individuelles et les normes d'une société. C'est une démarche à double dimension, individuelle et collective.

Déontologie, définition, évolution et extension

Déontologie vient du grec **deon-ontos**, ce qu'il faut faire, et **logos**, science. C'est donc **la science des droits et des devoirs à remplir**. Cette notion s'est limitée longtemps à l'application de règles de droits et devoirs moraux d'une profession, la médecine. En effet, le plus ancien code de déontologie que l'on connaisse est certainement le serment d'Hippocrate élaboré, vers 500 av. J.-C. dans la Grèce antique, par Hippocrate lui-même ou son école.

Il s'est ensuite mis à jour pour les médecins. Depuis le 27 juin 1947, le code de déontologie définit les dispositions imposées à tout médecin et précise les principes de l'exercice médical. Le nouveau code médical, institué le 28 novembre 1955, comprend six chapitres où sont développées les obligations des médecins.

Depuis, il s'est étendu à de nombreuses autres professions (avocats, pharmaciens, sages-femmes). Quand on parle de déontologie, on pense toujours aux droits et devoirs qu'impose à des professionnels l'exercice de leur métier. Quand une profession s'organise, elle tend à se donner un statut codifié. Elle le fait dans le cadre des groupements et associations professionnels. Ce sont les professions libérales, tournées, plus que les autres, vers l'humanisme, qui se préoccupent le plus de codifier leurs règles de déontologie.

Aujourd'hui, il semblerait judicieux, et certains ont déjà commencé, d'étendre le principe d'un code de déontologie à tous ceux qui travaillent et agissent dans la cité, car tout acte posé a des répercussions sur celui qui le pose comme sur celui qui le subit ou en bénéficie. Pour limiter les tentations de dérapage, il semblerait souhaitable que tous ceux qui élaborent des projets de changement de société, par l'intermédiaire de leur organisation spécialisée sur un des aspects de la vie sociale, réalisent aussi un code de déontologie qui précise les droits et les devoirs de tous ceux qui participent à une action.

Les fonctions d'un code de déontologie

L'ensemble des fonctions a pour objectif l'information de la conscience, l'éclairage de nos jugements déontologiques, pour donner un sens à nos actions pour que chacun d'entre nous devienne le père de ses propres actes.

1. **Constat général permanent**. Tout acteur social étant inséré dans un milieu déterminé, soit par sa profession, soit par ses engagements, doit être amené à percevoir la situation dans laquelle il vit, l'environnement dans lequel il se trouve et les mutations qui s'opèrent, afin de pouvoir prendre en charge les problèmes de société en anticipant dans ses décisions et en éclairant ses choix par des règles qui donnent sens à ses actes.

2. **Prise de conscience** des enjeux de société, des menaces qui pèsent sur la personne, sur les groupes, sur les organisations dans leur cadre de vie habituel. La déontologie doit interpeller les différents champs de la connaissance, ceux des relations de pouvoir à tous les niveaux, ceux de l'agir sous toutes ses formes. Ces interpellations sont urgentes dans la mesure où l'accélération des mutations ne nous permet plus de nous adapter. Il est indispensable de prendre conscience de la rapidité des mutations techniques et de la lenteur de l'évolution des mentalités afin que, prenant l'habitude d'anticiper, la personne reste maîtresse de son destin.

3. **Sens de la mission**. Dans la gestion quotidienne des problèmes de société, des injustices, des inégalités, il est indispensable de posséder des repères fondés sur des valeurs choisies en fonction des situations particulières auxquelles nous sommes affrontés : face à l'aliénation, la liberté ; face aux inégalités, l'égalité ; face aux injustices, la justice ; face à la soumission, le dialogue ; face à l'exclusion, la dignité humaine ; face à l'assistance, l'autonomie de la personne etc. Chaque équipe aura à repérer les valeurs guides qui fonderont les règles de son code afin de développer une véritable citoyenneté dans la cité. On pourrait dire : "Dis-moi ce que tu considères comme important et je te dirai quelle est ta déontologie."

4. **Autonomie des personnes concernées**. Etant des êtres de relation, cette relation est souvent une relation de subordination : parents, animateurs, participants, etc. Le rapport déontologique entre les personnes est de leur permettre de développer leur autonomie, la prise en charge de leur vie par elles-mêmes sans assistance, la prise en considération de leurs désirs, de leurs réactions.

5. **Socialisation des personnes concernées**. Etre autonome, c'est aussi vouloir l'autonomie des autres. C'est cela la socialisation : une démarche collective permettant à tous les enfants d'être autonomes, à tous les enseignés, à tous les soignés, à tous les laïcs, à tous les participants, etc. d'être autonomes collectivement pour prendre en charge leurs problèmes toutes les fois qu'ils sont concernés. C'est à ce résultat de société que doivent aboutir toutes nos actions

6. **Evolution des relations de pouvoir**. Dans la mesure où les discours sociaux, ceux du patronat comme ceux des travailleurs sociaux, ceux des militants associatifs comme ceux de l'aide humanitaire, prônent la fin du paternalisme et de l'assistance, il convient de donner la priorité aujourd'hui au partage du pouvoir, puisque c'est lui qui crée la subordination quand il est monopolisé. C'est un mouvement dialectique qui doit s'opérer entre tous les acteurs, grâce à la prise de responsabilité concrète de chaque personne que le code de déontologie doit tendre à promouvoir et à situer dans un système de relations.

7. **Prévision d'un itinéraire vers la citoyenneté**. L'accès à l'autonomie seule pourrait conduire à l'individualisme. Nous vivons dans une société où nous sommes tous interdépendants comme personnes individuelles, mais aussi comme personnes sociales insérées dans un milieu de travail, de loisir, d'association, de quartier, etc. C'est à la prise en charge de son milieu, avec toutes ses dimensions, que doit conduire un code de déontologie afin de faire accéder chaque personne à la citoyenneté. Cette démarche sera facilitée en suscitant des débats éthiques entre les personnes et les populations sur les problèmes qui les concernent.

8. **Interrogation et remise en question incessante**. La déontologie se présente comme une réflexion permanente sur la pratique de la personne afin que les certitudes d'hier deviennent les doutes d'aujourd'hui. Face à une société qui évolue sans cesse, face à des mentalités qui changent, il est indispensable de prendre en compte ces bouleversements dans leur déroulement et non de s'y adapter, si nous voulons les prendre en charge et leur donner une direction et un sens. Là se trouvent la richesse du code, les conditions de son actualisation et de son amélioration.

9. **Participation des personnes concernées**. Elle doit se faire à tous les stades : au début dès les premiers constats sur les problèmes, cela élargit la prise de conscience ; ensuite dans les débats sur les choix éthiques, l'élaboration des règles ; enfin dans la rédaction du code de déontologie. On applique d'autant mieux les décisions prises que l'on a participé activement à leur élaboration. Le contenu sera d'autant plus riche que tous les points de vue auront été sollicités.

10. **Fixation des règles.** Elles définissent l'exercice correct du métier ou le fonctionnement conforme aux principes de conduite des associations, syndicats, partis ou autres organisations, dans leur prise en charge des problèmes qu'elles ont choisi d'assumer. Le code vise les cas couramment rencontrés par la profession dans l'exercice du métier ou pour l'organisation dans la prise en charge des problèmes. Il cherche à donner à ces cas des solutions pratiques et précises définissant les droits et les devoirs professionnels ou les engagements des membres des organisations.

Ces fonctions forment un tout cohérent dont chaque élément est en interaction avec les autres pour créer l'unité d'une démarche.

Démarches utiles

Elaborer un code de déontologie suppose d'avoir, au préalable, fait un certain nombre de repérages pour éclairer le terrain.

Charte. Certaines professions ou organisations préfèrent avoir une Charte (du latin **carta**, **cartula**, et du grec **khartos**, papier). C'est un écrit solennel destiné à consigner des droits ou à régler des intérêts comme la Charte des communes. C'est aussi, en droit constitutionnel, l'acte d'un souverain sur lequel repose la Constitution. On peut citer : la Charte de la bourgeoisie au XIIe siècle, la Grande Charte anglaise imposée par les seigneurs au roi Jean sans Terre en juin 1215, la Charte aux Normands accordée en 1315, la Charte constitutionnelle octroyée par Louis XVIII le 4 juin 1844, etc. Avec la Charte des Nations-Unies, signée en 1945, un tournant est pris en introduisant des droits fondamentaux pour les personnes et les peuples. L'important c'est que soient mentionnées clairement les règles morales et les valeurs qui donnent sens à l'activité.

Me situer face au code de déontologie, en clarifiant mon insertion :

- Mes valeurs personnelles, mes choix moraux, sociaux, politiques, religieux, économiques, culturels, philosophiques, syndicaux, etc.
- Mes fonctions professionnelles, ma situation dans l'organigramme, mes relations, les problèmes rencontrés, les questions et interrogations, etc.
- Mes engagements dans la vie associative, mon secteur d'insertion sociale, le choix des problèmes pris en charge, les obstacles rencontrés, etc.
- Mon réseau de relations, dans la vie professionnelle, associative, de quartier, de loisirs, culturel, etc. personnes et équipes.
- Mes responsabilités fonctionnelles et politiques pour déterminer mon champ de compétence dans mes différents milieux de vie.

Comme tout est en interaction, l'application du code dépendra de la façon dont je l'assume dans le domaine particulier où il a été élaboré. Je pourrai me servir pour tenter d'en faire réaliser dans mes différents lieux d'insertion de façon à ce que toute ma vie soit en cohérence avec mes valeurs.

La rencontre de l'autre. Elle est différente suivant les circonstances.

- ***La rencontre de l'autre au sein d'équipes***. Que ces équipes soient disciplinaires ou multidisciplinaires, on se retrouve entre égaux et les règles déontologiques, si elles sont exigeantes par rapport par exemple au secret professionnel, se situent dans un rapport d'égalité des partenaires qui permet d'aborder simplement et franchement les dérives, les difficultés rencontrées dans la pratique. Une coopération peut s'instaurer.
- ***La rencontre de l'autre comme client ou usager*** se situe dans une relation de dépendance qu'il convient de gérer. **Le client** vient librement, même s'il est marqué par un certain conditionnement social. La relation est libre, mais il attend un service. Celui-ci sera-t-il rendu de façon impersonnelle ou une rencontre plus chaleureuse peut-elle avoir lieu qui favorise l'échange sur le service, signe du respect que l'on a pour le client ? **L'usager** n'a pas d'autre choix. Il est obligé de venir car il n'existe pas d'alternative. Usager du chemin de fer ou du téléphone, je suis obligé de passer par ces institutions. L'engagement est limité dans le cadre du besoin. L'usager d'un service social a besoin de savoir et de sentir qu'il est respecté comme personne et que ses problèmes sont compris et que la relation peut évoluer d'un statut de dépendance ou d'aide vers un statut d'autonomie et de réciprocité.

D'autres pensent le contraire et inversent les définitions.

Face à des difficultés particulières, ce qui est fréquent, le code de déontologie n'a pas toujours tout prévu, tout précisé. Il faut donc assumer sur le terrain la réalité à laquelle on est affronté. Dans ce cas, une démarche simple peut faciliter les choix et la prise de décision.

– ***Analyser*** avec soin le contexte général et particulier de la situation.
  – Je travaille ou j'agis pour qui ?
  – Je travaille ou j'agis avec qui ?
  – Je fais quoi ?
  – Comment je le fais ?
  – Pourquoi je le fais ?

– ***Se centrer*** sur la nature et les caractéristiques de l'information, la rassembler, l'organiser, la traiter pour dégager le fond du problème.

– ***Etudier le dilemme*** qui se dégage pour tenter de le résoudre : "Qui révèle ou tait quoi à qui ?" et "Pourquoi ?" Autrement dit : quels sont les intérêts et les droits en jeu ?

– ***Mesurer*** finalement les conséquences prévisibles de la décision envisagée sur les personnes, les services ou les institutions, en se rappelant les droits fondamentaux des personnes à la vie privée, à l'intimité, à la dignité, à la liberté et à la sécurité.

Cette démarche permet de décomposer dans ses éléments essentiels ce qui est généralement présenté de manière touffue et redondante.

Accéder à sa véritable zone de responsabilité. Pour prendre conscience de nos engagements, il faut nous habituer à dégager le contexte dans lequel prend place le problème moral qui nous préoccupe.

• ***Mieux identifier nos propres valeurs*** et nous situer par rapport à elles :

– liberté d'expression et respect des droits et libertés civils dans toutes les sphères de la vie sociale,

– l'être humain possède le potentiel nécessaire pour résoudre ses propres problèmes et, même s'il est influencé par son passé, il possède une liberté de choix et d'action créatrice, il reste maître de son destin,

– un accompagnement professionnel ou social ne peut avoir comme but ultime que l'autonomie et la croissance personnelles de la personne et la socialisation favorisant le développement collectif du milieu.

La priorité essentielle doit demeurer une société organisée pour la personne, par les personnes.

• ***Faire subsister ensemble*** l'individuel et le collectif :

– les aspects sociaux dus aux effets de la structure sociale dans laquelle peuvent être piégés les acteurs sociaux malgré eux,

– les aspects personnels qui relèvent de la logique d'intention des acteurs de leur dynamisme et de leur créativité,

– l'interaction du social et du personnel nous évite de tomber dans le piège du collectivisme comme de l'individualisme.

• ***Faire prendre conscience du danger du dogmatisme***. Il n'y a pas d'un côté le bien, de l'autre le mal. Ce n'est pas le tout ou rien du dualisme. Arriver à une lecture alternative des problèmes rencontrés, afin d'acquérir une pensée dialectique qui permette, face à une thèse, de rechercher l'antithèse pour faire une synthèse qui prenne en compte tous les éléments. Apprendre à assumer nos contradictions.

• ***Faire évoluer le code de déontologie*** en faisant le point, chaque année, sur la façon dont il a été vécu et appliqué ; lui apporter les améliorations nécessaires compte tenu de cette réalité.

Caractéristiques et contenu d'un code de déontologie

Caractéristiques possibles d'un code de déontologie

1. Il a un caractère démocratique légal. En effet :

- La profession se donne à elle-même sa loi, manifestation de son **autonomie**, et les pouvoirs publics la respectent quand la profession est organisée par des textes législatifs : avocats, médecins, architectes, etc.
- Depuis la loi du 21 mars 1884, incorporée aujourd'hui dans le Code du travail, chaque syndicat peut établir pour ses adhérents des règles déontologiques. Le droit admet donc **le pluralisme des codes**.
- Avec la loi du 1er juillet 1901, toutes les personnes regroupées en association peuvent aussi élaborer un code de déontologie applicable à tous les membres.

2. Situer l'organisation dans sa particularité

- La grande diversité des organisations pouvant élaborer un code de déontologie nécessite que chacune d'elles précise le milieu où elle intervient, les problèmes spécifiques auxquels elle est affrontée, les aspects particuliers de ces problèmes à prendre en charge : finances (spéculations), banques (délit d'initiés), politique (prévarication), médecine (préserver la vie), etc.

3. Le choix de ses fondements éthiques et moraux

- Cela comporte de repréciser sa conception de l'homme et de la société ;
- Les valeurs dominantes retenues par les membres de l'organisation :
  - avocats : probité, désintéressement, modération, humanité, etc.
  - financiers : discrétion, diligence, loyauté, neutralité, etc.
  - personnel hospitalier : dignité, information, consentement libre du malade, etc.

4. Les principes de relations

- A l'égard de soi-même : être disponible, priorité aux intérêts de l'autre.
- A l'égard des autres : égalité de traitement envers tous, information claire de tous ceux qui le désirent, secret professionnel, etc.
- A l'égard de la société : formation permanente, documentation, etc.

5. Le fonctionnement interne

- Les collaborations des personnes
  - travail individuel : réflexion, actions
  - travail pluridisciplinaire : de tous ceux qui interviennent
  - travail avec les personnes concernées : parents, enfants, associations spécialisées.
- Les collaborations institutionnelles
  - les autres professions de même nature
  - les professions de nature différente
  - l'administration, les élus, etc.

6. Les sanctions

Pour que les membres respectent les devoirs correspondant aux buts poursuivis par l'organisation et qui ont été acceptés lors de l'adhésion :
- censure morale : blâme, réprimande, avertissement, etc.
- censure financière : amendes, etc.
- censure forte : suspension, exclusion, etc.

7. Renouvellement

Instituer les moments et les procédures de changement pour tenir compte de la complexité croissante des problèmes à régler et de l'arrivée de nouveaux problèmes qui n'existaient pas. Les mentalités changent, le milieu culturel environnant aussi. Il convient d'en tenir compte si l'on souhaite coller au réel.

Contenu d'un code de déontologie

Ce cadre n'a qu'une valeur indicative. Il peut être modifié en fonction des problèmes pris en charge, des types d'organisation, des caractéristiques d'une population touchée, etc.

Préambule

- Décrit les problèmes pris en charge.
- Précise les caractéristiques de l'organisation.
- Spécifie ses particularités.
- Indique à qui le code s'adresse.
- Cerne les personnes concernées.

Choix des valeurs sur lesquelles reposent le code

- Solidarité
- Justice
- Liberté
- Egalité
- Vérité
- Dignité
- Créativité
- Responsabilité
- Dialogue
- Paix

Les fonctions de l'organisme

- Définition de fonction
- Mode d'exercice
- Domaines d'intervention
- Rémunérations, remboursement de frais
- Compétences

Devoirs

- Indépendance
- Secret professionnel
- Incompatibilité
- Obligations
- Implication
- Formation
- Information
- Expérimentation
- Responsabilité de ses actes
- Sanctions

Droits

- Refus
- Remplacement
- Expression
- Propositions
- Reconnaissance
- Accueil
- Ecoute
- Compréhension
- Délibérations
- Décisions

Relations internes

- Individuelles
- En équipe
- Règles
- Discipline
- Conflits : conciliation

Relations externes

- Autres équipes de l'organisation
- Équipes multidisciplinaires
- Institutionnelles
- Financeurs
- Les politiques

Financement

- Documents comptables
- Accessibilité des documents
- Les rentrées – les réalités
- Les sorties – les dépenses
- Transparence financière

Comité du code

- Composition
- Fonctionnement
- Fonctions
- Contrôle du respect
- Action retrait du label

Conscience

Conscience, du latin **conscientia** : savoir (**scientia**) partagé avec (**cum**) un autre. La conscience est une intuition, c'est-à-dire une immédiateté que chacun a de ses états et de son activité intérieure : pensée, projets qui éclairent ses actes et qu'il peut communiquer à autrui.

La conscience est exigeante. Thomas d'Aquin (1225- 1274) disait déjà : "Dans un conflit entre l'autorité et la conscience, c'est la conscience qui doit l'emporter, car aucun homme ou aucune femme ne peut appliquer une loi sans la soumettre à sa conscience". Et Rabelais confirmait (1494-1553) disant : "Science sans conscience n'est que ruine de l'âme."

Il est incontestable qu'en définitive chacun d'entre nous ne peut obéir qu'au jugement de sa conscience. Raison d'ailleurs pour laquelle il appartient de le former solidement.

Exemple d'une charte déontologique

Charte de déontologie des organisations sociales et humanitaires faisant appel à la générosité du public (Novembre 1989)

Les associations et fondations sociales et humanitaires sont profondément attachées au soutien volontaire des personnes qui, par leur générosité, leur permettent de mieux réaliser leur objet social.

Pour favoriser des solidarités plus actives et plus responsables, il leur paraît indispensable :
- d'encourager la générosité du public, qu'elles sollicitent de multiples manières ;
- d'informer les donateurs de l'utilité sociale des actions qu'elles mènent et du respect des intentions annoncées lors de l'affectation des fonds qu'elles collectent.

A cette fin, les organisations sociales et humanitaires ont défini des règles fondamentales de déontologie, rassemblées dans la présente Charte qu'elles s'engagent à respecter, selon les modalités décrites ci-après, et à faire respecter par le Comité qu'elles constituent entre elles.

I. La transparence financière

Les organisations signataires de la Charte s'engagent à :
- établir des documents comptables annuels (bilan, compte de résultat, annexe), selon les recommandations du Conseil national de la Comptabilité concernant les associations ;
- faire certifier ces documents comptables : soit par un commissaire aux comptes inscrit, en ce qui concerne les organisations régies par les dispositions de la loi 84-148 du 1er mars 1984 ou les textes législatifs s'y rattachant ; soit par un contrôleur aux comptes indépendant, ou par une commission de contrôle prévue par leurs statuts ou leur règlement intérieur, en ce qui concerne les autres organisations ;
- faciliter la compréhension de ces documents comptables par un commentaire clair et synthétique présentant l'origine et l'utilisation de leurs ressources ;
- rendre accessibles ces documents comptables et leur commentaire synthétique, grâce à leur publication dans l'organe périodique de l'organisation, ou à leur diffusion auprès des donateurs, ou à la convocation de ces derniers à une réunion d'information, ou par tout autre moyen approprié.

II. La qualité des actions et des messages

Les organisations signataires s'engagent à :
- respecter dans leurs appels à la générosité leur objet social, conformément à leurs statuts et sous le contrôle de leurs instances dirigeantes ;
- respecter, dans la présentation de leurs demandes de soutiens financiers, les dispositions qui interdisent toute information contenant des allégations, indications ou présentations fausses ou de nature à induire en erreur ;
- respecter la recommandation du Bureau de Vérification de la Publicité sur "L'appel à la générosité publique" (annexe I) ;
- porter sur tous leurs documents ou publications, toutes les mentions permettant d'identifier clairement l'organisation et son statut.

III. La rigueur des modes de recherche de fonds

Les organisations signataires s'engagent à :

– respecter les dispositions relatives :

  - à l'utilisation des fichiers informatiques (règlements ou recommandations de la Commission nationale Informatique et Liberté ; droit d'accès des personnes aux informations nominatives les concernant) ;
  - à la réglementation des appels à la générosité (quêtes sur la voie publique, marque distinctive, galas, tombolas, souscriptions, obligations associatives...) ;

– proscrire tout lien avec des prestataires de services ou fournisseurs, qui serait susceptible de compromettre la gestion désintéressée de leur association ou fondation ;

– faire respecter, contractuellement, par ces prestataires de services ou fournisseurs, les dispositions déontologiques contenus dans l'annexe II.

IV. Le contrôle interne du respect des engagements par les organisations signataires

Les organisations signataires de la présente Charte s'engagent à prévoir dans leurs statuts les conditions dans lesquelles seront désignées les personnes chargées de les diriger, de les représenter et de les engager vis-à-vis des tiers, ainsi que la constitution d'un organe collégial chargé de contrôler les actes de ces personnes. Si les statuts prévoient la nomination du Conseil d'Administration, elles ne sont pas tenues de constituer l'organe collégial visé ci-dessus.

L'organe collégial ou le Conseil d'Administration sont composés de trois personnes au moins, dûment mandatées et connues.

Les organisations signataires s'engagent également à respecter les critères de la gestion désintéressée de l'article 261-7-1 d/ du Code général des Impôts.

"L'organisme doit être géré et administré à titre bénévole par des personnes n'ayant entre elles-mêmes, ou par personne interposée, aucun intérêt direct ou indirect dans les résultats de l'exploitation ;

" L'organisme ne doit procéder à aucune distribution directe ou indirecte de bénéfice, sous quelque forme que ce soit ;

"Les membres de l'organisme et leurs ayant droit ne doivent pas pouvoir être déclarés attributaires d'une part quelconque de l'actif, sous réserve du droit de reprise des apports".

V. Le rôle du Comité de la Charte

La signature de la présente Charte constitue pour toute organisation un engagement contractuel à respecter ses dispositions.

Les organisations signataires constituent entre elles un Comité dont les fonctions sont, notamment, les suivantes :

– *contrôle du respect des engagements pris* : les manquements donnent lieu à sanctions selon les modalités prévues par le règlement du Comité.

– *Octroi ou retrait d'un "Label"* ;

  - le Comité de la Charte crée un "Label", emblème collectif, destiné à faire reconnaître les organisations adhérentes et qui ont, de ce fait, accepté les règles de la Charte ;
  - les organisations signataires pourront apposer ce "label" sur les documents qu'elles éditent pour collecter des fonds ;
  - les modalités de l'octroi ou du retrait du "label" sont définies par le règlement du Comité de la Charte.

Exercie n° 6

Les caractéristiques d'un groupe

Type Réflexion sur notre pratique

Objectif Préciser (3) les caractéristiques communes (1) à plusieurs types d'équipes (2) en prenant le temps nécessaire (4).

Déroulement

• ***Individuellement***, dégager les caractéristiques communes à :

1. une équipe chirurgicale
2. une équipe pédagogique
3. une équipe de sabotage
4. une équipe de sécurité
5. une équipe de secours
6. une équipe d'ONG
7. une équipe sportive
8. une équipe de télévision
9. une équipe de travail
10. une équipe de travailleurs sociaux.

• ***En petits groupes***

– Confrontez vos réponses

– Affrontez-vous pour
  . dégager les points d'accord
  . ajouter les différences pour en débattre
  . noter les points de désaccord

– Faites une liste des caractéristiques sur lesquelles vous êtes d'accord, ajoutez les points où il y a désaccord pour apprendre à vivre avec vos différences.

Analyse Réfléchissez sur la méthodologie implicite ou explicite que vous avez suivie pour arriver à ce résultat. Dégagez-en une procédure qui puisse vous servir en d'autres circonstances.

Amélioration Comparez le travail que vous avez fait individuellement, en petits groupes et dans l'analyse, à la liste des caractéristiques que vous avez établie, pour faire ressortir vos points forts et les points faibles sur lesquels il conviendrait de faire des propositions d'amélioration.

Eléments de réponse p. 293

Apprendre à communiquer

Type Entraînement

Objectif Analyser les phénomènes de distorsion d'un message dans une communication de groupe, pour leur trouver un remède.

Déroulement

1. Demandez à un volontaire de venir exprimer sa position sur un fait de société choisi dans une liste dressée par le groupe : les autoroutes de l'information, posséder un ordinateur personnel, les dangers de la biotechnologie, les limites des manipulations génétiques, le partage du travail, l'exclusion, etc.
2. Chaque membre du groupe fait de même et choisit un sujet à sa convenance dans la liste ou en propose un autre.
3. Chacun dispose d'un quart d'heure pour préparer son intervention.
4. On organise l'ordre d'intervention, la durée maximale pour chacun, la durée totale.
5. Enregistrez l'exposé au magnétophone ou magnétoscope.
6. Les autres écoutent sans prendre de notes.
7. A la fin de l'exposé, chaque participant reformule par écrit ce qui vient d'être dit.
8. On compare ensuite chaque reformulation avec l'exposé enregistré.

Analyse

1. Recherchez les éléments de compréhension et leur importance par rapport au message.
2. Repérez les distinctions en analysant si elles concernent la forme du message ou le fond.
3. Analysez les parties de la compréhension pour en recherchez les raisons.
4. Faites de même avec les distorsions pour déterminer si elles viennent de l'émetteur, du message, du récepteur, du canal, de l'environnement, etc.

Amélioration L'exercice ne vous a pas satisfait totalement, recherchez pourquoi et apportez les modifications nécessaires pour vous approprier la démarche.

Eléments de réponse p. 293

Exercie n° 8

Vos capacités de leader

Toute personne, dans un domaine qui lui est propre, est capable de mettre en évidence ses qualités, de jouer un rôle d'entraînement. D'autres sont de l'avis de qui parle le plus fort ou le dernier. Elles ont tendance à développer un complexe d'infériorité.

Etes-vous capable d'utiliser vos potentialités ou préférez-vous les laisser dormir ?

Interrogation

	OUI	NON
1. Etes-vous souvent celui qui rappelle de commencer les réunions à l'heure, de suivre le plan de travail et de terminer à l'heure prévue ?		
2. Quand vous intervenez lors d'une réunion, vous laisse-t-on aller jusqu'au bout sans vous interrompre ?		
3. Etes-vous toujours le premier à dire bonjour à chacun personnellement ?		
4. Acceptez-vous que l'on vous coupe la parole quand vous intervenez ?		
5. Vient-on généralement solliciter votre avis sur un problème ?		
6. Reconnaît-on facilement votre voix au téléphone ?		
7. Etes-vous gêné quand on vous demande d'exposer votre point de vue ?		
8. Prenez-vous résolument vos erreurs à votre compte quelles que soient les conséquences ?		
9. Demandez-vous conseil avant d'entreprendre une action importante pour prendre une décision personnelle ?		
10. L'obéissance à un chef est préférable au dialogue entre partenaires égaux.		

Notation Un point pour **OUI** à 1–2–3–5–6–8-9

Un point pour **NON** à 4-7-10

Commentaire

- ***Plus de 8 points*** : Vous êtes indiscutablement écouté. Vous avez des atouts pour animer une équipe.
- ***Entre 4 et 8 points*** : Vous risquez de ne pas être toujours pris au sérieux. Perfectionnez votre compétence dans votre domaine de responsabilité.
- ***Moins de 4*** : Vous risquez d'être destiné à obéir plutôt qu'à vous exprimer si vous n'arrivez pas à faire émerger vos capacités qui sommeillent. A vous de choisir.

Eléments de réponse p. 293

Etes-vous prêt à vivre en équipe ?

Certaines personnes sont trop centrées sur elles-mêmes. Elles ont de la difficulté à vivre en groupe. D'autres sont plus spontanément prêtes à rendre facile et agréable la vie en équipe. Faites-le point pour vous améliorer.

Interrogation

	OUI	NON
1. Eprouvez-vous autant de joie à partager qu'à recevoir ?		
2. Téléphonez-vous à vos amis en dehors des rencontres obligatoires ?		
3. Discutez-vous avec vos voisins en réunion ?		
4. Etes-vous capable de ne pas critiquer une autre personne quand vous êtes en désaccord avec elle ?		
5. On ne peut compter que sur soi-même.		
6. Avez-vous mauvais caractère quand on vous dérange ? Vous mettez-vous en colère pour des vétilles ?		
7. Etes-vous capable d'attendre votre tour de parole sans interrompre celui qui s'exprime ?		
8. Participez-vous à l'élaboration des projets de votre équipe ?		
9. Etes-vous irrité quand vos collègues vous racontent leur vie ?		
10. Préférez-vous que l'on vous dise ce que l'on pense de vous au lieu de vous faire des compliments de complaisance ?		

Notation Un point pour **OUI** à : 1-2-4-7-8-10
Un point pour **NON** à : 3-5-6-9

Commentaire

- ***Plus de 8 points*** : Vous êtes fait pour vivre en équipe. Vos collègues vous apprécient et recherchent votre compagnie.
- ***Entre 4 et 8 points*** : Vous êtes capable de travailler en équipe, car vous savez collaborer avec vos collègues. Sans perdre de vue votre intérêt, vous êtes susceptible de vous dévouer pour vos amis.
- ***Moins de 4*** : Vous avez tendance à vous considérer comme supérieur aux autres. En travaillant avec les autres et en appréciant leurs qualités, vous découvrirez qu'elles viennent compléter les vôtres comme vous pouvez compléter les leurs si vous travaillez ensemble.

Eléments de réponse p. 293

Le parti, c'est nous

Qui donc est le Parti ?
Trône-t-il dans une maison derrière un téléphone ?
Ses pensées sont-elles secrètes, ses décisions inconnues ?
Qui est le Parti ?

Le Parti, c'est nous.
Toi et moi et nous, nous tous.
Il est dans ton costume, camarade, et pense dans ta tête.
Où j'habite est sa maison. Où on l'attaque il combat.

Montre-nous le chemin que nous devons suivre
Et nous le suivrons comme toi, mais
Ne suis pas sans nous le bon chemin
Sans nous il est, ce chemin
Le plus mauvais.
Ne te sépare pas de nous !
Nous pouvons nous tromper et tu peux avoir raison.
Donc, ne t'éloigne pas de nous !
Nul ne le nie : mieux vaut le court que le long chemin.
Mais si l'un d'entre nous le connaît
Et ne peut pas nous le montrer
A quoi nous sert sa sagesse ?
Sois sage, mais sois sage avec nous !
Ne t'éloigne pas de nous !

Bertolt Brecht

La Mesure
Poètes d'aujourd'hui, n°43
Editions Seghers

Synthèse

Type Appropriation

Objectif Réaliser une synthèse (1) de ce qui vous a semblé (2) le plus important pour vous de retenir (3) des quatre Chapitres de ce livre

Déroulement

1. Prenez une feuille.
2. Divisez-là en quatre parties.
3. A chaque partie inscrivez le titre de chacun des 4 chapitres :
   - Le groupe dans son contexte social
   - L'animateur
   - Les participants
   - Le groupe
4. Déballez, sans feuilleter le livre, les idées-forces que vous retenez pour votre pratique personnelle.
5. Regardez le sommaire de chaque chapitre :
   Chapitre 1, p. 9
   Chapitre 2, p. 19
   Chapitre 3, p. 95
   Chapitre 4, p. 179
6. Complétez votre fiche.
7. Mettez-la au propre. Elle vous servira de repère dans votre démarche pour améliorer votre participation et votre animation.

Analyse de l'exercice

- Quelles difficultés avez-vous rencontrées pour réaliser cette synthèse ?
- Que faudrait-il que vous fassiez pour améliorer votre démarche de synthèse ?
- Comment pouvez-vous utiliser cette fiche de synthèse que vous avez faite ?

Amélioration

- Comment pourrait-on améliorer l'ouvrage
  – dans son contenu ?
  – sa présentation ?
  – sa structure ?
- Ecrivez à l'auteur vos critiques et suggestions. Il appréciera vos réactions, quelles qu'elles soient.

Eléments de réponse p. 294

Pour ne pas conclure

Apprendre à penser

Au terme de ce parcours centré sur les personnes, il nous reste à confronter la théorie à la pratique. C'est notre pratique qui nourrit notre théorie, laquelle à son tour enrichit notre pratique et celle des autres.

Il est donc indispensable que chaque personne apprenne à réfléchir sur sa pratique. Nous avons tous l'outil nécessaire pour penser : le cerveau. A nous de l'utiliser judicieusement. Sinon nous serons toujours dépendants des spécialistes. Or, leur fonction change. Au lieu de penser à la place des autres, ils ont à aider chacun de nous à penser. Cette rencontre théoricien/praticien sera riche pour les deux. Le praticien, celui qui est sur le terrain, apprendra à maîtriser les outils de pensée pour s'enrichir de son expérience. Le théoricien découvrira, au travers de la pratique des autres, qu'il peut aussi mettre la main à la pâte et avoir une pratique personnelle qui, d'une part facilite sa relation aux autres et, d'autre part, enrichisse sa pensée pour, éventuellement, approfondir ses théories, voire les remettre en cause ou les aménager.

Apprendre à réaliser des outils

Quelques éléments techniques sont proposés que nous avons rassemblés dans un tableau en distinguant moyens, méthodes et procédures. Cela nous prépare à la lecture du deuxième ouvrage centré sur les techniques d'animation.

Nous pouvons déjà commencer notre apprentissage dès à présent. Il est important que nous soyons capables de réaliser nos outils de travail en fonction de nos besoins, d'améliorer ceux que nous possédons, de maîtriser ceux que d'autres nous ont fournis et que nous jugeons pertinents. Ces trois attitudes conjuguées nous aideront à avoir une caisse à outils très fournie avec des outils diversifiés en fonction des personnes et des situations.

Mais les outils ne sont pas neutres. Nous pouvons leur donner un sens, au plus banal comme au plus sophistiqué. Un tableau noir peut servir au seul animateur. Il peut aussi servir aussi à transmettre des informations malhonnêtes. Il peut servir à échanger des informations sur les problèmes qui nous préoccupent. L'outil n'est qu'un moyen. Son utilité dépendra du sens que nous donnerons à son utilisation. D'où la nécessité d'avoir une vision claire de notre conception de la personne et de la société.

Apprendre à être soi-même

Le danger dans la vie sociale c'est d'être prisonnier de ce que l'on attend de nous. Cela nous conduits à jouer des rôles comme au théâtre, à nous emprisonner dans le paraître qui peut à la longue étouffer l'être. Les rôles sont nécessaires, mais attention qu'ils ne nous aliènent pas. C'est à nous de déterminer les limites au-delà desquelles notre personnalité sera étouffée.

Travailler avec ce que l'on est (personnalité), avec ce que l'on a (caractère, tempérament), c'est vouloir utiliser toutes nos capacités comme personne, dans notre vie personnelle et dans notre vie sociale. C'est nous qui devons choisir quel sens donner à nos actes et à nos actions.

Si nous ne nous acceptons par tels que nous sommes, pendant que nous courons après ce que nous pourrions être, nous ne pouvons être nous-mêmes. C'est une fuite qui nous empêche de vivre pleinement. Alors que, si nous travaillons avec ce que nous sommes, nous pouvons changer puisque c'est en travaillant avec notre caractère, notre tempérament que nous sommes conduits à les canaliser face aux réactions des autres. Nous sommes un être unique. C'est cette unicité qui fait notre force car ainsi nous pouvons apporter aux autres ce que nous avons et qu'ils n'ont pas. La réciproque est vraie. Nous pouvons nous enrichir de l'unicité des autres.

Apprendre à devenir

Etant des êtres vivants, nous sommes amenés à changer tout au cours de notre vie. Notre travail, notre vie de quartier, notre participation à la vie associative nous marquent. Cette marque peut être passive. Nous pouvons subir l'influence des autres sans choisir, sans décider par nous-mêmes ce que nous voulons retenir pour enrichir notre personnalité.

C'est une attitude active qu'il est important d'avoir. C'est nous qui déterminons le sens à donner à notre vie. C'est donc nous qui devons décider ce qui va consolider, conforter ce sens. Certaines interpellations peuvent compléter ce que nous avons choisi. D'autres interpellations peuvent nous faire découvrir des points faibles de nos choix et nous inciter à changer de direction. Mais, en dernier ressort, c'est nous qui décidons de ces changements.

Le changement conscient est une richesse. Il nous permet de précéder les changements techniques, les changements sociaux. La peur nous fait fuir. L'adaptation nous fait nous couler dans le moule du déterminisme ambiant. Il nous faut apprendre à anticiper dans nos décisions, c'est-à-dire à avoir assez de connaissances et de compétences pour prévoir les évolutions à court terme et les devancer pour leur donner un sens, une direction que nous aurons choisis. C'est à ce prix que l'humanité maîtrisera son destin.

Des outils d'apprentissage : les exercices

"Ce qui m'intéresse – quand il y a lieu – ce n'est pas l'œuvre – ce n'est pas l'auteur – c'est ce qui fait l'œuvre.
"Toute œuvre est l'œuvre de bien d'autres choses qu'un auteur."

Paul Valéry

Eléments de réponse aux exercices

Exercice n°1. Repérer votre niveau de conscience

- **La technique** : poterie, maçonnerie, serrurerie, électricité, agriculture, mines, chemin de fer, aviation, bâtiments, transports, télécommunications, informatique, médiatique, biotechnologie, laser, agro-alimentaire, espace, fusion nucléaire, supraconducteur, etc.
- **Les attitudes intérieures** : accueillante, compréhension, attention, lucidité, sincérité, maîtrise de soi, disponibilité, sens de l'humour, fierté, croire en toute personne, authenticité, congruence, considération, ouverture aux autres, confiance en soi, confiance dans les autres, etc.
- **Les comportements extérieurs** : posture, maintien, désinvolture, démarche, dégaine, tenue, prestance, aspect, physionomie, grimace, geste, singerie, pantomime, démonstratif, accroupi, incliné, courbé, adossé, accoudé, appuyé, bras ballants, jambes croisées, remuer, mimer, etc.
- **Les valeurs** : amour, justice, créativité, vérité, liberté, égalité, responsabilité, dialogue, paix, sagesse, dignité, compétence, partage, non-violence, laïcité, tendresse, humour, écoute, convivialité, affrontement, solidarité, engagement, honnêteté, etc.
- **Le travail** : manuel, intellectuel, ardeur au travail, occupation, besogne, ouvrage, labeur, exercice, fabrication, activité, travail rude, pénible, difficile, délicat, fatigant, absorbant, épuisant, détendant, créatif, innovant, constructif, solidaire, fraternel, etc.
- **L'action** : acte, activité, énergie, ardeur, zèle, agilité, pratique, occupation, mouvement, besogne, œuvre, ouvrage, tâche, fonction, devoir, conduite, manière d'agir, fait, geste, initiative, opération, agissement, démarche, métier, engagement, acteur, coopérateur, faire, etc.
- **La réflexion** : méditation, supputation, calcul, recueillement, retour sur soi, récollection, peser, s'absorber, ruminer, repenser, réfléchir, raisonnement, conception, discernement, jugement, esprit, intellect, pénétration, perspicacité, théorie, penser, abstraction, conceptualisation, etc.
- **La personne** : personnage, personnalité, individualité, personnifier, autrui, particulier, semblable, essence, existence, transcendance, personnalisation, personnalisme, vocation, mission, fonction, éducation de la personne, etc.
- **La société** : sociologie, socialisation, socialisme, sociale, sociométrie, sociétal, socioculturel, condition sociale, état social, classes sociales, catégories sociales, doctrine sociale, faits sociaux, système social, etc.
- **Les idéologies** : féodalisme, conservatisme, nazisme, fascisme, révisionnisme, despotisme, totalitarisme, stalinisme, franquisme, castrisme, libéralisme, marxisme, capitalisme, collectivisme, taylorisme, consumérisme, individualisme, nationalisme, racisme, dogmatisme, élitisme, etc.

Cette liste incomplète peut servir de guide, non de prison. Elle permet une discussion qui facilite encore l'ouverture d'esprit par l'apport de chacun aux autres.

Exercice n°2. Assouplissement de l'esprit

• **Problème n°1**. Quand la pendule sonne 3 h, nous avons deux intervalles. Les deux intervalles durent 3 secondes. Un intervalle dure donc1 s 1/2. Pour 7 heures, il y a 6 intervalles, multiplié par un et demi, cela fait 9 secondes.

Leçon : Comprendre les données ; décomposer en éléments simples ; éventuellement par un schéma sur un papier.

• **Problème n°2**. 1 h 20 à l'aller équivaut à 80 minutes au retour. 60 + 20 = 80.

Leçon : Attention, analyser chaque élément.

• **Problème n°3**. Plus de 10 km. Si un pas fait 1 m (en arrondissant pour faciliter le calcul mental), un million de pas font un million de mètres, c'est-à-dire 1 000 km. Des pas de 50 cm feront donc la moitié, soit 500 km.

Leçon : Décomposer approximativement, analyser chaque élément, affiner la réponse.

Méthode : Tâtonnement : induction à partir de l'intuition
Raisonnement : déduction à partir de la raison.

• **Problème n°4**. Les 5 terrassiers

La démarche	Le piège
5 T en 5 h = 5 m	5 T en 5 h = 5 m
5 T en 1 h = 1 m	1 T en 1 h = 1 m
5 T en 100 h = 100 m	100 T en 100 h = 100 m

Leçon : Attention aux apparences et aux fausses logiques
Organiser les données sur une feuille simplifie.

Méthode : déductive.

• **Problème n°5**. Leblanc = représentant, Lenoir = magasinier, Lebrun = comptable.

Leçon : Prendre chaque élément de la donnée et le conduire au bout du raisonnement.

1. Le représentant célibataire : ce ne peut être Lebrun gendre de Lenoir, tous deux étant mariés c'est donc Leblanc.
2. Lebrun plus grand que le magasinier ne peut être ni magasinier, ni représentant puisque c'est Leblanc, donc il est comptable.
3. Reste donc Lenoir, magasinier.

Méthode : déductive.

• **Problème n°6**. Yeux bleus, petite taille, un imper, nu-tête.

<u>yeux bleus</u>	grande taille	une veste	un chapeau
yeux noirs	<u>petite taille</u>	une veste	un chapeau
yeux verts	taille moyenne	<u>un imper</u>	un chapeau
yeux gris	grande taille	une veste	<u>nu-tête</u>
une seule par personne	une seule par personne	une seule par objet	une seule par objet

Leçon : 1. Positionner dans l'ordre de l'énumération. 2. Comprendre les données, un seul détail vrai sur 4 par personne. Pour chaque détail une seule personne l'a décrit correctement. nous avons là une double clé pour la réponse. 3. Cela casse notre schéma culturel que le vrai vient du nombre.

Méthode : Déductive et inductive.

Exercice n°3. Connaissance de son profil d'animateur

Il n'y a pas de réponse juste ou fausse. Il y a seulement la réalité que vous découvrez. Il est important de vous rappeler que votre personnalité est déterminante quant à la progression du groupe vers ses objectifs, quant à sa cohésion, quant à son impact dans la société. Vos responsabilités vous mettent en situation de catalyseur du dynamisme, des potentialités des autres membres du groupe. Pour cela apprenez à vous connaître, à choisir les points sur lesquels vont porter vos efforts et à les doser de telle façon que votre progression soit continue et se réalise sans fatigue, ni désir d'abandon. Commencez toujours par le plus facile, cela vous encouragera à continuer et vous serez ainsi mieux armé quand viendront les efforts plus difficiles à réaliser.

Améliorez l'exercice en ajoutant des éléments qui vous semblent importants pour votre responsabilité et pour l'intérêt du groupe.

Faites cet exercice régulièrement, une fois par mois, pour voir votre progression. Cela vous servira d'autobilan.

Exercice n°4. Relations entre participants

Pour analyser vos comportements individuels au cours d'une réunion.

Débattez des points clés et, pour nourrir vos débats, relisez les pages 122 à 138 pour l'expression, les pages 158 à 161 pour l'écoute, les pages 162 à 165 pour la compréhension, les pages 138 à 146 pour l'affrontement, les pages 146 et 166 à 174 pour l'unité. Vous pouvez aussi lire certains ouvrages cités dans la bibliographie pour compléter votre information, si vous jugez importante la participation de toutes les personnes du groupe.

Notre relation aux autres sera plus facile si nous avons décidé de nous accepter nous-même tel que nous sommes avec nos colères, nos passions, mais aussi notre disponibilité, notre ouverture. Travailler avec ce que l'on est, c'est accepter d'être transformé par nos actes, par notre pratique.

Ayant accepté cette démarche pour nous, il devient plus facile de l'accepter pour les autres. Accepter l'autre tel qu'il est, avec ses qualités et ses défauts, c'est une chose très difficile, mais c'est la seule façon de ne pas avoir de projet sur lui.

On ne peut donc avoir de projet que sur soi. Si on accepte que les autres aient aussi des projets sur eux, alors la rencontre de nos projets nous permettra de réaliser un projet commun qui prenne en compte les éléments de l'un et de l'autre.

Exercice n°5. Repérer les modes de fonctionnement du cerveau

Tendances	NG	ND	AG	AD	Tendances	NG	ND	AG	AD
1. Détails	x				31. Fond	x			
2. Ensemble		x			32. Synthétique		x		
3. Objectif			x		33. Logique			x	
4. Conscience	x	x			34. Pragmatique			x	
5. Morcellement	x				35. Emotion			x	x
6. Visuel		x			36. Auditive	x			
7. Acquis			x	x	37. Forme		x		
8. Latent			x		38. Subjectif				x
9. Manger/boire			x		39. Pensée conceptuelle	x	x		
10. Passion		x			40. Raison	x			
11. Raisonnement	x				41. Esprit	x			
12. Conceptualisation		x			42. Action				x
13. Fonctions techniques			x		43. Inné			x	x
14. Volonté				x	44. Manifeste				x
15. Organisation				x	45. Mémoire			x	x
16. Rationalisation	x				46. Contenu	x			
17. Matérialité			x		47. Lettre		x		
18. Fonctionnement				x	48. Fonctions humaines				x
19. Se défendre				x	49. Relations				x
20. Langage	x	x			50. Gestion				x
21. Abstrait	x				51. Analytique	x			
22. Concret		x			52. Association		x		
23. Concentration			x		53. Intuitions				x
24. Animation				x	54. Désirs			x	x
25. Administration			x		55. Expression				x
26. Technique	x				56. Création		x		
27. Imagination		x			57. Façon de dire		x		
28. Spiritualité				x	58. Démarche			x	
29. Inconscient			x	x	59. Instinct			x	x
30. Décision				x	60. Procédure			x	

- Si nous avons indiqué “Tendances” c’est qu’en la matière rien n’est absolu, tant dans la classification des termes que dans la perception du vécu. Certaines réponses méritent plusieurs croix en pensant surtout à la répartition 3 cerveaux, 2 hémisphères, encore que dans d’autres civilisations, asiatique par exemple ou africaine, la répartition cerveau droit, cerveau gauche peut être inversée. Donc évitons l’absolu qui emprisonne pour dégager **les tendances générales**, ce qui est déjà un progrès considérable pour utiliser toutes nos potentialités.
- **La base, les trois cerveaux** : Le reptilien apporte l’instinct (59) et la mémoire courte (45) ; le limbique apporte les émotions (35) et la mémoire longue (45). Ces deux cerveaux forment l’archéocortex qui fonde l’inconscient (29). Le néocortex représente 85 % du cerveau et apporte la pensée conceptuelle (39) et le langage (20) fondement du conscient (4).
- **Les deux hémisphères** : L’archéocortex gauche (AG) apporte l’organisation (15) et la logique (33). L’archéocortex droit (AD) apporte le sens de la relation (49) et l’intuition (53). Le néocortex gauche (NG) apporte la raison (40) et la rationalisation (16); le néocortex droit (ND) la passion (10) et la création (56). Avec ces éléments il devient plus facile de compléter le classement qui, répétons-le, n’est jamais absolu, mais relatif.

Exercice n°6. Les caractéristiques d'un groupe

Voici 10 caractéristiques. Elles ne sont pas limitatives. Elles peuvent servir de base à la réflexion.

1. Un petit nombre à taille humaine pour que tous s'expriment.
2. Un objectif commun accepté par tous.
3. Motivation de tous les membres pour la tâche.
4. Répartition des fonctions et des tâches (responsabilités).
5. Mise en commun et convergence des fonctions et des tâches.
6. Coordination des actions individuelles.
7. Acceptation de cette coordination.
8. Compétence de chaque membre à son poste.
9. Confiance réciproque dans les autres.
10. Moral élevé : confiance dans le groupe comme entité collective.

Cela permet, en l'appliquant à son groupe, de voir quelles sont les caractéristiques absentes, les raisons de cette absence, et ce que l'on peut faire pour la combler.

Exercice n°7. Apprendre à communiquer

- Vous avez des éléments de réponse aux pages 216 et suivantes.
- Repérez les ouvertures et les blocages venant des personnes, celles et ceux venant des structures.
- Discutez en équipe pour faire le parallèle entre cette théorie et votre pratique, pour dégager des points sur lesquels vous devrez porter attention dans les groupes où vous êtes habituellement.

Exercice n°8. Vos capacités de leader

Ce petit exercice n'a aucune prétention, sinon celle de vous interpeller, pour savoir si vous avez assez confiance en vous pour utiliser vos capacités spécifiques personnelles, pour les mettre au service du groupe. A vous de réfléchir sans vous enfermer dans la réponse obtenue.

Exercice n°9. Etes-vous prêt à vivre en équipe ?

Comme le précédent, cet exercice veut seulement être une interpellation, provoquer votre réflexion, pour savoir si vous êtes prêt à dépasser votre individualisme, si vous étiez encore bloqué à cet égard. Rappelez-vous qu'en groupe il y a toujours nécessité à ce qu'il y ait une dialectique entre la personne et la collectivité, l'une enrichissant l'autre et réciproquement.

C'est par les autres que je deviens davantage moi-même. Ce sont eux qui me révèlent à moi-même, tout comme je contribue à les révéler à eux-mêmes. En mettant en commun nos richesses, nous pouvons les développer, mais aussi participer activement à la continuation de la création du monde par nos actions. Le groupe est le lieu d'analyse de la réalité, pour en percevoir les dysfonctionnements et rechercher ensemble des solutions qui donneront une direction, un sens à notre action. La vie de groupe est profitable tant à chacun de ses membres qu'à la société.

Exercice n°10. Synthèse

Une synthèse des acquis est toujours personnelle. On peut d'ailleurs la comparer à la synthèse d'autres collègues pour voir les différentes perceptions que l'on peut avoir d'une interpellation, d'un livre par rapport à ces problèmes. Voici un exemple possible.

1. Le groupe dans son contexte social
- Le monde est en plein changement.
- Ces changements sont permanents et s'accélèrent.
- Ils concernent les problèmes humains comme les problèmes techniques.
- Le progrès technique est très rapide. Nos mentalités sont plus lentes.
- Ne pas avoir peur des changements.
- Les canaliser dans la direction que nous aurons choisie.

2. L'animateur
- Tout le monde peut être animateur.
- Dans les secteurs de ses compétences.
- Essayer de faire coïncider comportement (extérieur) et attitude (intérieur).
- L'animateur doit avoir des convictions et s'impliquer.
- Chaque personne approfondit sa conscience morale.
- Nécessité d'acquérir de l'autorité et d'avoir du pouvoir pour assumer ses responsabilités.
- Chaque responsabilité comporte trois aspects : animation, gestion, administration.

3. Les participants
- Nécessité de développer toutes mes virtualités : physiques, affectives et intellectuelles.
- Mieux connaître mon cerveau pour l'utiliser plus judicieusement.
- Faire effort pour m'exprimer lors de chaque réunion.
- Apprendre à dire "je" pour m'impliquer dans les débats.
- Accepter de m'affronter aux autres pour m'enrichir de leur différence.
- Rechercher les contradictions que j'ai en moi pour les surmonter.
- Passer de la connaissance à la compréhension.
- Participer à la vie de l'équipe de façon plus active.

4. Le groupe
- Faire la liste de tous les groupes auxquels j'appartiens.
- Réaliser le réseau de toutes mes connaissances.
- Inciter à des rencontres pluridisciplinaires.
- Etre plus attentif aux phénomènes de groupe.
- Veiller en particulier aux problèmes de communication.
- Participer activement aux changements.
- Faire l'apprentissage des différentes formes de décision.
- Apprendre à faire des bilans sans porter de jugement de valeur.
- Réfléchir à un code de déontologie pour mon groupe de travail.

La caisse à outils

Moyens	pages	Méthodes	pages	Procédures	pages
• Circulation de l'information	78	• Acquérir de l'autorité	58	• La conscience morale	50
• Fiches propositions	79	• Le partage du pouvoir	64	• Définition de fonction	73
• Les ratios	85	• Etre responsable	68	• La créativité	84
• Travail administratif	89	• Utiliser tout son cerveau	102	• Elaborer une fiche	90
• Surmonter les contradictions	158	• Utiliser sa mémoire	106	• Critique d'une procédure	91
• Accueillir	162	• Se motiver	112	• L'expression	126
• Ecouter	164	• Surmonter sa timidité	114	• Le dialogue	146
• Comprendre	168	• Acquérir une pensée personnelle	118	• Etre soi-même	154
• Non-participation	172	• Acquérir un mode de pensée	120	• Le groupe multidisciplinaire	200
• La vie d'équipe	190	• La méthode expérimentale	123	• La coordination	202
• Structure cellulaire	239	• La discussion	138	• Les phénomènes de groupe	206
• Bilan participatif	266	• L'affrontement	142	• L'innovation	246
• Code déontologie	276	• La dynamique de groupe	192	• Décisions individuelles	256
		• Les principes de communication	218	• Décisions collectives	257
		• Surmonter les obstacles	220	• Décisions unanimes non uniformes	258
		• Organisation de l'action	255		
		• Méthodologie du bilan	268		
Ce sont les outils pratiques		**Ce sont les façons de nous servir des outils**		**Ce sont l'harmonisation et la cohérence établies entre moyens et méthodes au sein d'une démarche**	

Bibliographie

1. Le contexte social

- Albert Michel, **Capitalisme contre capitalisme**, Seuil, 1998.
- Balandier G. (Collectif), **Sociologie des mutations**, Anthropos, 1972.
- Batlle Annie, **Les travailleurs du futur**, Seghers, 1986.
- Bourdieu Pierre, **La misère du monde**, Seuil, 1998.
- Bourdieu et Passeron, **La reproduction**, Ed.de Minuit, 1996.
- Closets François (de), **Le bonheur en plus**, Denoël-Gonthier (poche), 1978.
- Collectif, **Les paradoxes de la pauvreté**, Le Monde-Editions, 1992.
- Condorcet, **Esquisse d'un tableau historique des progrès de l'esprit humain**, A. Pons, 1795, Flammarion, 1988.
- Crozier Michel, **La société bloquée**, Seuil, 1994.
- Drouin Pierre, **L'autre futur**, Fayard, 1998.
- Dupupet Michel, **Comprendre l'écologie**, Chronique Sociale, 1984.
- Durand M.-F., Lévy J., Retaillé D., **Le monde, espaces et systèmes**, FNSP-Dalloz, 1993.
- Espagnat Bernard (d'), **Penser la science**, Gauthier-Villars, 1990.
- Fabre P., **Les applications informatiques**, Que sais-je ? n°2896, 1994.
- Freud Sigmund, **Malaise dans la civilisation**, PUF, 1989.
- Gaillot Jacques, **Coup de gueule contre l'exclusion**, Ramsay, 1995.
- Gaudin Thierry (Collectif), **2100 récits du prochain siècle**, Payot, 1999.
- Habermas Jurgen, **La technique et la science comme idéologies**, Gallimard, 1996.
- Jacquard Albert, **Eloge de la différence**, Seuil, 1996.
- Jodelet Denise, **Les représentations sociales**, PUF, 1999.
- Kahn Jean-François, **Tout change parce que rien ne change**, Fayard, 1994.
- Kennedy P., **Naissance et déclin des grands empires**, Payot, 2004.
- Lebaude Alain, **Social : par ici la sortie**, Le Monde-Editions, 1993.
- Lefranc Georges, **Histoire du travail et des travailleurs**, Flammarion, 1957.
- M'Bow Amadou-Mahtar, **Le temps des peuples**, Robert Laffont, 1982.
- Maccio Charles – **Penser le devenir de la personne**, Chronique Sociale, 2004.
  – **Penser le devenir de l'humanité**, Chronique Sociale, 2004.
- McLuhan Jonathan-Miller – **La galaxie Gutenberg**, Mame, 1967 .
  – **Pour comprendre les Média**, Seuil, 1999.
- Mendras Henri, Forsé Michel, **Le changement social**, A. Colin, 1998.
- Mircea Eliade, **Histoire des croyances et des idées religieuses**, Payot, I et II, 2004, III, 1989.
- Morin Edgar, **Pour sortir du XXe siècle**, Seuil, 1984.
- Percheron Annick, **La socialisation politique**, A. Colin, 1993.
- Picon Gaétan, **Panorama des idées contemporaines**, NRF, 1957.
- Prades J., **La technoscience**, L'Harmattan, 1992.
- Steiger André, **Comprendre l'histoire de la Vie**, Chronique Sociale, 1995.
- Stengers Isabelle, **L'invention des sciences modernes**, Flammarion, 1995.
- Töffler Alvin, **Le choc du futur**, Gallimard, 1987.
- Touraine Alain, **Critique de la modernité**, LGF, 1995.
- Vidal-Naquet P. (Collectif), **Histoire de l'Humanité**, Atlas Hachette, 1992.

2. L'animateur

- Alinsky Saul, **Manuel de l'animateur social**, Points Seuil, 1978.
- Artaud Jean, **L'écoute. Attitudes et techniques**, Chronique Sociale, 6e éd. 2006.
- Authier Michel, Lévy Pierre, **Les arbres de connaissances**, la Découverte, 1999.
- Balandier Georges, **Le détour, pouvoir et modernité**, Fayard, 1985.
- Bernard Michel, Développer des relations de coopération, Chronique sociale, 2005.
- Berry D.-R., **Guide pratique de l'animateur**, Entreprise Moderne d'Editions, 1980.
- Bettelheim Bruno, **Un lieu où renaître**, Pocket, 2003.
- Bouilloud J.-P. et Lecuyer B.-P., **L'invention de la gestion**, L'Harmattan, 1994.
- Bruaire Claude, **La dialectique**, Que sais-je ? n° 363, 1993.
- Burke M., **Style de pouvoir**, Dunod, 1993.
- Caillé Alain, **Don, intérêt et désintéressement, Bourdieu, Mauss, Platon et quelques autres**, la Découverte, 2005.
- Chauchard Paul (Dr), **La maîtrise de soi**, Mardagat, 1997.
- Chereul Pierre-Yves, **Le code de l'information**, Chronique Sociale, 1989.
- Cornaton Michel, **Analyse critique de la non-directivité**, Privat, 1975.
- Dantzer Robert, **L'illusion psychosomatique**, Odile Jacob, 2001.
- Dennet Daniel C., **La conscience expliquée**, Odile Jacob, 1993.
- Durand Daniel, **La systémique**, PUF, 2002.
- Friedmann Georges, **La puissance et la sagesse**, Gallimard, 1977.
- Gazier Bernard, **Les stratégies des ressources humaines**, Repères, La Découverte, 2004.
- Héber-Suffrin Claire et Marc, **Partager les savoirs, construire le lien**, Chronique Sociale, 2001.
- Lobrot Michel, **L'animation non-directive des groupes**, Petite Bibliothèque Payot, 1974.
- Le Gall Jean-Marc, **La gestion des ressources humaines**, PUF, 2002.
- Le Mouël Jacques, **Critique de l'efficacité**, Seuil, 1991.
- Lobrot Michel, **Pour ou contre l'autorité**, Gauthier-Villars, 1973.
- Lugand Jean-Claude, **La systémique sociale**, PUF, 2006.
- Maccio Charles – **Exercer une responsabilité**, Chronique sociale, 2001.
  – **L'Œdipe, moyen de libération**, Chronique Sociale, 2e éd. 1993.
- Mahrer Philippe (Collectif), **Guide du management**, Seuil, 1994.
- Mandel E., **Pour décoloniser l'enfant**, Petite Bibliothèque Payot, 1989.
- Marcuse Herbert, **L'homme unidimensionnel**, Ed. de Minuit, 1996.
- Martin J.-P., Savary Emile, **Formateur d'adultes**, Chronique Sociale, 2001.
- Mendel Gérard, **La révolte contre le père**, Petite Bibliothèque Payot, 1998.
- Milgram Stanley, **Soumission à l'autorité**, Calmann-Lévy, 1990.
- Millet Jean-Guy, Favry Jean, **Langage de manager**, Ed. Liaisons, 1993.
- Millon-Delsol Chantal, **Le principe de subsidiarité**, PUF, 1993.
- Mintzberg H., **Le management, voyage au centre des organisations**, Ed. d'Organisation, 2004.
- Morin Edgar, **Science avec conscience**, Points Seuil, 1990.
- Morin Edgar, **Introduction à la pensée complexe**, ESF, 2005.
- Peretti André (de), **Organiser des formations**, Hachette Éducation, 1993.
- Peter J. et Rhull, **Le principe de Peter**, Livre de Poche; 1988.
- Poujol Geneviève, **Le métier d'animateur**, Privat, 1978.

• Richard Michel, **Les doctrines du pouvoir politique**, Chronique Sociale, 1998.
• Ricœur Paul, **De l'interprétation** (Essai sur Freud), Seuil, 1965.
• Rogers Carl, **Le développement de la personne**, Dunod, 2005.
• Trichaud Lucien, **L'animation des hommes**, Ed. Synchro, 1976.
• Vannesse Alfred, **Ecouter l'autre**, Chronique Sociale, 4e éd. 1998.

3. Les participants

• Albou Paul, **L'homme au travail. Les relations humaines dans l'entreprise**, Dunod, 1991.
• Anzieu Didier, **Les contenants de la pensée**, Dunod, 2003.
• Bachelard Gaston, **Le nouvel esprit scientifique**, PUF, 2003.
• Badinter Elisabeth, **L'un est l'autre. Des relations entre les hommes et les femmes**, Odile Jacob, 1986
• Berger Gaston, **Traité pratique d'analyse du caractère**, PUF, 2003.
• Bizouard Colette, **Cultiver sa mémoire**, Chronique Sociale, 6e éd. 2005.
• Camus Albert, **L'homme révolté**, Gallimard, 2000.
• Chaize Jacques, **La porte du changement s'ouvre de l'intérieur**, Calmann-Lévy, 1992.
• Chalvin Dominique, **Utiliser tout son cerveau**, ESF, 1996.
• Christen Y., **L'égalité des sexes : l'un n'est pas l'autre**, Le Rocher, 1987
• Collectif, **Petit traité de manipulation à l'usage des honnêtes gens**, PUG, 2004.
• Cordié Annie, **Les cancres n'existent pas**, Seuil, 1996.
• Crozier Michel et Friedberg E., **L'acteur et le système**, Seuil, 1996.
• Dennett Daniel C., **La conscience expliquée**, Odile Jacob, 1993.
• Eccles John C., **Evolution du cerveau et création de la conscience**, Fayard, 1994.
• Freud Sigmund, **Introduction à la psychanalyse**, Petite Bibliothèque Payot, 2005.
• Fromm Erich, **L'art d'aimer**, éd. de l'Epi, 1995.
• Gazier Bernard, **Les stratégies des ressources humaines**, la Découverte, 2004.
• Illich Ivan, **La convivialité**, Seuil (poche), 2003.
• Jung C.-G., **Dialectique du Moi et de l'inconscient**, Gallimard, 1986.
• Laborit Henri, **L'agressivité détournée : introduction à une biologie du comportement social**, UGE 10/18, 1970.
• Lobrot Michel, **Ecoute du désir**, Retz, 2002.
• Lacroix Jean – **Le sens du dialogue**, la Baconnière, 1971.
– **Le désir et les désirs**, PUF, 1975.
– **Le personnalisme**, Chronique Sociale, 1981.
• Lefèvre Philippe, **Mieux vivre nos désirs**, Chronique Sociale, 1998.
• Levy-Leboyer C., **Le bilan de compétences**, Ed. d'Organisation, 2006.
• Linton R., **Le fondement culturel de la personnalité**, Dunod, 1999.
• Maccio Charles – **Pour une éducation de la liberté**, Chronique Sociale, 4e éd. 1994.
– **De l'individu à la personne**, Chronique Sociale, 2005.
• Maslow A.-H., **Vers une psychologie de l'être**, Fayard, 1989.
• Memmi Albert, **L'homme dominé**, Petite Bibliothèque Payot, 1968.
• Moles Abraham, **La création scientifique**, R. Kister, Genève, 1957.
• Montagner Hubert, **L'enfant acteur de son développement**, Stock, 2000.

- Mucchielli Alex : – **La nouvelle psychologie**, PUF, 1993
  – **Les mentalités**, PUF, 1985.
- Palmade Guy, **La caractérologie**, PUF, 1995.
- Piaget Jean, **La psychologie de l'intelligence**, A. Colin, 1999.
- Pineau Gaston, **Produire sa vie, autoformation et autobiographie**, Saint Martin, Montréal, 1983.
- Poché Fred, **Organiser la résistance sociale**, Chronique Sociale, 2005.
- Prévost Claude M., **La psychologie fondamentale**, PUF, 1997.
- Remouchamps Robert et Tilman Francis, **Créativité et innovation**, Chronique Sociale, co-éd.EVO, 1994.
- Richard J.-F., **Les activités mentales : comprendre, raisonner, trouver des solutions**, A.Colin, 2005.
- Salvat Henri, **L'intelligence : mythes et réalités**, Ed. Sociales, 1974.
- Sandra Michel, **Sens et contresens des bilans de compétence**, Liaisons, 1993.
- Simon Michel, **Comprendre la sexualité aujourd'hui**, Chronique Sociale, 3e éd. 1994.
- Skrzypczak J.-F., **L'inné et l'acquis**, Chronique Sociale, 3e éd. 1989.
- Tiry Gérard, **Connaître le réel**, Chronique Sociale, 1994.
- Tort Michel, **Le quotient intellectuel**, Maspero, 1975.
- Touraine Alain, **Le retour de l'acteur**, Fayard, 1997.
- Tozzi Michel – **Militer autrement**, Chronique Sociale, 1985.
  – **Penser par soi-même**, Chronique Sociale, 6e éd., 2005.
- Veraldi Gabriel et Brigitte, **Psychologie de la création**, Marabout, 1973.
- Wallon, **De l'acte à la pensée**, Flammarion, 1999.
- Winnicott D.-W., **La nature humaine**, Gallimard, 1990.

4. Le groupe

- Aebischer V., Oberle D., **Le groupe en psychologie sociale**, Dunod, 2006.
- Afriat Christiane, **L'investissement dans l'intelligence**, PUF, 1992.
- Amado Gilles, Guittet André, **La dynamique des communications dans le groupe**, A. Colin, 2003.
- Andler D., **Introduction aux sciences cognitives**, Folio Essai, 2004.
- Ansart Pierre, **Les sociologies contemporaines**, Points Seuil, 1990.
- Anzieu Didier – **Le groupe et l'inconscient**, Dunod, 1999.
  – **La dynamique des groupes restreints**, PUF, 2003.
- Ardoino (Collectif), **L'intervention institutionnelle**, Petite Bibliothèque Payot, 1980.
- Barlow Michel, **Le groupe éducatif, une réalité politique**, Chronique Sociale, 1994.
- Béal, Bohlen et Raudabauch, **Les secrets de la dynamique des groupes**, Chotard, 1969.
- Beckard Richard, **Le développement des organisations** (stratégies et modèles), Dalloz, 1975
- Bernoux Philippe, **La sociologie de l'organisation**, Seuil, 1990.
- Bion W.R., **Recherche sur les petits groupes**, PUF, 1992.
- Bizouard Colette, **Vivre la communication**, Chronique Sociale, 6e éd. 2000.
- Bourdieu P., **La distinction, critique sociale du jugement**, Ed. de Minuit, 1980.
- Braudel Fernand, **Grammaire des civilisations**, Arthaud-Flammarion, 1999.

- Breton P., **L'utopie de la communication**, la Découverte, 2006.
- Castoriadis Cornelius, **L'institution imaginaire de la société**, Seuil, 1999.
- Collectif, **La nouvelle communication**, Seuil, 1981.
- Collectif, **Les petits groupes d'apprentissage**, Chronique Sociale, 1994.
- Conquet André, **Comment travailler en groupe**, Centurion, 1980.
- Cornaton Michel, **Groupes et société**, Privat, 1969.
- Crozier Michel (Collectif), **Du management panique à l'entreprise du XXIe siècle**, Groupe Innovation, Colloque de Montréal, mars 1997.
- Crozier Michel, Friedberg E., **L'acteur et le système**, Seuil, 1996.
- Darré Jean-Pierre, **Liberté et efficacité des groupes de travail**, Ed.Ouvrières, 1978.
- Debbasch Charles et Bourdon Jacques, **Les associations**, PUF, 1985.
- Degenne Alain, Forsé Michel, **Les réseaux sociaux**, A. Colin, 2004.
- Dejours Christophe, **Travail usure mentale. Essai de psychologie du travail**, Centurion, 2000.
- Dethier Robert, Lambinet Françoise, **Hommes et organisations**, EVO, Bruxelles, 1977.
- Durand D., **La systémique**, PUF, 1987.
- Durkin Helen, **Le groupe en profondeur**, l'Epi, 1973.
- Enriquez Eugène – **De la horde à l'Etat**, Gallimard, 2003.
  – **L'organisation en analyse**, PUF, 2003.
- Fages J.-B., **Communiquer entre personnes et en groupes**, Privat, 1990.
- Fèvre Louis, **Le travail social**, Chronique sociale, 2000.
- Fischer Gustave Nicolas, **Le champ du social**, Dunod, 1996.
- Freud Sigmund, **Malaise dans la civilisation**, PUF, 1983.
- Gourgand Pierre, **Les techniques de travail en groupe**, Privat, 1989.
- Grootaers Dominique, **Culture mosaïque**, Chronique sociale, EVO, 1984.
- Gurvitch Georges, **Déterminismes sociaux et liberté humaine**, PUF, 1965.
- Harcourt Michèle, Massart Bernadette et Pierre, Thaëls Vic, **Groupes efficaces**, Vie Ouvrière, Bruxelles, 1989.
- Harry M.Collins, **Machines intelligentes et savoir social**, Seuil, 1992.
- Hess Rémy – **La socio-analyse**, Ed. Universitaires, 1975.
  – **Centre et périphérie**, Privat, 2001.
- Huisman D., **L'âge du faire ; pour une morale de la communication**, Coll. Pluriel Hachette, 1994.
- Illich Ivan, **La convivialité**, Seuil, 1973.
- Landier Hubert, **L'entreprise polycellulaire**, Ed. d'Organisation, 1987.
- Lapassade Georges, **Groupes, organisations, institutions**, Gauthier-Villars, 2006.
- Lapierre J.-W., **L'analyse de système**, l'application aux sciences sociales, Syros, 1993.
- Lefort Claude, **L'invention démocratique** (les limites de la domination totalitaire), Fayard, 1981.
- Lemel Y., **Stratification et mobilité sociale**, A. Colin, 1991.
- Lévy A., **Psychologie sociale** (textes fondamentaux), Dunod, 2002.
- Lewin Kurt, **La psychologie dynamique**, PUF, 1967.
- Lourau René, **L'analyse institutionnelle**, Ed. de Minuit, 1971.
- Lugan J.-C., **La systémique sociale**, PUF, 2006.
- Marc E., Picard D., **L'Ecole de Palo Alto**, Retz, 2006.
- Meigniez Robert, **L'analyse de groupe**, Ed. Universitaires, 1970.

• Meirieu Philippe – **Itinéraires des pédagogies de groupe**, Chronique Sociale, 7e éd. 2001.
– **Outils pour apprendre en groupe**, Chronique sociale, 7e éd. 2000.
• Menard C., **Economie des organisations**, Repères la Découverte, 2004.
• Mendel Gérard – **La crise de générations**, Petite Bibliothèque Payot, 1969.
– **La révolte contre le père**, Petite Bibliothèque Payot, 1998.
• Mintzberg H., **Structure et dynamique des organisations**, Ed. d'Organisation, 1996.
• Moles Abraham (Collectif), **La communication**, Retz, 2003.
• Moreno J.-L., **Fondement de la sociométrie**, PUF, 1954.
• Morin Edgar, **Terre-Patrie**, Seuil, 1996.
• Moscovici Serge, **L'âge des foules**, Fayard, 2005.
• Mucchielli Roger – **Le travail en équipe**, EME, 2004.
– **La dynamique des groupes**, EME, 1995.
– **Communications et réseau de communications**, EME, 1999.
• Olmsted Michaël, **Sociologie des petits groupes**, Spes, 1999.
• Parsons Talcott, **Le système des sociétés modernes**, Dunod, 1993.
• Passaris Solange, Raffi Guy, **Les associations**, Repères la Découverte, 1984.
• Peretti André (de), **Risques et chances de la vie collective**, l'Epi, 1972.
• Petit François, **Introduction à la psychosociologie des organisations**, Privat, 1998.
• Poitou Jean-Pierre, **La dynamique des groupes** (une idéologie au travail), Ed. du CNRS, 1978.
• Rogers Carl R., **Les groupes de rencontres**, Dunod, 2006.
• Rondeau Roger, **Les groupes en crise ?** Pierre Mardaga, Bruxelles, 1995.
• Savoye A. et Hesse R., **L'analyse institutionnelle**, PUF, 2001.
• Senghor, **Le dialogue des cultures**, Seuil, 1999.
• Serres Michel, **Hermès. La communication**, Points Seuil, 1996.
• Simon Herbert, March James, **Les organisations**, Dunod, 2005.
• Stoetzel Jean, **La psychologie sociale**, Champs Flammarion, 1990.
• Vallerand R.-J. dir., **Les fondements de la psychologie sociale**, Gaëtan Morin, 2006.
• Vignaux Georges, **Les sciences cognitives : une introduction**, La Découverte, 1992.
• Von Butterlauffy, **Théorie générale des systèmes**, Dunod, 2002.
• Warren G.Bennis, **Le développement des organisations** (pratiques, perspectives, problèmes), Dalloz, 1975.
• Watzlawick P., **Une logique de la communication**, Points Seuil, 1999.

Index

Chronique Sociale

Cinq collections

Comprendre les personnes : Aborder la question du développement de soi et de l'autre avec l'aide des apports de la psychologie. Présenter les concepts et les courants dans leur diversité. Analyser des situations de vie à partir d'expériences vécues afin de proposer des repères concrets.

Comprendre la société : Analyser les mutations sociales, culturelles et économiques avec leurs interdépendances. Proposer des éléments pour permettre de prendre position sur les questions de société au niveau local jusqu'au niveau international pour favoriser un agir collectif.

Pédagogie / Formation : Connaître, comprendre et acquérir les concepts et les pratiques favorisant l'éducation et la formation. Permettre au formateur ou à l'enseignant d'analyser ses pratiques pédagogiques pour les rendre plus pertinentes.

Lectures accompagnées : Proposer des textes de lecture facile : adaptations de textes du fonds culturel ou créations inédites. Mettre à la portée des lecteurs enfants, adolescents ou adultes des textes correspondant à leur maturité quelles que soient leurs difficultés de lecture. Vocabulaire et syntaxe sont simplifiés sans que ces adaptations soient évidées ou édulcorées. La forme est aménagée en respectant la richesse et l'originalité du contenu, et en préservant la dimension symbolique et la valeur littéraire des textes.

Savoir communiquer : Mettre toutes les techniques d'expression et de communication au service du développement des personnes et des groupes.

Savoir penser : Permettre à chacun d'être capable d'analyser une situation dans sa globalité et sa complexité. Mettre à la disposition de tous les apports de la philosophie pour que chacun puisse organiser sa pensée, faire des choix conscients et se forger des opinions.

Trois niveaux de lecture

Eveil : Sa fonction est de mettre à la disposition de ceux qui n'ont pas de compétences particulières dans un domaine, les éléments de base nécessaires pour comprendre les problèmes abordés. Sert d'"apéritif" pour avoir envie d'aller plus loin. Démystifie en supprimant l'appréhension consistant à croire que certains domaines sont difficiles. Notre rôle est d'expliquer de façon simple les sujets complexes en conservant la rigueur du contenu.

L'essentiel : Elargit le champ d'analyse en abordant de façon plus large les problèmes concernant les sciences humaines : psychologie, sociologie, pédagogie, philosophie, ou les sciences techniques. Fait apparaître l'étendue d'un problème mais sans approfondir chacun de ses aspects. Montre les liaisons entre les différentes parties d'un problème et ses ramifications avec d'autres domaines.

Synthèse : Synthétise les éléments de pratique d'analyse et de réflexion d'un domaine de connaissance ou d'un sujet précis. Approfondit les points soulevés dans les livres des autres niveaux de lecture.

Les livres sont présentés ci-après par collection et leur niveau de lecture est indiqué par un code (Ev : Eveil, Es : Essentiel, S : Synthèse, Dé : Débattre)

Chronique Sociale 7, rue du Plat - 69002 Lyon

Nos livres par collections avec indication du niveau de lecture	**Ev** : Eveil **Es** : Essentiel **S** : Synthèse **Dé** : Débattre

Comprendre les personnes

Ev - Les étapes du développement de la personnalité - Livres illustrés

* **Le bébé et ses parents. 0 à 18 mois**
A. Guillotte - 3e édition

* **1 à 3 ans. Vers une personnalité autonome**
J.-F. Skryppczak - Roland Burlet - 3e éd.

* **3 à 6 ans. L'enfant metteur en scène de sa vie**
A. Guillotte - T. Lardier - 3e édition

* **L'œdipe. Moyen de libération**
C. Maccio - Cl. Régnier - 104 pages - 2e édition

* **5-12 ans. Les enfants et leur enfance**
M. Richard - 104 pages - 4e édition

* **11-15 ans. Les enjeux d'une révolution**
A. Donval - O. Thibault - R. Gattegno - 112 p. - 6e éd.

* **14-18 ans - L'adolescence**
M.-F.Jallade - 3e édition

* * *

Es * **À l'écoute du symptôme IVG**
B. Avon - 168 p.

S * **Accompagner l'enfant trisomique**
D. Vaginay - 240 p. - 2e édition

S * **Accompagner le placement familial**
G. de l'Espinay & C. Papalardi - 176 p.

Es * **Accomplir sa vie -** André Gromolard - 144 p.

Es * **Accroître le soin relationnel**
B. Cuisinier - 368 p.

Es * **Adolescence : les clefs pour comprendre**
Collectif - 212 p.

Es * **Adolescents, drogues et toxicomanie**
L. Gonet 144 p.

S * **Adoption (l')** - A. Decerf - 190 p. - 2e éd.

Es * **Aider les enfants en difficultés d'apprentissage**
J.-C; Juhel - 364 p.

Es * **Aides-soignant(e)s en gériatrie**
A.-M. et A. Crepet - 200 p.

S * **Alzheimer, l'aide aux aidants** - J. Gaucher, G. Ribes, T. Darnaud - 144 p.

Es * **Animer un atelier de réminiscence**
A. Goldberg - 160 p. - 2° éd.

Es * **Art-thérapie et maladie d'Alzheimer** - Christine Hof - 120 p.

Es * **Autonomie et handicap moteur** - A. Loher-Goupil - 148 p.

Es * **L'avortement et le lien maternel**
Isabelle Tamian-Kunégel - 144 p. - 2e édition

Es * **Choisir sa vie, Vivre ses choix**
Philippe Lefèvre - 104 p.

Es * **Chronique d'une mort refusée** - J.-L. Gay - 160p.

Es * **Comment en finir avec les persécutions à l'école**
G. Deboutte - 176 p.

Es * **Communiquer avec des personnes âgées**
M. Perron - 176 p. - 4e édition

Es * **Comprendre la culture arabo-musulmane**
X. Remacle - 176 p. - 2e édition

S * **Comprendre la culture hindoue** - B. Tison - 208p

S * **Comprendre la sexualité de la personne handicapée mentale** - D. Vaginay - 199 p.

Es * **Comprendre le vieillissement** - Libérer ses peurs - Apprivoiser sa vieillesse - D. Thiébaud - 98 p.

S * **Comprendre les jeunes** -S. Bévillard - 112 p.

S * **Le corps - Rôle et parole -** M.-L. Latour - 184 p.

S * **Les courants de la psychologie**
M. Richard - 292 p. - 3e édition

Es * **La déficience intellectuelle** - J-C. Juhel - 408 p.

Es * **Dessine-moi un parent** - A. Deroo - 152 p.

Es * **Du paraître à l'être** - C. Hycrlé - 176 p.

Es * **L'écoute réciproque** - A. Gromolard - 104 p.

Es * **Écouter l'autre.** Tant de choses à dire
A. Vannesse - 96 p. - 4e édition

Es * **En finir avec le tabac** - J.-L. Nicaud -128 p.

Es. * **Enfances populaire, Invisibles enfances**
S. Blanchet - 128 p.

Es * **L'enfant meurtri** S'en sortir sans rancune
G. Le Thi Mui - 160 p.

Es * **Ensemble face à la drogue** - Agir au quotidien
F. Mozzo-Counil - 192 p.

Es * **Être femme sur le chemin de Compostelle**
G. Dutey - 160 p.

S * **Être malade et apprendre** - O. Delorme - 224 p.

Es * **Éveil à l'enfant (l')-** C. Bopp-Limoge - 448 p.

S * **Face aux ruptures de vie** - IRDC Vittoz - 112 p.

Es * **Favoriser le développement de l'enfant**
J.-C. Juhel - 240 p.

Es * **Femmes en errance - De la survie à l'existence**
Association Femmes SDF (Grenoble-38)- 120p.

S * **Femmes et santé** - F. Desailly - 256 p.

Es * **Femmes musulmanes** - J. Criscuolo - 128 p.

Es * **Groupes sectaires totalitaires (les)**
M. Bouderlique - 112 p.

Es * **Habiter son corps, découvrir son être** - M. Bussillet - 168 p.

Es * **L'homme et son langage** - Introduction à la linguistique - F. Poché - 160 p.

Es * **Imaginer et réaliser**, La marmite des professionnels en gériatrie - N. Lairez-Sosiewicz - 112 p.

S * **L'inné et l'acquis -** Inégalités "naturelles" et sociales - J-F Skrzypczak - 208 p. - 3e édition

Es * **Intervenir en milieu familial**
G. & J. Larocque - 124 p.

S * **Intimité, secret professionnel et handicap**
Collectif - 192 p.

Es * **Introduction à la psychanalyse de Freud**
M. Dethy - 152 p. - 5e édition

Es * **Introduction à la psychanalyse de Lacan**
M. Dethy - 152 p. - 5e édition

Es * **Introdiction à la psychologie d'Adler** - C. Rager 176 p.

Es * **Itinéraires d'insertion -** Mireille Debard 160 p.

Es * **Le livre du Moi -** Christian Staquet - 160 p.

S * **Maladie d'Alzheimer** - À l'écoute d'un langage
Dr L. Ploton -3e édition - 176 p.

Es * **Maladies psychosomatiques et troubles de la sexualité** - M. Dethy - 120 p.

Es * **Mieux vivre nos désirs** - De la naissance à la fin de vie - Dr P. Lefèvre - 256 p.- 2e éd

Es * **Musique, thérapie et animation** C. Rivemale - 158 p.

S * **Papé et sa maison de retraite,** T. Darnaud, 208 p.

Es * **Parler pour exister -** Créer des espaces de parole C. Bizet - 208 p.

Es * **Parole de suicidaires** Patrick, Annie et quelques autres - 136 p.

Es * **Pèleriner vers Compostelle,** G. Dutey - 192 p.

S * **La personne âgée -** Dr L. Ploton - 256 p. - 6e éd.

Es * **La personne autiste et le syndrome d'Asperger** J.-C. Juhel - 312 p.

Es * **Polytoxicomanie,** Adefi - 208 p.

Es * **Pour une éducation de la liberté.** C. Maccio - 208 p. - 4e édition

Es * **Prendre sa vie en main** A. Gromolard - 128 p. - 4e édition

Es * **Processus clinique en éducation spécialisée** - M. Landry - 358 p.

S * **Psychologie de la désadaptation** J. Ratté - 402 p.

Es * **Réaliser un projet accueil petite enfance** C. Schuhl - 120 p.

Es * **Reconnaître le handicap psychique** - R. Baptiste - 168 p.

Es * **La relation d'aide** - L. Tremblay - 192 p.

S * **Re-créer les liens familiaux** - M. Savourey - 192 p.

Es * **Re-trouver l'estime de soi** C. Bizouard et D. Roche - 128 p.

Es * **S'épuiser ou se construire** - J. Bopp - 96 p.

Es * **Se reconstruire face à un cancer du sein** J. Jehane - 128 pages

Es * **Secrets intimes - Secrets de famille** M. Quesnoy-Moreau - 112 pages

Es * **Sectes** - Les manipulations mentales M. Bouderlique - 128 pages - 3e édition

S * **Sophrologie en pédopsychiatrie** J.-F. Fortuna - 208 pages

Es * **Subir ou rebondir après une agression** C. De Mey-Guillaud & S Raguin - 128 p.

Es * **Taire et transmettre** - Martine Lani-Bayle - 192 p.

S * **Trisomie 21** D. Vaginay et coll. - 224 p.

Es * **La vie de la personne âgée** Dr A. Ladret - 128 p.

Es * **Violences familiale, scolaire et sociale** P. Marc - 176 p.

Es * **Visages de la pauvreté** C. Violette-Bajard - 160 p.

Es * **Vivre âgé jusqu'au bout** - A. Métral - 144 p.

Es * **Vivre après l'accident** J.-L.Simon - 152 p. - 2e édition

Es * **Vivre avec des personnes âgées** C. Pichaud - I. Thareau - 4e édition - 208 p.

Es * **Vivre avec son handicap** J. Criscuolo - 160 p.

Es * **Vivre en crèche** - Remédier aux douces violences - C. Schuhl - 80 p - 3e éd.

Es * **Vivre la boulimie** S. Riéty - 2e édition - 160 p.

Es * **Vivre l'animation auprès des personnes âgées** N. Lairez-Sosiewicz - 144 p. - 4e éd.

Es ***Vivre la relation avec son bébé** - Allaiter - Dormir - Porter - N. Roques - 132 p.

Es * **Vivre la sexualité - Encyclopédie illustrée** D. Vaginay - Daniel Balvet - 176 p.

Es * **Vivre le deuil** M.-F. Augagneur - 160 p. - 4e édition

S * **Vivre sa grossesse et son accouchement** I. Brabant - 440 p. - 2e éd.

Es * **Vivre une relation d'aide** - C. Pichaud - 192 p.

Es * **Vivre une thérapie** - Histoires de pères C. Merle - 112 p.

Comprendre la société

S * **Acteur dans la ville, acteur dans la vie** C. Bopp-Limoge - 350 p.

Es * **Apprendre avec plaisir**. Refonder des relations sociales - D. Rambaud - M. Jeannerat - 160 p.

Es * **Combattre les exlusions -** M. Falisse - 176p.

S * **Comprendre et gérer les conflits dans les entreprises et les organisations** P. Rousseau - 172 p.

Es * **Comprendre l'action des sectes** M. Bouderlique - 144 p. - 2e édition

Es * **Comprenre l'économie sociale et solidaire** - N. Bardos-Feltoronyi - 160 p.

Es * **Comprendre l'économie politique** - Y. de Wasseigne - 288 p.

Es * **Comprendre l'histoire de la Vie** A.é Steiger - 224 p.

S * **Comprendre le 20e siècle - Construire le 21e** A. Samuel - 302 p.

Es * **Connaître et dynamiser sa commune** M. Robin - 184 p.

S * **Construire des actions collectives** - Développer les solidarité - B. Dumas - M. Séguier - 232 p. - 3e éd.

Es * **Construire la démocratie** - P.-Y. Chereul - 176 p.

S * **Construire une éthique de la coopération** J.-Cl. Lavigne et B. Lestienne - 192 p.

Es * **Créativité et innovation dans les entreprises et les organisations** R. Remouchamps & F. Tilman - 160 p.

S * **Culture et changement social** - Approche anthropologique - D. Mandon - 208 p.

Es * **De l'Église des premiers siècles aux guerres de religion - Culture religieuse, Tome 2** J. Cordonnier - 136 p.

Es * **De la préhistoire aux débuts du christianisme - Culture religieuse, T 1 -** J. Cordonnier-120 p

Es * **Dérives religieuses**, Culture religieuse, Tome 5 J. Cordonnier - 144 p.

Es * **Des guerres de religion à la guerre de 1914, Culture religieuse, T3** -J.Cordonnier - 160 p.

Es * **Religions et croyances actuelles, Culture religieuse, T 4** - J. Cordonnier - 272 p - 2e éd.

S * **Dictionnaire des solidarités** P.Ansay & A. Goldschmidt – 264 p.

S * **Les droits de l'homme** - Guide d'information et de réflexion - 2e éd - M. Simon - 180 p.

S * **Droits de l'homme - Droits des peuples** P. Richard - 184 p.

Es * **Du Big-Bang à l'Homme moderne** C. Faure - 104 p.

D * **L'entreprise démocratique** J. Benoit - D.Yurkievich - 192 p.

S * **Faire avec l'objet** - J.-P. Filiod - 224 p.

Es * **Genèse et Evolution** - A. Steiger - 112 p.

Es * **Guide pratique d'éducation à l'environnement** Réseau École & Nature - 368 p.

Es * **Handicap et cinéma -** G. Bonnefon - 112 p.

Es * **Histoire des États-Unis** Y. Bourdon & J. Lamarre - 278 p.

Es * **Histoire de la civilisation occidentale** G. Langlois - G. Villemure - 338 p.

Es * **L'homme et la culture** - J. Billaud - 128 p.

S * **Introduction à la littérature française** J. Beauté – 200 p.

S * **Introduction au travail social** Y. Hurtubise & J.-P. Deslauriers - 256 p.

Es * **JAC / MRJC** - Origines et mutations Collectif - 424 p.

Es * **La Laïcité - Une exigence pour la paix** Albert Samuel – 208 pages

S * **Maîtriser les mutations techniques** - L'humanité face aux changements - C. Maccio - 312 p.

Es * **Migrations internationales et marché du travail** - Collectif - 208 p.

S * **Les médiations du travail social** M.-F. Freynet - 304 p. - 4e édition

Es * **Mythologie païenne et Christianisme**, **Culture religieuse, Tome 6** - J. Cordonnier - 176 p

Es * **Notre santé - Une école de vie** M. Pohier - 240 p.

Es * **Organiser la résistance sociale** - F. Poché - 96 p.

S * **Partager les savoirs, Construire le lien** Collectif - 352 p.

Dé * **Petit lexique à l'usage du travailleur social** - Thierry Darnaud - Guy Hardy - 128 p.

Es * **Pratiquer la santé communautaire** Institut Th. Renaudot - 144 p.

S * **Les religions aujourd'hui** A. Samuel - 368 p. - 4e édition

Es * **Religions et croyances actuelles** - Culture religieuse, Tome 4 - J. Cordonnier - 272 p - 2e éd

S * **Les sciences humaines en mouvement**, L'humanité face aux changements - C. Maccio - 336 p.

Es * **(Se) former à la santé communautaire** - Patrice Deconstanza - 136 p.

Es * **S'initier à la sociologie** - J. Feschet - 224 p.

S * **Solidarité par le partage du travail et des revenus** L'humanité face aux changement - C. Maccio - 304 p.

Es * **Traité de stratégie à l'usage des travailleurs sociaux** P. Papillon - D. Wahbi - 160 p.

S * **Les transactions aux frontières du social** Collectif – 256 p.

Es * **Le travail. Regard photographique** BIT - 104 p.

S * **Le travail social** L. Fèvre - 288 p. - 2e édition

S * **Valeurs pour notre temps** - L'humanité face aux changements - C. Maccio - 260 p.

Pédagogie / Formation

S * **Accompagner l'adolescence** C . Philibert et G. Wiel - 224 p. - 3e édition

Es * **Accompagner l'éducation et la scolarité** UNAPEL 168 p.

Es * **Accompagner les jeunes dans la réussite de leurs projets** - Collectif - 128 p. - 2e éd.

S * **Accueillir, accompagner, former des enseignants** - P. Pelpel - 224 p.

S * **Accueillir les élèves** - C. Staquet - 192 p. - 2e éd.

S * **Analyser le fait éducatif**-R. Goldstein - 224 p.

S * **Apprendre à l'école maternelle** - E. Bautier

Es * **Apprendre à philosopher** - J.-C. Pettier - 256 p.

Es * **Apprendre en projet** - M. Huber - 192 p. - 2e éd.

Es * **Apprendre et réussir ensemble** V. Lemière - 176 p.

S * **Apprendre l'autonomie - Apprendre la socialisation** - M.-A. Hoffmans-Gosset - 168 p. - 4e édition

Es * **Apprendre l'orthographe** - Le français par la Cible - F. Le Turdu - 208 p.

Es * **Apprendre le vocabulaire** - H. Dupart - 192 p.

Es * **Apprendre sans peur** - A. de la Garanderie - 96 p.

S. * **Art et littérature en classe d'espagnol (L')** - M-A Médioni - 240 p.

S * **Au risque de changer** - D. Cand - 132 p.

S * **Autoformation et développement personnel** J.-M. Lange - 168 p.

S * **Autoformation et fonction de formateur** P. Galvani - 170 p.

Es * **Autonomie et formation** - Collectif - 272 p.

S * **Carl Rogers et l'action éducative** - J-D Rohart

S * **Le centre-ressource.** Pourquoi ? Comment ? A. Kepler - 184 p.

Es * **Chef d'établissement : des métiers, une passion** F. Rollin - 192 p. - 2e édition

Es * **Les chemins de la pédagogie** F. Tilman - D. Grootaers - 128 p.

Es * **Les chemins des savoirs en maternelle** M. Libratti - Ch. Passerieux - 132 p.

S * **Comprendre les chemins de la connaissance** A. de la Garanderie - 224 p.

S * **Concevoir des parcours professionnels** CAFOC Nantes

S * **Conduire un projet** M. Chambon - H. Pérouze - 232 p. - 4e éd.

Es * **Conflit, mettre hors-jeu la violence** N.V.A. - 144 p. - 4e édition

Es * **Des conflits à l'école** - Hugues Lethierry - 176 p.

Es * **Conseiller Principal d'Education** M.-H. Broch - 272 p.

Es * **Construire des stratégies de nouveau départ**- École-Collège-Lycée - A. Jaligot et G. Wiel - 184 p.

Es * **Construire ses savoirs, Construire sa citoyenneté** GFEN - 320 p. - 2e édition

Es * **Conte et (ré) éducation** - J. Thomassaint - 104 p.

Es * **Contes et métaphores** - L. Fèvre - 192p. - 2e éd.

Es * **Un corps à vivre** M. Guillois - M. Lemaire- 208 p.

Es * **Les courants de la pédagogie contemporaine** J. Beauté - 192 p. - 5e édition

Es * **Débattre à partir des mythes** - Michel Tozzi- 208 p.

Es * **Décider dans l'école** - J.-P. Julliand - 208 p.

Es * **Le défi-lecture** - J.-J. Maga & C. Méron - 192 p. 6e édition

S * **Développement des capacités personnelles** Guide d'autoformation - A. Kepler - 264 p.

Es * **Développer des relations de coopération en milieu professionnel** - Michel Bernard - 112 p.

Es * **Devenir efficace dans ses études** C. Bégin - 208 p.

Es * **Diriger autrement l'établissement scolaire** C. Paillole & J. Rimet Meille - 192 p

Es * **Du formateur à l'andragogue** - M. Lemaire - 304 p.

Es * **Échanger des savoirs à l'école** - C. Héber-Suffrin - 256 p.

Es * **École entre autorité et zizanie (L')** LIFE - 128 p.

S * **École est-elle encore le creuset de la démocratie (L')** - P. Perrenoud 192 p.

D * **École et société** des politiques aux pratiques R. Goldstein - 192 p.

Es * **Écrire son journal pédagogique** - M. Barlow - H. Bossière Mabille - 144 p.

Es * **Éducation nouvelle** - Enseigner et (se) former GFEN - 160 p.

Es * **Éduquer à la confiance** - D. Gobry- 224 p.

Es * **Éduquer à la poésie** - R. Solange Dayres- 112 p.

Es * **Éduquer à la responsabilité** A.É.R.É. - 176 p. - 2e édition

Es * **Éduquer face à la violence** - Pierre Hardy - 136 p
* **Éduquer face aux drogues et aux dépendances**
G. Van der Straten Waillet - 158 p.

Es * **Élèves "difficiles", profs en difficulté**
M.-T. Auger & C. Boucharlat - 136 p. - 5e édition

S * **Enseigner avec aisance grâce au théâtre**
G. Quentin - 168 p. - 2e édition

Es * **Enseigner et apprendre dans une classe multiculturelle** - M. Honor - 176 p.

S * **Enseigner l'histoire autrement**
A.Dalongeville & M. Huber - 240 p.

Es * **Entrer dans la littérature à l'école**
H. Dupart - 192 p.

S * **Éthique et pratique de l'audit**
M. Lecointe & M. Rebinguet - 192 p.

S * **L'évaluation participative de la formation**
Un outil du management - B. Pique - 192 p.

Es * **L'évaluation scolaire** - Décoder son langage
M. Barlow - 192 p.

S * **Évaluer le projet de notre organisation**
M.-H. Broch & F. Cros - 240 p.

Es * **Exprimer mes désirs, Construire mon projet**
H. Lavoie & M. Denault - 112 p.

S * **Faire de la classe un lieu de vie**
C. Philibert & G. Wiel - 152 p. - 2e édition

Es * **Faire participer l'élève à l'évaluation de ses apprentissages**
C. Doyon & D. Legris-Juneau - 124 p.

S * **Fondements éducatifs pour une société nouvelle**
Y. Bertrand

S * **Formateur d'adultes**
J.-P. Martin & E. Savary - 368 p. - 3e édition

Es * **Formation et communication** - Collectif - 224 p.

S * **Former avec la sophrologie** - Une nouvelle voie pour apprendre - B. Blanc - 208 p.
* **Former des formateurs** - M. Huber

Es * **Gérer la classe, une compétence à développer**
X.Papillon - 264 p.

Es * **Gerer la violence en milieu scolaire**
G. Joie - 128 p.

S * **Guide du maître praticien en PNL**
L. Fèvre, G. Soto & C. Servais - 352 p. - 3e éd.

S * **Guide du praticien en PNL**
L. Fèvre & G. Soto - 272 p. - 5e édition

Es * **Handicaps et vie scolaire** - L'intégration différenciée - P. Bonjour & M. Lapeyre - 192 p.

Es * **Heures de vie de classe**
X. Papillon & G. Grosson - 160 p.

Es * **Histoires de vie et pédagogie du projet**
J. Vassileff - 192 p. - 2e édition

Es * **L'individualisation de la formation**
H. Prévost - 194 p.

Es * **Intervenir en formation** - 3e édition
J.-P. Martin & E.Savary - 224 p.

S * **Itinéraire des pédagogies de groupe –** Tome 1
P. Meirieu - 208 p. - 7e édition

S * **Outils pour apprendre en groupe –** Tome 2
P. Meirieu - 208 p. - 7e édition

S * **Le lecteur accompagné**
D. Vaginay & B. Avitabille - 192 p.

S * **Les lycéens décrocheurs** - La Bouture - 312 p.

Es * **Manuel de la formation en alternance**
F. Tilman - E. Delvaux - 176 p.

Es * **Manuel du responsable d'institution**
M. Garant - 98 p.

S * **Médiation éducative et éducabilité cognitive**
Autour du PEI - Collectif- 168 p.

Es * **Modules d'initiation à la méthodologie scolaire**
et à la formation permanente - G. Leperlier

Es * **Moi j'enseigne, mais eux apprennent-ils ?**
M. Saint-Onge - 144 p. - 3e édition

S * **Les nouveaux autodidactes**-G. Le Meur-224 p.

S * **Oser les pédagogies de groupe**
J.-P. Donckele - 200 p.

Es * **Une pédagogie de l'entraide**
A. de la Garanderie - 112 p. - 2e édition

Es * **La pédagogie du projet en formation**
J. Vassileff - 160 p. - 4e édition

S * **Penser avec l'Entraînement Mental** - Collectif
252 p.

S * **Penser l'autoformation**
J. Dumazedier - 176 pages

S * **Penser le projet** - Concepts et outils d'une pédagogie émancipatrice - F. Tilman - 204 p.

S * **Penser la relation expérience-formation** Hélène Bézille - Bernadette Courtois - 256 p.

S * **Penser son expérience** - J. Mezirow - 272 p.

Es * **Les petits groupes d'apprentissage dans la classe** - Collectif - 112 pages - 2e édition

S * **Philosopher, tous capables** - GFEN - 400 p.

Es * **Plaisir de connaître - Bonheur d'être**
A. de la Garanderie - 96 pages

Es * **Pour une éducation à la non violence**
J. Gerber - 176 p. - 2e édition

S * **Pratique d'apprentissage en ligne**
L. Marchand & J. Loisier - 156 p.

Es * **Pratiquer la formation réciproque à l'école**
C. Héber-Suffrin - 228 p.

Es * **Prévenir l'échec scolaire**
X. Chartrain & B. Hubert - 144 p.

S * **Professeur principal** - Exercer au quotidien
M.-H. Broch - 364 p.

S * **Profils d'enseignants, profils d'enseignés**
J.-P. Donckèle - 184 p. - 2e édition

Es * **(Re)découvrir le sens des mots**
A. Grange - 112 p.

Es * **Le récit de vie** - D. Coles & B. Goussault - 184 p.

Es * **Référentiel de métier du chef d'établissement**
F. Rollin - 128 p.

Es * **(Re)penser l'alternance en lycée professionnel**
I. Kerner & J. Gaillard - 192 p.

S * **Repenser la formation**, Nouveaux enjeux individuels et collectifs, stratégies, outils - Cafoc de Nantes - 288 p.

S * **Réussir en langues -** Un savoir à construire
GFEN - 304 p. - 2e édition

Es * **Réussir sa scolarité, (Re) motiver l'élève**
G. Leperlier - 192 p.

Es * **(Se) construire un vocabulaire en langues**
GFEN - 243 p.

Es * **(Se) former dans l'humour**
H. Lethierry - 192 p. - 2e édition

Es * **(Se) former par les situations-problèmes**
A. Dalongeville & M. Huber - 204 p.

Es * **Se (re)connaître par le théâtre**
M. Meirieu - 112 p. - 2e édition

S * **Sortir du mal-être scolaire** - G. Wiel - 132 p.

S * **Théories contemporaines de l'éducation**
Y. Bertrand - 308 p. - 4e édition

Es * **Traité de stratégie à l'usage des enseignants**
P. & X. Papillon - 160 p.

S * **Travailler en équipe à l'école maternelle**
C. Casabo - 196 p.

S * **Travailler en équipe à un projet pédagogique**
M.-H. Broch - 224 p. - 3e édition

Es * **Vittoz et pédagogie** - Vittoz / IRDC - 176 p.

S * **Vivre le lycée professionnel comme un nouveau départ** - G. Wiel - 192 p.

Es * **Vouloir apprendre - Pouvoir se comprendre**
M. Honor - 272 p.

Lectures accompagnées

S * **Le lecteur accompagné**
D. Vaginay & B. Avitabille - 192 p.
* **La gardeuse d'oies - Les six cygnes**
D. Vaginay adaptés des contes de Grimm - 48 p.
* **Le petit Chaperon Rouge - Hansel et Grethel**
D. Vaginay adaptés des contes de Grimm - 48 p.
* **Le Roi Grenouille - Rose-neige et Rouge-Rose**
D. Vaginay adaptés des contes de Grimm - 48 p.

Savoir communiquer

Es * **À quoi sert l'autorité ?** V. Guérin - 224 p.-3e éd.
Es * **Adolescent, amour, sexualité** - Photolangage®
C. Beslile - 48 photos - Un livret
Es * **Améliorer la communication** M Barlow - 184 p.
S * **Animer et participer à la vie de groupe**
C. Maccio - 312 p.
S * **Animer, financer, communiquer un projet**
T. Noce - 264 p.
Es * **Apprendre, se distraire et créer avec le jeu**
10 jeux à fabriquer - A. Bideau - 136 pages
Es * **Archives et documentation -** CARHOP - 160 p.
Es * **Augmenter son efficacité** - Y. Raffestin - 272 p.
Es * **Besoin d'écrire - Désir de (se) dire**
P. Guillaumin - 128 p.
Es * **Une clé pour les maths**
C. Augier & Y. Raffestin - 304 p. - 3e édition
S * **Le code de l'information** - P.-Y. Chereul - 240 p.
Es * **Comprendre l'autre. Réussir ensemble**
E. Dupuy - 256 p.
Es * **Comprendre et maîtriser le bégaiement**
Collectif - 126 p.
Es * **Comprendre la presse** - Informer hier et demain
J.-J. Coltice - 128 p.
S * **Conflit - Comprendre et pouvoir agir** -
R. Michit & T. Comon - 176 p.
Es * **Conflit dans la famille** - B. Trélaün - 160p
S * **Construire ma recherche** - J. Dumazedier
chercheur-accompagnateur - G. Le Meurs - 256 p.
Es * **Créer par la parole** - P. Lebar - 144 p.
Es * **Cultiver sa mémoire** - C. Bizouard - 176 p.-5e éd.
Es * **Deux bouts la relation** - Jean-Luc Mermet - 158 p.
Es * **Développer des relations de coopération en milieu professionnel** - M. Bernard - 112 p.
S * **Développer la fonction tutorale** - Former et intégrer - B. Blanc - 336 p.
Es * **Devenir son propre médiateur**
J.Timmermans - 160 p.
Es * **L'écoute - Attitudes et techniques**
J. Artaud - 192 pages - 5e édition
Es * **Écrire au quotidien - Pratiques du journalisme**
Collectif - 144 pages - 2e édition
S * **Écrire et convaincre** - J. Glorieux - 240 p.
Es * **Écrire l'histoire de sa vie** -M. Barlow - 144 p.
Es * **Écrire une recherche**
M. Lani-Bayle - 152 p.- 2e édition
S * **Élaborer un projet, guide stratégique**
T. Noce & P. Paradoswki - 432 p.
S * **Exercer une responsabilité -** C. Maccio - 416 p.
Es * **Faire parler l'enfant retardé mental**
J.-A. Rondal - 144 pages
Es * **Le Français pour tous** -R. Burfin - 248 p. - 4e éd.
S * **Gérer le risque alcool au travail**
J.-P. Jeannin - 398 p.
S * **Gestion prévisionnelle des emplois et des compétences** - Agefos PME - CGPME - 176 p.
Es * **La grammaire expliquée** - Notions et exercices
M. Poirier - 240 p. - 2e édition
Es * **Guide de l'animateur de groupes** - C. Maccio-128 p.
Es * **Guide pratique de l'écrit**
J.-Y. Bonnamour - 200 p. - 2e édition
S * **Lire et comprendre** - J. Glorieux - 288 p.
D * **L'homme réseau** - Penser et agir dans la complexité - E. Duits - 160 pages
Es * **Invitation à l'expression orale**
C. Bizouard - 144 pages - 7e édition

Es * **Jeux coopératifs pour bâtir la paix** - Université de Paix Namur - 288 p.
S * **Manager le changement, changer le management**
Agefos - 160 pages
S * **Management durable**, A. Astouric 128 p.
Es * **Mieux gérer son temps** - F. Tlatli - 164 p. - 2e éd.
Es * **Mieux prendre la parole en public**
J.-P. Berrou - 152 p.
Ev * **Organisation et responsabilités**
C. Maccio - Guy Nauche - 64 p.
Es * **Oser la relation**, Exister sans écriser - I. & B. Eliat-Serck - 128 p.
Es * **Un parcours pour l'embauche**
M. Bourse - 176 p.
Es * **Peindre et comuniquer avec des personnes âgées –** N. Lairez-Sosiewicz - 88 p.s
S * **PME et dialogue social**
M. Sandeau & H. Lasserre - 232 p.
S * **Pratique de l'expression**-C. Maccio-308p.-5e éd.
Es * **Pratiquer le dialogue** - Arts plastiques, écriture
O. & M. Neumayer - 256 p.
S * **Pratiquer le théâtre avec des personnes en difficulté** - M. Reynaud - 208 p.
S * **90 jeux d'écriture** - P. Frenkiel - 160 p.
Es * **Quels repères pour grandir**
P. Béague - Fondation Dolto - 112 p.
Es * **Réaliser un projet accueil petite enfance**-C. Schuhl - 120 p.
Es * **La relation à l'autre - L'Implication Distanciée**
M. Germain-Thiant et M. Gremillet-Parent - 128 p.
Es * **Relaxation sophrologique**
J.-P. Blanchet - 136 p. - 4e édition
Es * **Renforcer la cohérence d'un texte**
L. Pépin - 132 pages
Es * **Repérer et accompagner les troubles du langage** - D.-A. Romagny - 176 p.
S * **Des réunions plus efficaces**
C. Maccio - 256 p. - 3e édition
Es * **Réussir la qualité par tous**
B. Jacquin-Ravot - 144 p.
Es * **Réussir l'analyse d'un texte**
A. Grange - 192 pages
Es * **Réussir le résumé de texte et la note de synthèse** - J. Profit - 144 pages - 8e édition
Es * **Réussir son mémoire professionnel**
A. Maffre - 144 pages - 2e édition
Es * **Sanctionner sans punir** - É. Maheu - 232 p. 2e éd.
Es * **Savoir écrire un lire, un rapport, un mémoire...**
C. Maccio - 176 pages - 4e édition
Ev * **Savoir rédiger** - Une possibilité pour tous
R. Burfin - 112 pages - 5e édition
S * **Se former à l'écrit** - 98 fiches - C. Bezsonoff - 352 p.
Es * **(Se) former à l'entretien**-M. Germain-Thiant-140 p.
S * **Techniques de la vie en groupe** - C. Maccio - 312 p.
S * **Territoires et dialogue social** - H. Jacot - 160p
S * **Vivre - Accompagner un projet**
I. Gillet & S. Scoyez - 260 p.
Es * **Vivre la communication** - Colette Bizouard - 160 pages - 7e édition

Savoir penser

Es * **Agir avec Joseph Folliet**
Association Les amis de J. Folliet - 128 p.
Es * **Agir avec Keynes** - F. Lehouck - 112 p.
S * **Agir avec Mounier** - Jean-François Petit - Rémy Valléjo - 144 p.
Es * **Agir avec Proudhon** - J. Langlois - 208 p.
Es * **Comprendre le propre de l'Homme**
M. Bouderlique - 96 p.
Es * **Comprendre les systèmes politiques**
F. Amanrich - 128 p.
Es * **Connaître le Réel** - Mythes ou réalités
G. Tiry - 128 p.
Es * **De l'individu à la personne** - C. Maccio - 224 p.
S * **Les doctrines du pouvoir politique** - Du totalitarisme à la démocratie - M. Richard - 192 p.
S * **Le marxisme** - Théorie de la pratique révolutionnaire
J. Guichard - 304 p. - 4e édition - 30e mille
Es * **Penser avec Arendt et Lévinas**
F. Poché - 128 p. - 2e édition
Es * **Penser et agir avec Illich** - M. Dardenne & G. Trussart - 152 p.
Es * **Penser avec Lévinas** - L. Fèvre
S * **Penser avec Mounier**
J.-F. Petit - 176 p.
S * **Penser avec Ricoeur**- L. Févre - 208 p.
S * **Penser le devenir de l'Humanité**
C. Maccio - 256 p.
S * **Penser le devenir de la Personne**
C. Maccio - 224 p.
Es * **Penser librement** - Phan Huy Duong - 208 p.
Es * **Penser par soi-même** - Initiation à la philosophie
M.Tozzi - 224 p. - 6e édition
S * **Le personnalisme** - Sources - Fondements Actualité - J. Lacroix - 152 p.
Es * **Reconstruire la dignité** - F. Poché - 160 p.
S * **Le Socialisme** - Histoire - Courants - Pratiques
A.Samuel - 472 p.

Du même auteur

312 p.
Synthèse

Techniques de la vie en groupe

Après avoir étudié les facteurs humains de la vie de groupe : animateur, participants, groupe, il est nécessaire de proposer des outils pour travailler avec plus d'efficacité.

Le groupe dans une société en mutation nous permet de nous situer dans un monde qui change en permanence. Si nos mentalités ne changent pas, si nous n'apprenons pas à anticiper, la personne risque de ne plus être maîtresse de son destin pour donner sens à sa vie personnelle et sociale.

Le sens. La fin ne justifie pas les moyens car la fin est déjà dans les moyens que nous utilisons. D'où la nécessité de clarifier nos finalités (choix de nos valeurs), nos politiques (ces valeurs appliquées à nos secteurs d'activité), nos objectifs (ces valeurs vécues dans nos actions quotidiennes).

Le projet. On n'arrive nulle part si l'on ne sait pas où l'on veut aller. Le projet donne sens et cohérence à nos actions en précisant les objectifs à atteindre, les échéances à respecter, les responsabilités à répartir, les moyens, méthodes et procédures à suivre, sans oublier les financements nécessaires.

La caisse à outils propose un certain nombre de techniques en distinguant : les moyens qui sont les éléments pratiques pour nos actions ; les méthodes, qui sont la façon de nous servir de ces outils en leur donnant un sens ; les procédures, qui sont l'ajustement des moyens et des méthodes pour suivre une démarche dans le cadre d'un projet cohérent avec ses objectifs précis.

Du même auteur

128 p.
L'essentiel

Guide de l'animateur de groupe

Chacun de nous est inséré dans plusieurs groupes, au sein d'organisations diverses. Connaître les éléments qui font vivre ces groupes devient important pour être efficace.

Clarifier le sens. De façon à dégager les valeurs qui donnent une orientation aux finalités, aux politiques et aux objectifs de notre groupe.

Définir un projet. Pour mettre en œuvre ces orientations, dans notre pratique de vie de groupe et de réunions, afin de contribuer à améliorer la société.

Situer l'animateur. Dans ses fonctions : de production, de facilitation, de régulation, de création. Et préciser sa manière de coordonner : l'orientation, la gestion, l'administration et l'animation pour faciliter la cohésion du groupe.

Situer les participants. En respectant chaque personne unique, irremplaçable, participant avec les autres à la réalisation des objectifs décidés ensemble de façon responsable.

Positionner le groupe. Par rapport aux autres groupes et face aux problèmes pris en charge par le groupe. Connaître et utiliser les phénomènes de groupes, pour atteindre les objectifs.

S'approprier les techniques. Travailler avec des outils. Avoir à sa disposition une diversité de moyens, de méthodes, de procédures pour répondre aux différents besoins.

Utiliser, améliorer, créer les instruments nécessaires.

Animer et participer pour construire le XXIe siècle. La société sera ce que nous la ferons. Nous sommes responsables de notre devenir, de celui de nos enfants, de celui de la planète.

www.chroniquesociale.com

Achevé d'imprimer en France en Septembre 2006 - N° d'impression 1517

Imprimerie des Monts du Lyonnais - Les Plaines - 69850 Saint-Martin-en-Haut